Sai-Lila Rees

Gesundheitsbezogene Erträge
von Weiterbildung im Alter

D1724157

Lernen und Bildungsangebote in der zweiten Lebenshälfte

Apprendre et offres de formation dans la deuxième moitié de la vie

herausgegeben von / édité par

Prof. Dr. Dominique Kern
(Université de Haute Alsace)

&
Prof. Dr. Bernhard Schmidt-Hertha
(Universität Tübingen)

Volume 2

LIT

Sai-Lila Rees

Gesundheitsbezogene Erträge von Weiterbildung im Alter

Analysen zum Zusammenhang
von Weiterbildung und Gesundheit im Alter
auf Grundlage von Quer- und Längsschnittdaten

LIT

Gedruckt auf alterungsbeständigem Werkdruckpapier entsprechend
ANSI Z3948   DIN ISO 9706

Bibliografische Information der Deutschen Nationalbibliothek
Die Deutsche Nationalbibliothek verzeichnet diese Publikation in der
Deutschen Nationalbibliografie; detaillierte bibliografische Daten sind
im Internet über http://dnb.dnb.de abrufbar.

ISBN 978-3-643-14503-1 (br.)
ISBN 978-3-643-34503-5 (PDF)
Zugl.: Tübingen, Univ., Diss., 2019

Inhaltsverzeichnis

VII

Abbildungsverzeichnis

Tabellenverzeichnis

Abkürzungsverzeichnis

Kürzel	Bedeutung
ADF	Asymptotically Distribution-Free Methode
ADM	Arbeitskreis Deutscher Markt- und Sozialforschungsinstitut e.V.)
ADS-K	Kurzfassung der Allgemeinen Depressionsskala
AES	Adult Education Survey
ALLBUS	Allgemeine Bevölkerungsumfrage der Sozialwissenschaften
BASE	Berliner Altersstudie
BAuA	Bundesanstalt für Arbeitsschutz und Arbeitsmedizin
BeLL	Benefits of Lifelong Learning
BIBB	Bundesinstitut für berufliche Bildung
BiLeQua	Bildungsaktivitäten und Lebensqualität in der zweiten Lebenshälfte
BMAS	Bundesministerium für Arbeit und Soziales
BMBF	Bundesministerium für Bildung und Forschung
BMFSFJ	Bundesministerium für Familie, Senioren, Frauen und Jugend
BMI	Body Mass Index
bpb	Bundeszentrale für politische Bildung
CAPI	Computergestützes persönliches Interview
CASP	Control, Autonomy, Self-Realiziation, Pleasure
CBMP	Capacity Building Mileage Programme

CEDEFOP	Europäisches Zentrum für die Förderung der Berufsbildung
CES-D	Center for Epidemiological Studies Depression Scale
CILL	Compentencies in Later Life
CVET	Continuing Vocational Education and Training
CVTS	Continuing Vocational Training Survey
DEAS	Deutscher Altersurvey
DEGS	Studie zur Gesundheit Erwachsener in Deutschland
DZA	Deutsches Zentrum für Altersfragen
FDZ-DZA	Forschungsdatenzentrum des Deutschen Zentrums für Altersfragen
GAD	Generalized Anxiety Disorder (Teil des PHQ)
KIGGs	Studie zur Gesundheit von Kindern und Jugendlichen in Deutschland
LFS	Labour Force Survey
ML	Maximum-Likelihood-Methode
NCDS	National Child Development Study
NEPS	Nationale Bildungspanel
NVQ	National Vocational Qualification
PANAS	Positive Affect and Negative Affect Schedule
PRDS	Personal Relative Deprivation Scale
PHQ	Gesundheitsfragebogen für Patienten
PIAAC	Programme for the International Assessment of Adult Competencies
RKI	Robert Koch-Institut
SF-36	Short Form-36 Health Survey
SLWS	Satisfaction With Life Scale
SOEP	Sozioökonomisches Panel

SOK	Selektion, Optimierung, Kompensation
UTA	University of Third Age
WIE 50+	Weiterbildungsinteressen älterer Erwerbspersonen – die Gestaltung der eigenen Weiterbildungsbiografie vor dem Hintergrund individueller Erwerbsverläufe und -pläne

Danksagung

An dieser Stelle möchte ich mich bei allen Personen bedanken, die mich während meiner Dissertation unterstützt und begleitet haben.

Mein größter Dank gilt meinem Doktorvater Prof. Dr. Bernhard Schmidt-Hertha, der mich nicht nur im Prozess der Dissertation, sondern auch während meines gesamten wissenschaftlichen Werdegangs unterstützt und gefördert hat. Neben den konstruktiven Rückmeldungen und Diskussionen war es vor allem seine Bestärkung, in meine eigenen Fähigkeiten zu vertrauen, die zur Entstehung der Dissertation beigetragen hat.

Ebenso möchte ich mich bei meiner Zweitgutachterin Prof. Dr. Julia Franz für Ihre fachliche und persönliche Unterstützung während der Dissertation bedanken.

Darüber hinaus wurde meine Dissertation durch die methodische Expertise von Dr. Norman Rose und Prof. Dr. Augustin Kelava fundiert, wofür ich mich ganz herzlich bedanken möchte. In diesem Zusammenhang gilt mein Dank auch meiner Schwägerin Dr. Angela Hoelzenbein und meinem Schwager Dr. Fabian Hoelzenbein, die mir zu jeglicher methodischen Frage Ihre Expertise liehen.

Danken möchte ich auch meinen Kollegen/innen am Institut für Erziehungswissenschaft sowie den Kolloquiumsmitgliedern. Besonders bedanken möchte ich mich hier bei Anika Klein und Dr. Karin Rott, mit denen ich mich nicht nur fachlich über meine Dissertation austauschen konnte, sondern die mir stets auch persönlich ein offenes Ohr und aufmunternde Worte schenkten. Zudem möchte ich mich herzlich bei Dr. Christian Marx und Dr. Veronika Thalhammer für Ihre wertvollen fachlichen Impulse besonders am Ende meiner Dissertation bedanken.

Viele Personen haben mich auch abseits der universitären Umgebung begleitet. So möchte ich mich an dieser Stelle bei all meinen Freunden und meiner Familie für Ihr Verständnis und Ihre Unterstützung bedanken. Hervorzuheben ist hier Maria de Nitto und Familie, die mich nicht nur mit Kochabenden während der Dissertation, sondern auch mit unermüdlichen Korrekturarbeiten unterstützt hat. In Bezug auf Letzteres möchte ich mich auch bei Ricarda Richter und Gion Chresta bedanken, der sogar über die deutschen Grenzen hinaus Korrekturarbeiten übernahm.

Zu guter Letzt möchte ich mich bei zwei ganz besonderen Menschen in meinem Leben bedanken. Zum einen gilt mein Dank meinem Mann Lucas, der mir besonders in stressvollen Phasen der Dissertation Halt gab und stets Verständnis gegenüber der Dissertation aufbrachte. Zum anderen danke ich meiner Mutter Mella, die immer an mich geglaubt und mich bereits mein ganzes Leben lang unterstützt und gefördert hat.

1 Einleitung

Die Menschen in Deutschland werden nicht nur älter, sie bleiben auch länger gesund. So ist analog zur steigenden Lebenserwartung gleichzeitig eine Zunahme gesunder Lebensjahre zu beobachten (Kroll & Ziese, 2009). Dies ist nicht nur auf den medizinischen Fortschritt zurückzuführen, sondern auch auf ein wachsendes Gesundheitsbewusstsein. Demnach treiben ältere Menschen heute mehr Sport und nehmen eher an präventiven Maßnahmen zu den Themen Ernährung, Bewegung und Entspannung teil als früher (Spuling, Ziegelmann & Wünsche, 2017b; Jordan & von der Lippe, 2013). Konzepte wie „aktives Altern" oder „produktives Altern" verweisen jedoch darauf, dass nicht nur eine gesunde Ernährung oder ausreichend Bewegung für die Gesundheit im Alter bedeutend sind.

„Unter aktiv Altern versteht man den Prozess der Optimierung der Möglichkeiten von Menschen, im zunehmenden Alter ihre Gesundheit zu wahren, am Leben ihrer sozialen Umgebung teilzunehmen und ihre persönliche Sicherheit zu gewährleisten, und derart ihre Lebensqualität zu verbessern" (WHO, 2002, S. 12). Damit ein „aktives Altern" in diesem Sinne ermöglicht werden kann, müssen jedoch verschiedene individuelle und gesellschaftliche Bedingungen gegeben sein. So wird das „aktive Altern" durch Faktoren des Gesundheits- und Sozialwesens (z.B. Pflege, Gesundheitsförderung), Umweltfaktoren (z.B. Wohnungsumgebung, Sicherheit zu Hause) sowie wirtschaftliche Faktoren (z.B. Einkommen, Arbeit) mitbedingt. Darüber hinaus sind es neben biologischen und genetischen Voraussetzungen insbesondere psychologische und soziale Gegebenheiten, welche den Prozess des „aktiven Alterns" begünstigen oder erschweren können. Im Hinblick auf psychologische Faktoren handelt es sich unter anderem um kognitive Fähigkeiten, deren Abnahme oftmals nicht nur

1

durch das biologische Altern, sondern vielmehr durch Motivationsmangel und reduzierte Erwartungshaltungen verursacht werden. Letztere hängen dabei nicht selten mit einem Mangel an Selbstvertrauen und gesellschaftlichen negativen Altersbildern zusammen (WHO, 2002). Des Weiteren spielen Faktoren, wie Selbstwirksamkeitserwartung, also das Vertrauen in die eigene Fähigkeit, die Kontrolle über sein Leben zu behalten und Bewältigungsstrategien, eine Rolle: „Die Art des Umgangs mit Schwierigkeiten legt fest, wie Menschen auf Übergangsphasen (wie etwa den Rückzug aus dem aktiven Berufsleben) und die Krise des Alterns (wie etwa Verluste und das gehäufte Auftreten von Krankheiten) reagieren" (WHO, 2002, S. 26). Zu bedeutenden sozialen Bedingungen für ein „aktives Altern" zählen Faktoren wie soziale Unterstützung, Leben in Frieden und Schutz vor Gewalt.

Nicht zuletzt stellt auch die Möglichkeit an Weiterbildungen teilzunehmen einen wichtigen sozialen Faktor im Rahmen des „aktiven Alterns" dar. So trägt Weiterbildung dazu bei, dass sich Ältere besser an neue Umstände anpassen und weiterhin unabhängig bleiben können (WHO, 2002). Demnach kann Weiterbildung die Menschen befähigen, an Veränderungsprozessen teilzuhaben und sie aktiv mitzugestalten, wodurch sie beispielsweise zu einem Verbleib oder einer Verlängerung des Erwerbslebens beiträgt (Iller, 2008). Das Konzept des „aktiven Alterns" beschränkt sich jedoch keineswegs auf die Möglichkeit, länger in das Arbeitsleben integriert zu sein, sondern umfasst die kontinuierliche Teilnahme am wirtschaftlichen, zivilen, kulturellen, sozialen und spirituellen Leben. Damit knüpft es unmittelbar an das Konzept des „produktiven Alterns" an, denn unter „produktiv" werden alle Aktivitäten gefasst,

> die der Erhaltung der eigenen Selbstständigkeit im Alter, also einem ‚möglichst gesunden Altern', dienen; dies erhöht einmal die Lebensqualität des einzelnen, aber auch die seiner Familie und

2

der Gesellschaft, der er somit nicht zur Last fällt und damit Pflegekosten erspart. So muss der älter werdende Mensch zunächst etwas für sich tun (körperliche, geistige, soziale Aktivität), dann aber auch – der Gesellschaft verpflichtet – etwas für andere Menschen tun (Lehr, 2000, S. 242).

In diesem Zusammenhang kann die Teilnahme an einer Weiterbildung selbst als produktive Aktivität verstanden werden. Zusätzlich ist die Möglichkeit einer kontinuierlichen Fortbildung am Arbeitsplatz oder einer Weiterbildung im Rahmen der Gemeinschaft für das Verfolgen anderer produktiver Tätigkeiten, wie z.b. einem ehrenamtlichen Engagement, bedeutsam (WHO, 2002, S. 29). „Produktiv" bedeutet dabei, dass die Aktivitäten der Erhaltung der eigenen Selbstständigkeit und damit auch dem eigenen Wohlbefinden sowie der Gesellschaft dienen (Lehr, 2000). Damit wird impliziert, dass die Teilnahme an Weiterbildungen nicht nur zu einem „produktiven" und „aktiven", sondern auch zu einem „gesunden Altern" beitragen kann.

Bereits seit Anfang der 2000er lassen sich empirische Belege dafür finden, dass die Teilnahme an Weiterbildungen gesundheitsförderliche Effekte mit sich bringt, auch wenn die Weiterbildungen inhaltlich keinen spezifischen Gesundheitsbezug aufweisen. Der Großteil bisheriger Studien zu gesundheitsbezogenen Weiterbildungserträgen geht dabei auf das Londoner Forschungszentrum „Wider Benefits of Learning" zurück. Hier wurde unter anderem gezeigt, dass eine Weiterbildungsteilnahme nicht nur zu einer besseren mentalen und physischen Gesundheit des Einzelnen führt, sondern darüber hinaus auch einen gesellschaftlichen Mehrwert bringt. So können beispielsweise durch gesundheitsbezogene Weiterbildungserträge Kosten im öffentlichen Gesundheitsbereich gesenkt werden (Schuller & Vollmer, 2013). Dementsprechend kommt gesundheitsbezogenen Weiterbildungserträgen nicht nur eine individuelle, sondern auch eine politische

Relevanz zu. Das *European Lifelong Learning Magazine (ELM)*[1] verdeutlicht zudem die Aktualität des Themas, da es seine aktuellste Ausgabe dem Thema „Adult Education and Health" widmet (ELM, 2018).

Trotz der Relevanz und Aktualität wird in Deutschland bislang kaum zu gesundheitsbezogenen Weiterbildungserträgen geforscht. Zwar wird in der Bildungsforschung der Zusammenhang zwischen Bildung und Gesundheit dahingehend betrachtet, inwiefern Bildung die Gesundheit beeinflusst beziehungsweise inwiefern ein Mangel an Gesundheit eine Bildungsteilhabe verhindert, allerdings liegt der Fokus hier ausschließlich auf dem schulischen und beruflichen Bildungsabschluss. In diesem Kontext gilt inzwischen als empirisch gesichert, dass das Bildungsniveau den Gesundheitszustand einer Person noch bis ins hohe Alter beeinflusst und soziale Ungleichheit in gesundheitlicher Ungleichheit mündet (siehe für einen Überblick z.B. Richter & Hurrelmann, 2009). Ob dies auch auf Weiterbildung zutrifft, bleibt dabei jedoch unberücksichtigt. Umgekehrt hat sich bereits gezeigt, dass der Gesundheitszustand von Kindern und Erwachsenen die Teilhabe an Bildungs- und Lernangeboten mitbedingt (Hannover & Kleiber, 2018). Auch im Bereich der Erwachsenenbildung/Weiterbildung wurde bereits belegt, dass die Gesundheit, gerade im Alter, eine wichtige Weiterbildungsbarriere darstellt (siehe Kaufmann-Kuchta & Widany, 2017). Darüber hinaus wird in der Weiterbildungsforschung das Thema im Hinblick auf Gesundheitsbildung aufgegriffen, wobei unter anderem das Interesse sowie die Inanspruchnahme von Angeboten der Gesundheitsbildung in den Blick genommen wird (Hoh & Barz, 2018). Zum Thema gesundheitsbezogene Weiterbildungserträge liegen allerdings nur wenige empirische Ergebnisse für Deutschland vor. Überdies konzentriert sich das Gros der Studien zu gesundheitsbezogenen Weiterbildungserträgen auf Personen im jüngeren oder mittleren

---

[1] Online verfügbar unter: https://www.elmmagazine.eu/

Erwachsenenalter. Darüber hinaus weisen die meisten Studien zwar einen Zusammenhang zwischen Weiterbildung und Gesundheit nach, allerdings gibt es nur wenige Studien, die versuchen diesen Zusammenhang auch empirisch zu erklären.

Vor diesem Hintergrund soll in der vorliegenden Arbeit zunächst der Frage nachgegangen werden, ob Weiterbildung auch im Alter zu gesundheitsbezogenen Erträgen führt. Liegt ein signifikanter Zusammenhang vor, soll zudem analysiert werden, wie sich dieser erklären lässt. Dazu sollen verschiedene personen- und kontextbezogene Faktoren, die für den Zusammenhang bedeutend sind, identifiziert werden. Hierbei wird auf das *self-in-context* Modell von Feinstein, Sabates, Anderson, Sorhaindo und Hammond (2006) zurückgegriffen, welches unterschiedliche Möglichkeiten beschreibt, wie sich die Teilnahme an Weiterbildungen auswirken kann. Bevor das *self-in-context* Modell in Kapitel drei ausführlich erläutert wird, erfolgt in Kapitel zwei zunächst eine Einführung in die zentralen Themen der vorliegenden Arbeit: Alter, Gesundheit und Bildung. Dabei wird nicht nur auf die Bedeutungen und Begrifflichkeiten innerhalb der Themen eingegangen, sondern davon ableitend bereits erste Hinweise auf die Bedeutung von Weiterbildung für die Gesundheit im Alter gegeben sowie zusätzlich aktuelle Studienergebnisse zur Gesundheit und zum Weiterbildungsverhalten Älterer in Deutschland vorgestellt. Im Anschluss an die Darstellung des *self-in-context* Modells als theoretischen Rahmen werden in Kapitel vier internationale und nationale Studienergebnisse zu gesundheitsbezogenen Weiterbildungserträgen präsentiert, woran in Kapitel fünf die Ableitung der Forschungsfragen und -hypothesen der vorliegenden Arbeit, erfolgt. Darauffolgend wird in Kapitel sechs das methodische Forschungsdesign erläutert und sowohl die für die Analysen genutzten Quer- und Längsschnittdaten, als auch die verschiedenen Analyseverfahren vorgestellt. Auf beides wird in den folgenden Kapiteln näher eingegangen, wobei sich Kapitel sieben und acht mit dem methodischen Vorgehen und den Ergebnissen der Analysen befassen, die auf Grundlage der Querschnittdaten durchgeführt wurden. Das methodische Vorgehen und die Ergebnisse der Analysen, die auf den Längsschnittdaten beruhen, werden dann in Kapitel neun und zehn ausgeführt. Im anschließenden elften Kapitel werden die zuvor präsentierten Ergebnisse zusammengeführt und diskutiert, worauf in Kapitel zwölf schlussendlich ein Gesamtresümee gezogen und ein Ausblick auf weiteren Forschungsbedarf gegeben wird.

2   Gesundheit und Bildung im Alter

Für die vorliegende Arbeit sind die Themen Alter, Gesundheit und Bildung zentral, weshalb in diesem Kapitel ausführlicher auf alle drei Bereiche eingegangen und dabei bereits erste Hinweise auf die Bedeutung von Weiterbildung für die Gesundheit im Alter gegeben wird. Des Weiteren werden jeweils sowohl Begrifflichkeiten, als auch Differenzierungsmöglichkeiten aufgezeigt, wodurch das Thema eingegrenzt werden soll. Darüber hinaus werden zu den beiden Forschungsfeldern *Gesundheit im Alter* und *Weiterbildung im Alter* aktuelle Studienergebnisse vorgestellt. Abschließend werden die zentralen theoretischen und empirischen Erkenntnisse unter der Frage „Gesundheit durch Bildung im Alter?" zusammengefasst.

2.1   Alter und Altern

Während *Altern* einen lebenslangen individuellen Prozess darstellt, beschreibt das *Alter* eine Lebensphase (Kruse & Wahl, 2010). Wann diese Lebensphase beginnt beziehungsweise ab wann jemand als „alt" wahrgenommen wird, beruht auf gesellschaftlichen Konventionen, wodurch das Alter primär eine gesellschaftliche Kategorie darstellt (Kruse, 2008). Das Alter entspricht somit weniger einem eindeutigen biologischen Merkmal als vielmehr einer sozialen Konstruktion (Kade, 2009).

Die Lebensphase Alter lässt sich in weitere Abschnitte differenzieren. Die WHO beispielsweise unterscheidet zwischen alternden Menschen (50-60 Jahre), älteren Menschen (61-75 Jahre), alten Menschen (76-90 Jahre), sehr alten Menschen (91-100 Jahre) und Hochaltrigen (ab 100 Jahre) (Junkers, 1995). Weit verbreitet ist aber auch die Differenzierung in ein drittes und viertes Lebensalter, die auf den Soziologen Laslett (1995) zurückgeht. Das dritte

Lebensalter beginnt demnach ungefähr mit dem 65. Lebensjahr[2], womit der dritte und vierte Lebensabschnitt vorwiegend in der Nacherwerbsphase zu verorten sind:

Tab. 1: Differenzierung der Altersphasen

Altersab-schnitt	Alter	Bezeichnung (Synonyme Verwendung)
Alter	65 Jahre und älter	Alte Menschen, ältere Menschen
Drittes Lebensalter	65 bis unter 85 Jahre	Junge Alte
Viertes Lebensalter	85 Jahre und älter	Sehr alte Menschen, alte Alte, Hochaltrige, Hochbetagte

(Quelle: Tesch-Römer & Wurm, 2009, S. 11, eigene Darstellung)

Während im dritten Lebensalter der Großteil der Menschen noch einen relativ guten beziehungsweise zufriedenstellenden Gesundheitszustand, eine hohe Lebenszufriedenheit, kaum Gefühle der Einsamkeit sowie keine stärker ausgeprägte depressive Symptomatik vorweist und nicht auf Hilfe oder Pflege angewiesen ist, wird das vierte Lebensalter vom Risiko chronisch körperlicher Erkrankungen, Multimorbidität sowie Hilfe- und Pflegebedürftigkeit gekennzeichnet. Durch die erhöhte Wahrscheinlichkeit des Verlustes nahestehender Personen steigt zudem das Einsamkeitsrisiko und besonders bei alleinstehenden Frauen auch das Armutsrisiko (Kruse, 2008).

---

[2] Ab welchem Alter der dritte oder vierte Lebensabschnitt beginnt, ist in der Literatur nicht immer einheitlich beschrieben. Am häufigsten wird für den dritten Lebensabschnitt das 60. oder 65. Lebensjahr und für den vierten Lebensabschnitt das 80. oder 85. Lebensjahr genannt.

Mit anderen Worten: Während das dritte Lebensalter durchaus im Sinne der späten Freiheit charakterisiert werden kann, die aus dem Fortfallen externer Verpflichtungen in Beruf und Familie erwächst, ist das vierte Lebensalter eher im Sinne einer Kumulation von Herausforderungen und Verlusten zu charakterisieren (Kruse, 2008, S. 24).

Kade (2009) spricht in diesem Zusammenhang von einem „autonomen" dritten und einem „abhängigen" vierten Lebensalter.

Neben der Lebensphase Alter kann auch der Prozess des Alterns aus verschiedenen Perspektiven betrachtet werden. So gibt es mehrere Ansätze, um unterschiedliche Alternsdimensionen voneinander abzugrenzen. Für die vorliegende Arbeit erscheint die weitverbreitete Differenzierung zwischen einer biologischen, psychologischen und sozialen Alternsdimension als besonders geeignet, da sie unterschiedliche Perspektiven von Alternsprozessen zusammenfasst und damit eine gute Abbildung der verschiedenen Voraussetzungen für Gesundheit und Bildung im Alter ermöglicht.

2.1.1 Biologische Alternsdimension

Biologisch betrachtet, wird der Alternsprozess bereits am Erscheinungsbild einer Person deutlich: Mit fortschreitendem Alter ergraut das Haar, Altersflecken treten auf und die Haut verliert Elastizität. So bedeutet Altern in der Biologie „jede irreversible Veränderung der lebenden Substanz als Funktion der Zeit" (Bürger, 1960, S. 2). Aber nicht nur äußerlich, sondern auch im Körperinneren nehmen unterschiedliche biologische Alternsprozesse ihren Verlauf. Beispielsweise verringert sich die Muskelkraft, der Gefäßwiderstand steigt an und die Anzahl der Lungenbläschen nimmt ab (Weineck, 2004). Darüber hinaus beschreibt diese physiologisch-biologische Alternsdimension eine verringerte Anpassungsfähigkeit und Leistungskapazität des Organismus, die sich auch in einer höheren Vulnerabilität (Anfälligkeit, Verletzlichkeit) für Erkrankungen manifestiert (Kruse, 2006a).

Der biologische Alternsprozess ist jedoch interindividuell verschieden, denn nicht nur genetische Dispositionen, sondern auch Umweltbedingungen, kognitive und körperliche Aktivitäten in früheren Lebensjahren und im Alter, sowie frühere und akute Erkrankungen beeinflussen das biologische Altern (Kruse, 2001). So kann hier zwischen einem *optimalen*, *normalen* und *pathologischen* Altern unterschieden werden. Optimales Altern bedeutet, dass es nur zu minimalen physischen Verlusten kommt und ein „aktives Altern" angestrebt wird. Pathologisches Altern dagegen skizziert einen Prozess, der durch multiple chronische Erkrankungen und negative Umweltfaktoren geprägt ist. Normales Altern liegt schließlich zwischen diesen beiden Polen und beschreibt, dass auch aktive gesunde Menschen physische Abbauprozesse oder chronische Erkrankungen aufweisen können (Findsen & Formosa, 2011).

Individuelle Alternsprozesse lassen sich zudem auf das lebenslange Veränderungspotenzial (Plastizität) der Organe und des zentralen Nervensystems zurückführen (Kruse, 2001). Denn obgleich diese Plastizität bei älteren Menschen im Durchschnitt geringer ist als bei Jüngeren, kann im Alter den biologischen Abbauprozessen durch Training der körperlichen und geistigen Leistungsfähigkeit und durch Rehabilitation entgegengewirkt werden (Kruse et al., 2002). So wird durch ein körperliches und geistiges Training eine signifikante Verbesserung der Selbstständigkeit, der kognitiven und alltagspraktischen Fertigkeiten sowie der verschiedenen sensomotorischen Funktionsabläufe erzielt (siehe Kruse, 2001).

Dies verweist bereits darauf, dass, gerade in Bezug auf geistige Trainings, Weiterbildung im Alter einen positiven Effekt auf die Gesundheit besitzen kann.

Grundsätzlich sollte *Altern* allerdings nicht mit *Krankheit* gleichgesetzt werden, da alterungsbedingte Funktionseinbußen „universelle Prozesse des Lebendigen" sind, weshalb sie nicht als krankhaft zu bezeichnen oder zu behandeln sind (Kade, 2009, S. 38). Außerdem gehen mit dem Altern nicht nur Defizite einher, worauf nachfolgend näher eingegangen wird (siehe auch Oswald, 2008; Tesch-Römer & Wurm, 2009).

2.1.2 Psychologische Alternsdimension

Dass Altern nicht nur mit Verlusten und Defiziten verbunden ist, zeigt eine *psychologische* Betrachtung des Alternsprozesses. Neben der Entwicklung und Veränderung der Persönlichkeit im Alter steht hier das Verhalten und Erleben Älterer, sowohl hinsichtlich kognitiver Fähigkeiten, als auch bezüglich Motivation und Befindlichkeit im Fokus (Oswald, 2008). So gibt es inzwischen eine Reihe an psychologischen Theorien[3], die den Prozess des Alterns beleuchten und versuchen, die Entwicklung im Alternsprozess abzubilden und zu erklären.

Lange Zeit dominierten Defizitmodelle, die sich eher an einem biologischen Alternsbegriff orientierten und demnach vorwiegend den Abbau psychischer Funktionsfähigkeit konstatierten, das Feld. Mittlerweile gibt es jedoch eine Vielzahl weiterer Alternstheorien, die eine weniger verlustorientierte Perspektive einnehmen. So postulieren Wachstumstheorien beispielsweise konträr zu Defizitmodellen einen Zuwachs von Reife und Weisheit im Alter. Qualitative Verlaufsmodelle dagegen rücken den Übergang

---

[3] Viele dieser Theorien sind nicht nur psychologisch, sondern auch soziologisch verwurzelt und werden ebenfalls unter soziologischer Perspektive betrachtet.

vom mittleren ins höhere Lebensalter in den Blickpunkt und untersuchen hierbei qualitative Veränderungen. Theorien des „erfolgreichen Alterns" schließlich legen den Fokus auf die Anpassungsfähigkeit Älterer sowie Anpassungsstrategien an neue Umstände, die mit dem Altern einhergehen (für einen Überblick siehe Lehr, 2000). Hierbei nimmt die Analyse der Entwicklung kognitiver Fähigkeiten (Intelligenz, Gedächtnis, Psychomotorik, Alltagskompetenz) einen zentralen Stellenwert ein, weshalb im nachstehenden Exkurs näher darauf eingegangen wird.

Exkurs: Kognitive Fähigkeiten und Lernfähigkeit im Alter

Die Veränderung kognitiver Fähigkeiten im Alternsprozess lässt sich anhand der *Mechanik* und *Pragmatik* der Intelligenz beschreiben (Baltes, 1993; Cattell, 1963). Die kognitive Mechanik als „biologisch-evolutionär vorgeprägte Hardware" (Baltes, Lindenberger & Staudinger, 1995) umfasst beispielsweise die Geschwindigkeit und Präzision von Informationsverarbeitungsprozessen, Wahrnehmungsfunktionen und wesentliche Prozesse des Klassifizierens, Unterscheidens und Vergleichens. Die kognitive Pragmatik hingegen als „Software" bildet den kulturell determinierten Bereich der Intelligenz ab. Sie beinhaltet unter anderem sozial vermittelte Strategien und Fähigkeiten wie Lesen, Schreiben und Sprechen, berufliche Fertigkeiten und darüber hinaus Strategien der Lebensbewältigung und das Wissen über sich selbst und andere (Baltes et al., 1995). Mit Blick auf die Entwicklung der Mechanik und Pragmatik im Alter ist festzuhalten: „Während für die Mechanik ein Altersverlust in der Effizienz und Geschwindigkeit postuliert wird, läßt sich für ausgewählte Aspekte der Pragmatik annehmen, dass sie bis ins hohe Alter erhalten bleiben, vielleicht sogar noch eine Erweiterung erfahren können" (Baltes & Baltes, 1989, S. 97).

Vor dem Hintergrund, dass im Alter sowohl Verluste als auch Zugewinne möglich sind, wird auch von einem *multidirektionalen* Alternsbegriff gesprochen (Baltes, 1987). Entwicklungsverluste lassen sich besonders in der Geschwindigkeit der Informationsverarbeitung, bei der Fähigkeit zur Lösung neuartiger kognitiver Probleme sowie im Kurzzeitgedächtnis beobachten. Entwicklungsgewinne im Alternsprozess dagegen zeigen sich in Bezug auf erfahrungs-, wissens- und fertigkeitsbasierte Leistungen und insbesondere im Hinblick auf die Fähigkeit zu psychischen Bewältigung von Anforderungen und Belastungen im Alltag (psychischen Widerstandsfähigkeit) (Kruse et al., 2002). Im Zusammenhang mit Letzterem spricht Baltes (1989) auch von „Weisheit", definiert als Expertenwissen in Fragen der Lebensdeutung und Lebensführung. So wird unter dem psychologischen Aspekt auch der Frage nachgegangen, wie das Altern selbst bewältigt beziehungsweise wie mit den Verlusten, Defiziten und Einschränkungen, die mit dem Älterwerden verbunden sind, umgegangen wird (Weinert, 1994). In diesem Kontext nennen Baltes und Baltes (1989) drei grundlegende Elemente, die für ein „erfolgreiches Altern" elementar sind: *Selektion, Optimierung* und *Kompensation* (SOK-Modell). Durch Selektion wird der Fokus auf solche Bereiche gelegt, die von hoher Priorität sind und in denen beispielsweise persönliche Motive, Fertigkeiten und biologische Leistungsfähigkeit zusammenkommen. Optimierung bedeutet, dass Menschen versuchen das Niveau ihrer Kapazitätsreserven im Sinne von Quantität und/oder Qualität zu heben. Kompensation schließlich tritt dann auf, wenn die Bandbreite der Anpassungsfähigkeit gemindert und versucht wird, diese Beeinträchtigung zu kompensieren (Baltes & Baltes, 1989). Analog zur biologischen Alternsdimension ist auch der Entwicklungsverlauf der kognitiven Leistungsfähigkeit im Alter individuell. So zeigt eine längsschnittliche Analyse der Berliner Altersstudie (BASE), dass

(1) verschiedene Komponenten von Intelligenz durch unterschiedliche Entwicklungsverläufe im Alter gekennzeichnet sind

13

(Multidirektionalität), (2) sich Personen im Niveau und der Veränderungsrate ihrer kognitiven Leistungsfähigkeit im Alter voneinander unterscheiden (differentielles Altern) und (3) nicht allein das Niveau, sondern auch die Veränderung kognitiver Funktionsfähigkeit mit dem Niveau und/oder der Veränderung in anderen Funktionsbereichen assoziiert ist (Delius et al., 2012, S.07f).

Eng mit der Veränderung der kognitiven Fähigkeiten verbunden, ist die Entwicklung der Lernfähigkeit im Alter, da sie auf dem Prozess neue Informationen aufzunehmen, einzuordnen und abzuspeichern, gründet. Im Alter nimm dieser Prozess als kognitive Mechanik, wie zuvor beschrieben, ab, weshalb Ältere zwar immer noch lernfähig sind, die Geschwindigkeit der Lernprozesse jedoch sinkt (Schumacher & Martin, 2013). Allerdings spielen hierbei auch andere Faktoren, wie beispielsweise der Lerninhalt, eine Rolle. Knüpft der Lerninhalt an bereits vorhandene Wissensstrukturen und Vorwissen an, ist mit weniger Lernproblemen zu rechnen, da das bereits vorhandene Wissen helfen kann, neues Wissen zu strukturieren, einzuordnen und zu verankern (Spitzer, 2003). Des Weiteren sind auch die eigene positive Leistungseinschätzung sowie Anforderungsaspekte im Alltag und Faktoren, die einen hohen Leistungserhalt bis ins hohe Alter begünstigen, bedeutsam (Fleischmann, 2008). So ist analog zur Entwicklung kognitiver Fähigkeiten auch die Veränderung der Lernfähigkeit individuell verschieden und kann durch unterschiedliche sozioökonomische und biologische Faktoren beeinflusst werden (Reischies & Lindenberger, 2010). Der Entwicklungsverlauf der Lernfähigkeit hängt demnach nicht allein mit dem Alternsprozess zusammen, vielmehr sind eine Reihe weiterer Faktoren von Bedeutung.

2.1.3   Soziale Alternsdimension

Das Alter stellt neben anderen Variablen wie Geschlecht, Bildung oder Beruf eine der wichtigsten gesellschaftlichen Differenzierungen dar. Soziologisch wird das Altern daher als eine Dimension der Gesellschaftsstruktur und als ein Teil des Lebenslaufs betrachtet (Kohli, 1994). Anknüpfend an das chronologische Alter wird die soziale Alternsdimension besonders durch Verhaltenserwartungen und Rollenzuweisungen geprägt (Schulze, 1998). Dabei werden die sozialen Rollenzuweisungen vor allem durch gesellschaftliche Überzeugungen und Konventionen beeinflusst (Kohli, 1994).

Den „soziologischen Marker" für den Lebensabschnitt Alter stellt somit der Übergang in die Nacherwerbsphase dar (Tesch-Römer & Wurm, 2009, S. 9). Mit dem Austritt aus dem Erwerbsleben geht zum einen ein Verlust bedeutsamer sozialer Rollen einher (z.B. „Ernährer der Familie"), zum anderen kann der Eintritt in die Nacherwerbsphase als eine „späte Freiheit" charakterisiert werden (Rosenmayr, 1983). Diese erlaubt eine interessensorientierte und an persönliche Bedürfnisse angepasste Lebensgestaltung und ermöglicht, anknüpfend an ein „aktives" und „produktives Altern", die Aufnahme neuer, persönlich bedeutsamer und teilweise auch ‚identitätsstiftender' Verpflichtungen (Kruse et al., 2002, S. 11). Auf diese Weise können schließlich neue Rollen gewonnen werden.

Neben sozialen Rollenzuschreibungen befasst sich die soziale Gerontologie mit unterschiedlichen sozioökonomischen und sozialpsychologischen Einflussfaktoren wie Bildung, Partnerschaft oder Einkommen, die einen direkten oder indirekten Einfluss auf die Phase des Alterns besitzen (Schulze, 1998). Im Fokus steht hier besonders die kumulierte soziale Ungleichheit über den Lebenslauf hinweg – angefangen bei dem erworbenen Bildungsabschluss bis hin zu späteren (belastenden) Arbeitsbedingungen (Tesch-Römer & Wurm, 2009). In diesem Zusammenhang konstatiert Thomae (1968): „Altern ist heute primär soziales Schicksal und erst sekundär funktionelle oder organische Veränderungen" (zitiert nach Lehr, 2000, S. 201). Altern ist demnach nicht nur biologisch, sondern ebenso sozial bedingt (Lehr, 2000). Dabei spielen auch Altersbilder eine bedeutende Rolle, denn sie bestimmen mit, „welche Rollen und Handlungsmöglichkeiten älteren Menschen offenstehen und was ältere Menschen sich selbst wünschen und zutrauen" (Beyer, Wurm & Wolff, 2017, S. 330). Im folgenden Exkurs soll daher auf die Bedeutung von Altersbildern näher eingegangen werden.

Exkurs: Bedeutung von Altersbildern

Das Bundesministerium für Familie, Senioren, Frauen und Jugend (BMFSFJ) definiert im sechsten Altenbericht Altersbilder als individuelle und gesellschaftliche Vorstellungen vom Alter (Zustand des Alt Seins), vom Altern (Prozess des Älterwerdens) oder von älteren Menschen (die soziale Gruppe älterer Personen) (2010, S. 36) und differenziert dabei zwischen den vier folgenden Typen:

1. Altersbilder als kollektive Deutungsmuster: Entstehen durch öffentliche Diskurse z.b. Diskurs von Defizit- oder Kompetenzmodell Älterer.
2. Organisationale und institutionelle Altersbilder: Institutionalisierte Altersbilder aus öffentlichen Diskursen, z.b. festgelegte Altersgrenzen.
3. Altersbilder als Element der persönlichen Interaktion, z.b. Kommunikationsverhalten zwischen Jüngeren und Älteren.
4. Altersbilder als individuelle Vorstellungen und Überzeugungen, z.b. Stereotype.

Zwischen diesen vier unterschiedlichen Typen von Altersbildern sind Wechselwirkungen möglich, sodass beispielsweise kollektive Deutungsmuster die individuellen Überzeugungen zum Altersbild beeinflussen können. Hierbei kann es zwischen Fremd- und Selbstbild zu einer Diskrepanz kommen, wenn die Erwartungshaltung gegenüber Älteren von dem abweicht, was Ältere selbst wollen und wozu sie fähig sind. Gesellschaftliche Altersbilder üben damit nicht nur Einfluss auf das eigene Selbstbild, die eigene Erwartungshaltung und das Erleben im Alter aus, sondern bestimmen auch das Verhalten Älterer mit. Demzufolge ist es oftmals eher die Einstellung Anderer, die zu altersgemäßen Verhaltensweisen zwingt, als das tatsächliche Nachlassen der Fähigkeiten. So wird aus dem Satz „Man ist so alt, wie man sich fühlt" der Satz „Man ist so alt wie man sich auf Grund der Haltung der Gesellschaft oder der mitmenschlichen Umwelt einem selbst gegenüber fühlt" (Lehr, 2000, S. 200). Eine Anpassung Älterer an die gesellschaftlichen Erwartungen kann dementsprechend zu einer Minderung der Leistungsbereitschaft führen, wenn keine hohe Leistungsfähigkeit mehr von Älteren erwartet wird (Lehr, 2000). Diese negative Erwartungshaltung kann damit auch ein „produktives" oder „aktives" Altern verhindern (siehe Kap. 1).

Das eigene Altersbild wird aber nicht nur durch gesellschaftliche Altersbilder beeinflusst, auch andere Faktoren können sich positiv oder negativ darauf auswirken. Beispielsweise zeigt eine vertiefende Analyse der EdAge-Studie (Tippelt, Schmidt, Schnurr, Sinner & Theisen, 2009a), dass Bildungserfahrungen (sowohl Schulbildung als auch Weiterbildung), eine aktive Freizeitgestaltung, das Verfolgen ehrenamtlicher Tätigkeiten, kulturelle Teilhabe sowie die Zufriedenheit in Bezug auf soziale Kontakte und Gesundheit signifikant positiv mit dem eigenen Altersbild korrelieren (Schmidt-Hertha & Mühlbauer, 2012). Daten des Deutschen Alterssurveys (DEAS) zeigen darüber hinaus, dass das Al-

ter selbst mit der Art des subjektiven Altersbildes zusammenhängt. So nimmt mit steigendem Alter ein verlustorientiertes Altersbild (bezogen auf körperliche Verluste) zu und gleichzeitig
ein gewinnorientiertes Altersbild (bezogen auf persönliche Weiterentwicklung) ab (Beyer et al., 2017). Im Vergleich zu den 45-
bis 54-Jährigen (60,2%) und 55- bis 69-Jährigen (63,8%) nennen
demnach 73,5% der 70- bis 85-Jährigen ein verlustorientiertes Altersbild, während 59% ein gewinnorientiertes Altersbild angeben
(45- bis 54-Jährige: 81,5%; 55- bis 69-Jährige: 73%). Hierbei ist
zudem der Bildungshintergrund der Befragten von Bedeutung. So
ist der Anteil von Personen mit verlustorientiertem Altersbild bei
höhergebildeten Personen signifikant niedriger als bei Älteren mit
einem niedrigen Bildungsstatus (62,9% im Vergleich zu 70,3%),
wohingegen der Anteil von Personen mit gewinnorientiertem Altersbild bei Höhergebildeten signifikant höher ist als bei Niedrig-
gebildeten (80,2% im Vergleich zu 50,8%). Generell lässt sich ein
Wandel weg von subjektiven verlustorientierten hin zu gewinn-
orientierten Altersbildern feststellen. Dieser Wechsel kann besonders in den älteren Altersgruppen der über 66-Jährigen beobachtet
werden (Beyer et al., 2017).

Umgekehrt besitzen Altersbilder Einfluss auf die individuelle Le-
bensplanung, die Nutzung von Potenzialen und Kompetenzen sowie auf die Möglichkeit und Gelegenheit zur sozialen Teilhabe
(BMFSFJ, 2010), womit Altersbilder auch in Bezug auf ein „aktives Altern" bedeutsam sind. Zudem wurde in einer jüngeren
Metaanalyse längsschnittlicher Studien gezeigt, dass das subjektive Altersbild einen signifikanten positiven Effekt auf die Gesundheit, das Gesundheitsverhalten und die Langlebigkeit besitzt
(siehe Westerhof et al., 2014). Welche weiteren Faktoren für die
Gesundheit im Alter bedeutend sind, wird im anschließenden Kapitel dargelegt.

2.2   Gesundheit im Alter

Nach der Darstellung der unterschiedlichen Alternsdimensionen wird im Folgenden, anknüpfend an die biologisch-physiologische Alternsdimension, die Gesundheit Älterer betrachtet. Dabei wird sowohl auf die Bedeutung von Gesundheit im Alter, als auch auf unterschiedliche Konzepte von Gesundheit eingegangen, um so nicht zuletzt auch Hinweise darauf zu geben, inwiefern Weiterbildung zu Gesundheit im Alter beitragen kann. Abschließend werden aktuelle Studienergebnisse zur Gesundheit Älterer in Deutschland vorgestellt.

2.2.1   Die Bedeutung von Gesundheit im Alter

Gemäß den Worten Arthur Schoppenhauers „Die Gesundheit ist zwar nicht alles, aber ohne Gesundheit ist alles nichts" wächst im Alter die Bedeutung von Gesundheit. So treten im Alter physische Erkrankungen, wie koronare Herzkrankheiten oder Beeinträchtigungen des Bewegungsapparates, häufiger auf und beeinflussen die funktionale Gesundheit, welche für die Autonomie und eine selbstständige Lebensführung im Alter notwendig ist (Wurm et al., 2009).

Gesundheit im Alter bedeutet jedoch nicht nur körperliche Funktionalität, vielmehr ist ein psychisches Wohlbefinden sowie eine selbstständige und selbstverantwortliche, persönlich sinnerfüllte Lebensgestaltung wesentlich. Neben gesundheitlichem Wohlbefinden und gesundheitsbewusstem Verhalten gehört demnach auch eine aktive Lebensführung und eine positive Lebenseinstellung zum Gesundheitsverständnis im Alter (Kruse et al., 2002), womit Gesundheit ein ebenso multidimensionaler Begriff ist wie Altern. Nach Kruse et al. (2002) umfasst ein erweitertes Verständnis von Gesundheit im Alter folgende Aspekte:

Tab. 2: Aspekte eines erweiterten Verständnisses von Gesundheit

Gesundheitsaspekte im Alter
- Körperliche und seelische Erkrankungen
- Körperliches und seelisches Wohlbefinden
- Körperliche und geistige Leistungsfähigkeit
- Erhaltene Aktivität im Sinne der Ausübung persönlich bedeutsamer Aufgaben
- Selbstständigkeit im Alltag
- Selbstverantwortung in der Alltagsgestaltung und Lebensplanung
- Offenheit für neue Erfahrungen und Anregungen
- Fähigkeit zur Aufrechterhaltung und Gründung tragfähiger sozialer Beziehungen
- Fähigkeit zum reflektierten Umgang mit Belastungen und Konflikten
- Fähigkeit zur psychischen Verarbeitung bleibender Einschränkungen und Verluste
- Fähigkeit zur Kompensation bleibende Einschränkungen und Verluste

(Quelle: Kruse et al., 2002, S. 11, eigene Darstellung)

Im Hinblick auf die letzten drei Aspekte kann auch von einer psychischen Widerstandsfähigkeit (Resilienz) im Sinne der Bewältigung von Belastungen und Verlusten im Alter gesprochen werden. Resilienz kann hierbei als eine spezielle Form von Plastizität betrachtet werden, da sie sich mit dem Erhalt, der Wiederherstellung und der Optimierung gesundheitlicher Entwicklungsverläufe im Alter auseinandersetzt (Mergenthaler, 2012). Dieser Aspekt stellt zugleich eine wichtige Bedingung für ein „aktives Altern" dar (siehe Kap. 1). Andere hier genannten Gesundheitsaspekte wie z.B. „Selbstständigkeit im Alltag" verkörpern dagegen den

Zustand, der durch ein „aktives Altern" ermöglicht wird. Das erweiterte Gesundheitsverständnis im Alter nach Kruse et al. (2002) ist demnach eng mit dem Konzept des „aktiven Alterns" verbunden.

So werden die Aspekte des erweiterten Gesundheitsverständnisses im Alter durch ähnliche Faktoren beeinflusst, die auch ein „aktives Altern" bedingen. Personenbezogene Faktoren wie beispielweise die Lebensweise und Einstellungen der Person in Vergangenheit und Gegenwart zählen dabei ebenso dazu wie allgemeine gesellschaftliche Bedingungen (z.b. gesellschaftliche Altersbilder), Wohnbedingungen oder soziale Beziehungen (Kruse, 2001; Kruse et al., 2002). In Bezug auf das Konzept des „aktiven Alterns" ist zudem anzunehmen, dass sich auch eine Weiterbildung im Alter positiv auf die verschiedenen Aspekte des erweiterten Gesundheitsverständnisses auswirken kann, z.b. im Hinblick auf die Aspekte „aktive Lebensführung", „körperliche und geistige Leistungsfähigkeit" oder „Offenheit für neue Erfahrungen und Anregungen".

Obwohl im erweiterten Gesundheitsverständnis viele verschiedene Facetten von Gesundheit angesprochen werden, beurteilen Ältere ihre Gesundheit vorwiegend im Hinblick auf vorliegende Erkrankungen und körperliche Einschränkungen. So werden im Alter andere Kriterien zur Einschätzung der Gesundheit herangezogen als im jüngeren Erwachsenenalter. Zudem wird die Abwesenheit quälender Beschwerden berücksichtigt und der eigene Gesundheitszustand wird oftmals im Vergleich zu der Gesundheit Gleichaltriger bewertet. Jedoch zeigt sich, dass die Bewertungskriterien weniger vom Alter als vielmehr vom Gesundheitszustand der älteren Person abhängen: Haben Ältere keine wesentlichen Erkrankungen oder Einschränkungen, nehmen sie demnach bei der Gesundheitsbewertung eher Bezug auf ihr Gesundheitsverhalten. Ältere mit Erkrankungen oder Behinderungen dagegen, schätzen ihre Gesundheit eher anhand vorliegender Symptome, Beschwerden oder notwendiger Medikamenteneinnahme ein (Wurm et al., 2009).

Das Verständnis und die Bedeutung von Gesundheit im Alter zeigen, dass Gesundheit anhand verschiedenster Aspekte betrachtet werden kann. Im Hinblick auf die vorliegende Arbeit bedeutet das, dass sich die zu untersuchenden gesundheitsbezogene Erträge von Weiterbildung im Alter auf ganz unterschiedlichen Dimensionen verorten lassen. Konzepte, die ein holistisches Bild von Gesundheit abbilden sind daher von besonderem Stellenwert, weshalb im Folgenden näher auf ebensolche eingegangen werden soll.

2.2.2 Begrifflichkeiten und Differenzierungen – Von der subjektiven Gesundheit zum subjektiven Wohlbefinden

Grundsätzlich kann zwischen subjektiver und objektiver Gesundheit unterschieden werden. Im Gegensatz zur objektiven Gesundheit stellt die subjektive Gesundheit das individuelle Erleben der eigenen Gesundheit dar und kann entsprechend von der objektiven Gesundheit divergieren. So belegen Studien, dass die subjektive Gesundheit die Sterblichkeit besser vorhersagt als die objektive Gesundheit (Wurm, Lampert & Menning, 2009). Dies kann auf zwei Weisen erklärt werden: Zum einen ist die subjektive Einschätzung der Gesundheit im Vergleich zum objektiven Gesundheitszustand umfassender, weil sie biografisches Wissen über vorangegangene Erkrankungen und verschiedene Aspekte des Gesundheitsverhalten miteinbezieht (Wurm et al., 2009). Die Messung der subjektiven Gesundheit eröffnet deshalb nicht nur die Möglichkeit, die individuelle Bedeutsamkeit widerzuspiegeln, sondern kann auch psychosoziale Aspekte, die nicht offen zugänglich sind, aber durchaus Einfluss auf die Gesundheit besitzen, abbilden: „Die Messung der subjektiven Gesundheit ist sensitiv für jene Lebensbereiche wie z.b. soziale Beziehungen und Aktivitäten sowie die soziale Stellung, welche bedeutsam für die gesundheitliche Situation und Behandlung sind beziehungsweise mit diesen in Zusammenhang stehen" (Erhart, Wille & Ravens-Sieberer, 2009, S. 337). Darüber hinaus wird bei älteren Personen die Gefahr von Erkrankungen und Risikofaktoren wie Diabetes oftmals nicht diagnostiziert, weil sie von den älteren Personen als altersgemäß bewertet werden und aus diesem Grund kein Arzt aufgesucht wird (Wurm et al., 2009). Zum anderen besitzt subjektive Gesundheit durch Über- oder Unterschätzung der eigenen Gesundheit sowohl direkten (physiologisch) als auch indirekten (z.b. über Gesundheitsverhalten oder funktionelle Gesundheit) Einfluss auf die Mortalität (für direkten Einfluss siehe z.b.: Müters, Lampert & Maschewsky-Schneider, 2005; für Einfluss auf das Gesundheitsverhalten siehe z.b. Schnitzer, Tille, Balke & Kuhlmey, 2016). Demnach können optimistische Einschätzungen positive Effekte auf die Gesundheit besitzen (direkter Effekt), während eine negative Einschätzung zu chronischem Stress und emotionalen Belastungen wie Depression führt, wodurch das Gesundheitsverhalten negativ beeinflusst (z.b. erhöhter Alkohol- oder Tabakkonsum) und so das Risiko für eine frühere Sterblichkeit erhöht wird (indirekter Effekt) (Wurm et al, 2009). Abgesehen von der Mortalität ist der Einfluss subjektiver Gesundheit auch auf die Aufrechterhaltung funktionaler und kognitiver Fähigkeiten sowie auf die Entwicklung von Beeinträchtigungen und Behinderungen empirisch belegt (für eine Übersicht siehe Wurm et al., 2009). Die subjektive Gesundheit wird dabei zumeist mit der Frage „Wie bewerten Sie Ihre Gesundheit?" operationalisiert.

Diese Frage beziehungsweise die subjektive Gesundheit findet sich auch im Konzept der gesundheitsbezogenen Lebensqualität wieder. Zwar ist die gesundheitsbezogene Lebensqualität der subjektiven Gesundheit ähnlich, jedoch aufgrund der Mehrdimensionalität nicht damit gleichzusetzen. So umfasst die gesundheitsbezogene Lebensqualität – angelehnt an die WHO-Definition (1948) von Gesundheit als den Zustand eines körperlichen, seelischen und sozialen Wohlbefindens – die vier Bereiche „körperliche Verfassung", „funktionale Kompetenz", „soziale Beziehungen" und „psychisches Wohlbefinden" (Bullinger, Kirchberger & Ware, 1995). Anhand des Short Form-36 Health Survey (SF-36) und dessen unterschiedlichen Kurzversionen (z.B. SF-12, SF-8), lässt sich die gesundheitsbezogene Lebensqualität mitsamt den unterschiedlichen Dimensionen subjektiv erfassen. Dabei werden die acht folgenden Dimensionen in den Blick genommen: Körperliche und soziale Funktionsfähigkeit; Körperliche und emotionale Rollenfunktion; Schmerz; Allgemeine Gesundheitswahrnehmung; Vitalität; Psychisches Wohlbefinden (Bullinger et al., 1995). In Bezug auf körperliche und soziale Funktionsfähigkeit wird gefragt, inwiefern der Gesundheitszustand körperliche Funktionen (z.B. Treppen laufen) oder den sozialen Kontakt zu anderen Menschen erschwert. Fragen zur körperlichen und emotionalen Rollenfunktion hingegen, zielen auf Einschränkungen der alltäglichen Aufgaben durch physische oder emotionale Belastungen ab. Hinsichtlich der Vitalität und dem psychischen Wohlbefinden werden verschiedene Gefühlszustände abgefragt (z.B. Ruhe oder Niedergeschlagenheit). Alle acht Subskalen können schließlich zu den beiden Skalen physische und mentale Gesundheit zusammengefasst werden (Erhart et al., 2009). Durch diese verschiedenen Dimensionen entspricht das Konzept der gesundheitsbezogenen Lebensqualität eher dem erweiterten Gesundheitsverständnis nach Kruse et al. (2002) als die subjektive Gesundheit allein.

Der gesundheitsbezogenen Lebensqualität ähnlich ist das Konzept des Wohlbefindens. Gesundheit und Wohlbefinden sind hierbei jedoch nicht als identisch anzusehen, vielmehr bedingen sie sich gegenseitig. Grundsätzlich lässt sich zwischen einem objektiven und subjektiven Wohlbefinden differenzieren: „Wellbeing exists in two dimensions, subjective and objective. It comprises an individual's experience of their life as well as comparison of life circumstances with social norms and values" (WHO, 2013, S. 9). Das objektive Wohlbefinden umfasst also Lebensbedingungen von Menschen sowie die Chance ihr Potenzial zu nutzen und lässt sich beispielsweise anhand von Faktoren wie Einkommen oder Bildungsniveau messen. Das subjektive Wohlbefinden dagegen, beruht vorwiegend auf Gefühlen und Erfahrungen. Konkret speist es sich aus den drei folgenden Komponenten:

1. Glücklich machendes Wohlbefinden – eine Wahrnehmung von Selbstbestimmtheit, Kompetenz, Lebenszweck, Kontrollmöglichkeiten;
2. Positiver und negativer Zustand – die Erfahrung von Freude, Glücksempfinden, Angst, Traurigkeit;
3. Lebensbewertung – eine reflektierende Einschätzung (WHO, 2014, S. 98).

In Studien wird das *subjektive Wohlbefinden* beispielsweise anhand der Lebenszufriedenheit (Diener, Emmons, Larsen & Griffin, 1985) oder durch Angaben zum Positiven und Negativen Affekt (*PANAS, Positive and Negative Affect Schedule*; Watson, Clark & Tellegen, 1988) erhoben.

Des Weiteren umfasst das Konzept des *Wohlbefindens* analog zum erweiterten Gesundheitsverständnis nach Kruse et al. (2002) soziale Kompetenzen, soziale Beziehungen und Resilienz (Field, 2009). So bilden die *gesundheitsbezogene Lebensqualität* und das Konzept des *Wohlbefindens* die unterschiedlichen Facetten des erweiterten Gesundheitsverständnisses im Alter am besten ab.

Im Ganzen betrachtet, handelt es sich beim Wohlbefinden um ein dynamisches Konstrukt, welches ähnlich zum Konzept des „aktiven Alterns" sowohl die Bedingungen (z.b. Einkommen) als auch die Befähigung von Menschen widerspiegelt, verschiedene Ressourcen für die Verwirklichung eigener Ziele einzusetzen, so dass sich sowohl Menschen als auch Gemeinschaften entfalten können (WHO, 2014). In diesem Zusammenhang gibt es erneut Hinweise darauf, dass Weiterbildung im Alter durch die Stärkung des Wohlbefindens zur Gesundheit beiträgt, indem sie beispielsweise Kompetenzen fördern oder erhalten und Teilnehmende dabei unterstützen, die eigenen Potenziale zu nutzen beziehungsweise eigene Ziele umzusetzen (siehe Kap. 2.3). Wie Ältere speziell in Deutschland ihre Gesundheit und ihr Wohlbefinden bewerten, wird nachfolgend dargestellt.

2.2.3 Gesundheit Älterer in Deutschland

Da in der vorliegenden Arbeit gesundheitsbezogene Erträge von Weiterbildung im Alter untersucht werden, soll in diesem Kapitel, in Anlehnung an die verschiedenen Konzeptionen, zunächst der physische, psychische und subjektive Gesundheitszustand sowie das Gesundheitsverhalten Älterer in Deutschland dargelegt werden.

Um ein umfassendes Bild zur Gesundheit Älterer in Deutschland zu geben, wird einerseits auf Ergebnisse der Studie zur Gesundheit Erwachsener in Deutschland (DEGS) des Robert Koch-Instituts (RKI) und andererseits auf die Ergebnisse des Deutschen Alterssurveys (DEAS) des Deutschen Zentrums für Altersfragen (DZA) zurückgegriffen. Der DEGS knüpft an den Bundesgesundheitssurvey von 1998 an und erhebt repräsentative Gesundheitsdaten von 18- bis 79-jährigen Erwachsenen in Deutschland. Die erste Datenerhebung fand von 2008 bis 2011 statt, eine weitere

Erhebung ist für Ende 2018 geplant[4]. Der DEAS wird bereits seit 1996 alle vier beziehungsweise sechs Jahre durchgeführt und erhebt umfassend die Lebenssituationen 40- bis 85-Jähriger in Deutschland. Nähere Informationen zu der Datenerhebung und den Fragebogeninhalten finden sich in dieser Arbeit an anderer Stelle (siehe Kap. 9.1). Im Folgenden werden nun aus beiden Studien die wichtigsten Ergebnisse zur Gesundheit und zum Gesundheitsverhalten Älterer vorgestellt, wobei im Hinblick auf die Ergebnisse des DEAS auf die letzte Erhebungswelle von 2014 Bezug genommen wird.

Psychische und physische Erkrankungen

Bezüglich psychischer Erkrankungen wird sowohl im DEAS als auch im DEGS auf unterschiedliche Weise die Symptomatik einer **Depression** erfasst. Im DEAS wird dafür die Kurzfassung der Allgemeinen Depressionsskala (ADS-K) von Hautzinger und Bailer (1993) verwendet. Hierbei handelt es sich um ein Selbstbeurteilungsinstrument mit dem kognitive, somatische, emotionale, interaktionale und motivationale Beschwerden erfasst werden. Auf Basis der Antworten[5] werden Punkte vergeben und ein Summenwert errechnet, wobei im DEAS Personen mit einem höheren Summenwert als acht *mindestens leichte depressive Symptome* zugeschrieben werden.

In der Altersgruppe der 70- bis 85-Jährigen weist im DEAS dementsprechend jeder Dritte (n=5.858) leichte depressive Symptome auf. Der Anteil ist damit signifikant größer als in den beiden jüngeren Altersgruppen (40 bis 54 Jahre: 28,6%; 55 bis 69 Jahre:

---

[4] Weitere Informationen zur Erhebung und Durchführung der DEGS-Studie sind bei Gößwald, Lange, Dölle und Hölling (2013) nachzulesen.
[5] Die Antwortoptionen beinhalteten folgende vier Abstufungen: „selten/überhaupt nicht; weniger als einen Tag lang"(0), „manchmal; ein bis zwei Tage lang"(1), „öfters; drei bis vier Tage lang" (2) und „meistens, die ganze Zeit; fünf bis sieben Tage lang" (3).

29,1%; 70 bis 85 Jahre: 33,1%). Dabei gibt es sowohl signifikante Geschlechts- als auch Bildungsunterschiede. Demnach sind Frauen (33,6%) signifikant häufiger von leichten depressiven Symptomen betroffen als Männer (25,9%) und je niedriger das Bildungsniveau ist, desto höher ist der Anteil der Personen mit mindestens leichten depressiven Symptomen (Niedrige Bildung: 46,1%; Mittlere Bildung: 31%; Hohe Bildung: 24,6%). Mit Blick auf den Wandel depressiver Symptome über alle Erhebungswellen des DEAS (1996 bis 2014) hinweg, zeigt sich bei den verschiedenen Altersgruppen, dass bei den Älteren (über 66 Jahre) der Anteil an Personen mit mindestens leichten depressiven Symptomen von 2002 zu 2008 gesunken und seitdem bis 2014 stabil geblieben ist (Wolff & Tesch-Römer, 2017). Ältere Personen scheinen heutzutage also weniger depressiv zu sein als Anfang der 2000er. Dies könnte mit der gleichzeitigen Zunahme der körperlichen Funktionsfähigkeit im Zusammenhang stehen (Wolff, Nowossadeck & Spuling, 2017).

Im DEGS wird dagegen die Lebenszeitprävalenz[6] von depressiven Symptomen zum einen mittels einer Selbstbeurteilung anhand des Depressionsmodul im medizinisch-somatischen *Patient Health Questionnaire (PHQ-9)* und zum anderen auf Basis der Diagnose durch einen Studienarzt erfasst. Hinsichtlich des *PHQ-9* (n=7.524), lassen sich die Ergebnisse des DEAS zunächst nicht bestätigen, da hier im DEGS eine Abnahme der depressiven Symptomatik mit dem Alter festzustellen ist (50 bis 59 Jahre: 8,2%; 60 bis 69 Jahre: 7,2%; 70 bis 79 Jahre: 6,1%). Wird die Lebenszeitprävalenz der diagnostizierten Depression durch den Studienarzt betrachtet (n=7.912) zeigt sich ein ähnliches Bild zu den Ergebnissen im DEAS. So steigt auch hier bis zum 69. Lebensjahr die Prävalenz bis auf 17,3%, fällt dann in der höchsten Altersgruppe (70 bis 79 Jahre) aber wieder ab (11,2%) (Busch, Maske, Ryl, Schlack & Hapke, 2013a). Die unterschiedlichen

---

[6] Auftreten der Krankheit in der gesamten Lebensdauer bis zum Erhebungszeitpunkt.

Studienergebnisse hinsichtlich eines Anstiegs beziehungsweise einer Reduzierung depressiver Symptome mit dem Alter sind vermutlich den unterschiedlichen Messinstrumenten und Altersgruppeneinteilungen geschuldet (im DEAS werden Personen bis zum 85. Lebensjahr einbezogen). In diesem Zusammenhang können altersabhängig unterschiedlich wirksame Belastungs- und Resilienzfaktoren oder auch biografische Einflüsse eine Rolle spielen (Busch et al., 2013a). Nichtsdestotrotz finden sich im DEGS hinsichtlich des Vorliegens depressiver Symptome dieselben signifikanten Geschlechts- und Bildungsunterschiede beziehungsweise Unterschiede bezüglich des sozialen Status[7] wie im DEAS. Hierfür kann vor allem eine Ungleichverteilung von (z.B. finanziellen) Ressourcen ausschlaggebend sein (Wolff & Tesch-Römer, 2017). Dass Frauen signifikant häufiger eine depressive Symptomatik aufzeigen, kann zudem auf verschiedene psychosoziale oder neurobiologische Ursache zurückgeführt werden. Darüber hinaus kann auch eine andere Wahrnehmung und Kommunikation depressiver Symptome dem Geschlechterunterschied zugrunde liegen (Busch et al., 2013a). Nicht zuletzt sind besonders alleinstehende Frauen, von einem höheren Armutsrisiko im Alter betroffen (Kruse, 2008). Im Hinblick auf die vorliegende Arbeit bedeutet das, dass der Großteil Älterer in Deutschland grundsätzlich über eine gute und hinsichtlich der früheren Erhebungswelle des DEAS über eine bessere psychische Gesundheit verfügen, dabei aber Alter, Geschlecht und Bildungsniveau zu berücksichtigen sind.

In Bezug auf **muskuloskelettaler Erkrankungen** wird im DEGS nach einer vom Arzt diagnostizierten Arthrose, rheumatoiden Arthritis und Osteoporose gefragt. Auf Grundlage dieser Selbst-

---

[7] Wurde anhand eines Indexes der Angaben zur schulischen und beruflichen Ausbildung, beruflicher Stellung und Haushaltsnettoeinkommen umfasst, erhoben (siehe Fuchs et al., 2013).

auskünfte wird die Lebenszeitprävalenz der Krankheiten ermittelt. Wie die folgende Tabelle veranschaulicht, ist mit zunehmendem Alter jeweils ein Anstieg der Erkrankungen festzustellen:

Tab. 3: Lebenszeitprävalenz von Arthrose, rheumatoider Arthritis und Osteoporose bei 50- bis 79-Jährigen

	Arthrose	Rheumatoide Arthritis	Osteoporose
	(n=7.494)	(n=7.494)	(n=4.200)
50- bis 59-Jährige	27,8%	3,3%	3,8%
60- bis 69-Jährige	40,4%	3,9%	7,6%
70- bis 79-Jährige	42,4%	5,3%	16,1%

(Quelle: Fuchs, Rabenberg & Scheidt-Nave, 2013, eigene Darstellung)

Während es sich in Bezug auf Arthrose und rheumatoider Arthritis um einen signifikanten Altersanstieg handelt, zeigt sich hinsichtlich Osteoporose nur ein signifikanter Altersunterschied bei Frauen zwischen der Altersgruppe der 50- bis 59-Jährigen (4,1%) und der Altersgruppe der 70- bis 79-Jährigen (25,2%). Grundsätzlich sind Frauen von allen drei Erkrankungen signifikant häufiger betroffen als Männer. Ein signifikanter Unterschied im Hinblick auf den sozialen Status der Befragten zeichnet sich nur bezüglich rheumatoider Arthritis ab, wonach Personen mit einem niedrigen sozialen Status häufiger daran erkranken als Personen mit einem hohen sozialen Status (Fuchs et al., 2013).

Des Weiteren wird im DEGS nach einem diagnostizierten **Schlaganfall** und **Herzinfarkt** gefragt. Die darauf basierende Lebenszeitprävalenz für einen Schlaganfall verdreifacht sich von 1,3% in der Altersgruppe der 50- bis 59-Jährigen auf 4,2% bei den 60- bis 69-Jährigen und verdoppelt sich dann nochmals auf 7,1% bei den 70- bis 79-Jährigen (n=5.842). Diese Entwicklung kann sowohl bei Frauen als auch bei Männern beobachtet werden. Im Vergleich zu Personen mit einem höheren sozialen Status weisen Personen mit einem niedrigen sozialen Status eine signifikant höhere Lebenszeitprävalenz für einen Schlaganfall auf (Busch, Schienkiewitz, Nowossadeck & Gößwald, 2013b). Einen ähnlichen Verlauf zeigt die Entwicklung der Lebenszeitprävalenz für einen Herzinfarkt. So verfünffacht sich diese von 2% in der Altersgruppe der 50- bis 59-Jährigen auf 10,2% in der Gruppe der 70- bis 79-Jährigen (n=5.389). Hierbei weisen Männer stets eine höhere Lebenszeitprävalenz auf als Frauen. Einen signifikanten Unterschied zwischen den verschiedenen sozialen Statusgruppen lässt sich ebenfalls festhalten, wonach mit einem niedrigeren Status eine höhere Lebenszeitprävalenz für einen Herzinfarkt einhergeht. In der höchsten Altersgruppe (70- bis 79-Jährige) ist dieser signifikante Zusammenhang jedoch nicht mehr gegeben (Gößwald, Schienkiewitz, Nowossadeck & Busch, 2013).

Im Hinblick auf das Vorliegen von Mehrfacherkrankungen (**Multimorbidität**) wurden die Befragten im DEAS aufgefordert, anzugeben, an welchen der folgenden Krankheitsbilder sie erkrankt sind: Herzkreislauferkrankung, Durchblutungsstörung, Gelenk-, Knochen-, Bandscheiben- oder Rückenleiden, Atemwegserkrankung, Asthma oder Atemnot, Magen- oder Darmerkrankung, Krebserkrankung, Zucker/ Diabetes, Gallen-, Leber- oder Nierenleiden, Blasenleiden, Augenleiden/Sehstörungen, Ohrenleiden/Schwerhörigkeit. Anschließend wurde die Anzahl der körperlichen Erkrankungen in einen Multimorbiditätsindex überführt und die Personen in die drei Gruppen „keine oder eine Erkrankung", „zwei bis vier Erkrankungen" (mittlere Krankheitslast) und „fünf und mehr Erkrankungen" (schwere Krankheitslast) eingeteilt. Ungefähr jeder Vierte (25,4%) der 70- bis 85-Jährigen nennt im DEAS fünf Erkrankungen und mehr (n=4.219). Dabei

gibt fast jede dritte Person (27,3%) mit einem niedrigen Bildungsniveau an, fünf oder mehr Erkrankungen vorzuweisen, was fast
drei Mal so viel ist als in der Gruppe der Älteren mit hohem Bildungsniveau (9,4%). Die verschiedenen Erhebungswellen des
DEAS (1996, 2002, 2008, 2014) betrachtend, zeigt sich zwar,
dass zwischen 1996 und 2008 weniger Erkrankungen berichtet
werden, dieser Wandel jedoch für 2014 nicht aufrechterhalten
werden kann. Wurden 2008 nur von 10,3% der Befragten fünf
Erkrankungen und mehr genannt, waren es 2014 drei Prozent
mehr (13,3%). Gleichzeitig verringert sich der Anteil der Personen mit keiner oder einer Erkrankung von 44,1% im Jahr 2008
auf 37,8% im Jahr 2014. Demgegenüber lässt sich bei den über
65-Jährigen eine Zunahme der funktionalen Gesundheit von 2002
bis 2014 feststellen (Wolff et al., 2017). Die selbstberichteten Erkrankungen stehen hierbei in einem signifikanten Zusammen-
gang zur funktionalen Gesundheit[8]. Demzufolge berichten Ältere
mit mehreren Krankheiten seltener über eine gute funktionale Gesundheit (Wolff et al., 2017).

In Bezug auf die **funktionale Gesundheit** lassen sich im DEAS
sowohl signifikante Alters- als auch Geschlechts- und Bildungsunterschiede konstatieren. So nimmt der Anteil von Personen mit
einer guten funktionalen Gesundheit mit dem Alter ab (40- bis 54-
Jährige: 83,5%; 55- bis 69-Jährige: 66,8%; 70- bis 85-Jährige:
48,4%) und mit dem Bildungsniveau zu (Niedrige Bildung:
45,8%; Mittlere Bildung: 65,4%; Hohe Bildung: 79,1%)
(n=5.997). Des Weiteren berichten Männer häufiger von einer guten funktionalen Gesundheit als Frauen (Männer: 73,9%; Frauen:
64,2%), was sich mit den Ergebnissen zu den unterschiedlichen

---

[8] Die funktionale Gesundheit wird im DEAS anhand der Subskala zur körperlichen
Funktionsfähigkeit des SF-36 erfasst. Diese Skala umfasst 10 Fragen zu Einschränkun-
gen in täglichen Aktivitäten. Ein Mittelwert über 1,3 wurde hier als gute funktionale
Gesundheit definiert (siehe Wolff et al., 2017).

muskulären Erkrankungen im DEGS deckt (Wolff et al., 2017), jedoch ist der Unterschied hier nicht signifikant.

Mit Blick auf die physische Gesundheit bleibt für die vorliegende Arbeit festzuhalten, dass mit dem Alter zwar physische Erkrankungen zunehmen, jedoch fast die Hälfte der 70- bis 85-Jährigen über eine gute funktionale Gesundheit berichten. Frauen sind hierbei häufiger von muskoskelettalen Erkrankungen und Einschränkungen der funktionalen Gesundheit betroffen als Männer. Demgegenüber berichten Männer häufiger von einem Herzinfarkt. Des Weiteren ist festzustellen, dass der Bildungsstand auch bei der physischen Gesundheit bedeutend ist, da bei den meisten Erkrankungen die jeweilige Prävalenz in den niedrigeren Bildungs- beziehungsweise Statusgruppen höher ist.

Subjektive Gesundheit, gesundheitsbezogene Lebensqualität und Wohlbefinden

Im vorangegangenen Kapitel wurde deutlich, dass die subjektive Gesundheit beziehungsweise das subjektive Wohlbefinden ebenso wichtig, wenn nicht sogar wichtiger als die objektive Gesundheit ist. Zudem wurde festgestellt, dass die subjektive und objektive Gesundheit häufig nicht übereinstimmen und der Verlauf von beidem besonders im Alter nicht kongruent ist: „Mag sich auch mit steigendem Alter die objektive Gesundheit oft merklich verschlechtern, nimmt demgegenüber das subjektive Gesundheitserleben nicht unbedingt im selben Maße ab. Dies bedeutet, dass sich der objektive und der subjektive Gesundheitszustand mit steigendem Alter stärker voneinander unterscheiden als in jüngeren Lebensjahren" (Wurm et al., 2009, S. 79). Inwiefern sich die subjektive Gesundheit, die gesundheitsbezogene Lebensqualität und das subjektive Wohlbefinden nach den Daten des DEAS und DEGS im Alter tatsächlich verschlechtern wird nachstehend erläutert.

Im DEAS wird, wie oben beschrieben, die **subjektive Gesund-heit** mittels der Frage „Wie bewerten Sie Ihre Gesundheit?" er-hoben. Hierbei können die Befragten zwischen den Antwortmög-lichkeiten „sehr gut", „gut", „mittel", „schlecht" und „sehr schlecht" auswählen, wobei für die Analysen die Antwortoptio-nen „sehr gut" und „gut" zu der Kategorie *gute subjektive Ge-sundheit* sowie „schlecht" und „sehr schlecht" zu der Kategorie *schlechte subjektive Gesundheit* zusammengefasst wurden. Die Ergebnisse zeigen, dass eine gute subjektive Gesundheit mit dem Alter abnimmt (n=5.994). Während weit mehr als die Hälfte der 40- bis 54-Jährigen ihre Gesundheit als gut bewertet (64,5%), ist es in der Gruppe der 55- bis 69-Jährigen nur noch etwas über die Hälfte (53,6%) und in der Gruppe der 70- bis 85-Jährigen weniger als die Hälfte (44,6%). Bezüglich Geschlechtsunterschieden lässt sich hierbei keine Signifikanz feststellen, allerdings gibt es signi-fikante Bildungsunterschiede, wonach höher gebildete Personen im Vergleich zu Personen mit mittlerem (53,6%) und niedrigem Bildungsniveau (36,3%) signifikant häufiger (63,4%) ihre Ge-sundheit als gut bewerten. Über alle sechs Erhebungsjahre des DEAS hinweg wird bei den über 65-Jährgen ein positiver Wandel bezüglich der subjektiven Gesundheit erkennbar (Spuling, Wurm, Wolff & Wünsche, 2017a).

In weiteren Analysen zeigen sich schließlich signifikante Zusam-menhänge zwischen der subjektiven Gesundheit und den Anga-ben zu Multimorbidität, funktionalen Einschränkungen sowie de-pressiven Symptomen. So bewerten Ältere mit zwei oder mehr selbstberichteten Erkrankungen (15%), mittleren bis schweren funktionalen Einschränkungen (31,6%) sowie mindestens leich-ten depressiven Symptomen (28,5%) ihre Gesundheit eher als schlecht als Ältere mit einer oder keiner Erkrankung (3,5%), kei-ner oder nur geringer funktionaler Beeinträchtigung (2,6%) sowie ohne depressive Symptome (4%). Dieser Befund untermauert erneut die Annahme, dass die Bewertung der subjektiven Gesundheit im Alter durch das Vorhandensein von physischen und psychischen Erkrankungen beeinflusst wird. Darüber hinaus zeigt sich, dass innerhalb dieser Zusammenhänge das Bildungsniveau abermals eine Rolle spielt, da höhergebildete Personen trotz Multimorbidität oder mindestens leichter depressiven Symptomatik eher von einer guten subjektiven Gesundheit berichten als Personen mit mittlerer und niedriger Bildung. Personen mit einem höheren Bildungsstand scheinen demzufolge über bessere Anpassungsprozesse zu verfügen, die nicht zuletzt auf umfangreichere Ressourcen zurückzuführen sind (Spuling et al., 2017b).

Im DEGS wird die subjektive Gesundheit als Teil der **gesundheitsbezogenen Lebensqualität** miterfasst. Hierzu wird der *SF-36* eingesetzt, der, wie bereits genannt, die acht folgenden Dimensionen abbildet: *Körperliche Funktionsfähigkeit (PF); Körperliche Rollenfunktion (RP); Körperliche Schmerzen (BP); Allgemeine Gesundheit (GH); Vitalität (VT); Soziale Funktionsfähigkeit (SF); Emotionale Rollenfunktion (RE); Psychisches Wohlbefinden (MH).* Wenngleich mit steigendem Alter die Werte der körperlichen Subskalen (PF, RP, BP, GH) abnehmen, lässt sich diese Entwicklung für die psychischen Subskalen (VT, SF, RE, MH) nicht durchweg bestätigen, wie die folgende Tabelle veranschaulicht:

Tab. 4: Mittlere Skalenwerte der SF-36 Subskalen nach Altersgruppen

	PF	RP	BP	GH	VT	SF	RE	MH
n	7.688	7.667	7.784	7.708	7.729	7.795	7.662	7.719
18 bis 29 Jahre	94,9	91,5	85,0	74,5	60,4	87,1	88,8	72,4
30 bis 39 Jahre	93,5	88,9	80,3	72,3	60,5	87,1	89,0	73,0
40 bis 49 Jahre	89,5	85,5	75,3	69,9	60,7	85,6	86,8	72,8
50 bis 59 Jahre	85,2	80,1	72,0	67,6	61,8	84,7	84,7	72,0
60 bis 69 Jahre	78,0	72,5	66,4	65,4	64,3	85,4	84,5	73,8
70 bis 79 Jahre	71,3	65,9	65,1	63,2	62,9	86,6	79,8	74,2

(Quelle: Ellert & Kurth, 2013; eigene Darstellung)

Besonders die Werte in der Subskala zur *Vitalität (VT)* und zum *psychischen Wohlbefinden (MH)* nehmen mit dem Alter zu. Werden die einzelnen Subskalen zu einer physischen und psychischen Summenskala zusammengefasst, wird dies noch deutlicher. So nimmt der mittlere Skalenwert der physischen Summenskala mit dem Alter stetig ab, wohingegen die psychische Summenskala einem umgekehrten Trend[9] folgt und mit höherem Alter höhere Mittelwerte erzielt. Damit werden die Ergebnisse im DEGS zum Rückgang der Prävalenz von Depression im Alter untermauert. Infolgedessen ist in Bezug auf die vorliegende Fragestellung festzuhalten, dass auch bei der Gesundheit im Alter von einer *Multidirektionalität* gesprochen werden kann, wonach es einerseits zu

---

[9] Bei der physischen Summenskala nimmt der Mittelwert von 55,8 bei den 18- bis 29-Jährigen bis 45,0 bei den 70- bis 79-Jährigen ab während der Mittelwert bei der mentalen Summenskala von 48,0 bei den 18- bis 29-Jährigen bis 51,4 bei den 70- bis 79-Jährigen steigt (n=7.525).

Verlusten hinsichtlich der physischen Gesundheit und andererseits zu Gewinnen bezüglich der psychischen Gesundheit kommt. Darüber hinaus ist zu beobachten, dass Männer signifikant höhere Werte in der gesundheitsbezogenen Lebensqualität erreichen als Frauen und dass Personen in höheren Statusgruppen ihre gesundheitsbezogene Lebensqualität gegenüber Personen in niedrigeren Statusgruppen als besser bewerten. Dass Frauen eine geringere gesundheitsbezogene Lebensqualität angeben, korrespondiert mit den oben genannten Ergebnissen zur Prävalenz depressiver Symptome. So können hierfür ebenfalls Gründe wie z.B. ein höheres Armutsrisiko ausschlaggebend sein. Wird die Einschätzung der allgemeinen Gesundheit (GH) im Rahmen der gesundheitsbezogenen Lebensqualität mit dem entsprechenden Ergebnis im Bundesgesundheitssurvey 1998 verglichen, ist festzustellen, dass Frauen über 40 Jahren und Männer über 50 Jahren ihre Gesundheit im DEGS 2014 signifikant besser bewerten als im Bundesgesundheitssurvey von 1998 (Ellert & Kurth, 2013). Das bedeutet, dass sich wie beim DEAS über die letzten Jahre ein positiver Wandel der subjektiven Gesundheit älterer Personen abzeichnet und ältere Personen heute ihre Gesundheit subjektiv besser bewerten als noch vor fast 20 Jahren.

Die Abfrage der Lebenszufriedenheit dient im DEAS als Indikator für das **subjektive Wohlbefinden**. Dazu können die Befragten fünf Aussagen wie etwa „in den meisten Dingen ist mein Leben ideal" (Wolff & Tesch-Römer, 2017) auf einer fünfstufigen Skala von „trifft genau zu" (5) bis „trifft gar nicht zu" (1) zustimmen. Für die Analysen wird anschließend ein Mittelwert gebildet, bei dem Personen mit einem größeren Mittelwert als 3,3 eine hohe Lebenszufriedenheit aufweisen. In allen drei Altersgruppen (n=4.258) zeigt sich, dass mindestens drei Viertel der Befragten eine hohe Lebenszufriedenheit angibt, wobei der Anteil bei der ältesten Gruppe am höchsten ist (40 bis 54 Jahre: 76,7%; 55 bis 69 Jahre: 77,3%; 70 bis 85 Jahre: 80,1%). Es zeigt sich also, dass nicht nur die psychische Gesundheit, sondern auch das subjektive Wohlbefinden mit dem Alter steigt, womit erneut eine *Multidirektionalität* von Gesundheit im Alter belegt wird. Ältere mit hohem Bildungsniveau berichten dabei signifikant häufiger von einer hohen Lebenszufriedenheit (82,5%) als Personen mit mittlerem (75,2%) und niedrigem Bildungsniveau (70,4%). Wie bei der subjektiven Gesundheit konnte auch hier kein signifikanter Unterschied zwischen Männern und Frauen festgestellt werden. Mit Blick auf den gesamten bisherigen Erhebungszeitraum lässt sich festhalten, dass der Anteil an Personen mit hoher Lebenszufriedenheit von 1996 bis 2002 gestiegen und seitdem konstant bei ca. 82% geblieben ist. Dies gilt jedoch nur für Personen mit hohem Bildungsniveau, bei Personen mit niedrigem Bildungsniveau war die Lebenszufriedenheit bereits von Beginn an stabil bei ca. 68%.

Insgesamt ist bezüglich der subjektiven Gesundheit und des Wohlbefindens für die vorliegende Arbeit zu konstatieren, dass Personen im höheren Alter über ein hohes psychisches und subjektives Wohlbefinden verfügen. So geben beispielsweise acht von zehn 70- bis 85-Jährigen an, mit ihrem Leben zufrieden zu sein. Des Weiteren ist im Gegensatz zur physischen Gesundheit im Alter ein Anstieg des psychischen und subjektiven Wohlbefindens zu beobachten, weshalb nicht nur von einem multdirektionalen Altersbegriff, sondern auch von einem multidirektionalen Gesundheitsbegriff im Alter gesprochen werden kann. Dabei kann ein höheres psychisches Wohlbefinden im Sinne der Resilienz auch ein Zeichen für eine gelungene Anpassung an die (körperlichen) Veränderungen, die mit dem Alternsprozess einhergehen können, sein (Gunzelmann, Albani, Beutel & Brähler, 2006).

Gesundheitsverhalten im Alter

Für die Gesundheit im Alter beziehungsweise für den biologischen Alternsprozess ist das Gesundheitsverhalten wichtig. Schließlich kann im Sinne der physiologischen Plastizität durch gesunde Verhaltensweisen dem biologisch-physiologischen Abbauprozess entgegengewirkt werden. Im Folgenden wird in diesem Zusammenhang die körperliche Aktivität, das Rauchverhalten, der Alkoholkonsum sowie die Teilnahme an Angeboten zur Gesundheitsvorsorge und die Inanspruchnahme verhaltenspräventiver Maßnahmen betrachtet.

Im DEAS wird jede Person (n=5.998) hinsichtlich der **körperlichen Aktivität** gefragt, ob und wie häufig sie sportlich aktiv ist (z.B. Wandern, Fußball, Gymnastik). Die Antwortmöglichkeiten werden hierbei zu „mehrmals wöchentlich", „einmal wöchentlich" und „seltener/nie" zusammengefasst. Mit Blick auf die Ergebnisse lässt sich festhalten, dass, wenngleich über die Hälfte der 70- bis 85-Jährigen (53,9%) seltener beziehungsweise nie sportlich aktiv ist, fast jeder Dritter dieser Altersgruppe mehrmals wöchentlich Sport treibt (29,8%). Im Vergleich zu den beiden jüngeren Altersgruppen (55- bis 69-Jährigen: 38,1%; 40- bis 54-Jährigen: 36,2%) ist das ungefähr 10% weniger. Auch hier lassen sich signifikante Unterschiede, sowohl bezüglich des Geschlechts als auch im Hinblick auf das Bildungsniveau, festhalten. So treiben Frauen signifikant häufiger mehrmals in der Woche Sport (36,4%) als Männer (33,9%), ebenso wie Ältere mit hohem Bildungsniveau (44,7%) im Vergleich zu Älteren mit niedrigem Bildungsniveau (21,5%). Alle sechs Erhebungswellen betrachtend, ist ein kontinuierlicher Anstieg sportlicher Aktivität im Alter zu verzeichnen (Spuling et al., 2017b).

Ähnliche Ergebnisse lassen sich auch im DEGS feststellen. So stieg im Vergleich zum Bundesgesundheitssurvey 1998 die sportliche Aktivität bei Frauen zwischen 60 und 69 Jahren um 12,7 Prozentpunkte und bei gleichaltrigen Männern um 7,7 Prozentpunkte an. Neben der Erhebung der körperlichen und sportlichen Aktivität wird im DEGS zusätzlich gefragt, inwiefern generell auf körperliche Bewegung geachtet wird („Insgesamt gesehen, wie stark achten Sie auf ausreichend körperliche Bewegung?"). Die Ergebnisse deuten darauf hin, dass die körperliche beziehungsweise sportliche Aktivität im Alter zwar analog zu den Ergebnissen im DEAS abnimmt, das Bewusstsein für ausreichend Bewegung mit steigendem Alter hingegen wächst. Demnach achten 33,2% der 50- bis 59-Jährigen, 42,8% der 60- bis 69-Jährigen und 46,5% der 70- bis 79-Jährigen stark beziehungsweise sehr stark auf ausreichende Bewegung (n=7.758) (Krug et al., 2013). Für die vorliegende Arbeit bedeutet das, dass wenngleich die körperliche Aktivität ältere Personen abnimmt, im Alter bewusst mehr auf körperliche Bewegung geachtet wird. Darüber hinaus ist sowohl im DEGS als auch im DEAS im Vergleich zu früheren Erhebungswellen ein positiver Trend der körperlichen Aktivität zu verzeichnen.

In Bezug auf das **Rauchverhalten** werden die Personen im DEAS befragt, ob sie täglich oder gelegentlich rauchen, oder ob sie früher einmal oder noch nie geraucht haben (n=4.250). Insgesamt 32,5% der 2014 im DEAS befragten 40- bis 54-Jährigen geben an zu rauchen, während in der Gruppe der 55- bis 69-Jährigen ungefähr lediglich jeder Fünfte raucht (22,4%) und in der ältesten Gruppe (70- bis 85-Jährigen) lediglich 8,3% rauchen. Personen mit höherem Bildungsniveau rauchen signifikant weniger als Personen mit niedrigerem Bildungsniveau (18,3%; mittlere Bildung: 26,5%; niedrige Bildung: 23,8%) und Frauen sind signifikant häufiger Nicht-Raucher als Männer (Frauen: 51,2%; Männer: 35,5%). Im Vergleich zur DEAS Erhebungswelle von 2008 ist die

Zahl rauchender Personen gestiegen, was vorwiegend darauf zurückzuführen ist, dass 2014 insbesondere mehr Frauen rauchen
als 2008 (Spuling et al., 2017b). Der DEGS liefert diesbezüglich
differenziertere Ergebnisse: Während im Vergleich zum Bundesgesundheitssurvey 1998 bei den 65- bis 79-jährigen Frauen ein
Anstieg der Prävalenz um 2% zu verzeichnen ist, hat die Prävalenz in derselben Altersgruppe bei Männern signifikant um
5,6% abgenommen. Darüber hinaus lassen sich die Ergebnisse
des DEAS insofern bestätigen, als dass auch im DEGS ein Rückgang des täglichen Rauchens im Alter beobachtet werden kann
(n=7.899), Männer häufiger als Frauen täglich rauchen und Personen mit niedrigem sozialen Status eher rauchen als Personen
mit höherem sozialen Status. Die Reduzierung des Rauchens im
Alter lässt sich jedoch nicht zuletzt durch ein erhöhtes Krank-
heits- und vorzeitiges Sterberisiko von starken Raucherinnen und
Rauchern erklären (Lampert, von der Lippe & Müters, 2013).

Im DEAS wird in Bezug auf den **Alkoholkonsum** gefragt, wie
häufig die Personen alkoholische Getränke zu sich nehmen. Die
Antwortoptionen sind „täglich", „mehrmals in der Woche", „einmal in der Woche", „ein- bis dreimal im Monat", „seltener" und
„nie". Hierbei wird bei einem täglichen Alkoholkonsum von einem *riskanten* Alkoholkonsum ausgegangen. Im Vergleich zur
jüngsten Altersgruppe zeigt sich, dass Personen der höheren Altersgruppen signifikant häufiger täglich Alkohol konsumieren
und damit eher einen riskanten Alkoholkonsum aufzeigen (40-
bis 54-Jährige: 7,7%; 55- bis 69-Jahrige: 13%; 70- bis 85- Jährige: 13,3%) (n=4.221). Dabei ist der Anteil von Männern
(15,6%) doppelt so hoch wie der Anteil der Frauen (6,5%). Ähnlich stellt sich das Verhältnis zwischen Höhergebildeten (13,9%)
und Personen mit niedrigem Bildungsstand (7,8%) dar (Spuling
et al., 2017b). Ein riskanter Alkoholkonsum wird im DEGS nicht
aufgrund der Häufigkeit, sondern anhand der Alkoholmenge ermittelt. Unter „riskant" wird hier eine Reinalkoholmenge von 10

bis 12g für Frauen und 20 bis 24g für Männer verstanden. Demzufolge lässt sich im Gegensatz zu den Ergebnissen im DEAS ein gegenläufiger Alterstrend im Hinblick auf einen riskanten Alkoholkonsum belegen. So weisen 25% der 45- bis 64-jährigen Frauen ein riskantes Trinkverhalten auf, wohingegen es bei den 65- bis 79-jährigen 18% der Frauen sind. Bei den Männern zeigt sich ein ähnliches Bild, wenngleich sie grundlegend eine höhere Prävalenz aufzeigen (45- bis 64-Jährige: 40%; 65- bis 79-Jährige: 34,4%) (n=7.591). Konform mit den Ergebnissen des DEAS kann auch hier festgestellt werden, dass Personen mit einem höheren sozialen Status eher einen riskanten Alkoholkonsum aufweisen als Personen mit einem niedrigeren sozialen Status (Hapke, von der Lippe & Gärtner, 2013). Im Hinblick auf das Risikoverhalten Älterer lässt sich für die vorliegende Arbeit zusammenfassen, dass Personen im höheren Alter weniger rauchen und, gemessen anhand der Reinalkoholmenge, einen geringeren riskanten Alkoholkonsum offenbaren.

In Bezug auf die **Inanspruchnahme verschiedener gesundheitlicher Vorsorgeleistungen** wird im DEAS gefragt, ob in den letzten Jahren regelmäßig an einer Krebsfrüherkennungsuntersuchung, einer Grippeschutzimpfung oder einem Gesundheits-Check-Up teilgenommen wurde. Im Gegensatz zur Grippeschutzimpfung und Gesundheits-Check-Up zeigt sich hinsichtlich der Krebsvorsorgeuntersuchung kein einheitlicher Alterstrend (siehe Tab. 5). Zwar liegt der Anteil der Personen, die regelmäßig zur Krebsvorsorge gehen, bei der Altersgruppe der 55- bis 69-Jährigen höher als bei den 40- bis 54-Jährigen, allerdings nimmt dieser Trend in der höheren Altersgruppe der 70- bis 85-Jährigen wieder ab:

Tab. 5: Anteil von Älteren, die regelmäßig an einer gesundheitsbezogenen Vorsorgeleistung teilnehmen

	Grippeschutz-impfung	Krebsvorsorge	Gesundheits-Check-Up
n	4.181	4.144	4.158
40- bis 54-Jährige	20,4%	57,9%	55,3%
55- bis 69-Jährige	35,5%	69,8%	66,9%
70- bis 85-Jährige	53,9%	62,2%	66,4%

(Quelle: Spuling et al., 2017b, eigene Darstellung)

In Bezug auf Geschlecht und Bildungsniveau lassen sich hingegen signifikante Unterschiede feststellen. So nehmen Frauen (72,6%) signifikant häufiger an Vorsorgeuntersuchungen teil als Männer (52,6%) und im Gegensatz zu Personen mit niedrigem (56,9%) und mittlerem Bildungsniveau (61,5%) besuchen Personen mit hohem Bildungsniveau häufiger Krebsvorsorgeuntersuchungen (65,9%) (Spuling et al., 2017b). In Bezug auf Krebsvorsorgeuntersuchungen lässt sich im DEGS ein ähnlicher Trend, besonders bei Frauen (n=4.137), feststellen. So steigt der Anteil der Frauen, der regelmäßig eine Krebsvorsorge-untersuchung durchführen lässt, bis zur Altersgruppe der 60- bis 69-Jährig stetig an (20-bis 29-Jährige: 50% im Vergleich zu 60- bis 69-Jährige: 76%), nimmt dann in der Gruppe der 70- bis 79-Jährige allerdings massiv ab (53,2%). Die Ergebnisse zu signifikanten Geschlechts- und Bildungsunterschiede lassen sich ebenfalls reproduzieren. Der Anstieg der Krebsvorsorgeuntersuchungen im Alter lässt sich zunächst überwiegend mit steigenden Arztkontakten erklären (Starker & Saß, 2013). Der anschließende Abfall im höheren Alter hängt vermutlich vorwiegend mit dem Ablauf gesetzlicher Früherkennungsprogramme (z.B. Mammographie) nach dem 69.

Lebensjahr zusammen. Darüber hinaus können gesundheitliche Beeinträchtigungen einen Arztbesuch erschweren. Im Hinblick auf den Zusammenhang der verschiedenen Faktoren zum Gesundheitsverhalten zeigt sich, dass Personen, die 2014 eine gesundheitsbezogene Vorsorgeleistung in Anspruch genommen haben und Personen, die nicht rauchen, sich häufiger regelmäßig sportlich betätigen (Spuling et al., 2017b).

Auf Grundlage des DEGS können zudem Aussagen über die Teilnahme an verhaltenspräventiven Maßnahmen zu den Themen Ernährung, Bewegung und Entspannung getroffen werden. Der Anteil von älteren Personen, die mindesten an einer präventiven Maßnahme teilgenommen haben, steigt mit dem Alter von 11,3% (19 bis 29 Jahre) auf 17,6% (45 bis 64 Jahre) beziehungsweise 21,2% (65 bis 79 Jahre). Dabei werden besonders Angebote zu Bewegung in Anspruch genommen, gefolgt von Ernährungs- und Entspannungsmaßnahmen, wie die folgende Tabelle veranschaulicht:

Tab. 6: Anteil von Personen, die eine präventive Maßnahme zu dem Thema Ernährung, Bewegung oder Entspannung besucht haben (n=1.405)

		Alter	
		45-64 Jahre	65-79 Jahre
Frauen	Ernährung	3,2%	4,2%
	Bewegung	21,3%	22,6%
	Entspannung	4,9%	2,6%
Männer	Ernährung	3,1%	3,1%
	Bewegung	9,3%	13,3%
	Entspannung	2,6%	0,8%

(Quelle: Jordan & von der Lippe, 2013, eigene Darstellung)

44

Aus der Tabelle geht hervor, dass Frauen deutlich häufiger an einer präventiven Maßnahme teilnehmen als Männer. Im Vergleich zu den Ergebnissen des Bundesgesundheitssurveys 1998 kann von einer gestiegenen Inanspruchnahme gesprochen werden, die sowohl auf die Einführung des §20 SGB V (Förderung von Maßnahmen zur Primärprävention) als auch auf einen Wandel des Gesundheitsbewusstseins zurückgeführt werden kann (Jordan & von der Lippe, 2013). Der Besuch von präventiven Maßnahmen kann auch als eine gesundheitsbezogene Weiterbildungsteilnahme betrachtet werden. In diesem Zusammenhang ist für die vorliegende Arbeit festzuhalten, dass im höheren Alter eine Zunahme der gesundheitsbezogenen Weiterbildungsteilnahme in den Bereichen Bewegung und Ernährung zu verzeichnen ist.

Zusammenfassend lässt sich für die vorliegende Arbeit folgendes festhalten: In Deutschland verfügen ältere Personen nicht nur über eine gute physische und psychische Gesundheit, sondern verhalten sich auch weitgehend gesund. Im Gegensatz zu früheren Erhebungen ist dabei größtenteils ein positiver Trend zu verzeichnen. So bewerten heutzutage ältere Personen ihre subjektive und funktionale Gesundheit besser als früher. Ferner sind ältere Menschen heute körperlich aktiver. Darüber hinaus sind hinsichtlich der verschiedenen Gesundheitsdimensionen unterschiedliche gesundheitsbezogene Entwicklungsverläufe im Alter festzustellen. Demnach können sowohl Verluste in der physischen Gesundheit als auch Zugewinne in der psychischen Gesundheit im Alter beobachtet werden. Überdies erweisen sich das Geschlecht und der Bildungsstand sowie der soziale Status als bedeutende Faktoren, welche die Gesundheit im Alter mitbedingen. Beim Bildungsstand wird dabei stets der höchste erworbene Schul- und Ausbildungsabschluss berücksichtigt. Dass Bildung aber nicht nur im Kinder- und jungen Erwachsenenalter von Bedeutung ist, zeigt das folgende Kapitel.

2.3   Bildung im Alter

Nicht nur die Gesundheit nimmt einen besonderen Stellenwert im Alter ein, auch Bildung spielt eine wichtige Rolle, wie sich bereits anhand den Konzepten des „aktiven Alterns" und „produktiven Alterns" zeigte (siehe Kap. 1). Bildung im Alter wird sowohl von der Gerontologie als auch von der Erziehungswissenschaft eingehend diskutiert. Zentrale Fragen in beiden Disziplinen sind „Wie und warum wird gelernt?" und „Wie müssen Lernprozesse gestaltet sein?" (Kricheldorff, 2018). Beide Disziplinen scheinen sich diesbezüglich gegenseitig bereits vorhandener Erkenntnisse zu bedienen und so zu komplementieren. Dies zeigt sich nicht zuletzt bei den theoretischen Modellen zur Bildung älterer Erwachsener, die sich sowohl in der Gerontologie als auch in der Erwachsenenbildung oder Erziehungswissenschaft verorten lassen (siehe hierzu Kern, 2018). Zudem ist beiden Disziplinen gemein, dass Bildung im Alter einerseits als eine Anpassung an sich verändernde Lebensbedingungen und -umstände betrachtet wird. Andererseits werden Bildungsprozesse im Alter auf der Basis von Reflexion und im Dialog mit anderen als Option verstanden (Kricheldorff, 2018). Die Geragogik schließlich inkorporiert sowohl die Sichtweisen der Gerontologie als auch der Erziehungswissenschaft und macht *Bildung im Alter* zum disziplinären Forschungsgegenstand[10] (Bubolz-Lutz, Gösken, Kricheldorff & Schramek, 2010).

Im Folgenden soll nun aber weder der gerontologische noch der erziehungswissenschaftliche Diskurs um das Thema Bildung im Alter vertieft werden, stattdessen wird der Frage nachgegangen, welche Bedeutung Bildung im Alter besitzt beziehungsweise welche Aufgaben und Funktionen sie über- und einnehmen kann. Davon ableitend sollen weitere Hinweise darauf gefunden werden,

---

[10] Zu Gemeinsamkeiten und Unterschieden zwischen Geragogik und Erwachsenenbildung siehe Kolland (2011).

inwiefern Weiterbildung zur Gesundheit im Alter beitragen kann. Darüber hinaus werden verschiedene begriffliche Abgrenzungen und Differenzierung im Kontext von Bildung vorgenommen und mit Fokus auf Weiterbildung das Weiterbildungsverhalten Älterer in Deutschland anhand empirischer Ergebnisse vorgestellt.

2.3.1 Die Bedeutung von Bildung im Alter

Ausgangspunkt für Bildung und Lernen im Alter ist der multidimensionale Alternsbegriff. So wird Alter nicht (mehr) als Schicksal betrachtet, sondern als Produkt unseres Verhaltens und der Verhältnisse, in denen wir leben (Iller, 2018). Hierdurch kommt eine gewisse Selbstverantwortlichkeit für das Leben im Alter zum Ausdruck. Zudem gibt es für die Lebensphase Alter keine gesellschaftlichen Regularien oder Sozialisationsformen, weshalb Ältere mit dem Eintritt in die Nacherwerbsphase aus allen gesellschaftlichen relevanten Handlungszusammenhängen ausscheiden und eine ‚Vergesellschaftungslücke‘ entsteht (Kade, 2009, S. 109). Beides führt dazu, dass Ältere sich zunehmend mit der Aufgabe konfrontiert sehen, das eigene Leben im Alter selbst zu gestalten. Die Lebensphase Alter wird somit zu einer selbstverantwortlichen Gestaltungsaufgabe, bei der Bildung gerade im Kontext eines „aktiven Alterns" eine wichtige Rolle spielt (Kolland, 2011). Schließlich wird aus bildungstheoretischer Perspektive der Begriff der Bildung als der „Prozess und das Ziel der Kräftebildung, Selbstentfaltung und Selbstverwirklichung jedes Menschen in Auseinandersetzung mit der Welt" (Schlutz, 2010, S. 41) definiert. Bildung, im Sinne einer Gestaltungsmöglichkeit für die Lebensphase Alter, kann damit eine funktionale Bedeutung zugeordnet werden.

Andererseits kann der Alternsprozess an sich ganz im Sinne „das Alter(n) selbst zu lernen" einen Lern- oder Bildungsanlass bieten, wobei besonders individuelle biografisch-reflexive Prozesse im

Vordergrund stehen (Himmelsbach, 2018). Lernen definiert als eine dauerhafte Verhaltensveränderung aufgrund von Erfahrungen sowie als Erweiterung des Wissens, der Fähigkeiten und Fertigkeiten zur Bewältigung von Lebens-situationen (Siebert, 2010, S. 191) veranschaulicht die Bedeutung von Bildung und Lernen im Alter in diesem Zusammenhang besonders gut und gibt bereits einen Hinweis darauf, dass Bildung im Alter gesundheitsförderlich ist. So wird bei dieser Lerndefinition von einer *Erweiterung der Fähigkeiten und Fertigkeiten zur Bewältigung von Lebenssituationen* gesprochen, der nicht nur in Bezug auf ein „aktives Altern", sondern auch im erweiterten Gesundheitsverständnis von Kruse et al. (2002) eine wichtige Bedeutung zukommt. Vor diesem Hintergrund soll nun analog zum multidimensionalen Alternsbegriff die Rolle von Bildung im Alter, hinsichtlich unterschiedlicher Dimensionen, veranschaulicht werden.

Biologische und psychologische Dimension

Im Kontext der biologischen und psychologischen Dimension kann Bildung im Hinblick auf altersbedingte kognitive Entwicklungsverluste als Training kognitiver Fähigkeiten fungieren und so die Plastizität der Neuronen erhalten (Kruse, 2009). Bildung ermöglicht dabei eine Verringerung der Abnahme der Mechanik und gleichzeitig die Erhaltung der Pragmatik. Durch die Vermittlung neuer Lern- und Gedächtnisstrategien kann zudem der Verlust einzelner kognitiver Fähigkeiten kompensiert werden. Damit kommt Bildung auch in Bezug auf das SOK-Modell von Baltes und Baltes (1989) eine wichtige Bedeutung zu (Kruse, 2001).

Damit positive Effekte durch Bildung erzielt werden, muss es sich allerdings nicht zwingend um ein gezielt kognitives Training handeln. So belegen inzwischen verschiedene Studien, dass beispielsweise die Teilnahme an einem Tanzkurs einen positiven Effekt auf die kognitiven Fähigkeiten besitzt (z.B. Rehfeld, Hökelmann, Lehmann & Blaser, 2014) und das Risiko für Demenz senkt (z.B. Verghese et al., 2003). Ähnliche Ergebnisse zeigt eine finnische Studie in Bezug auf Gesangskurse beziehungsweise Musikkurse (Särkämö et al., 2014). Damit wird bereits konkret auf eine gesundheitsfördernde Wirkung von Weiterbildung hingewiesen. Weitere positive Effekte von Weiterbildung auf die kognitiven Fähigkeiten (älterer Personen) zeigen sich bei Frasier (2007) sowie bei Simone und Scuilli (2006). In diesem Zusammenhang deutet eine aktuelle Studie zusätzlich darauf hin, dass der Erhalt kognitiver Fähigkeiten selbst ein Weiterbildungsmotiv darstellen kann (Rees & Schmidt-Hertha, 2017).

Psychologische Dimension

Der Verlust kognitiver Fähigkeiten hängt, wie bereits beschrieben, nicht ausschließlich mit alternsbedingten Abbauprozessen, sondern vielmehr mit reduzierten Erwartungshaltungen, die auch zu geringerem Selbstvertrauen führen können, zusammen (WHO, 2002). Bildung kann an diesem Punkt ansetzen und das eigene Selbstvertrauen stärken: „Eine Ausbildung in frühem Alter kann zusammen mit der Chance auf eine lebenslang andauernde Möglichkeit der Weiterbildung dazu beitragen, dass Menschen jene Fähigkeiten und Selbstvertrauen entwickeln, die für eine erfolgreiche Anpassung an neue Umstände im Alter und für die Wahrung der Unabhängigkeit notwendig sind" (WHO, 2002, S. 29). So wurde bereits gezeigt, dass die Teilnahme an einer Weiterbildung signifikant positiv mit dem subjektiven Altersbild korreliert (Schmidt-Hertha & Mühlbauer, 2012).

Neben dem Selbstvertrauen ist eine hohe Resilienz eine weitere wichtige Eigenschaft für die Bewältigung neuer Anforderungen und Herausforderungen, die mit dem Altern einhergehen. Bildung kann in diesem Zusammenhang zu einer höheren Resilienz beitragen, indem sie in Form von unterstützenden Bildungsangeboten bei der Bewältigung von Alltagsanforderungen und bei der Verarbeitung von Belastungen, beispielsweise durch die Vermittlung von Informationen über Möglichkeiten institutioneller Hilfe oder über effektive Bewältigungstechniken hilft (Kruse & Maier, 2002). Dem erweiterten Gesundheitsverständnis nach Kruse et al. (2002) folgend, wonach Resilienz ein wichtiger Aspekt für Gesundheit im Alter ist, zeigt sich hiermit ein weiterer Hinweis darauf, dass Weiterbildung einen Beitrag zur Gesundheit leisten kann.

Gerade mit dem Übergang in die dritte Lebensphase beziehungsweise in die Nacherwerbsphase gehen verschiedene Irritationen und Turbulenzen einher, die durch Nichtwissen (Desorientierung), Ungewissheit (Desillusionierung), Unsicherheit (Desintegration) und Inkompetenz (Disengagement) verursacht werden, dabei aber keine Defizite des Alters selbst darstellen (Kade, 2009). Bildung kann hier den Übergang begleiten, indem sie das notwendige Wissen für den Übergang vermittelt, angesichts wachsender Ungewissheit Selbstvergewisserung ermöglicht, Angebote zur sozialen Integration bietet sowie den Kompetenzerhalt beziehungsweise die Kompetenzerweiterung in der Lebensphase Alter unterstützt und fördert (Kade, 2009). Bildung als Vorbereitungskurs für den Übergang in die Nacherwerbsphase kann darüber hinaus helfen, Interessen zu entdecken und neue Pläne zu entwickeln, ein Gleichgewicht wiederherzustellen sowie Gestaltungsspielräume aufzuzeigen (siehe Rees & Schmidt-Hertha, 2017). Aktuelle Ergebnisse des Adult Education Surveys belegen in diesem Zusammenhang, dass „Bildungsaktivitäten als Unterstützung bei lebensphasenspezifischen Herausforderungen, wie dem Übergang in den Ruhestand, wahrgenommen [werden]" (Kaufmann-Kuchta & Widany, 2017, S. 211).

Soziale Dimension

Bezüglich der sozialen Dimension lässt sich die Bedeutung von Bildung im Alter anhand des Konzepts des „produktiven Alterns" erläutern. So ist Bildung besonders im Hinblick auf soziale und gesellschaftliche Teilhabe von Bedeutung, wobei das Nachgehen von beispielsweise beruflichen oder ehrenamtlichen Tätigkeiten sowie Pflegetätigkeiten nicht nur dem Erhalt der eigenen Selbstständigkeit und damit auch dem eigenen Wohlbefinden zu Gute kommt, sondern auch der Gesellschaft dient (Lehr, 2000). Demnach bedeutet Bildung im Alter aus Sicht der Älteren, sich aktiv in ihre soziale Umwelt beziehungsweise in die Gesellschaft zu integrieren und so einer drohenden Isolation zu entgehen. Aus der Sicht der Gesellschaft hingegen bedeutet Bildung im Alter, dass sich Ältere produktiv in die Gesellschaft einbringen und sich beispielsweise mit innovativen Entwicklungen (Bereich der Technik) auseinandersetzen (Kruse & Maier, 2002). Kolland und Ahmadi (2010) sprechen in diesem Zusammenhang auch von Bildung als „Adaptions-/Assimilisationsleistung".

Dass Bildung die biologischen, physiologischen und sozialen Entwicklungen im Alternsprozess positiv beeinflusst, setzt jedoch bestimmte Eigenschaften des Individuums, wie z.B. ein hohes Maß an Reflexivität, Offenheit und Veränderungsbereitschaft, voraus, deren Entwicklung ebenfalls eine wichtige Aufgabe von Bildung im Alter ist (Iller, 2018). Kruse (2018) betont in diesem Zusammenhang die Kompetenz der „Erhaltung oder Wiederherstellung eines selbstständigen, selbstverantwortlichen und sinnerfüllten Lebens in einer anregenden, unterstützenden, zur selbstverantwortlichen Auseinandersetzung mit Anforderungen motivierenden sozialen, räumlichen und infrastrukturellen Umwelt" (S. 1193). Die hier beschriebene *Selbstverantwortung* des Menschen wird als Fähigkeit und Bereitschaft verstanden, das eigene Leben hinsichtlich der persönlichen Vorstellung von einem guten

Leben zu gestalten. Während mit Fähigkeit hier die Reflexion des eigenen Handelns gemeint ist, bringt Bereitschaft die Motivation, Ziele zu definieren und diese umzusetzen zum Ausdruck. Die eigenen Entwicklungspotenziale zu verwirklichen oder an kulturellen, sozialen und technischen Innovationen zu partizipieren, setzt die Fähigkeit und Bereitschaft Neues zu lernen voraus (Kruse, 2018). Nichtsdestotrotz spielt bei der Umsetzung der eigenen Potenziale und Ziele nicht nur die eigene Fähigkeit oder Bereitschaft eine bedeutende Rolle, sondern auch verschiedene Umweltfaktoren. So wurde bereits beschrieben, dass beispielsweise gesellschaftliche Altersbilder mitbestimmen, welche Handlungsmöglichkeiten älteren Menschen offenstehen und was ältere Menschen sich selbst zutrauen (Beyer et al., 2017; siehe Kap. 2.1.3). Auch das beschriebene *sinnerfüllte Leben* impliziert sowohl Fähigkeit als auch Motivation. So müssen Menschen für eine Sinnerfahrung einerseits offen sein, den Aufforderungscharakter beziehungsweise den Anregungs-gehalt einer Situation wahrzunehmen, andererseits müssen sie fähig sein, eine solche Situation aktiv aufzusuchen oder herzustellen und sie zu beurteilen (Kruse, 2018). Bildung allein, ohne Bereitschaft und Offenheit des Individuums etwas zu verändern oder zu lernen, reicht demnach nicht aus, um den Alternsprozess positiv zu beeinflussen. Um diese Bereitschaft und Offenheit zu fördern, braucht es indes auch eine Umwelt, die eine unterstützende, anregende und motivierende Funktion einnimmt, welche auch als zentrale Komponente eines umfassenden Bildungsbegriffs zu verstehen ist (Kruse, 2018).

Zusammengefasst wird deutlich, dass Bildung auf unterschiedliche Weise eine bedeutende Rolle in der Lebensphase Alter spielen kann, solange einerseits die individuellen Voraussetzungen im Sinne von Bereitschaft, Offenheit und Reflexivität und andererseits eine hierfür förderliche soziale Umwelt gegeben sind. Die Bedeutung von Bildung über die gesamte Lebensspanne hinweg, findet sich schließlich auch im Konzept des *lebenslangen Lernens* wieder. Jedoch ist für das Verständnis von Bildung im Alter nicht nur eine „lebenslange" Perspektive notwendig, sondern auch eine „lebensweite" („lifewide"; siehe hierzu Comission of the European Communities, 2000, S. 9), wonach die unterschiedlichen Lernumwelten Älterer berücksichtigt werden müssen (Himmelsbach, 2015). Inwiefern sich diese Lernumwelten Älterer im Sinne verschiedener Bildungs- und Lernaktivitäten differenzieren lassen, wird nachstehend erläutert.

2.3.2 Begrifflichkeiten und Differenzierungen – Von Bildung im Alter zu Weiterbildung im Alter

Unter dem Begriff des *lebenslangen Lernens* werden im europäischen Verständnis grundsätzlich verschiedene Lernaktivitäten gefasst, denen über die gesamte Lebensspanne nachgegangen wird. Dabei lassen sich die drei folgenden Formen identifizieren: formale Bildung, non-formale Bildung und informelles Lernen (Comission of the European Communities, 2000).

Unter *formaler Bildung* werden alle Lernaktivitäten gefasst, die zu einem anerkannten Abschluss führen (oder auf ihn vorbereiten), welcher eine Berechtigung für den Einstieg in weitere Bildungsgänge oder die Ausübung einer Berufstätigkeit ermöglicht. Des Weiteren findet formale Bildung in Institutionen wie z.B. Schule oder Universität statt und wird durch professionelle Personen gesteuert, organisiert, bewertet und zertifiziert (Gnahs, 2008).

Non-formale Bildung meint dagegen organisierte Lernprozesse außerhalb des formalen Bildungssystems. Sie zielt überwiegend auf die Vermittlung von Kenntnissen und Fähigkeiten ab, die unmittelbar im Berufs- und Privatleben ‚verwertet' werden können und ebenfalls zu Berechtigungen (z.B. Führerschein) führen (Gnahs, 2008, S. 31). Weiterbildungsaktivitäten lass sich in Deutschland vorwiegend in diesem Bereich verorten (Reichert & Gnahs, 2014)[11].

Informelles Lernen schließlich bezieht sich auf das intentionale Aneignen von Fähigkeiten und Kenntnissen und findet außerhalb fremdorganisierter Kontexte statt. Darunter fallen beispielsweise Lernprozesse durch Kollegen/innen, Freunde, Familie sowie selbstgesteuertes Lernen. Zufälliges Lernen wird hingegen nicht mehr als Teil des informellen Lernens betrachtet (Gnahs, 2008).

Analog hierzu lassen sich Weiterbildungsaktivitäten in formale, non-formale und informelle Weiterbildungen differenzieren, wobei, wie gerade erwähnt, der Großteil von Weiterbildungsaktivitäten im non-formalen Bereich verortet ist. So gehören beispielsweise ein Sprachkurs oder ein innerbetriebliches Führungskräftetraining zur non-formalen Weiterbildung, während Aufstiegsfortbildungen oder das Nachholen von Schulabschlüssen der formalen Weiterbildung und das Selbstlernen am Computer oder das Lernen von Kollegen/innen der informellen Weiterbildung zugeordnet werden (Reichert & Gnahs, 2014)[12]. Übertragen auf die Lernumwelten Älterer umfasst Bildung im Alter also sowohl informelle Lernprozesse im Alltag und beim Übergang in die Nacherwerbsphase als auch non-formale (mit Zertifikaten abschließende) Weiterbildungen z.B. zur Vorbereitung auf ein ehrenamtliches Engagement sowie formale Weiterbildungen an Universitäten des dritten Lebensalters (siehe Himmelsbach, 2015, S. 84). Mit Blick auf diese unterschiedlichen Formen wird der Fokus in

---

[11] Diese Einordnung von Weiterbildung folgt der Weiterbildungsdefinition, wie sie im Rahmen des europaweiten Adult Education Survey herangezogen wird (siehe Kapitel 2.3.3).

[12] Die Abgrenzung dieser drei Formen ist jedoch keineswegs scharf, weshalb im internationalen Kontext Bildungsaktivitäten teilweise unterschiedlich zugeordnet werden. So wird bei Schwierigkeiten hinsichtlich der Einordnung von formalen oder non-formalen Lernaktivitäten in der europäischen Statistik die Zuordnung der Qualifikation zum Nationalen Qualifikationsrahmen als Kennzeichen einer formalen Aktivität hinzugezogen (Reichert & Gnahs, 2014).

der vorliegenden Arbeit auf die Teilnahme an non-formalen Weiterbildungen gelegt.

Im deutschen Sprachgebrauch wird nicht nur von „Weiterbildung", sondern auch von „Erwachsenenbildung" gesprochen. Ob es sich bei diesen Begrifflichkeiten tatsächlich um denselben Sachverhalt handelt oder beides Unterschiedliches meint, wird in der Literatur konträr diskutiert. Während beispielsweise im Wörterbuch „Erwachsenenbildung" beide Begriffe als Synonyme verwendet werden, wird bei der folgenden Betrachtung der Definitionen von Erwachsenenbildung und Weiterbildung ein Unterschied deutlich. So beschreibt Hehlmann (1967): „Die Erwachsenenbildung zielt in erster Linie nicht auf Abschlussprüfungen mit Berechtigungen. Ihre Aufgabe ist zunächst die Förderung des geistigen und künstlerischen Schaffens in der Freizeit und die Erweiterung und Vertiefung des geistigen Daseins" (S. 133). Demgegenüber definiert der Deutsche Bildungsrat in seinem Strukturplan Weiterbildung als „Fortsetzung oder Wiederaufnahme organisierten Lernens nach Abschluss einer unterschiedlichen ausgedehnten ersten Ausbildungsphase. (…) Das Ende der ersten Bildungsphase und damit der Beginn möglicher Weiterbildung ist in der Regel durch den Eintritt in die volle Erwerbstätigkeit gekennzeichnet"[13] (Deutscher Bildungsrat, 1970, S. 197). Hieran wird deutlich, dass im Gegensatz zum Begriff Erwachsenenbildung, der Begriff der Weiterbildung weniger normativ aufgeladen und zudem weiter gefasst ist. So werden nicht nur Weiterbildungsaktivitäten zu allgemeinen Themen miteinbezogen, sondern auch Weiterbildungsaktivitäten im beruflichen Segment (Gnahs, 2008). Demzufolge wird zwischen allgemeiner Weiterbildung

---

[13] Hierbei ist anzumerken, dass diese weitzitierte und sehr globale Definition des Deutschen Bildungsrat inzwischen vielfach ergänzt und modifiziert wurde, da sie unter anderem nur von „organisiertem Lernen" spricht und weitere Lernformen wie beispielsweise das informelle Lernen außer Acht lässt (siehe hierzu: Eisermann et al., 2014; Wohn, 2007; Widany, 2009).

(z.B. kulturelle, gesellschaftliche, politische Bildung) und beruflicher Weiterbildung (z.B. Fortbildungen, Umschulungen) unterschieden (Dehnbostel, 2008). Der Bereich beziehungsweise die Intention der Erwachsenenbildung lässt sich damit insofern mit dem Begriff der Weiterbildung vereinen, als dass er sich in dem Bereich der allgemeinen Weiterbildung wiederfindet (Dehnbostel, 2008; Gnahs, 2008). Die Unterteilung in berufliche und allgemeine Weiterbildung ist jedoch nicht einheitlich definiert und kann nach unterschiedlichen Aspekten vollzogen werden. Nach Rosenbladt (2007, S. 23) gibt es verschiedene Ansatzpunkte, um eine Weiterbildungsteilnahme als *beruflich* oder *allgemein* zu klassifizieren:

- Durch die Zuordnung zu „beruflicher Weiterbildung" oder „allgemeiner Weiterbildung" durch die Befragten selbst,
- durch den Bezug zum spezifisch beruflichen Zweck der Weiterbildung z.B. Aufstieg oder Anpassung an neue berufliche Anforderungen,
- durch den subjektiven Verwertungszweck der Weiterbildungsmaßnahme,
- durch den Inhalt der Weiterbildungsteilnahme (Fachgebiet, Thema),
- durch den Träger der Weiterbildungsmaßnahme (z.B. Betrieb oder berufliches Bildungswerk).

Wichtig ist hierbei, dass Studien zur Weiterbildungsbeteiligung je nach Ansatzpunkt zu unterschiedlichen Ergebnisse hinsichtlich der allgemeinen und beruflichen Weiterbildungsbeteiligung kommen (Eisermann, Janik & Kruppe, 2014; Widany, 2009). Wie sich die allgemeine und berufliche Weiterbildungsbeteiligung Älterer in Deutschland darstellt, wird nachstehend präsentiert.

2.3.3 Weiterbildungsverhalten Älterer in Deutschland

Da sich die vorliegende Arbeit mit gesundheitsbezogenen Erträgen von Weiterbildung im Alter befasst, soll in diesem Kapitel zunächst dargestellt werden, wie sich die Weiterbildungsbeteiligung ältere Personen in Deutschland darlegt und welche Motive, Barrieren sowie Bedingungen der Weiterbildungsteilnahme zu Grunde liegen.

Eine regelmäßige Befragung, die eine differenzierte und umfassende Erhebung des Weiterbildungsverhaltens in den Mittelpunkt rückt, ist der Adult Education Survey (AES). Der AES löste 2007 das Berichtssystem Weiterbildung (BSW) ab, welches seit 1979 alle drei Jahre repräsentative Erhebungen zu aktuellen Entwicklungen der Teilnahme an Weiterbildungen in Deutschland abbildete. Im Gegensatz zum BSW wird der AES europaweit durchgeführt und komplementiert damit die beiden etablierten europäischen Studien Continuing Vocational Training Survey (CVTS) und den Labour Force Survey (LFS)[14]. Der AES war für die Berichtszeitpunkte 2011/12 und 2016/17 für alle EU-Mitgliedstaaten verpflichtend. Vor 2011 und zwischen den beiden Erscheinungsjahren 2011/12 und 2016/17 erfolgte 2010 und 2014 zusätzlich eine nationale Erhebung zum Weiterbildungsverhalten in Deutschland (Bilger, Behringer, Kuper & Schrader, 2017; Bundesministerium für Bildung und Forschung [BMBF], 2017).

Zielgruppe des AES sind bisher alle Personen zwischen dem 18. und 64. Lebensjahr. Für die letzte Erhebung 2016 wurde zudem erstmals die Altersgruppe der 65- bis 69-Jährigen miteingeschlossen, wodurch auch eine Analyse der Weiterbildungsteilnahme von Personen in der Nacherwerbsphase möglich ist. Bislang gibt

---

[14] Die deutsche Erhebung des LFS ist in den Mikrozensus integriert. Weshalb die Ergebnisse des AES dem LFS jedoch vorzuziehen sind, kann hier nachgelesen werden: Schmidt-Hertha, Rees und Kuwan (2019).

es in Deutschland insgesamt nur wenige Studien, die das Weiterbildungsverhalten Älterer in den Blick nehmen. Zwei Studien, die den Fokus ausschließlich auf die Zielgruppe älterer Personen legen, sind zum einen die EdAge-Studie (Tippelt et al., 2009a), die angeknüpft an den Adult Education Survey 2007 das Weiterbildungsverhalten und die Weiterbildungsinteressen älterer Personen zwischen 45 und 80 Jahren untersuchte. Zum anderen wurde von 2009 bis 2014, angeschlossen an die PIAAC-Befragung (Programme for the International Assessment of Adult Competencies), die CiLL- Studie (CiLL: Compentencies in Later Life; Friebe, Schmidt-Hertha & Tippelt, 2014) durchgeführt, welche ebenfalls das Weiterbildungsverhalten, insbesondere die Kompetenzen Älterer zwischen dem 65. und 80. Lebensjahr analysierte. Die aktuellsten Ergebnisse zur Weiterbildungsbeteiligung Älterer in Deutschland liefert jedoch der AES 2016, weshalb im Folgenden vorwiegend auf ihn Bezug genommen wird.

Der Adult Education Survey (AES)

Bevor die Ergebnisse des AES 2016 zur Weiterbildungsbeteiligung älterer Personen in Deutschland vorgestellt werden, erfolgt zunächst ein kurzer Einblick in die Methodik des AES.

In Bezug auf die Erfassung der Weiterbildungsbeteiligung wird im AES nach unterschiedlichen Weiterbildungsaktivitäten gefragt, an denen in den letzten 12 Monaten teilgenommen wurde. Bei den erfragten Weiterbildungsaktivitäten handelt es sich um die vier folgenden Formate:

1. Kurse oder Lehrgänge in der Arbeits- oder Freizeit,
2. Kurzzeitige Bildungs- oder Weiterbildungsveranstaltungen, also Vorträge, Schulungen, Seminare oder Workshops,

3. Schulungen am Arbeitsplatz (z.B. geplante Unterweisung oder Trainings durch Vorgesetzte, Kollegen/Innen, Trainer/Innen oder Teletutoren/Innen),
4. Privatunterricht in der Freizeit (z.B. Musikunterricht, Fahrstunden, Trainerstunden im Sport) (Bilger & Strauß, 2017, S. 26).

Diese Weiterbildungsaktivitäten werden im AES dahingehend weiter differenziert, ob sie in einem beruflichen oder nicht-beruflichen Kontext stattgefunden haben. Dabei wird nicht zwischen beruflicher und allgemeiner Weiterbildung, sondern zwischen betrieblicher, individuell-berufsbezogener und nicht-berufsbezogener Weiterbildung unterschieden. Mit betrieblicher Weiterbildung ist hier gemeint, dass zum einen die Weiterbildungsaktivität entweder ganz oder überwiegend während der bezahlten Arbeitszeit oder während einer bezahlten Freistellung für Bildungszwecke erfolgte. Zum anderen wird von betrieblicher Weiterbildung gesprochen, wenn die direkten Kosten der Weiterbildungsaktivität ganz oder anteilig durch den Arbeitgeber oder die Arbeitgeberin übernommen wurden. Wie oben dargestellt, kann eine Differenzierung zwischen allgemeiner und beruflicher Weiterbildungsteilnahme auf unterschiedliche Weise erfolgen. Im AES beruht die Differenzierung zwischen individuell-berufsbezogener und nicht-berufsbezogener Weiterbildung auf der subjektiven Angabe der befragten Person, je nach dem ob die Weiterbildungsaktivität „hauptsächlich aus beruflichen Gründen" (individuelle berufsbezogene Weiterbildung) oder „mehr aus privaten Gründen" (nicht-berufsbezogene Weiterbildung) besucht wurde (Bilger & Kuper, 2013).

Weiterbildungsbeteiligung Älterer insgesamt und nach Segmenten

Die Ergebnisse des AES zeigen, dass die Teilnahmequote der 50- bis 64-Jährigen an Weiterbildungen in den letzten zehn Jahren insgesamt stetig gestiegen ist, wobei von einem signifikanten Anstieg zwischen den Erhebungsjahren 2010 und 2012 gesprochen werden kann:

Abb. 1: Teilnahmequote der 50- bis 64-Jährigen nach dem AES 2007-2016

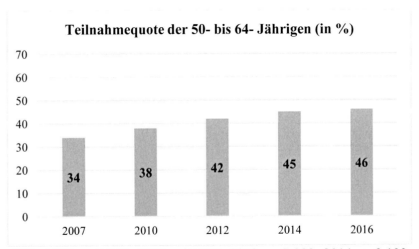

AES: 2007: n=7.346, 2010: n=7.035, 2012: n=7.099, 2014: n=3.100, 2016: n=7.102 (Quelle: BMBF, 2017; eigene Darstellung)

Mit Blick auf die Altersgruppe der 65- bis 69-Jährigen (n=7.750) ist festzustellen, dass im Vergleich zu den 50- bis 64-Jährigen im Jahr 2016 eine deutlich geringere Teilnahmequote (21%) vorliegt. Werden beide Altersgruppen zu einer Gruppe aggregiert (50- bis 69-Jährigen) wird eine Teilnahmequote von insgesamt 41% erzielt (BMBF, 2017).

Aus vorangegangen Studien ist bereits bekannt, dass in Bezug auf die Weiterbildungsbeteiligung der Erwerbsstatus einer Person eine wichtige Rolle spielt. So zeigt sich auch im AES 2016, dass in der Gruppe der älteren Erwerbstätigen (50- bis 69-Jährigen) (n=4.589) eine höhere Teilnahmequote vorliegt (54%) als in der Gesamtgruppe der 50- bis 69-Jährigen (41%). Werden dagegen die Nicht-Erwerbstätigen in der Altersgruppe der 65- bis 69-Jährigen (n=1.399) betrachtet, ist die Teilnahmequote mit 18% geringer als im Vergleich zur gesamten Altersgruppe der 65- bis 69-Jährigen (21%) (Kaufmann-Kuchta & Widany, 2017; BMBF, 2017). Der Erwerbsstatus im Alter spielt somit eine wichtige Rolle bei der Weiterbildungsbeteiligung, wonach erwerbstätige Ältere eher an einer Weiterbildung partizipieren.

Getrennt nach den unterschiedlichen Weiterbildungssegmenten (betrieblich, individuell-berufsbezogen, nicht-berufsbezogen) zeigt sich, dass die Teilnahmequote der 50- bis 69-Jährigen (n=7.750) bei der betrieblichen Weiterbildung mit 29% am höchsten ist, gefolgt von nicht-berufsbezogenen Weiterbildungen (12%) und individuell-berufsbezogenen Weiterbildungen (4%). Im Vergleich zu den beiden vorangegangenen Erhebungsjahren (2012, 2014) lässt sich festhalten, dass die Teilnahmequote hinsichtlich der betrieblichen Weiterbildung angestiegen ist und zwar besonders in den Altersgruppen der 55- bis 59-Jährigen (2012: 34%, 2014: 30%, 2016: 37%) und 60- bis 64- Jährigen (2012: 18%, 2014: 20%, 2016: 24%).

Ein anderes Bild zeichnet sich ab, wenn die Teilnahmequoten der älteren Erwerbstätigen wiederholt betrachtet werden. Hier liegt die Teilnahmequote der 50- bis 69-Jährigen bei der betrieblichen Weiterbildung mit 46% deutlich höher als in der Gesamtgruppe (29%). Bei der individuell-berufsbezogenen Weiterbildung gibt es hinsichtlich der Teilnahmequote kaum einen Unterschied (ältere Erwerbstätige: 5% im Gegensatz zu 4% in der Gesamtgruppe). Bei der nicht-berufsbezogenen Weiterbildung wird eine etwas geringere Teilnahmequote erzielt (ältere Erwerbstätige 10% im Gegensatz zu 12% in der Gesamtgruppe). In den letzten Jahren kann im Gegensatz zur Gesamtgruppe bei der Gruppe der Erwerbstätigen kein Anstieg der betrieblichen Weiterbildungsteilnahme festgestellt werden (BMBF, 2017).

Für die vorliegende Arbeit ist insgesamt zu konstatieren, dass besonders ältere Personen, die noch erwerbstätig sind, an einer Weiterbildung teilnehmen. So ist es auch die betriebliche Weiterbildung, bei der die höchste Teilnahmequote erzielt wird und die im Hinblick auf die Weiterbildungsteilnahme insgesamt den größten Anteil ausmacht. Im Vergleich zu den 50- bis 64-Jährigen liegt bei den 65- bis 69-Jährigen eine deutlich geringere Teilnahmequote an einer Weiterbildung vor, was sich nicht zuletzt darauf zurückführen lässt, dass ein Großteil der Personen dann nicht mehr erwerbstätig ist und somit die hohe Teilnahmequote an betrieblicher Weiterbildung entfällt.

Weiterbildungsmotive und -barrieren

Wie der hohe Anteil an betrieblicher Weiterbildung vermuten lässt, belegen die Ergebnisse des AES 2016, dass bis zum 64. Lebensjahr Weiterbildungsaktivitäten vorwiegend aus beruflichen und nicht aus privaten Gründen besucht werden. Dementsprechend sind es in der Altersgruppe der 45- bis 54-Jährigen 86% und in der Gruppe der 55- bis 64-Jährigen 76%, die an einer Weiterbildung aus berufsbezogenen Gründen teilnehmen (n=5.663). Erst in der Altersgruppe der 65- bis 69-Jährigen gibt es eine Umverteilung, wonach 70% eine Weiterbildung aus privaten Gründen besuchen und nur noch 30% eine Teilnahme aus beruflichen Gründen angeben. So verwundert es auch nicht, dass über die

Hälfte der 50- bis 64-Jährigen (n=2.091) berichtet, dass sie an einer Weiterbildung teilgenommen hat „um berufliche Tätigkeit besser auszuüben" (50- bis 54-Jährige: 64%, 55- bis 59-Jährige: 51%, 60- bis 64-Jährige: 51%). Darauf folgen die Motive „Fähigkeiten zu einem Thema erweitern, das einen interessiert" (50- bis 54-Jährige: 41%, 55- bis 59-Jährige: 39%, 60- bis 64-Jährige: 39%) und „Nutzen im Alltag" (50- bis 54-Jährige: 34%, 55- bis 59-Jährige: 38%, 60- bis 64-Jährige: 35%) (Kaufmann-Kuchta & Widany, 2017).

Wird die Altersgruppe der 65- bis 69-Jährigen betrachtet, ergibt sich jedoch eine andere Reihenfolge: Hier steht das Motiv „Fähigkeiten zu einem Thema erweitern, das einen interessiert" (46%) an erster Stelle, gefolgt von „Nutzen im Alltag" (30%). Das Motiv „um berufliche Tätigkeit besser auszuüben" (23%) belegt in dieser Altersgruppe lediglich den dritten Platz und wird ebenso häufig genannt wie das Motiv: „Leute kennen lernen und Spaß haben" (23%)[15]. Dieses Motiv wird in den jüngeren Altersgruppen weitaus seltener genannt (50- bis 54-Jährige: 7%; 55- bis 59-Jährige: 10%; 60- bis 64-Jährige: 11%). Ähnliches gilt für das Motiv „eine ehrenamtliche Tätigkeit besser ausführen zu können". In der Gruppe der 65- bis 69- jährigen wird es doppelt so häufig genannt als in der Gruppe der 50- bis 54-Jährigen (50- bis 54-Jährige: 7% im Vergleich zu 65- bis 69-Jährige: 14%). Im Hinblick auf das Teilnahmemotiv „gesünder leben" ist mit zunehmendem Alter ebenfalls ein deutlicher Anstieg zu verzeichnen. So wird es in der Gruppe der 65- bis 69-Jährigen fast viermal so oft genannt als in der Gruppe der 50- bis 54-Jährigen (50- bis 54-

---

[15] Die Unterschiede sind hinsichtlich der Motive „um berufliche Tätigkeit besser ausüben" und „Leute kennenlernen und Spaß haben" zwischen der Altersgruppe der 65- bis 69-Jährigen und allen anderen signifikant. Des Weiteren unterscheidet sich die Gruppe der 65- bis 69-Jährigen von der Gruppe der 50- bis 54-Jährigen hinsichtlich der Motive „Nutzen im Alltag" und „Fähigkeiten zum Thema erweitern, das interessiert" (Kaufmann-Kuchta & Widany, 2017).

Jährige: 3%, 55- bis 59-Jährige: 5%, 60- bis 64-Jährige:7%, 65-bis 69-Jährige: 11%). Dies verweist auch auf eine wachsende Bedeutung von Gesundheit im Alter (siehe Kap. 2.2.1) (Kaufmann-Kuchta & Widany, 2017). Insgesamt deuten die Ergebnisse darauf hin, dass es beim Übergang in die Nacherwerbsphase zu einer Interessensumverteilung kommt, weg von beruflichem Nutzen und hin zu persönlichen Interessen und Bedürfnissen.

Werden dementgegen nur Nicht-Erwerbstätige zwischen 50 und 69 Jahren betrachtet (n=368), zeigt sich des Weiteren, dass es hinsichtlich der Teilnahmemotive zwischen den 50- bis 64-Jährigen und den 65- bis 69-Jährigen kaum Unterschiede gibt. So geben die älteren nichterwerbstätigen Befragten zwischen 65 und 69 Jahren im Vergleich zu den 50- bis 64-Jährigen einzig signifikant häufiger als Teilnahmemotiv an, Kenntnisse beziehungsweise Fähigkeiten erwerben zu wollen, die im Alltag genutzt werden können (48% im Vergleich zu 34%) sowie zu erfahren, wie man gesünder leben kann (16% im Vergleich zu 8%). Bei diesen beiden Motiven handelt es sich demnach weniger um Präferenzen, die mit der Erwerbssituation zusammenhängen, als vielmehr um

lebensaltersspezifische Präferenzen für Bildungsaktivitäten, die nicht in erster Linie mit der Gelegenheitsstruktur der Nacherwerbsphase zusammenhängen. Insgesamt bestätigen diese Ergebnisse den Forschungsstand, aus dem hervorgeht, dass neben sozialen (mit anderen Personen zusammenkommen) und praktischen (Aneignen von Fähigkeiten) Motiven auch kognitive Interessen (Trainieren der geistigen Fähigkeiten, Wissensvertiefung) für Bildungsaktivitäten älterer Personen von Bedeutung sind" (Kaufmann-Kuchta & Widany, 2017, S. 211).

Diese Weiterbildungsmotive verdeutlichen nicht zuletzt die wichtige Rolle, die Weiterbildung für ein „aktives Altern" spielt und geben einen weiteren Hinweis darauf, dass Weiterbildung zu gesundheitsbezogenen Erträgen führen kann.

Neben Weiterbildungsmotiven gibt die EdAge-Studie auch über Weiterbildungsbarrieren Auskunft. Von den befragten 45- bis 80-Jährigen (n=3.530) wird als wichtigste Barriere für eine Weiterbildungsteilnahme der Grund „privat kein Bedarf an Bildung" (22%) genannt. Darauf folgen mit jeweils 17% die Gründe „lohnt sich in meinem Alter nicht mehr" und „benötige keine Weiterbildung für Beruf". Als weitere wichtige Weiterbildungsbarrieren werden zudem „keine Zeit wegen familiärer Verpflichtungen" (9%) und „Gesundheit erlaubt es nicht" (8%) angegeben (Tippelt, Schmidt & Kuwan, 2009b). Zu ähnlichen Ergebnissen kommt auch eine Reanalyse des AES von 2012 (siehe Schmidt-Hertha, Rees & Kuwan, 2019). Wie an diesen Weiterbildungsbarrieren deutlich wird, ist unter anderem sowohl das Altersbild („lohn sich in meinem Alter nicht mehr") als auch die Gesundheit für eine Weiterbildungsteilnahme bedeutend. So lässt sich hiermit zum einen belegen, dass ein negatives Altersbild nicht nur eine Weiterbildungsteilnahme, sondern in diesem Sinne auch ein „aktives Altern" hindern kann und zum anderen wird ersichtlich, dass nicht nur Weiterbildung für Gesundheit bedeutend ist, sondern umgekehrt Gesundheit auch eine wichtige Voraussetzung für eine Weiterbildungsteilnahme im Alter darstellt.

Einflussfaktoren auf die Weiterbildungsbeteiligung

Nicht nur subjektive Motive und Barrieren üben Einfluss auf die Weiterbildungsbeteiligung aus, auch weitere Faktoren können die Weiterbildungsbeteiligung bedingen. Demnach erweist sich im AES und in der EdAge-Studie der Erwerbsstatus als besonders bedeutsam. In der EdAge-Studie kann beobachtet werden, dass der Erwerbsstatus nicht nur bei der individuell-berufsbezogenen, sondern auch bei der nicht-berufsbezogenen Weiterbildungsteilnahme einen signifikanten Prädiktor darstellt (Tippelt et al., 2009b).

Darüber hinaus zeigt sich, dass analog zur Gesundheit auch bei der Weiterbildung im Alter der Bildungsstand eine bedeutende Rolle spielt. So kann im AES 2016 beobachtet werden, dass in der Gruppe der 65- bis 69-Jährigen (n=648) signifikant häufiger Personen mit hohen formalen Qualifikationsabschlüssen an einer Weiterbildung partizipieren als Personen mit einem niedrigeren formalen Qualifikationsniveau. Ein ebenfalls signifikanter Unterschied ist im Ost-West-Vergleich festzustellen. Demnach nehmen ältere Personen in Westdeutschland im Vergleich zu Personen aus Ostdeutschland signifikant häufiger an einer Weiterbildung teil. In Bezug auf das Geschlecht, besuchen Frauen zwar etwas häufiger Weiterbildungen (25%) als Männer (18%) jedoch ist dieser Unterschied nicht signifikant. Ebenso gibt es keinen signifikanten Unterschied hinsichtlich des Verstädterungsgrades (Kaufmann-Kuchta & Widany, 2017). Zu denselben Ergebnissen hinsichtlich des formalen Qualifikationsabschlusses und des Geschlechts kommen sowohl die EdAge-Studie (Tippelt et al., 2009b) als auch die CiLL-Studie (Friebe & Gebrande, 2013)[16].

Die EdAge-Studie deutet außerdem darauf hin, dass die individuell-berufsbezogene Weiterbildungsteilnahme der 45- bis 64-Jährigen (n=3.085) weiter durch Faktoren wie Berufsstatus und außerberufliche Aktivitäten signifikant bedingt wird. Demzufolge nehmen qualifizierte Beamte/innen (im mittleren oder gehobenen Dienst), qualifizierte Angestellten (mit begrenzten Führungsaufgaben) sowie Selbständige signifikant häufiger an einer berufsbezogenen Weiterbildung teil als die Gruppe der un- und angelernten Arbeiter/innen. Im Hinblick auf die außerberuflichen Aktivi-

---

[16] Eine Reanalyse der Daten des Nationalen Bildungspanels (NEPS) verweisen jedoch auf einen signifikanten Geschlechtsunterschied, wonach ältere erwerbstätige Frauen signifikant häufiger an beruflicher Weiterbildung teilnehmen als Männer (Schmidt-Hertha & Müller, 2016). Bislang gibt es hierzu jedoch keine weiteren Erkenntnisse.

täten gilt, dass je mehr die Personen kulturell aktiv sind und Mitgliedschaften besitzen, desto eher nehmen sie an einer berufsbezogenen Weiterbildung teil (Tippelt et al., 2009b).

Hinsichtlich einer nicht-berufsbezogenen Weiterbildungs-teilnahme erweisen sich in der EdAge-Studie teilweise andere Prädiktoren als bedeutend. Interessanterweise bleibt auch bei den 45- bis 80-Jährigen (n=4.909) der Berufsstatus signifikant. Des Weiteren zeigt sich, wie bereits bei den Weiterbildungsbarrieren vermutet, dass ein negatives Altersbild signifikant negativ mit der nicht-berufsbezogenen Weiterbildungsteilnahme korreliert. Ältere, die ein verlustorientiertes Altersbild besitzen, nehmen also seltener an einer nicht-berufsbezogenen Weiterbildung teil. Dieser signifikant negative Zusammenhang sowie der signifikante Effekt des Berufsstatus verschwindet jedoch, wenn zusätzlich außerberufliche Aktivitäten hinzugenommen werden. Wie bei der berufsbezogenen Weiterbildungsteilnahme nehmen auch hier Ältere, die kulturell aktiv sind und mehrere Mitgliedschaften besitzen, eher an einer nicht-berufsbezogenen Weiterbildung teil. Zudem kann festgestellt werden, dass eine aktive Freizeitgestaltung ebenfalls signifikant positiv mit einer nicht-berufsbezogenen Weiterbildungsteilnahme korreliert (Tippelt et al., 2009b).

Überdies lässt sich in der EdAge-Studie beobachten, dass die erlebte Schulerfahrung für das spätere Weiterbildungsverhalten bedeutsam ist. Demzufolge gilt: „Je positiver die erlebte Schulerfahrung, desto geringer sind die Weiterbildungsbarrieren und desto offener sind ältere Menschen für Weiterbildungs-erfahrungen" (Tippelt & Schnurr, 2009, S. 80). Außerdem kann festgehalten werden, dass Personen, die in den letzten zwölf Monaten an einer Weiterbildungsveranstaltung partizipierten, signifikant zufriedener mit ihren sozialen Beziehungen sind (Schnurr & Theisen, 2009) und dass Personen, die einem freiwilligen Engagement nachgehen, in den letzten zwölf Monaten eher an einer Weiterbildung teilnahmen (Schmidt & Sinner, 2009).

Insgesamt ist hinsichtlich der Einflussfaktoren auf eine Weiterbildungsteilnahme festzustellen, dass sich im Alter besonders eine bereits aktive Lebensgestaltung sowohl im Sinne eines „aktiven Alterns" als auch im Sinne eines „produktiven Alterns" positiv auf eine Weiterbildungsteilnahme auswirkt.

2.4 Gesundheit durch Bildung im Alter? – Zusammenfassung

Nachdem nun die zentralen Themen der vorliegenden Arbeit umfassend dargelegt wurden, sollen hier die wichtigsten Erkenntnisse noch einmal festgehalten werden.

Grundlage für das Verständnis von Bildung und Gesundheit im Alter bildet der multidimensionale Altersbegriff, wonach Altern einen biologischen, psychologischen und sozialen Alternsprozess darstellt. Dieser Prozess ist, als eine dialektische Beziehung, zwischen der individuellen Handlungsfähigkeit und gesellschaftlichen Struktur eingebettet (Findsen & Formosa, 2011). Die drei unterschiedlichen Dimensionen sind jedoch nicht getrennt voneinander zu betrachten, vielmehr bedingen sich Aspekte aller drei Dimensionen gegenseitig und führen so zu positiven wie negativen Entwicklungen im Alter. Somit handelt es sich nicht nur um einen multidimensionalen, sondern auch um einen multikausalen Altersbegriff. Nicht zuletzt wurde in diesem Zusammenhang auch die Multidirektionaliät des Altersbegriffs dargelegt, wonach mit dem Altern nicht nur Verluste, sondern durch das Lern- und Veränderungspotenzial (Plastizität) auch Zugewinne möglich sind. Daran anknüpfend ist festzuhalten, dass es sich beim Altern um einen interindividuellen und differentiellen Prozess handelt, der sich in unterschiedlichen Alternsverläufen widerspiegelt. Dabei wird der Alternsprozess sowohl von Personenmerkmalen als auch von physischen und sozialen Umweltfaktoren bedingt (Karl, 2009), weshalb Altern nicht unabhängig von sozialer und räumlicher Lage sowie von Gender und Ethnizität betrachtet werden sollte (Kolland, 2011). Demzufolge handelt es sich schließlich um einen multidimensionalen, multidirektionalen und multikausalen Altersbegriff, der in der vorliegenden Arbeit dem Verständnis von Bildung und Gesundheit im Alter zu Grunde liegt.

Die Gesundheit im Alter steht besonders mit der biologisch-physiologischen Alternsdimension im Zusammenhang. So wurde anhand empirischer Ergebnisse der Studien DEAS und DEGS gezeigt, dass gerade physische Erkrankungen wie Arthrose, Osteoporose und koronare Herzerkrankungen sowie Multimorbidität mit dem Alter zunehmen und die funktionale Gesundheit abnimmt. Zuvor wurde jedoch darauf hingewiesen, dass Gesundheit im Alter weit mehr beinhaltet als der physische Gesundheitszustand. So sind auch Aspekte der psychischen Gesundheit sowie der subjektiven Gesundheit und des subjektiven Wohlbefindens von Bedeutung. In diesem Zusammenhang konnte anhand der empirischen Ergebnisse der beiden Studien DEGS und DEAS dargelegt werden, dass Altern keineswegs nur durch Verluste gekennzeichnet ist, sondern dass auch Zugewinne im Bereich der subjektiven psychischen Gesundheit und des Wohlbefindens im Alter möglich sind. Gesundheit im Alter ist damit ebenso multidirektional wie Altern. Im Sinne des erweiterten Gesundheitsverständnisses nach Kruse et al. (2002), welches eng mit dem Konzept des „aktiven Alterns" verbunden ist, gehören neben physischen und psychischen Gesundheitsaspekten noch weitere Facetten, wie z.B. Selbstständigkeit im Alltag, Selbstverantwortung, die Fähigkeit zur psychischen Verarbeitung bleibender Einschränkungen und Verluste sowie die Offenheit für neue Erfahrungen und Anregungen zur Gesundheit im Alter, dazu. Gerade solche Facetten können durch Weiterbildung im Alter gestärkt werden wie anschließend dargestellt wurde.

So wurde in Bezug auf die Bedeutung von Bildung im Alter gezeigt, dass Bildung viele verschiedene bedeutsame Rollen und Funktionen übernehmen kann, beispielsweise als Chance zur sozialen/gesellschaftlichen Teilhabe und Integration, als Möglichkeit sein Leben eigenverantwortlich zu gestalten sowie als Unterstützung zur Bewältigung und Anpassung an eine neue (Lebens-)Umwelt. Bildung im Alter kann hierbei jedoch nicht nur für das Individuum, sondern im Sinne des „produktiven Alterns" auch für die Gesellschaft ertragreich sein.

Den Fokus auf Weiterbildungsaktivitäten eingegrenzt, wurden darauffolgend aktuelle Ergebnisse zum Weiterbildungsverhalten Älterer in Deutschland auf Basis des AES 2016 vorgestellt. Hier zeigte sich, dass die Teilnahmequote von Weiterbildung bei Personen zwischen dem 50. und 69. Lebensjahr zwar zurückgeht, im Vergleich zu vorangegangen Erhebungsjahren die Teilnahmequote Älterer jedoch gestiegen ist. So hat 2016 fast die Hälfte der befragten 50- bis 64-Jährigen an einer Weiterbildung teilgenommen. Am häufigsten wurde dabei an einer betrieblichen und individuell-berufsbezogenen Weiterbildung partizipiert. Darüber hinaus wurden sowohl Motive und Barrieren als auch verschiedene Einflussfaktoren hinsichtlich der Weiterbildungsbeteiligung dargestellt. Dabei war festzustellen, dass sich einerseits die Weiterbildungsmotive je nach Lebensphase im Alter voneinander differenzieren, andererseits zeigte sich, dass ältere Personen, die bereits im Sinne des „aktiven Alterns" beziehungsweise „produktiven Alterns" einen aktiven Lebensstil verfolgten, auch eher an einer Weiterbildung teilnahmen.

In Anknüpfung an die soziale Alternsdimension stellte sich zudem heraus, dass der Bildungsstand beziehungsweise der soziale

Status ein bedeutender Prädiktor ist, nicht nur für die Gesundheit, sondern auch für die Weiterbildungsteilnahme. Für beide Bereiche trifft demnach zu, dass höher gebildete Personen eher an einer Weiterbildung im Alter teilnehmen und eher einen besseren Gesundheitszustand und eher ein gesundheitsförderliches Verhalten aufweisen als Personen mit einem niedrigeren Bildungsstand und sozialen Status. Mit Blick auf die Weiterbildungsbeteiligung im Alter bestätigen weitere empirische Studien, dass im Sinne des Matthäus-Prinzips bereits bildungsaktive Personen fortwährend aktiv sind und bildungspassive Personen passiv bleiben, wodurch sich die soziale Ungleichheit mit zunehmendem Alter weiter verstärkt (z.B. Gallistl, Wanka & Kolland 2018; Wienberg & Czepek, 2011). Gleiches gilt für die Gesundheit im Alter. Hierzu belegen bereits zahlreiche Studien, dass gesundheitliche Ungleichheit über die gesamte Lebensspanne hinweg bis ins hohe Lebensalter kumuliert (für einen Überblick: von dem Knesebeck & Schäfer, 2009). Die Beziehungen zwischen Altern, Gesundheit und Bildung lässt sich schließlich anhand der folgenden Abbildung veranschaulichen:

Abb. 2: Beziehungsverhältnisse von Alter, Gesundheit und Bildung

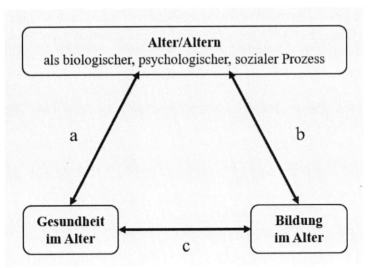

(Quelle: eigene Darstellung)

Mit Blick auf das Verhältnis von Gesundheit und Alter (a) ist festzuhalten, dass die Gesundheit im Alter insbesondere von der biologischen und teilweise psychologischen (kognitiven) Dimension
beeinflusst wird. Demnach treten beispielsweise gerade physische Erkrankungen im Alter häufiger auf. Zum anderen wurde erwähnt, dass die subjektive Gesundheit das Mortalitätsrisiko besser voraussagt, als der objektive Gesundheitszustand, weshalb besonders die subjektive Wahrnehmung von Gesundheit Einfluss
auf den Alternsprozess nehmen kann. Darüber hinaus können sich
gesunde Verhaltensweisen positiv auf den biologischen Alternsprozess auswirken.

Im Hinblick auf die Beziehung zwischen Bildung und Alter (b)
wurde dargelegt, dass Bildung, besonders im Hinblick auf Altern
als psychologischer und sozialer Prozess, auf unterschiedlichste
Weise eine wichtige Rolle spielt. So kann Bildung zum Beispiel

kognitiven Beeinträchtigungen entgegenwirken oder den Übergang in die Nacherwerbsphase positiv begleiten und gestalten. Umgekehrt kann das Alter beziehungsweise Altern Einfluss auf die Weiterbildungsteilnahme nehmen. Hier kommen besonders gesellschaftlichen und subjektiven Altersbildern eine wichtige Rolle zu, „wonach positive Altersbilder Weiterbildungs-bereitschaft und -beteiligung fördern, negative hingegen hemmend wirken, andererseits Personen mit mehr Weiterbildungserfahrungen positive Altersbilder aufweisen" (Dörner, Loos, Schäffer & Wilke, 2011, S. 08-2). Schließlich werden das Lerninteresse, die Lernmotivation und die Lernleistung vom Selbstbild und damit auch vom eigenen Selbstvertrauen und Selbstwertgefühl mitbestimmt (Siebert, 2011; Strobel, Schmidt-Hertha & Gnahs, 2011).

Daran anknüpfend wurde in Bezug auf das Verhältnis von Gesundheit und Bildung (c) gezeigt, dass die Gesundheit im Alter sowohl eine Weiterbildungsbildungsbarriere als auch einen Weiterbildungsanlass darstellen kann. Umgekehrt gibt es vor dem Hintergrund des erweiterten Gesundheitsverständnisses von Kruse et al. (2002) und im Rahmen des „aktiven Alterns" Hinweise darauf, dass die Teilnahme an Weiterbildungen im Alter zu einer besseren Gesundheit beiträgt. Doch wie ist es möglich, dass die Teilnahme an Weiterbildungen zu gesundheitsbezogenen Erträgen führt? Dieser Frage wird im Folgenden nachgegangen.

3 Der Einfluss von Bildung auf Gesundheit – das *self-in-context* Modell

Um darzulegen, auf welche Art und Weise die Teilnahme an Weiterbildungen zu gesundheitsbezogenen Erträgen führen kann, wird auf das *self-in-context* Modell von Feinstein et al. (2006) zurückgegriffen, welches den theoretischen Rahmen der vorliegenden Arbeit bildet.

Das *self-in-context* Modell von Feinstein et al. (2006) stützt sich auf eine ausführliche Literaturreview, die sowohl theoretische Ansätze verschiedener Disziplinen (Public Health, Ökonomie, Soziologie, Psychologie, Anthropologie) als auch empirische Ergebnisse in den Blick nimmt, die unter anderem im Rahmen des Forschungszentrums „Wider Benefits of Learning" entstanden sind (siehe Kapitel 4.1). Obgleich das *self-in-context* Modell nicht explizit die Effekte von Weiterbildung, sondern vielmehr von Bildung generell auf die Gesundheit erklärt, lassen sich viele der genannten Wirkmechanismen gleichermaßen auf Weiterbildungskontexte übertragen. Zudem weisen Feinstein et al. (2006, p. 192) selbst daraufhin, dass Bildung nicht nur im Kontext von Schule, sondern auch darüber hinaus gesundheitsbezogene Erträge fördert und daher im gesamten Lebensverlauf betrachtet werden muss. Wird im Folgenden von Bildung gesprochen ist somit also Bildung über die gesamte Lebensspanne hinweg gemeint. Um dies zu verdeutlichen und spezifisch auf den Kontext von Weiterbildung einzugehen, erfolgt zu jedem nachstehenden genannten Wirkmechanismus zwischen Bildung und Gesundheit ergänzend ein Transfer auf den Weiterbildungskontext.

3.1 Grundannahmen des *self-in-context* Modells

Das *self-in-context* Modell gründet auf Bronfenbrenners (1979) sozialökologischen Ansatz beziehungsweise seiner Theorie über die „Ökologie der menschlichen Entwicklung", die von einer Personen-Umwelt-Interaktion ausgeht und wie folgt beschrieben wird:

> The ecology of human development involves the scientific study of the progressive, mutual accommodation between an active, growing human being and the changing properties of the immediate settings in which the developing person lives, as this process is affected by relations between these settings, and by the larger contexts in which the settings are embedded (Bronfenbrenner, 1979, p. 21).

Ableitend aus dieser Definition, postuliert Bronfenbrenner (1979) die drei folgenden grundsätzlichen Annahmen: Erstens stellt die sich entwickelnde Person eine wachsende dynamische Einheit dar, die sich allmählich in ihr Milieu hineinbewegt und es umstrukturiert. Zweitens ist die Beziehung zwischen Person und Umwelt reziprok. Drittens begrenzt sich das Konzept der Umwelt nicht auf ein einzelnes unmittelbares Umfeld, sondern erlaubt eine Kopplung zwischen mehreren Umfeldern sowie externen Einflüssen von übergeordneten Umfeldern. Die ökologische Umwelt wird hier, ähnlich wie ein Zwiebelschalenmodell, als ineinander geschachtelte konzentrische Systeme konzipiert. Dabei differenziert Bronfenbrenner (1979) zwischen Mikro-, Meso-, Exo- und Makrosystemen. Das Mikrosystem wird als Muster von Aktivitäten, sozialen Rollen und zwischenmenschlichen Beziehungen verstanden, die von der sich entwickelnden Person innerhalb eines Umfelds erlebt werden. Beispiele hierfür sind das Arbeitsumfeld, die Familie oder Weiterbildungseinrichtungen (Reck-Hog & Eckert, 2009; Eckert & Kadera, 2018). Mehrere Mikrosysteme bilden das Mesosystem. Dieses umfasst die Wechselbeziehungen zwischen den einzelnen Mikrosystemen, an denen sich die sich entwickelnde Person aktiv beteiligt. So können Wechselbeziehungen zwischen Freundes- und Bekanntenkreis, Familie, Arbeit und Weiterbildungseinrichtung auftreten (Reck-

Hog & Eckert, 2009; Eckert & Kadera, 2018). Demgegenüber bezieht sich das Exosystem auf die Umgebungen, bei denen die entwickelnde Person nicht direkt involviert ist, jedoch Ereignisse auftreten, die Einfluss auf das direkte Umfeld der sich entwickelnden Personen besitzen oder umgekehrt davon beeinflusst werden. Im Falle eines Kindes handelt es sich zum Beispiel bei dem Arbeitsplatz der Eltern um ein Exosystem. Das Makrosystem schließlich bezieht sich auf die Konsistenz der Form und Inhalte aller untergeordneter Systeme (Mikro-, Meso-, Exosysteme), die auf der Ebene der Subkultur oder gesamten Kultur angesiedelt sind (Bronfenbrenner, 1979).

Der Ansatz von Bronfenbrenner (1979) ist insofern im Hinblick auf das *self-in-context* Modell bedeutend, als das auch hier davon ausgegangen wird, dass Personen in multiplen, vielschichtigen und interagierenden Kontexten leben, die unterschiedliche gesellschaftliche Verhältnisse und verschiedene gesundheitsfördernde beziehungsweise gesundheitsgefährdende Faktoren beinhalten. Die gesellschaftlichen Verhältnisse enthalten dabei innerhalb der unterschiedlichen Kontexte Strukturelemente, durch welche die Personen Beschränkungen ihrer Handlungsfähigkeit erleben, die sich nicht zuletzt auch auf die Genese ihrer Gesundheit auswirken. So legt das *self-in-context* Modell folgende Annahme zu Grunde:

Individuals have a degree of agency in the determination of their mental and physical health. But that this agency is bounded by structures and contexts and by features of the self that constrain healthy choices that in other terms may seem rational (Feinstein et al., 2006, p. 180).

Demnach verfügt jede Person über ein gewisses Maß an Handlungsfähigkeit, mit der sie über den Zustand ihrer mentalen und physischen Gesundheit bestimmt. Diese Handlungsfähigkeit unterliegt jedoch Strukturen, Kontexten und Merkmalen des Selbst, welche gesundheitsbezogene Entscheidungen, die unter anderen Umständen sinnvoll erscheinen würden, begrenzen und somit die Gesundheit beeinflussen.

An dieser Stelle lautet die Kernhypothese des *self-in-context* Modells, dass Bildung zu gesundheitsbezogenen Erträgen führt, indem sie gesundheitsbezogene Entscheidungen sowohl auf der Ebene des Selbst (personenbezogene Ebene) als auch auf der Ebene des Kontextes (kontextbezogene Ebene) beeinflusst. Bildung besitzt demnach einerseits einen direkten Effekt auf die Person selbst, indem sie personenimmanente Eigenschaften, die für gesundheitsbezogene Entscheidungen beziehungsweise gesundheitsbezogenes Verhalten relevant sind, unmittelbar beeinflusst. Andererseits beeinflusst Bildung Gesundheit indirekt, indem Bildung darüber mitentscheidet, in welchen Kontexten Personen leben beziehungsweise inwiefern sich Personen Kontexte, in denen sie leben wollen, aussuchen können, wobei jeder Kontext unterschiedliche gesundheitliche Risikofaktoren bereithält (Feinstein et al., 2006).

Grundlegend wird im Sinne des sozioökologischen Ansatzes angenommen, dass die personenbezogene und kontextbezogene Ebene dauerhaft miteinander interagieren, womit Effekte von Bildung eher dynamisch als statisch zu betrachten sind. Demnach moderiert Bildung gesundheitsschädliche Einflüsse von Kontexten auf eine Person, indem sie die Person mit Schutzfaktoren wie Autonomie oder Resilienz gegenüber Stress oder anderen umweltbedingten Risikofakten ausstattet und die Person so dazu befähigt, mit unterschiedlichen Kontexten, in denen sie lebt, angemessen umzugehen. Abhängig vom Ausmaß, in dem Bildung diese Facetten des Selbst fördert, befähigt und bestärkt Bildung somit die Person ihre Gesundheit zu beschützen und Krankheiten zu bewältigen (Feinstein et al., 2006).

3.1.1 Die Bedeutung von Bildung im *self-in-context* Modell

Grundsätzlich wird im *self-in-context* Modell zwischen *Bildung als Kontext* und *Bildung als Prozess* differenziert, da beides unterschiedliche Mechanismen, wie Bildung auf Gesundheit wirkt, impliziert.

In Bezug auf *Bildung als Kontext* umfassen Bildungskontexte wie Schulen, Universitäten oder andere Bildungsinstitutionen wichtige soziale Beziehungen, die das Erleben und die Entwicklung einer Person mitbedingen. Interaktionen mit Lehrenden, Eltern und Mitschülern/innen sind dabei für die Entstehung kultureller und persönlicher Identität wesentlich (siehe hierzu auch Eccles, 2007). Sowohl das Erleben von anderen gemobbt zu werden einerseits, als auch das Gefühl, ein gutes Verhältnis zu anderen Mitlernenden aufzubauen andererseits, kann demnach die eigene Wahrnehmung des Selbst und die eigenen Lernbemühungen verändern. Damit beziehen sich Feinstein et al. (2006) mit *Bildung als Kontext* vorwiegend auf formale und non-formale Bildungsaktivitäten, die im Rahmen organisierter Lernkontexte und mit anderen Lernenden stattfinden (siehe Kapitel 2.3.2).

Bildung als Prozess meint dagegen das Erleben des lehrplangeleiteten Lernens selbst sowie das Erleben mit der lehrenden Person in einer Interaktion zu sein, die durch unterschiedliche Stufen von Bildungserfahrungen mit dem Ziel Schlüsselkompetenzen, Werte und Fähigkeiten zu entwickeln, führt. Es handelt sich hierbei um eine komplexe Interaktion zwischen Lernenden und Lehrenden in einer spezifischen Form sozialer Interaktion. „This complex interaction includes within-person experiences of cognitive, affective and behavioural development as learners engage in cognitive processes that result from self-regulation and attention to the task of learning as well as from implicit and explicit reflection" (Feinstein et al., 2006, p. 189). Dabei wird nicht mehr nur von formalen und non-formalen Bildungsaktivitäten ausgegangen, sondern überdies informelles Lernen in den Blick genommen. Demzufolge werden hier auch Bildungsprozesse betrachtet, die außerhalb von Bildungsinstitutionen, beispielsweise am Arbeitsplatz, zu Hause oder innerhalb von intergenerationellen Prozessen wie Eltern-Kind-Interaktionen, stattfinden (siehe Kapitel 2.3.2).

3.1.2 Die Bedeutung von Gesundheit im *self-in-context* Modell

Dem *self-in-context* Modell wird ähnlich zu den bereits beschriebenen Gesundheitskonzepten (siehe Kap. 2.2.2) ein holistisches Gesundheitskonzept zugrunde gelegt, welches neben biologischen Merkmalen auch soziale und psychologische Aspekte berücksichtigt:

> The biopsychosocial model of health represents a departure from traditional biomedical thinking. Although it accepts the importance of biological determinants of health, it emphasises the reciprocal and dynamic interactions between different levels of human and social systems, from the biochemical to the sociocultural (Feinstein et al., 2006, p. 181; siehe auch Engel, 1977).

Dieses breitere Verständnis von Gesundheit bezieht sich im *self-in-context* Modell auf die Fähigkeiten der einzelnen Personen ihre (gesundheitlichen) Bestrebungen innerhalb ihres sozialen Umfelds zu realisieren. Dabei wird postuliert, dass zum einen die Bestrebungen nach Gesundheit individuell variieren, wodurch Gesundheit gewissermaßen weniger ein absolutes als vielmehr ein relatives Konzept darstellt. Zum anderen wird die Fähigkeit diese (individuellen) Bestrebungen zu verwirklichen und so die Gesundheit zu maximieren, durch das soziale Umfeld und die eigene Fähigkeit es zu steuern, begrenzt (Feinstein et al., 2006).

Vor diesem Hintergrund stellt das Gesundheitsverhalten im *self-in-context* Modell einen wichtigen Mediator beziehungsweise Moderator zwischen Bildung und Gesundheit dar und nimmt damit eine zentrale Rolle ein. Hierbei sind es zum einen der gesundheitsbezogene Lebensstil und zum anderen die Inanspruchnahme gesundheitsbezogener Dienstleistungen, die im Fokus stehen. Hinsichtlich des gesundheitsbezogenen Lebensstil sind Risikofaktoren, wie beispielsweise Rauchen, Alkoholkonsum, Ernährung oder körperliche Aktivität, relevant. Bezüglich der Inanspruchnahme gesundheitsbezogener Dienstleistungen ist nicht nur die Häufigkeit, sondern auch deren Effizienz gemeint sowie darüber hinaus die Art der Kommunikation mit den Gesundheitsfachkräften, die Beanspruchung von präventiven Behandlungen, das Befolgen der ärztlichen Empfehlungen, das Expertenwissen von Patienten/innen und der Zugang zu Gesundheitsvorsorgeleistungen auf kommunaler Ebene (Feinstein et al., 2006).

In diesem Zusammenhang dienen im *self-in-context* Modell die drei folgenden Aspekte als Indikatoren für Gesundheit: Eine *präventive* Komponente, die die Inanspruchnahme von gesundheitsbezogenen Dienstleistungen aus präventiven Gründen, wie z.b. reguläre Kontroll- oder Vorsorgeuntersuchungen, umfasst. Eine *reaktive* Komponente, die das Aufsuchen von Gesundheitseinrichtungen bei akuter Krankheit, Schmerzen, Unfall oder gesundheitsbezogenen Beeinträchtigungen beinhaltet. Der *Umgang* mit chronischen Erkrankungen und/oder Behinderungen (Feinstein et al., 2006, p. 187).

Zusammenfassend lassen sich folgende zentralen Grundannahmen des *self-in-context* Modells festhalten:

1. Menschen leben in multiplen, vielschichtigen interagierenden Kontexten;

2. Jeder dieser Kontexte stellt einen Bereich sozialer beziehungsweise gesellschaftlicher Verhältnisse und umweltbezogener Gesundheit dar und

3. Bildung besitzt einen Einfluss auf jeden Faktor innerhalb jedes Kontextes auf jeder Ebene (Feinstein et al., 2006, p. 188).

Wie Bildung vor diesem Hintergrund gesundheitsbezogene Erträge fördern kann und welche personen- und kontextbezogenen Faktoren dabei eine Rolle spielen, wird im Folgenden skizziert. Dazu werden jeweils die einzelnen relevanten Faktoren vorgestellt, deren Bedeutung für die Gesundheit dargelegt und der Einfluss von Bildung auf die jeweiligen Faktoren erläutert.

3.2 Bedeutende personenbezogene Faktoren (Selbst)

Auf der personenbezogene Ebene stehen im *self-in-context* Modell besonders die Facetten des *Selbst* im Fokus, von denen angenommen wird, dass sie einerseits durch Bildungsprozesse beeinflussbar sind und andererseits wichtige Prädiktoren für das Gesundheitsverhalten beziehungsweise die Gesundheit darstellen. Konkret handelt es sich hierbei um die Facetten *Überzeugungen (Selbstkonzepte und Gesundheitsüberzeugungen), Zukunfts-erwartung* und *Resilienz* (Feinstein et al., 2006).

3.2.1 Überzeugungen über sich selbst (Selbstkonzepte)

Particularly important potential mediators of education effects on health are self-concepts of self-esteem and self-efficacy (Feinstein et al., 2006, p. 194).

Gedächtnispsychologisch[17] betrachtet, werden Selbstkonzepte von bereitgestellten Informationen im sozialen Umfeld einer Person und deren Fähigkeit, die Informationen zu verarbeiten, bedingt (Markus, 1977; Filipp, 2006). Der Mensch wird damit als informationsverarbeitendes System und als aktiver Konstrukteur seines Wissens betrachtet (Filipp, 1993). Das bedeutet, dass das Selbstkonzept aus der Erfahrung beziehungsweise aus der Informationsverarbeitung selbstbezogener Informationen resultiert. Unter „selbstbezogen" sind hier die Informationen gemeint, die ungeachtet der Herkunft und Qualität vom Individuum als selbstbezogen kodiert werden (Filipp, 1993).

Selbstkonzepte können aus dem eigenen Handeln, physischen Gefühlsreaktionen, Kognitionen, Emotionen und Motivationen resultieren. Darüber hinaus speisen sich Selbstkonzepte aus dem sozialen Vergleich oder aus Interaktionen mit anderen (Markus & Wurf, 1986). Filipp (1993) spricht in diesem Zusammenhang von *komparativen Prädikaten-Selbstzuweisungen*, wonach sich Personen hinsichtlich bestimmter Merkmale mit anderen Personen vergleichen und so Informationen über sich selbst eruieren. Hierbei ist die Referenzgruppe bedeutsam, da die selbstbezogenen Informationen nicht nur aus dem sozialen Bezugssystem, in dem die Person integriert ist, sondern auch aus einer frei gewählten Referenzgruppe stammen können. Shavelson et al. (1976) spricht in diesem Zusammenhang von einer evaluativen Komponente des Selbstkonzepts, wonach sich Personen in einer spezifischen Situation entweder hinsichtlich „absoluten" Maßstäben (in Bezug auf ein „Ideal") oder bezüglich „relativen" Maßstäben (im Vergleich

---

[17] Inzwischen gibt es ein Gros an Theorien und Modellen zur Entwicklung und Bedeutung von Selbstkonzepten, die sich grob in gedächtnispsychologische, sozialpsychologische und entwicklungspsychologische Modelle differenzieren lassen (siehe Möller & Trautwein, 2015). Im *self-in-context* Modell werden besonders Ansätze gedächtnispsychologischer Modelle betrachtet, weshalb in diesem Kapitel vorwiegend eine gedächtnispsychologische Sichtweise auf das Selbstkonzept eingenommen wird.

zu Peers oder signifikanten Dritten) selbstbewerten. Diese evaluative Komponente des Selbstkonzepts wird in der Literatur oftmals auch als Quelle des **Selbstwertgefühls**[18] beschrieben: „Der Selbstwert resultiert als affektive Komponente des Selbst aus den Bewertungen der eigenen Person oder von Aspekten, die die eigene Person ausmachen. Somit können sich die Bewertungen auf Persönlichkeitseigenschaften, Fähigkeiten oder aber auch auf das eigene emotionale Erleben beziehen" (Lohaus & Vierhaus, 2015, S. 181; siehe auch Herzberg & Roth, 2014; Mummendy, 2006; Schütz, 2000). So setzt sich das Selbstkonzept aus verschiedensten Selbstbildern zusammen, die positiv oder negativ sein können, sich auf aktuelle oder vergangene Erfahrungen beziehen oder widerspiegeln, wie oder was man selbst gerne wäre („Ideal"-Selbst), sein sollte, sein könnte, sein müsste oder aber fürchtet zu sein (Markus & Wurf, 1986).

Damit kommt dem Selbstkonzept auch eine motivationale Komponente zu, die sich zum einen darin zeigt, dass Personen stets versuchen, einen positiven Gemütszustand zu erreichen beziehungsweise beizubehalten (Selbstkonsistenz), zum anderen äußert sie sich in dem Bedürfnis nach Selbstverwirklichung, also dem Wunsch, sich selbst zu verbessern oder zu verändern, sich zu entwickeln, zu wachsen und das eigene Potential auszuschöpfen. So besitzt die wahrgenommene Diskrepanz zwischen dem aktuellen Selbst und dem „Ideal"-Selbst eine motivationale Funktion bestimmte Handlungen auszuführen, um dem „Ideal"-Selbst zu entsprechen. Voraussetzung hierbei ist, dass die Diskrepanz zwischen beidem wahrgenommen wird und der Blick nicht nur auf

---

[18] Das Selbstwertgefühl wird in der Literatur jedoch nicht immer als eine Komponente des Selbstkonzepts gesehen, sondern auch als Synonym für das Selbstkonzept verwendet. Marsh und Martin (2011) zum Beispiel gebrauchen den Begriff des Selbstwertgefühls als Synonym für das globale Selbstkonzept im Modell von Shavelson et al. (1976).

dem aktuellen oder nur dem „Ideal"-Selbst ruht (Markus & Wurf, 1986).

Das Selbstkonzept besitzt damit einen direkten Einfluss auf das Verhalten und ist ein wichtiger Bestandteil von Selbstregulationsprozessen, in denen es besonders um das Setzen und Verfolgen von Zielen geht (Markus & Wurf, 1986; Schütz & Sellin, 2003). Personen mit hohem Selbstwertgefühl setzen sich demzufolge eher hohe Ziele (Schütz & Sellin, 2003). Eng damit verbunden ist die **Selbstwirksamkeitserwartung** als weitere Facette des Selbst, da Personen grundsätzlich Ziele anstreben, von denen sie die Erwartung haben, fähig zu sein, sie zu erreichen. Diese selektive Zielsetzung wird durch affektive Faktoren beeinflusst, die bestimmen, welche Handlungsweise bevorzugt wird. Zu diesen affektiven Faktoren gehören Bedürfnisse, Motive und Werte. Diese drei Eigenschaften besitzen gleichzeitig Auswirkungen auf das Selbstkonzept, da sie dazu beitragen, wie das Selbstkonzept geformt oder was für ein Selbstkonzept aktiviert wird. Zum Beispiel sucht eine Person mit einem großen Bedürfnis nach Erfolg eher nach herausfordernden Situationen, wodurch diese Person das Selbstkonzept eines „Aufsteigers" entwickelt. Dieses aktivierte Selbstkonzept wiederum kann bestimmte Bedürfnisse, Motive und Werte hervorrufen und damit auch Ziele, nach denen die Person strebt, determinieren (Markus & Wurf, 1986).

Überdies wird angenommen, dass es nicht *das eine* Selbstkonzept gibt, sondern es eher darauf ankommt, welche Selbstkonzepte in einer bestimmten Situation zugänglich sind und abgerufen werden können. In diesem Zusammenhang sprechen Markus & Wurf (1986) auch von einem „working self-concept":

The idea is simply that not all self-representations or identities that are part of the complete self-concept will be accessible at any one time. The working self-concept, or the self-concept of the moment, is best viewed as a continually active, shifting array of accessible self-knowledge (p. 306).

Wie deutlich wird, sind das Selbstwertgefühl und die Selbstwirksamkeitserwartung bedeutende Komponenten des Selbstkonzepts, die nicht zuletzt im Handlungsprozess wichtige Funktionen einnehmen. Auch im Rahmen des *self-in-context* Modells besitzen beide Facetten des Selbst einen wichtigen Stellenwert, weshalb im Folgenden auf beide Konzepte und ihre Bedeutung für den Zusammenhang zwischen Bildung und Gesundheit näher eingegangen wird.

Selbstwertgefühl

Das Selbstwertgefühl als affektive Komponente des Selbstkonzepts resultiert aus unterschiedlichen Quellen und wird durch verschiedene Faktoren beeinflusst. Als wichtige Informationsquellen für die Selbstbewertung gelten *Selbstwahrnehmung, soziale Rückmeldung* und *soziale Vergleiche*, wobei Selbstwahrnehmung die wichtigste Informationsquelle darstellt (Schütz, 2000). So wurden in der qualitativen Studie von Schütz (2000), an der 60 Studierende partizipierten, die „wahrgenommenen individuellen Fähigkeiten und Erfolge" am häufigsten als Quelle des Selbstwertgefühls genannt, gefolgt von „Eingebunden sein in befriedigende soziale Beziehungen" an zweiter und „soziale Kontaktfähigkeit" an dritter Stelle. Auf den beiden letzten Plätzen rangierten „Selbstakzeptanz" (unabhängig von Leistungen, sozialer Akzeptanz oder Fähigkeiten) sowie „Überlegenheit über andere" (S. 64f). Analog bezeichnen Potreck-Rose und Jacob (2010) Selbstakzeptanz (Positive Einstellung zu sich selbst), Selbstvertrauen (Positive Einstellung zu den eigenen Fähigkeiten und Leistungen), soziale Kompetenz (Erleben von Kontaktfähigkeit) und ein soziales Netz (Eingebunden sein in positive soziale Beziehungen) als die vier Säulen, auf denen der individuelle Selbstwert ruht.

Im Hinblick auf diese unterschiedlichen Informationsquellen kann das Selbstwertgefühl, sowohl durch *Bildung als Prozess*, als auch durch *Bildung als Kontext* gefördert werden. Beispielsweise belegen Studien in Bezug auf Weiterbildungen, dass durch den Erwerb neuer Fähigkeiten oder durch das Vertraut werden mit (neuen) Technologien das Selbstvertrauen und damit auch das Selbstwertgefühl einer Person unterstützt werden (siehe Watters & Turner, 2001) und, dass Erfolgs- und Misserfolgserlebnisse in einer Weiterbildungssituation das Selbstwertgefühl einer Person beeinflussen (siehe Hammond, 2004). Zudem ist empirisch belegt, dass durch das Erleben von Kontaktfähigkeit und durch das Eingebundensein in positive soziale Beziehungen innerhalb eines Weiterbildungskontextes sowie durch die Integration in eine Gruppe völlig Fremder das Selbstwertgefühl erhöht wird (siehe Hammond, 2004; Tett & Maclachlan, 2007). Zusätzlich zeigt die Studie von Hammond (2004), dass das Ethos innerhalb einer Weiterbildungsveranstaltung zu einem positiven Selbstwertgefühl führen kann, wenn beispielsweise vermittelt wird, dass jeder, unabhängig seiner Herkunft oder seines biografischen Hintergrunds gleichbehandelt wird. Des Weiteren fassen Potreck-Rose und Jacob (2010) bezüglich verschiedener Therapieformen zur Steigerung des Selbstwertgefühls zusammen: „Der wesentliche Wirkfaktor soll dabei – implizit oder explizit – die neuen Erfahrungen innerhalb der Therapie sein. Dadurch können Patienten oder Klienten ihren Horizont erweitern, sie erleben sich in einem bisher unbekannten Bereich als kompetent und lernfähig" (S. 13). Zwar soll hier Weiterbildung keineswegs als eine Therapieform verstanden werden, jedoch lassen sich die Aspekte „neue Erfahrungen", „Horizont erweitern", „in einem bisher unbekannten Bereich als kompetent und lernfähig erleben" als wichtige Faktoren zur Steigerung des Selbstwertgefühls, ebenso treffend auf Weiterbildungskontexte übertragen. So wird z.B. auch in der qualitativen Studie von Hammond (2004, p. 556) im Zusammenhang mit einem höheren Selbstwertgefühl von einem „Therapeutischen Effekt" von Weiterbildung berichtet.

Im Hinblick auf die Beziehung zwischen Selbstwertgefühl und Gesundheit ist zunächst auf die Bedeutung des Selbstwertgefühls bezüglich Selbstregulationsprozesse zu verweisen. Hier kann das Selbstwertgefühl auf zwei Wegen verhaltensregulierend wirken. Zum einen kann es als motivationale Komponente Verhalten, mit dem Ziel das Selbstwertgefühl zu erhöhen oder zu schützen, steuern (Schütz, 2000). Zum anderen kann die Einstellung zur eigenen Person beziehungsweise die eigene Wertschätzung Verhalten beeinflussen. In Bezug auf Gesundheit ist besonderes Letzteres bedeutsam. So beschreibt Emler (2001) den Zusammenhang zwischen Selbstwertgefühl und gesundheitsbezogenem Handeln folgendermaßen:

> As a generalisation, it might be said that people who have or admit to low self-esteem – a poor opinion of themselves – treat themselves badly and may invite bad treatment by others. They do not, however, tend to treat others badly (p. 59).

In seiner Studie stellt er dementsprechend fest, dass Personen mit einem niedrigen Selbstwertgefühl eher zu Depressionen oder einem gestörten Essverhalten neigen. Umgekehrt deutet die Studie von Piko, Varga und Mellor (2016) darauf hin, dass ein hohes Selbstwertgefühl eine protektive Wirkung auf die Gesundheit besitzt. In diesem Zusammenhang zeigt eine aktuelle quantitative Studie, dass das Selbstwertgefühl bei Personen mit Typ II Diabetes einen signifikanten Prädiktor hinsichtlich eines gesunden Verhaltens (z.B. angemessene Essgewohnheiten, Prophylaxe, positive psychische Einstellung) darstellt (Rode & Rode, 2018). Darüber hinaus verweist ein systematischer Vergleich verschiedener Studien, dass Patienten/innen mit einem höheren Selbstwertgefühl eine bessere Therapiecompliance besitzen, sie also eher den Therapieanweisungen folgen, als Personen mit einem niedrigeren

Selbstwertgefühl (Kotterba & Orth, 2008). Auch bei gesunden Menschen wurden bereits positive Zusammenhänge zwischen Selbstwertgefühl und gesundheitsbezogenem Verhalten empirisch belegt. So konnte in der quantitativen Studie von Kavas (2009) festgestellt werden, dass Personen mit einem höheren Selbstwertgefühl signifikant weniger Alkohol und Drogen konsumierten als Personen mit einem niedrigeren Selbstwertgefühl. Suchtverhalten kann hierbei ferner als ein Versuch der Stabilisierung eines beschädigten Selbstwertgefühls gesehen werden (Schütz, 2000).

Selbstwirksamkeitserwartung

Besonders bezüglich des Handlungsprozesses ist die Selbstwirksamkeitserwartung als Facette des Selbst im *self-in-context* Modell von Bedeutung. Bandura (1977) definiert die wahrgenommene Selbstwirksamkeitserwartung einerseits, als die Erwartung durch eine bestimmte Verhaltensweise ein spezifisches Ziel zu erreichen (Ergebniserwartung) und andererseits, als die Überzeugung, fähig zu sein, diese Verhaltensweisen ausführen zu können (Wirksamkeitserwartung).

Outcome and efficacy expectations are differentiated, because individuals can believe that a particular course of action will produce certain outcomes, but if they entertain serious doubts about whether they can perform the necessary activities such information does not influence their behaviour (Bandura, 1977, p. 193).

Korrespondierend zum Selbstwertgefühl, speist sich auch die Selbstwirksamkeitserwartung aus unterschiedlichen Informationsquellen. Bandura (1977) beschreibt hierbei vier unterschiedlich bedeutsame Quellen, die bereits darauf schließen lassen, dass Bildung erneut sowohl als *Prozess*, als auch als *Kontext* bei der

Ausbildung beziehungsweise Stärkung der Selbstwirksamkeitser-wartung von Bedeutung ist.

Bei der ersten und einflussreichsten Quelle der Selbstwirksam-keitserwartung handelt es sich um die *eigene Erfolgs- bezie-hungsweise Misserfolgserfahrung*, die beispielsweise in einem Bildungskontext erlebt werden kann. Hierbei kommt es nicht zwangsläufig auf den tatsächlichen, sondern vielmehr auf den wahrgenommenen Erfolg oder Misserfolg an. Hat sich bereits durch wiederholten Erfolg ein starkes Selbstwirksamkeitsgefühl gebildet, besitzen Misserfolgserlebnisse einen geringen Einfluss auf die Selbstwirksamkeit. Zudem kann gelegentliches Versagen durch wiederholte Anstrengungen kompensiert werden und dazu führen, dass das Selbstwirksamkeitsgefühl dahingehend gestärkt wird, dass auch die schwersten Aufgaben durch anhaltenden An-strengungen gemeistert werden können. Ist das Selbstwirksam-keitsgefühl einmal aufgebaut, kann es auch auf andere Situatio-nen übertragen werden. Dabei gilt, je mehr die Situation der Er-folgssituation gleicht, desto größer ist die Wahrscheinlichkeit, dass die positiven Auswirkungen dieselben sind. Demnach kann das Gefühl, eine stressvolle Situation erfolgreich bewältigt zu ha-ben auch bei der Bewältigung alltäglicher Ängste und Probleme helfen (Bandura, 1977). Dass Erfolgserlebnisse in Weiterbil-dungssituationen zu einer erhöhten Selbstwirksamkeitserwartung führen, konnte bereits in den Studien von Hammond (2004) sowie Hammond und Feinstein (2005) sowohl quantitativ als auch qua-litativ empirisch belegt werden. Gleiches gilt für die Übertragbar-keit der erhöhten Selbstwirksamkeitserwartungen durch Lerner-fahrungen auf Situationen außerhalb des Weiterbildungskontex-tes (siehe z.B. Hammond & Feinstein, 2005; Tett & Maclachlan, 2007).

Als zweite und weniger einflussreiche Quelle der Selbstwirksamkeitserwartung werden *stellvertretende Erfahrungen durch Beobachtung und Verhaltensmodellen* genannt, die einen Beitrag zur eigenen Selbstwirksamkeitserwartung leisten. Hierbei hängt die Bewertung der eigenen Fähigkeiten nicht nur von der wahrgenommenen eigenen Leistung, sondern auch von den vergleichbaren Leistungen anderer, zum Beispiel anderer Lernenden, ab. Demzufolge erhöht sich durch die Beobachtung anderer, die eine schwierige/bedrohende Situation meistern, die eigene Selbstwirksamkeitserwartung (Bandura, 1977). Allerdings zeigt die qualitative Studie von Klassen und Lynch (2007), in der junge Erwachsene mit Lernschwierigkeiten interviewt wurden, dass es auch zu einer Reduzierung des Selbstvertrauens kommen kann, wenn beobachtet wird, dass nur alle anderen Erfolg haben. In diesem Zusammenhang ist in der Studie von Hammond (2004) zu beobachten, dass es für Personen mit Beeinträchtigungen, wie z.B. Legasthenie, von Vorteil ist, wenn sie mit anderen Personen lernen, die ähnliche Beeinträchtigungen aufzeigen, da die Situation für sie so weniger „bedrohlich" erscheint.

Ähnlich zu der *direkten Prädikatenzuweisung durch andere Personen* als Quelle des Selbstkonzepts (Filipp, 1993) stellt die dritte Ressource für das Selbstwirksamkeitsgefühl *sprachliche Überzeugungen* (Ausdruck von Glauben an die eigene Person durch signifikant Andere) dar. Besonders einflussreich sind diese, wenn sie von Personen kommen, die in dem entsprechenden Bereich als kompetent wahrgenommen werden wie z.B. Lehrende. Grundsätzlich ist diese Quelle jedoch schwächer als die anderen beiden, weil sie keine authentische Erfahrungsgrundlage bietet (Bandura, 1977), da die Situation selbst nicht erlebt wird. Nichtsdestotrotz konnte bereits empirisch belegt werden, dass gutes Zureden durch den Lehrenden auch in Weiterbildungssituationen die Selbstwirksamkeitserwartung beziehungsweise das Selbstvertrauen einer

Person erhöht (Hammond, 2004; Klassen & Lynch, 2007; Narushima & Diestelkamp, 2018).

Die letzte und am wenigsten einflussreiche Quelle für die Selbstwirksamkeitserwartung wird von der *Wahrnehmung der eigenen Gefühlsregung* gebildet. So besitzt jede emotionale Erregung, die durch bestimmte Situationen entsteht, einen informativen Wert hinsichtlich der eigenen Kompetenz. Eine hohe negative Gefühlserregung, wie z.B. Erröten oder Schwitzen, schwächt dementsprechend die Leistung, weshalb Personen eher Erfolg erwarten, wenn sie nicht von negativen Erregungen erfasst werden. Potentiell stressvolle Situationen, die kontrolliert werden können, werden hierbei weniger als bedrohlich erlebt. Zudem kann die wahrgenommene Selbstkompetenz, die Empfänglichkeit für die Selbsterregung beeinflussen. Demnach sind Personen, die bemerken, dass sie weniger verletzlich sind, als sie vorher angenommen hatten weniger anfällig für ängstliche Gedanken in bedrohenden Situationen (Bandura, 1977). In diesem Zusammenhang berichteten Befragte in der qualitativen Studie von Klassen und Lynch (2007), dass bei erhöhter Nervosität das Selbstvertrauen sinkt und Selbstzweifel an den eigenen Fähigkeiten entstehen.

Übertragen auf eine Weiterbildungsmaßnahme sind zusammenfassend folglich die Wahrnehmung des eigenen Erfolgs, die Bewertung der eigenen Leistung im Verhältnis zur Leistung Anderer, der Zuspruch des Dozierenden sowie die Wahrnehmung der eigenen Gefühle in der Weiterbildungssituation für die Förderung der Selbstwirksamkeitserwartung bedeutsam.

Gleichzeitig stellt die Selbstwirksamkeitserwartung als Facette des Selbstkonzepts eine bedeutende Komponente vieler unterschiedlicher Theorien zur Erklärung des Gesundheitsverhaltens dar (z.B. sozial-kognitive Theorie nach Bandura, 1986; Theory of Planned Behavior nach Ajzen, 1991). Aber nicht nur theoretisch lassen sich Zusammenhänge zwischen der Theorie der Selbstwirksamkeitserwartung und der Gesundheit aufzeigen, auch empirisch gibt es inzwischen ein Gros an Belegen. So zeigt eine experimentelle Studie von Wiedenfeld et al. (1990), an der Bandura mitgewirkt hat, dass eine hohe Selbstwirksamkeitserwartung immunbiologische Stressreaktionen verhindert. Darüber hinaus lässt sich in einer jüngeren quantitativen Studie von Bai, Kohli und Malik (2017) beobachten, dass die Selbstwirksamkeitserwartung einen signifikanten Prädiktor für die mentale Gesundheit darstellt. Im selben Jahr wurde anhand einer systematischen Review verschiedener Studien zudem gezeigt, dass eine hohe Selbstwirksamkeitserwartung die Einhaltung verschriebener Medikamenteneinnahme fördert (Náfrádi, Nakamoto & Schulz, 2017). Einen Überblick über verschiedene Studien, die einen Zusammenhang zwischen der Selbstwirksamkeitserwartung und dem Gesundheitsverhalten wie beispielsweise Ernährung oder körperlicher Aktivität aufzeigen, finden sich bei Hohmann und Schwarzer (2009), die zusammenfassend konstatieren: „Wer selbstwirksam ist, kann sich vor dem Hintergrund seiner persönlichen Gesundheitsziele gut regulieren, kann ein geplantes Fitnessprogramm durchhalten, die selbst auferlegte Diät durchführen und Versuchungssituationen besser in den Griff bekommen" (S. 62).

3.2.2 Gesundheitsbezogene Überzeugungen

In terms of health and health care, beliefs are important because they drive behaviours that have implications for health outcomes. (…) Education can act as an initial source of information about health and health care, but is also important in triggering cues to action hrough the provision of new information in health promotion activities (Feinstein et al., 2006, p. 196ff).

Selbstwirksamkeitserwartungen spielen auch hinsichtlich gesundheitsbezogener Überzeugungen eine bedeutende Rolle (Rosenstock, Stecher & Becker, 1988). Im Hinblick auf die theoretische Konzeptualisierung von gesundheitsbezogenen Überzeugungen wird im *self-in-context* Modell auf das *Health Belief Model* von Rosenstock (1974) zurückgegriffen, welches zwar als Ursprung der Gesundheitsverhaltensmodelle gilt (Heuse & Knoll, 2018), inzwischen jedoch viel kritisiert und als veraltet deklariert wird (siehe Schwarzer, 2004). Nichtsdestotrotz ist das Konzept bedeutsam, da es veranschaulicht, wie gesundheitsbezogene Überzeugungen Verhaltensweisen auslösen können und woraus diese Überzeugungen resultieren (Feinstein et al., 2006).

Nach dem *Health Belief Model* wird demnach eine gesundheitsbezogene Handlung ausgeführt, wenn die folgenden Faktoren gleichzeitig auftreten:

1. Die Motivation, sich mit der eigenen Gesundheit auseinanderzusetzen (Gesundheitsmotivation)[19];
2. die Überzeugung, dass die eigene Gesundheit durch eine Erkrankung oder Folgeerkrankung bedroht wird (Vulnerabilität);
3. die Überzeugung, dass die erwartete Erkrankung mindestens einen mäßigen Schweregrad besitzt;
4. die Überzeugung, dass das erforderliche Gesundheitsverhalten besonders wirksam ist, es also zum erwarteten Ergebnis führt (Nutzen), ohne dass dabei viele Barrieren (Kosten) überwunden werden müssen. Mit „Barrieren" sind hier nicht nur finanzielle Ausgaben, sondern darüber hinaus emotionale oder soziale Aspekte gemeint (Rosenstock, 1974, p. 330f; siehe auch Heuse & Knoll, 2018).

In Bezug auf den letzten Aspekt wird die Theorie der Selbstwirksamkeitserwartung in das *Health Belief Model* inkorporiert (siehe

---

[19] Dieser Faktor wurde nachträglich von Rosenstock, Strecher und Becker (1988, p.177) ergänzt.

Janz & Becker, 1984). So wird die *Ergebniserwartung* mit dem „Nutzen" möglicher Handlungsoptionen gleichgesetzt, während sich die *Wirksamkeitserwartung* in den wahrgenommenen Barrieren beziehungsweise Kosten bezüglich der Handlungsoptionen widerspiegelt, wonach sich z.B. Personen selbst zu schwach halten können, um eine Verhaltensveränderung herbeizuführen (Schwarzer, 2004)[20]. Eine Person, die aus gesundheitsbezogenen Überzeugungen mit dem Rauchen aufhören möchte, muss demnach sowohl davon überzeugt sein, dass das Aufhören zu einem gesundheitlichen Nutzen (Ergebniserwartung) führt, als auch, dass sie dazu fähig ist, den Entzug auszuhalten (Wirksamkeitserwartung) (Rosenstock et al., 1988). Die Selbstwirksamkeitserwartung ist besonders in Bezug auf eine Veränderung im Lebensstil oder bezüglich verhaltensbezogener Faktoren bedeutsam. So ist das Vertrauen in die eigene Fähigkeit, sein Verhalten zu ändern, insbesondere bei Änderungen von Verhaltensweisen, wie beispielsweise Ernährungsänderungen, von Bedeutung (Strecher & Rosenstock, 1997).

Des Weiteren wurde die Komponente der Hinweisreize (cue to action) im *Health Belief Model* ergänzt, wonach sowohl interne als auch externe Reize einen Einfluss auf die wahrgenommene Gesundheitsbedrohung und das Gesundheitsverhalten besitzen. Während interne Reize körperliche Wahrnehmungen wie z.B. das Ertasten eines Knotens in der Brust beinhalten, können externe Reize beispielsweise Medienkampagnen oder die Erinnerungskarte des Zahnarztes für einen Kontrollbesuch sein (Rosenstock, 1974). Nicht zuletzt werden im *Health Belief Modell* demografische (z.B. Alter, Geschlecht), sozio-psychologische (z.B. Persönlichkeit, soziale Schicht, Bildung) sowie strukturelle Variablen

---

[20] Schwarzer (2004) begrüßt zwar diese Analogie zwischen dem *Health Belief Model* und der Selbstwirksamkeitserwartung, bleibt jedoch dabei, dass das *Health Belief Modell* hinsichtlich seiner Schwachpunkte auch dadurch nicht zu „retten" ist und andere Modelle zum Gesundheitsverhalten vorzuziehen sind (S. 43).

95

(z.B. Wissen über Krankheiten, frühere Erkrankungen) berücksichtigt, von denen angenommen wird, dass sie die Gesundheitskognitionen (sowohl die subjektive Wahrnehmung der Anfälligkeit/Bedrohung für eine Erkrankung und deren Schweregrad, als auch den wahrgenommenen „Nutzen" und „Kosten" einer entsprechenden präventiven Handlungsmaßnahme) beeinflussen (Rosenstock, 1974; Heuse & Knoll, 2018).

Vor diesem Hintergrund wird im Rahmen des *self-in-context* Modell davon ausgegangen, dass Bildung, insbesondere Gesundheitsbildung, auf unterschiedliche Weise zu gesundheitsbezogenem Handeln führt:

> Education can act as an initial source of information about health and health care, but is also important in triggering cues to action through the provision of new information in health promotion activities. Targeted and tailored health education that addresses both the beliefs that precede actions and the varied socio-demographic and cultural sources of beliefs can instigate actions around health (Feinstein et al., 2006, p. 198).

Demnach beeinflussen *edukative Programme* der Gesundheitsförderung die Faktoren „Vulnerabilität" (wahrgenommene Bedrohung) und die wahrgenommene „Wirksamkeit des Gesundheitsverhaltens" (Heuse & Knoll, 2018, S. 245). Beispiele hierfür sind unter anderem Warnschilder, wie sie auf Zigarettenschachteln oder auf Schildern an Autobahnen (z.B. zu Gefahren durch Alkohol am Steuer) zu finden sind. Besonders wirksam sind solche Furchtappelle, wenn sie zusätzlich mit Kompetenzinformationen ergänzt werden (Heuse & Knoll, 2018). In diesem Zusammenhang postulieren Mirowsky und Ross (1998), dass Bildung generell Personen zu effektiveren Nutzern von Informationen macht, da sie Informationen nicht nur einholen, sondern auch beabsichtigen, sie zu nutzen. Bildungsaffine Personen sind demnach

sensibler für solche gesundheitsbezogenen Informationen und e-
her gewillt, sie aktiv einzusetzen beziehungsweise sie zu befolgen
(siehe Kap. 3.4).

Inzwischen gibt es eine Reihe von Studien, die sowohl einen Zusammenhang zwischen Gesundheitsüberzeugungen und gesund-
heitsförderlichem Verhalten zeigen, als auch auf einen positiven
Effekt von unterschiedlichen Gesundheitsbildungsmaßnahmen
verweisen. So belegt die Studie von Didarloo, Nabilou und
Khalkhali (2017), dass eine hohe wahrgenommene Anfälligkeit,
ein hoher erwarteter Nutzen und eine hohe Selbstwirksamkeitserwartung signifikante Prädiktoren für eine Selbstuntersuchung der
Brust bei Studentinnen darstellen. Darüber hinaus erweist sich der
akademische Bildungsgrad der Studierenden als bedeutender Prädiktor für Brustselbstuntersuchungen, wonach Personen mit einer
Promotion eher die Brust abtasteten als Personen mit einem niedrigen akademischen Grad. Ferner ist festzustellen, dass je größer
das Wissen über Brustkrebs, desto höher ist die Wahrscheinlichkeit, dass die Studentinnen ihre Brust selbstuntersuchen. Eine
systematische Review verschiedener Studien deutet außerdem
darauf hin, dass Personen, die die Gesundheit weniger wertschät-
zen, eine geringere Selbstwirksamkeitserwartung besitzen, weniger an die Wirksamkeit von gesundheitlichen Check-Ups glauben, sich weniger fähig fühlen, ihre Gesundheit zu kontrollieren
und seltener an präventiven Gesundheitsvorsorgemaßnahmen für
kardiovaskuläre Krankheiten teilnehmen (Dryden, Williams,
McCowan & Themessl-Huber, 2012). Zu ähnlichen Ergebnissen
kommt auch eine aktuelle Studie von Okura et al. (2018), in der
belegt wird, dass ältere Erwachsene, die in gesundheitliche Vorsorgeuntersuchungen vertrauen und von deren Nutzen und Wirksamkeit sie überzeugt sind, eher an Vorsorgeuntersuchungen teilnehmen. Im Hinblick auf die Auswirkungen gesundheitsförderlicher Bildungsmaßnahmen zeigt eine experimentelle Studie von

Mohammadi, Karim, Talib und Amani (2017), dass eine bildungsbezogene Intervention, die besonders auf die Selbstwirksamkeitserwartung abzielte, bei Personen mit Typ II Diabetes positive Effekte auf die einzelnen Faktoren des *Health Belief Models* besitzt. Die Bildungsmaßnahme umfasste hierbei die Vermittlung von Informationen über Diabetes, Komplikationen von Diabetes sowie Informationen über die eigene Selbstfürsorge und selbstwirksamkeitsbezogenes Verhalten. Dabei wurde über körperliche Aktivitäten, gesunde Ernährung, Einhaltung medikamentöser Behandlung und über die Überwachung der eigenen Blutzuckerwert informiert. Überdies erhielten die Teilnehmenden eine Broschüre zu genanntem Thema. Die Kontrollgruppe erhielt hingegen lediglich eine Ernährungsberatung. Die Ergebnisse zeigen, dass folgende Faktoren des *Health Belief Models* nach der Bildungsmaßnahme in der Interventionsgruppe signifikant höher ausfielen als in der Kontrollgruppe: die wahrgenommene Anfälligkeit, wahrgenommene Schwere der Erkrankung, Selbstwirksamkeitserwartung und wahrgenommener Nutzen von Gesundheitsmaßnahmen. Demgegenüber verringerte sich der Faktor wahrgenommene Barrieren signifikant. Ähnliche Ergebnisse liefern weitere Studien, beispielsweise im Hinblick auf ernährungsbezogene Bildungsmaßnahmen bei Schwangeren (Diddana, Kelkay, Dola & Sadore, 2018) oder bezüglich präventiver Bildungsmaßnamen in Bezug auf das Rauchverhalten bei Studierenden (Panahi, Rameznkhani, Tavousi & Niknami, 2018).

Hiermit werden bereits Erträge von gesundheitsbezogenen Weiterbildungsmaßnahmen bestätigt. In der vorliegenden Arbeit geht es jedoch besonders um gesundheitsbezogene Erträge von Weiterbildungen, die inhaltlich keinen direkten Gesundheitsbezug aufweisen. Da im *Health Belief Model* die Selbstwirksamkeitserwartung eine zentrale Rolle spielt, ist jedoch davon auszugehen, dass auch eine nicht gesundheitsbezogene Weiterbildung, gesundheitsbezogene Überzeugungen beeinflussen kann.

3.2.3 Zukunftserwartung

Intertemporal choices are central to models of health behaviours. For example, choice about whether to smoke, whether to quit, and when to quit are in part determined by an individual's levels of time preference (…) In addition, school promotes thinking that is not simply about the here and now, and the education system values investment in the future (Feinstein et al., 2006, p. 198).

Ein weiterer Faktor auf der personenbezogenen Ebene, von dem postuliert wird, dass er eine bedeutende Rolle bei dem Zusammenhang von Bildung und Gesundheit spielt, ist die subjektive Zukunftserwartung[21]. Dabei wird im *self-in-context* Modell der ökonomische Ansatz der *Intertemporalen Entscheidung* verfolgt. *Intertemporale Entscheidungen* sind definiert als „decisions involving tradeoffs among costs and benefitis occuring at different times" (Frederick, Loewenstein, O'Donoghue, 2002, p. 351). Grundlegend geht es hierbei um die Frage, zu welchem Zeitpunkt eine Person den Nutzen eines bestimmten Guts vorzieht, wenn zwischen verschiedenen möglichen Zeitpunkten gewählt werden kann. In diesem Zusammenhang wird auch von dem Konzept der *Zeitpräferenz* gesprochen, wonach der Nutzen in der Gegenwart gegenüber einem späteren Nutzen in der Zukunft bevorzugt wird (Frederick et al., 2002). Jemand mit einer geringeren Zeitpräferenz zeichnet sich demnach durch Geduld und Selbstkontrolle aus, während eine Person mit einer hoch ausgeprägten Zeitpräferenz den Fokus mehr auf die Gegenwart und weniger auf die Zukunft legt (Zhang & Rashad, 2008).

Selbstkontrolle als inkorporierte Komponente *Intertemporaler Entscheidungen* (siehe Thaler & Shefrin, 1981) ist hierbei ein be-

---

[21] Im englischen Original wird hier von „valuation of future" gesprochen (siehe Feinstein et al., 2006).

deutsames Konzept, welches abseits der Ökonomie ähnliche Vorgänge auf kognitiver Ebene beschreibt: „Selbstkontrolle bezieht sich auf die bewusste Steuerung zur Verfolgung eines Zieles gegen konkurrierende Impulse, Bedürfnisse und Wünsche" (Groß & Kohlmann, 2018, S. 190). Nahezu jeder kennt inzwischen die Werbung, in der einem Kind ein Überraschungs-Ei mit dem Hinweis überreicht wird, dass das Kind, wenn es das Überraschungs-Ei nicht direkt isst, nach einer bestimmten Zeit, ein weiteres Überraschungs-Ei bekommt. Dieses Experiment geht zurück auf die Arbeitsgruppe von Mischel (z.B. Mischel, Ebbesen & Zeiss, 1972), der anstatt eines Überraschungs-Ei einen Marshmallow verwendete und so experimentell *Selbstkontrolle* im Sinne eines Belohnungsaufschubs („delay of gratification") untersuchte. Inzwischen wurde gezeigt, dass Kinder, denen es im Experiment gelang, eine Zeit lang zu warten und den Marshmallow nicht direkt zu essen, Jahre später ein höheres Selbstvertrauen besaßen sowie sich zuverlässiger und sozial kompetenter zeigten (Mischel et al., 2011; siehe auch Groß & Kohlmann, 2018).

Das Konstrukt der *Selbstkontrolle* nimmt auch in der „Theory of Crime" von Gottfredson und Hirschi (1990) eine zentrale Rolle ein, wonach eine niedrige Selbstkontrolle den wichtigsten Prädiktor hinsichtlich abweichendem Verhaltens im Sinne von Kriminalität darstellt: "In sum, people who lack self-control will tend to be impulsive, physical (as opposed to be mental), risk-taking, short-sighted, and non-verbal, and they will tend therefore to engage in criminal and analogous acts" (Gottfredson & Hirschi, 1990, p. 90). In diesem Zusammenhang neigen kriminelle Personen dazu, Handlungen zu vermeiden, deren langzeitige Kosten den direkten Nutzen übersteigen (Siegmunt, 2016). Ökonomisch gesprochen, besitzen kriminelle Personen also eine höhere Zeitpräferenz. Für die Ausbildung der Fähigkeit zur Selbstkontrolle sehen Gottfredson und Hirschi (1990) die Familie als bedeutendste Quelle. Inzwischen konnte jedoch gezeigt werden, dass noch weitere Bereiche für die Entwicklung von Selbstkontrolle essentiell sind von denen einer Bildung darstellt (siehe Buker, 2011). So vergleichen Baumeister, Vohs und Tice (2007) die Fähigkeit zur Selbstkontrolle mit der Funktion eines Muskels, wonach sie ebenso trainiert und gestärkt werden kann: „Self-control is enduring but not immutable, biologically linked but susceptible to learning-based influences" (Strayhorn, 2002a, p. 13). Demzufolge kann Bildung die Fähigkeit zur Selbstkontrolle fördern, wenn beispielsweise gezeigt wird, dass eine gewünschte Belohnung durch Anstrengungen erreicht werden kann und, dass dabei die Anstrengungen auch Spaß machen können. Oder die lehrende Person verdeutlicht, dass das angestrebte Ziel wichtig und bedeutend ist (Strayhorn, 2002b).

Auch im Hinblick auf *Zeitpräferenz* oder *Intertemporale Entscheidungen* stellt Bildung einen wichtigen Prädiktor dar:

> Schooling focuses students' attention on the future. Schooling can communicate images of the situations and difficulties of adult life, which are the future of childhood and adolescence. In addition, through repeated practice at problem-solving, schooling helps children learn the art of scenario simulation. Thus, educated people should be more productive at reducing the remoteness of future pleasures (Becker & Mulligan, 1997, p. 735f).

Bildung fördert dementsprechend die Fähigkeit der Lernenden, Gedanken über die Zukunft zu fokussieren, wobei davon auszugehen ist, dass hierfür nicht nur die Schulbildung, sondern Bildungsmaßnahmen allgemein ausschlaggebend sind (Perez-Arce, 2017). Daran anknüpfend konnte in einer Studie belegt werden, dass Bildung die „Kurzsichtigkeit" von Personen verringert, wodurch sie geduldiger werden und weniger dazu neigen, Entscheidungen aufgrund von unmittelbarer Befriedigung oder Überschätzung direkter Kosten zu treffen, die nicht zuletzt zu Verhaltensfehlern und damit zu einem geringeren Wohlbefinden führen können (Oreopoulus & Salvanes, 2011). Darüber hinaus hat sich bereits gezeigt, dass kognitive Fähigkeiten eine bedeutende Rolle bei der Bereitschaft auf eine verzögerte Belohnung zu warten, spielen (Perez-Arce, 2017; siehe auch Golsteyn, Grönqvist & Lindahl, 2013). So wurde in der Studie von Dohmen, Falk, Huffman und Sunde (2010) beispielsweise belegt, dass Personen, die höhere Werte bei den kognitiven Fähigkeiten (Verarbeitungsgeschwindigkeit[22]) erzielen, signifikant weniger ungeduldig waren. Eine Erklärung hierfür ist, dass Personen mit höheren kognitiven Fähigkeiten zum einen eine geringere Impulsivität zugeschrieben wird (Dohmen et al., 2010), zum anderen sind sie eher in der Lage, Kosten und Nutzen abzuwägen und aus diesem Grund eher dazu bereit, ein kalkuliertes Risiko einzugehen, um auf eine Belohnung zu warten (Burks, Carpenter, Goette & Rustichini, 2009). Wie bereits an anderer Stelle gezeigt, kommt hierbei Weiterbildung eine besondere Bedeutung zu, da sie kognitive Fähigkeiten trainiert und somit auch zu einer niedrigeren *Zeitpräferenz* beitragen kann (siehe Kap. 2.3.1).

Mit Blick auf die Gesundheit sind die Konzepte *Intertemporalen Entscheidungen* und *Zeitpräferenz* besonders in Bezug auf Selbststeuerungsprozessen bedeutend:

> Das Ausüben von gesundheitlichem Verhalten kann als prototypsiche Selbststeuerungsaufgabe angesehen werden (…), da es die Überwachung und Regulierung emotionaler Zustände erfordert, um den Fokus auf die langfristigen Konsequenzen des Verhaltens zu richten, anstatt z.B. der unmittelbaren, oftmals ungesunden Belohnung nachzugeben (Groß & Kohlmann, 2018, S. 192).

Hierbei spielt zudem eine Rolle, wann Personen die Kosten und Nutzen eines Gesundheitsverhaltens erwarten. Liegen die Kosten

---

[22] Gemessen anhand des Zahlen-Symbol-Test und des Wortschatz-Tests aus dem Hamburger Wechsler Intelligenztest für Erwachsene (Dohmen et al., 2010).

ungesunden Verhaltens in ferner Zukunft, der Nutzen dagegen ist unmittelbar erfahrbar, so werden eher impulsive Verhaltensschemata aktiviert, die zu ungesundem Verhalten führen (Groß & Kohlmann, 2018). In diesem Zusammenhang belegen Studien, dass die Personen mit einer höheren Ausprägung der *Zeitpräferenz*, also den gegenwärtigen Nutzen bevorzugen, eher rauchen (Scharff & Viscusi, 2011), wohingegen geduldige Personen signifikant weniger zu Übergewicht neigen (Golsteyn et al. 2013). Des Weiteren sind Personen mit einer höheren Selbststeuerungsfähigkeit eher körperlich aktiv, ernähren sich gesünder und weisen generell ein geringeres Risikoverhalten auf (Hall & Marteau, 2014).

Inwiefern das Konzept der *Intertemporale Entscheidung* als Mediator zwischen Bildung und Gesundheit fungieren kann, beschreibt Fuchs (1982, p. 95f) folgendermaßen: „that schooling actually affects time preference; those with more schooling are more willing to invest at a lower rate of return. Thus more schooling could result in better health by increasing investments in health".

3.2.4   Resilienz

Individuals who are more resilient may be inclined to respond in other ways, which are less damaging to their physical health and possibly more effective in reducing levels of experienced stress in the longer term. This is a very plausible explanation for effects of education on health (Feinstein et al., 2006, p. 199).

Im zweiten Kapitel wurde bereits deutlich, dass Resilienz einerseits ein wichtiger Aspekt von Gesundheit im Alter ist und andererseits durch Bildung beziehungsweise Weiterbildung gestärkt werden kann. So verwundert es nicht, dass Resilienz auch im Rahmen des *self-in-context* Modells einen wichtigen Mediator beim Zusammenhang von Bildung und Gesundheit darstellt.

Resilienz beschreibt ein Konstrukt psychischer Widerstandskraft, bei dem es sich weniger um eine personenbezogene Eigenschaft als vielmehr um einen Prozess handelt: „Resilience refers to a dynamic process encompassing positive adaptation within the context of significant adversity" (Luthar, Cicchetti & Becker, 2000, p. 543). Resilienz nicht als eine feste Variable, sondern als Mechanismus zu betrachten, liegt die Annahme zugrunde, dass sich in Abhängigkeit der Umstände die Ausprägung von Resilienz verändert (Rutter, 1987). So kann eine Person in einer bestimmten schwierigen Situation sehr resilient sein, in einer anderen dagegen nicht.

Die Ursprünge der Resilienz-Forschung liegen in den Arbeiten von Werner und Kollegen/innen (z.B. Werner & Smith, 1982; Werner, 2005), die auf einer Längsschnittstudie beruhen, welche die Entwicklung von Einwohner/innen der hawaiianischen Insel Kauai von Geburt an bis zum mittleren Erwachsenenalter verfolgte. Ziel der Studie war es, den Einfluss verschiedener biologischer und psychosozialer Risikofaktoren sowie die Auswirkungen von stressvollen Lebensereignissen und den gegenüberstehenden Schutzfaktoren zu identifizieren. Insgesamt wurden 698 im Jahre 1955 geborene Kinder untersucht. Die Teilnehmenden wurden jeweils im Alter von eins, zwei, zehn, achtzehn, zweiunddreißig und vierzig Jahren befragt, da diese Lebensalter als besonders bedeutsam für die Entwicklung von Vertrauen, Autonomie, Identität, Intimität, Zeugungskraft und Fleiß betrachtet werden (Werner, 2005). Mit Blick auf die untersuchten Schutzfaktoren beziehungsweise „protective mechanisms" (Rutter, 1987, p. 317) konnten bei resilienten Personen schließlich drei Bereiche protektiver Faktoren gefunden werden. Zum einen zeichneten sich resiliente Personen durch personenimmanente Schutzfaktoren wie beispielsweise Problemlösefähigkeit, höheres Selbstwertgefühl, Hilfsbereitschaft, Selbstwirksamkeitserwartung aus und waren dementsprechend davon überzeugt, dass sie Probleme durch ihr eigenes Handeln überwinden konnten (siehe auch Rutter, 1987). Zudem wiesen sie realistische Bildungs- und Berufspläne vor und zeigten höhere Erwartungen an ihre Zukunft als Personen mit Bewältigungsproblemen. Zum anderen zeigten sich im Umfeld der Familie und im weiteren sozialen Umfeld der resilienten Person eine Reihe weiterer Schutzfaktoren (siehe auch Garmezy, 1985; Rutter, 1987). Beispielsweise war es bedeutend, ob die Person eine enge Bindung zu einer emotional stabilen Bezugsperson aufbauen konnte oder nicht, ob Strukturen, Stabilität und Regeln innerhalb der Familie aufrechterhalten wurden und ob es männliche beziehungsweise weibliche Vorbilder innerhalb der Familie gab. Im weiteren sozialen Umfeld waren es besonders Vertrauenspersonen, die von resilienten Personen zur emotionalen Unterstützung und zu Zeiten von Krisen aufgesucht wurden. Ferner zählten häufig Lieblingslehrer/innen zu wichtigen positiven Vorbildern.

Zu den späteren Befragungszeitpunkten im Erwachsenenalter (32 Jahre und 40 Jahre) zeigte sich schließlich, dass viele der Befragten mit früheren Bewältigungsproblemen im Erwachsenenalter keinerlei Schwierigkeiten mehr hatten. Als essentieller Faktor, wodurch diese positive Veränderung erfolgte, wurde die „Eröffnung von Möglichkeiten" genannt, wobei die Teilnahme an einer Weiterbildung eine bedeutende Rolle einnahm:

Among the most potent forces for positive change for these youth in adulthood were continuing education at community colleges and adult high schools, educational and vocational skills acquired during service in the armed forces (…) "troubled" teenagers with the opportunity to obtain educational, vocational, and social skills that made it possible for them to move out of welfare dependence into a competitive job market. Such effects also carried forward to their children. Both the teenage mothers and the former delinquents who had made use of educational opportunities that were available to them in adulthood were eager to see their own sons and daughters succeed in school (Werner, 2005, p. 12f).

Neben dem hier beschriebenen Zugang zum Arbeitsmarkt durch den Erwerb notwendiger Kompetenzen kann Weiterbildung die Resilienz einer Person zudem fördern, indem sie, wie oben beschrieben, die Selbstwirksamkeitserwartung beziehungsweise das Selbstwertgefühl einer Person stärkt. Darüber hinaus bietet Weiterbildung als Kontext die Möglichkeit, wichtige soziale Beziehungen zu knüpfen, die im Sinne sozialer Unterstützung als protektiver Faktor bedeutend sind. Ebenso können Dozierende wichtige Vorbildfunktionen einnehmen. Zusammengefasst wirken hinsichtlich des Zusammenhangs zwischen Weiterbildung und Resilienz somit ähnliche Mechanismen wie im Hinblick auf die Facetten des Selbstkonzepts. Außerdem kann Weiterbildung, wie bereits beschrieben, die Resilienz fördern, indem sie in Form von unterstützenden Bildungsangeboten bei der Bewältigung von Alltagsanforderungen und bei der Verarbeitung von Belastungen hilft (Kruse & Maier, 2002).

Mit Blick auf Gesundheit ist Resilienz als Widerstandsfähigkeit besonders in Bezug auf den Umgang mit Stress relevant. So wird im self-in-context Modell davon ausgegangen, dass resiliente Menschen gesundheitsförderlicher leben, da sie Stressoren mit weniger gesundheitsschädigendem Verhalten (wie z.B. Rauchen oder Alkoholkonsum) begegnen (Feinstein et al., 2006). Zudem wird postuliert, dass resiliente Personen weniger chronischen Stress in Anbetracht eines Stressors oder eines stressvollen Lebensereignisses erleben. Da Stress durch eine Schwächung des Immunsystems sowohl den Ausbruch einer Krankheit auslösen als auch deren Fortschritt begünstigen kann (Ronaldson et al., 2016), weisen resiliente Personen demnach nicht nur ein gesünderes Verhalten, sondern auch eine bessere körperliche Gesundheit auf (Feinstein et al., 2006).

Das Konzept der Resilienz ist verwandt mit dem Modell der Salutogenese. Unterschiede liegen lediglich darin, dass die Salutogenese eher gesundheitswissenschaftlich und weniger entwick-
lungspsychologisch verortet ist und ihr Kern nicht die Frage ist,
was Menschen gesundmacht, sondern was Menschen gesund hält
(Salwski & Opwis, 2018). So geht Antonovsky (1979) im Modell
der Salutogenese der Frage nach, was einen Menschen (trotz wid-
riger Umstände) gesund hält. Um diese Frage zu beantworten,
formuliert er drei Komponenten, die das sogenannte Kohärenzgefühl einer Person determinieren:

> The sense of coherence is a global orientation that expresses the
> extent to which one has a pervasive, enduring though dynamic
> feeling of confidence that one's internal and external environ-
> ments are predictable and that there is a high probability that
> things will work out as well as can reasonably expected (An-
> tonovsky, 1979, S. 123).

Bei diesen drei Komponenten des *Kohärenzgefühls* handelt es
sich um *Verstehbarkeit, Handhabbarkeit* und *Bedeutsamkeit.*

Verstehbarkeit beschreibt das Ausmaß, in dem interne und externe Stimuli als kognitiv sinnhaft wahrgenommen und als geord-
nete, konsistente, strukturierte und klare Informationen aufgenommen werden. Dadurch können auch zukünftige Stimuli ein-
geordnet und erklärt werden. Jemand mit einer hohen Verstehbar-
keitskomponente erlebt Ereignisse, auch wenn sie negativ sind,
als Herausforderung. Das Ereignis oder seine Konsequenzen sind
für die Person ertragbar und es bringt Erfahrungen mit sich, mit
denen die Person umgehen kann (Antonovsky, 1979).

Mit *Handhabbarkeit* meint Antonovsky das Ausmaß, in dem eine
Person ihre eigenen geeigneten Ressourcen, um Anforderungen
zu begegnen, wahrnimmt. Dabei kontrolliert die Person selbst o-
der jemand anderes, auf den sich die Person aber verlassen kann,

die Ressourcen. Eine Person mit einer hohen Handhabbarkeits-komponente nimmt keine Opferrolle ein, sie kann auch mit be-dauerlichen Dingen umgehen ohne dabei endlos zu trauern (Antonovsky, 1979).

Die *Bedeutsamkeit* schließlich steht für das Ausmaß, in dem eine Person ihr Leben emotional als sinnvoll empfindet und Herausforderungen als wichtig genug erachtet, um in sie zu investieren und sich zu engagieren. Bedeutsamkeit ist demnach ein motivationales Element, in dem Herausforderungen willkommen sind und jeder Herausforderung genug Bedeutung beigemessen wird, um sie mit Würde zu überwinden (Antonovsky, 1979).

Inzwischen gibt es ein Gros an Studien, die einen Zusammenhang zwischen Kohärenzgefühl und Gesundheit belegen. So verweisen Studien sowohl auf einen signifikanten Moderatoreffekt des Kohärenzgefühls für den Zusammenhang von Stress und Gesundheit (z.B. Moksnes & Espnes, 2017; Moksnes & Haugan, 2015; Nilsen, Andel, Fritzel & Kåreholt, 2016) als auch auf einen direkten Effekt auf die selbstberichtete Gesundheit (Moksnes & Espnes, 2017), auf die mentale Gesundheit (Greimel et al., 2016) sowie auf das Gesundheitsverhalten (Länsimies, Pietilä, Hietasola-Husu & Kangasniemi, 2017).

Dass Bildung für das Kohärenzgefühl von Bedeutung ist und es durch Bildung gestärkt werden kann, zeigt nicht zuletzt das Buch „kohärenzorientierte Lernkultur" von Andrea Felbinger (2010), in welchem sie ein Modell zur kohärenzorientierten Lernkultur skizziert und abschließend resümiert:

> Die Tätigkeit in der Erwachsenenbildungspraxis konkretisiert sich als ein Prozess der Vermittlung von Deutungen, die eine Orientierung für die Lebensbewältigung darstellen. Eine kohärenzorientierte Lernkultur stärkt die Personen in ihrer Meinungsbil-

dung und Meinungsäußerung, sie fördert die Partizipationskul-
tur, stellt Ressourcen zur Krisenbewältigung zur Verfügung und
ermöglicht neue Deutungsmuster, wenn alte Denkschemata nicht
mehr adäquat sind. Sie fokussiert auf die Stärkung der Personen
in ihrer Lebensorientierung und orientiert sich gleichzeitig an einer emanzipatorischen Bildung mit dem Fokus der Partizipation
im sozialen Feld und der Teilnahme an gesellschaftlichen Verän-
derungs- und Entwicklungsprozessen. Eine Herausforderung in
dieser Lernkultur liegt in der Arbeit an der Entwicklung von Sub-
jektivität, d.h. im Bemühen, die Subjekte zu befähigen, ihre Le-
benswelt konstruktiv zu gestalten, ihr Leben aktiv zu bewältigen
und Sinn in ihren Erfahrungen im Leben zu finden (Felbinger,
2010, S. 222).

3.3 Bedeutende kontextbezogene Faktoren

Hinsichtlich der Merkmale des *Kontextes* wird im *self-in-context*
Modell zwischen den Begrifflichkeiten *Struktur, Umwelt* und
Kontext differenziert. Letzteres bezieht sich auf Bereiche, in denen Interaktionen zwischen Personen stattfinden. *Kontext* ist eine
Art Oberbegriff, der sowohl räumliche als auch nicht-räumliche
Bereiche umfasst, in denen Personen einer Ebene mit Personen
einer nächsthöheren Ebene interagieren können. Familie ist beispielsweise ein wichtiger Kontext, der gerade während der Kind-
heit die Entwicklung, das Verhalten und die Gesundheit prägt.
Darüber hinaus stellen Bildungsinstitutionen, Nachbarschaft o-
der, auf einer höheren Ebene, Gemeinden und Nationen, bedeutende Kontexte dar (Feinstein et al., 2006).

Der Begriff der *Umwelt* dagegen bezieht sich auf physische und
materielle Merkmale innerhalb der Kontexte, in denen die Personen leben und arbeiten und die einen Einfluss auf die Gesundheit
besitzen. Demnach bilden verschiedene riskante Umweltfaktoren,

wie beispielsweise körperliche Belastungen, Verschmutzung oder Toxizität, weitere potenzielle Mediatoren zwischen Bildung und Gesundheit ab (Feinstein et al., 2006).

Struktur, als letztes Merkmal des Begriffs Kontext, meint schließlich die sozialen beziehungsweise gesellschaftlichen Beziehungen und die darin inhärenten Autoritäts- und Machtverhältnisse sowie Zugangsmöglichkeiten zu Ressourcen, über die eine Personen in unterschiedlichem Ausmaß und in Abhängigkeit von den sozialen und gesellschaftlichen Verhältnissen, verfügt. Soziale Netzwerke und Peers sind hierbei besonders bedeutsam. So können Räume, an denen sich soziale interaktive Netzwerke bilden, wie beispielsweise zu Hause oder am Arbeitsplatz, als kontextuelle Quellen gesundheitlicher Risiko- oder Schutzfaktoren betrachtet werden. Peergroups beeinflussen darüber hinaus die Entwicklung kultureller Werte und Normen, wodurch sie bedeutsame Einflussfaktoren für das Gesundheitsverhalten und den Lebensstil einer Person darstellen (Feinstein et al., 2006).

Generell wird im *self-in-context* Modell davon ausgegangen, dass Kontexte nicht nur die Gesundheit oder das Gesundheitsverhalten beeinflussen können, sondern umgekehrt auch die Gesundheit beziehungsweise das Gesundheitsverhalten Kontexte und Merkmale des Selbst bestimmen. Im *self-in-context* Modell werden schließlich die vier folgenden Kontexte unterschieden, die hinsichtlich des Zusammenhangs zwischen Bildung und Gesundheit von besonderer Bedeutung sind:

1. Familie und Haushalt,
2. Arbeit und arbeitsbezogene Gesundheitsrisiken,
3. Nachbarschaft und Gemeinschaft,
4. Ungleichheit und soziale Kohäsion.

3.3.1 Familie und Haushalt

Die Kontexte *Familie* und *Haushalt* werden hinsichtlich der theoretischen Ansätze zur Erklärung des Zusammenhangs zwischen Bildung und Gesundheit nochmals differenziert. Während in Bezug auf den Kontext *Familie* besonders entwicklungspsychologische Ansätze und intergenerationelle Prozesse wie Eltern-Kind-Beziehungen im Fokus stehen, werden beim Kontext *Haushalt* erneut ökonomische Ansätze in den Blick genommen. Damit wird derselbe Kontext von zwei unterschiedlichen Perspektiven betrachtet.

Familie

> family context impacts on the health of children not just because of direct impacts of family health behaviours and family resources on immediate physical health but also because the beliefs and values in the home (cognitions) impact on the child's own developing agency and sense of self with important long-term implications for the child's own future health behaviours (…) The education of parents and carers is an important influence on children's health because it impacts on most of the features of this general model (Feinstein et al., 2006, p. 200).

„Familie ist die einzige bildungsrelevante Sozialform in der Bildungs-, Betreuungs- und Erziehungsprozesse permanent ineinander übergehen; in diesem Sinne sind die Interaktionsbeziehungen in der Familie diffus, reziprok und universell" (Böhnisch, 2018, S. 401). So geschieht der familiale Bildungsprozess in Familien einerseits durch Routine von Familientraditionen und andererseits durch alltägliche Familiengewohnheiten, in denen sich auch das Milieu der Familie niederschlägt (Böhnisch, 2018).

In diesem Sinne kann die Familie als Kontext durch die Vermittlung von Überzeugungen und Werten, Einfluss auf die Entwicklung der wahrgenommenen Handlungsfähigkeit und des Selbst des Kindes nehmen. Dadurch werden, wie oben beschrieben, wichtige Voraussetzungen für das spätere Gesundheitsverhalten und die Resilienz des Kindes geschaffen (Feinstein et al., 2006). Durch Interaktionen mit Eltern, Geschwistern und anderen Familienmitgliedern entstehen demnach Lernprozesse, aus denen sowohl die Weltsicht als auch das Selbstkonzept des Kindes hervorgehen (Ecarius, 2003). Hierbei spielen Familienthemen eine bedeutende Rolle, da sie in das Selbstkonzept integriert werden und einen identitätsstiftenden Moment biografischen Handels darstellen. In Bezug auf Familienthemen spricht Ecarius (2003) von „Handlungskonfigurationen, die in Interaktionen erlernt und im Laufe des Lebens über weitere Lernprozesse immer wieder umstrukturiert werden" (S. 538). So kann beispielsweise der frühe Verlust eines Elternteils dazu führen, dass gelernt wird sich mit unerwarteten Situationen auseinanderzusetzen und trotzdem eine positive Einstellung beizubehalten, also ‚das Beste aus dem Leben zu machen' (Ecarius, 2003, S. 543f). Diese, in Kindheitstagen erlernte, Bewältigungsstrategie kann auch in späteren Jahren helfen mit schwierigen Situationen umzugehen.

Des Weiteren vollziehen sich in Familien Transmissionsprozesse von kulturellem und sozialem Kapital (Brake & Büchner, 2003). Im Hinblick auf das kulturelle Kapital werden eine kulturelle Dekodierungsfähigkeit (zur Entwicklung eines bildungs- und kulturbezogenen Habitus), sprachliche Ausdrucksfähigkeit, kognitive Aneignungsfähigkeit sowie die Fähigkeit zur ästhetischen Stilisierung des Alltagslebens weitergegeben (Brake & Bühner, 2003). Bezüglich des späteren Gesundheitsverhaltens ist hierbei besonders die vermittelte kognitive Aneignungsfähigkeit von Bedeutung, da sie die Offenheit gegenüber Wissensbeständen, die

Informationsverarbeitungskompetenz, den methodischen Umgang von Wissen, die Zuordnung und Kontextualisierung von neuem Wissen in das bereits vorhandene Wissen sowie die mit der Fülle von Wissen einhergehenden Aneignung von Relevanzstrukturen bedingt: „Beispielsweise der Umgang mit Gesundheit und Krankheit oder die Offenheit für die eigene (Lebens-) Geschichte sind wissensbezogene Themen im Familienalltag, für die eine entsprechende Aufgeschlossenheit entwickelt werden muss, damit sie Bestandteil einer allgemeinen Lebensführungskompetenz werden können" (Brake & Büchner, 2003, S. 631). Mit Blick auf Transmissionsprozesse von sozialem Kapital innerhalb der Familie werden durch Prozesse des gemeinsamen Verständigens und Aushandelns zwischen den Familienmitgliedern soziale Fähigkeiten entwickelt, welche sich als Selbstbestimmungs-, Mitbestimmungs- und Solidaritätsfähigkeiten beschreiben lassen (Brake & Büchner, 2003).

Neben diesen indirekten Effekten des Familienkontextes auf das Gesundheitsverhalten können sich darüber hinaus das familiäre Gesundheitsverhalten oder familienbezogene Ressourcen direkt auf die Gesundheit des Kindes auswirken. So wird im *self-in-context* Modell hinsichtlich *distalen Faktoren, Charakteristika der Familie* und *proximalen* Prozessen innerhalb der Familie differenziert. Während *distale Faktoren* die demografische und sozioökonomische Situation einer Familie abbilden (z.B. Einkommen der Eltern, Berufstätigkeit der Eltern, Familiengröße, Alter der Mutter), beschreiben *Charakteristika der Familie* beispielsweise die elterliche Einstellung zu Ernährung und Gesundheit oder das Gesundheitsverhalten selbst. Mit *proximalen Prozessen innerhalb der Familie* sind schließlich Faktoren des tagtäglichen Lebens des Kindes gemeint. Dazu zählen die Art der Ernährung, die Verwendung von Kontroll- und Bestrafungsstrategien, Disziplin sowie Aspekte der Eltern-Kind-Beziehungen wie zum Beispiel Wärme und Zuneigung, die besonders für die Entwicklung des Selbstkonzepts und der Widerstandsfähigkeit des Kindes (siehe auch Werner, 2005) bedeutsam sind (Feinstein et al., 2006).

Die Bildung der Eltern und Betreuungspersonen spielt hierbei eine bedeutsame Rolle, da sie sich sowohl auf die *distalen Faktoren* als auch auf die *familienbezogenen Charakteristika* und die *proximalen Prozesse innerhalb der Familie* auswirkt und damit Einfluss auf die direkten Effekte (Gesundheitsverhalten der Eltern) und indirekten Effekte (Überzeugungen und Werte innerhalb der Familie) des Familienkontextes auf die Gesundheit des Kindes nimmt (Feinstein et al, 2006). In diesem Zusammenhang postulieren Seyda und Lampert (2009), dass der Bildungsstand der Eltern die Gesundheit der Kinder über zwei Kanäle beeinflusst. Zum einen, indem sie ihr gesundheitsrelevantes Wissen an ihre Kinder weitergeben und zum anderen, indem sie als Vorbilder fungieren. Inzwischen wird angenommen, dass ein niedriger Bildungsstand bei Eltern häufig mit einem geringeren gesundheitsbezogenen Wissen und geringeren Gesundheitskompetenzen einhergeht, wodurch gesundheitsrelevante Verhaltensweisen und damit auch die Gesundheit des Kindes negativ beeinflusst werden (RKI, 2018).

Außerdem wird das familiäre Einkommen, das ebenfalls Einfluss auf die Gesundheit des Kindes ausübt, durch das Bildungsniveau der Eltern bedingt. Die Bildung der Eltern wirkt hier über das Einkommen als Mediator indirekt auf die Gesundheit des Kindes (Feinstein et al., 2006). In diesem Zusammenhang wurde bereits empirisch belegt, dass durch ein höheres Einkommen mehr Geld für Bildungs- und Gesundheitsausgaben zur Verfügung steht und Eltern somit auch andere Präferenzen hinsichtlich der Gesundheit ihres Kindes aufweisen, als Eltern mit weniger Einkommen. So korreliert das Gesundheitsverhalten der Eltern (Übergewicht,

Rauchen, Vorsorgeuntersuchungen der Kinder) mit dem Einkommen. Darüber hinaus kann die Zugehörigkeit zu einer unteren Einkommensklasse zu höheren Stressbelastungen führen und ein geringeres Einkommen kann die soziale Teilhabemöglichkeit des Kindes und damit die Gefahr der Segregation beeinflussen (Seyda & Lampert, 2009, S. 2f). Einkommen kann hierbei gleichermaßen als Mediator zwischen Weiterbildungsteilnahme der Eltern und der Kindesgesundheit gesehen werden, da gerade berufliche Fort- und Weiterbildungen zu einer besseren beruflichen Position und damit zu einem höheren Einkommen in der Familie führen können (siehe hierzu Büchler & Pannenberg, 2004; Pollak et al., 2016; Wolter & Schiener, 2009).

Im Hinblick auf die indirekten Effekte, wie Überzeugungen und Werte, zeigt Werner (2005) in ihrer Langzeitstudie zur Resilienz, dass Personen, die durch Weiterbildung Kompetenzen erlangten, die sie dazu befähigten, aus der Sozialhilfe heraus am konkurrenzfähigen Arbeitsmarkt teilzunehmen auch eher davon überzeugt waren, dass ihre Kinder in der Schule erfolgreich sein würden. Eltern, die Bildung für wichtig erachten, bringen ihren Kindern eher die Bedeutung von Bildung nahe und es fällt ihnen leichter ihre Kinder bei Lernproblemen zu unterstützen (Seyda & Lampert, 2009). Die Chance, dass Kinder dementsprechend Bildung über alle Lebensphasen hinweg einen höheren Stellenwert beimessen, steigt damit und somit auch die Wahrscheinlichkeit, dass die Gesundheit beziehungsweise das Gesundheitsverhalten nicht vernachlässigt wird.

Inzwischen gibt es zahlreiche Studien, die einen Zusammenhang zwischen dem Bildungsstand der Eltern und dem (gesundheitsbezogenen) Lebensstil beziehungsweise der Gesundheit der Kinder belegen. So zeigt die Studie von Danielzik und Müller (2006), dass das Bildungsniveau der Eltern mit Lebensstilvariablen wie

Lebensmittelauswahl, Ernährungsmuster, Medienkonsum (Inaktivität) und Aktivität in Verbindung stehen, wonach Kinder aus bildungsschwächeren Familien häufiger ungünstige Lebensstile aufweisen. Ein ungünstiger Lebensstil beziehungsweise ein niedriges Bildungsniveau der Eltern bedingen wiederum eine höhere Prävalenz von Übergewicht bei den Kindern. Zu ähnlichen Ergebnissen kommt auch eine Sekundäranalyse des Kinder- und Jugendgesundheitssurvey (KiGGS) des Robert Koch-Instituts (siehe Seyda & Lampert, 2009). Darüber hinaus zeigt die Studie, dass eine überdurchschnittlich gute familiäre Unterstützung signifikant positiv und eine mangelnde familiäre Unterstützung signifikant negativ mit der subjektiven Gesundheit des Kindes korrelieren. Eine Metaanalyse von 62 Studien bestätigt ebenfalls einen signifikanten Zusammenhang eines geringeren sozioökonomischen Status der Eltern mit einer erhöhten Prävalenz von Adipositas im Kindesalter (Wu et al., 2015).

Haushalt

One of the basic insights of the economic model is that health is a stock and that current inputs and chosen health behaviours are investments producing increments to that stock. Education affects current inputs to the stock of health through increases in the productive or allocative efficiency (Feinstein et al., 2006, p. 204).

In Bezug auf den Kontext *Haushalt* werden im *self-in-context* Modell erneut ökonomische Aspekte in den Blick genommen, wobei das rein mathematische und hypothetische *Modell der Gesundheitsnachfrage* von Grossmann (1972; 2005) im Fokus steht. Angelehnt an die Humankapitaltheorie von Becker (1964) wird Gesundheit hier als Kapital[23] betrachtet, in das im Sinne einer

---

[23] Dabei wird argumentiert, dass sich Gesundheit als Kapital von anderen Formen des Humankapitals dahingehend abhebt, dass es nicht die Produktivität der Person im und außerhalb des Arbeitsmarktes bestimmt, stattdessen jedoch determiniert, wie lange Personen Geld, Einkommen und weitere Güter produzieren können (Grossmann, 1972).

„Aktie" investiert werden kann. Eine Steigerung der Aktie Gesundheit erhöht dabei die Wahrscheinlichkeit, (berufliche) Tätigkeiten lange auszuüben, wodurch ein höherer finanzieller Ertrag erzielt wird, an dem sich schließlich die Investition in die Gesundheit messen lässt (Grossmann, 1972).

Grundsätzlich wird davon ausgegangen, dass jede Person eine „initiale Aktie" von Gesundheit erbt, die mit fortschreitendem Alter fällt, gleichzeitig aber durch Investitionen gesteigert werden kann. Der Tod tritt demnach dann ein, wenn die Aktie unter einen bestimmten Wert fällt. Um die Aktie Gesundheit zu steigern, kann in unterschiedliche Produktionsfaktoren investiert werden: „Gross investments in health capital are produced by household production functions whose direct inputs include the own time of the consumer and market goods such as medical care, diet, exercise, recreation, and housing" (Grossmann, 1972, p. 225). Relevante Produktionsfaktoren (Inputs) sind demnach zum einen die eigene Zeit und zum anderen käufliche Güter im Sinne von Ernährung, Erholungsaktivitäten, Bewegungsaktivitäten, Inanspruchnahme ärztlicher Versorgungsleistungen sowie Wohnungsunterkunft. Ob und wie viel in die eigene Gesundheitsaktie investiert wird, entscheidet jeder selbst, wodurch jede Person Einfluss auf die eigene Lebensdauer besitzt (Grossmann, 1972).

Bildung spielt im Modell von Grossmann (1972) insofern eine Rolle, als dass sie die Produktionsfunktion[24] bestimmt und die Effizienz des Produktionsprozesses beeinflusst. In diesem Sinne erhöht Bildung den Grenzertrag[25] der einzelnen Produktionsfakto-

---

[24] Die Produktionsfunktion gibt den Zusammenhang zwischen der Menge der eingesetzten Produktionsfaktoren (Input) und dem Produktionsertrag (Output) an (Bundeszentrale für politische Bildung [bpb], 2016).
[25] Grenzertrag meint den Zuwachs des Ertrags, der durch den Einsatz einer weiteren Einheit eines Produktionsfaktors erzielt wird (bpb, 2016).

ren (z.B. Ernährung), wonach Personen mit höherer Bildung beispielsweise ärztliche Versorgungsleistungen weniger in Anspruch nehmen (Grossmann, 1972; 2005).

Therefore, in the productive efficiency approach, an increase in education can lead to better health through the enhancement of an individual's skill to produce health. For example, individuals with higher levels of education tend to have better understanding of their symptoms and have better communication skills to explain these to the health practitioner than individuals with lower levels of education (Feinstein et al., 2006, p. 203).

Außerdem wird angenommen, dass die Höhe der Investition in die Gesundheit dadurch bedingt wird, inwieweit der Grenzertrag des Arbeitsmarktes (inklusive der Zeit auf dem Arbeitsmarkt aufgrund guter Gesundheit) den Grenzkosten[26] der Gesundheitsinvestitionen gleicht (Feinstein et al., 2006). Das bedeutet, es wird nur dann in die „Gesundheitsaktie" investiert, wenn der hieraus erwartete Nutzen die Grenzkosten in Form des entgangenen Nutzens aus sonstigem Konsum übersteigt. Hierbei spielt erneut die Präferenzstruktur der Person eine wichtige Rolle. So kann z.B. der gegenwärtige Nutzen eines Drogenkonsums die zukünftigen negativen Konsequenzen für die Gesundheit übersteigen, ganz nach dem Motto, lieber ein kurzes exzessives Leben anstatt ein langes gesundes Leben bei gleichzeitigem Drogenverzicht (Klever-Deichert, 2006). Das hier beschriebene Modell von Grossmann lässt sich dem ökonomischen Ansatz der *produktiven Effizienz* zuordnen, demzufolge Bildung als ein Faktor gesehen wird, der eine Person zu einem effizienteren Produzenten von Gesundheit macht.

---

[26] Grenzkosten meint den Kostenzuwachs der Gesamtkosten, der entsteht, wenn bei einer bestimmten Produktionsmenge eine weitere Gütereinheit hergestellt wird (bpb, 2016).

Demgegenüber steht der *allokative Ansatz*, der vielmehr noch die multivariate Form der gesundheitsbezogenen Produktionsfunktion anerkennt, wonach die Produktionsfaktoren wie z.b. Ernährung, Zigarettenkonsum, Alkoholkonsum und ärztliche Versorgung auch negative Grenzerträge für die Produktion von Gesundheit bereithalten. Demnach vermindert Rauchen beispielsweise die Gesundheit, steigert aber zugleich den Nutzen für manche Konsumenten, da es das Gut „Rauchgenuss" produziert. Ansätze allokativer Effizienz kombinieren damit mehrere Produktionen außerhalb des Arbeitsmarktes (Grossmann, 2006).

Im Rahmen *allokativer* Ansätze wird davon ausgegangen, dass gebildetere Personen mehr Informationen über die wahre Natur der Produktionsfaktoren kennen und sich somit auch negativer Grenzerträge für die Gesundheit bewusst sind. Darauf aufbauend kombinieren sie verschiedene Produktionsfaktoren anders, um ein bestimmtes Gut zu produzieren, als weniger gebildete Personen. Beispielsweise wissen sie mehr über die Gesundheitsrisiken von Rauchen, über eine gesunde Ernährungsweise oder frequentieren häufiger Vorsorgeuntersuchungen (Deaton, 2002; Grossmann, 2006; Rosenzweig & Schultz, 1982). Ferner wird postuliert, dass Personen mit höherem Bildungsniveau schneller auf neues Wissen reagieren. Eine Rolle spielt hierbei auch die angeborene Gesundheit, da eine gute angeborene Gesundheit zu einem besseren akuten Gesundheitszustand führt, weshalb die Nachfrage nach Produktionsfaktoren mit positiven Grenzerträgen geringer und die Nachfrage nach Produktionsfaktoren mit negativen Grenzerträgen höher sein können (Grossmann, 2006). Im Gegensatz zum Ansatz *produktiver* Effizienz wird hier kein direkter Effekt von Bildung vermutet. Beide Ansätze werden im *self-in-context* Modell nicht als konkurrierende Annahmen verstanden, vielmehr tragen Aspekte beider Ansätze dazu bei, die Effekte von Bildung und Gesundheit zu erklären (Feinstein et al., 2006).

Dabei ist festzuhalten, dass hier das Konzept der *Zeitpräferenz* beziehungsweise *Intertemporale Entscheidungen* als Drittvariable eine wichtige Rolle spielt (Grossmann, 2006) und die Wirkmechanismen zwischen Bildung und Gesundheit bei diesen ökonomischen und hypothetischen Ansätzen verdeutlicht. Da bereits dargelegt wurde, inwiefern sich diese Wirkmechanismen zwischen Bildung und Gesundheit in Bezug auf die Konzepte *Zeitpräferenz* beziehungsweise *intertemporale Entscheidungen* auf den Kontext der Weiterbildung übertragen lassen (siehe Kap. 3.2.3), wird an dieser Stelle auf eine erneute Darstellung verzichtet.

3.3.2 Arbeit und arbeitsbedingte Gesundheitsrisiken

The evident link between education and occupation is the increased access to work that does not compromise physical and mental health (Feinstein et al., 2006, p. 205).

Ein weiterer bedeutender Kontext im Rahmen des *self-in-context* Modells ist die *Arbeit*. Merkmale der Arbeit können sowohl gesundheitsfördernd als auch gesundheitsschädigend sein. In Bezug auf gesundheitsförderliche Effekte zeigt die Studie „Die Arbeitslosen von Marienthal", dass mit dem Wegfall der Arbeit auch der Verlust der eigenen Identität, des Selbstwertgefühls, einer Zeitstruktur sowie das Erleben sozialer Isolation einhergeht, wodurch psychische Erkrankungen begünstigt werden (Jahoda, 1983). Dies deutet daraufhin, dass verschiedene gesundheitsförderliche Aspekte, die einen wichtigen Beitrag zur mentalen Gesundheit leisten wie zum Beispiel Selbstwertgefühl, Identität und soziale Integration an die Arbeit geknüpft sind. Des Weiteren können sich beispielsweise arbeitsplatzbezogene Faktoren wie „die Möglichkeit eigene Fähigkeiten zu entwickeln und anzuwenden" oder „eine Vielfalt an Aufgaben" positiv auf die mentale Gesundheit auswirken (Warr, 1987). Im *self-in-context* Modell aber wird der Fokus auf gesundheitsschädigende Merkmale der Arbeit gelegt, wonach jede arbeitsbezogene Tätigkeit und jeder Arbeitsplatz der Gesundheit stark oder weniger stark schaden kann.

In diesem Zusammenhang sind Berufskrankheiten das Resultat besonders gesundheitsschädlicher Arbeitsumgebungen beziehungsweise -tätigkeiten. In 2013 wurden in Deutschland 6.935 Fälle von berufsbedingter Lärmschwerhörigkeit anerkannt, gefolgt von 3.698 Fällen durch Asbest verursachte Erkrankungen wie Asbestose, Lungen- oder Kehlkopfkrebs sowie Mesothelion. Zu weiteren Berufskrankheiten zählen unter anderem spezifische Infektionskrankheiten, Hauterkrankungen und Atemwegserkrankungen (Bundesministerium für Arbeit und Soziales [BMAS] & Bundesanstalt für Arbeitsschutz und Arbeitsmedizin [BAuA], 2014). In Berufskrankheiten manifestiert sich damit ein direkter negativer Zusammenhang zwischen Arbeit und Gesundheit. Zudem gibt es eine Reihe weiterer arbeitsbedingter gesundheitlicher Risikofaktoren, die der Gesundheit schaden können. Beispielsweise ist mittlerweile empirisch belegt, dass physische Arbeitsbelastungen, wie z.B. das Heben und Tragen schwerer Lasten, das Arbeiten in erzwungenen Körperhaltungen, hoch repetitive manuelle Tätigkeiten sowie Arbeiten mit erhöhten Kraftanstrengungen, nicht nur Muskel-Skelett-Erkrankungen zur Folge haben, sondern sich auch negativ auf das Herz-Kreislauf-System auswirken (BiBB & BAuA, 2014; Lohmann-Haislah, 2012).

Vor dem Hintergrund von veränderten Arbeitsbedingungen und Arbeitsformen rücken inzwischen auch immer mehr psychische Arbeitsbelastungen in den Fokus. Psychische Arbeitsanforderungen können aus Arbeitsinhalt und -organisation, aus der Arbeitszeitorganisation sowie aus der Beschäftigungssituation resultieren. Anforderungen aus **Arbeitsinhalt und -organisation** umfassen beispielsweise einen hohen Zeit- und Leistungsdruck, Konfrontation mit neuen Aufgaben, gleichzeitige Betreuung verschiedenartiger Arbeiten oder hohe Arbeitsgeschwindigkeit. Demgegenüber zählen Faktoren wie Schichtarbeit, Vereinbarkeit von Familie und Beruf, Pausen, sowie Wochenendarbeit und tatsächlicher Arbeitsstundenumfang zu Anforderungen aus der **Arbeitszeitorganisation**. Anforderungen aus der **Beschäftigungssituation** sind schließlich z.b. ein befristetes Arbeitsverhältnis, die wirtschaftliche Lage des Betriebs, betriebliche Umstrukturierungen, die subjektive Entlassungsgefahr sowie das Zeitarbeitsverhältnis. Nach Ergebnissen der BiBB/BAuA-Erwerbstätigenbefragung 2012 werden besonders ein starker Termin- und Leistungsdruck, Unterbrechungen bei der Arbeit, die gleichzeitige Betreuung verschiedenartiger Arbeiten sowie sehr schnell arbeiten zu müssen als belastend wahrgenommen (Lohmann-Haisahl, 2012). Wird zusätzlich noch die Bedingung „Arbeiten an der Grenze der Leistungsfähigkeit" berücksichtigt, kann als Oberbegriff dieser fünf Arbeitsanforderungen auch von **Arbeitsintensität** gesprochen werden (BAuA, 2013). Je häufiger diese fünf Arbeitsbedingungen von den Befragten in der BiBB/BAuA-Erwerbstätigenbefragung 2012 genannt wurden, desto häufiger wurde von einer körperlichen und emotionalen Erschöpfung, die auch als Indikator für Burnout herangezogen wird, berichtet. Insgesamt 45% der Personen, mit einer hohen Arbeitsintensität, gaben demnach an, sich erschöpft zu fühlen (BAuA, 2013). Darüber hinaus zeigt die Studie von Mierswa und Kellmann (2014), dass Personen mit Rückenschmerzen höhere Werte bei Stressoren wie z.B. Arbeitsunterbrechungen oder Umgebungsbelastungen und geringere Werte bei Ressourcen und Arbeitsinhalten, wie Vielseitigkeit und Ganzheitlichkeit, erzielten. Eine aktuelle Übersicht über weitere empirische Belege für den Zusammenhang zwischen den hier genannten und weiteren Arbeitsanforderungen/-bedingungen und gesundheitlichen Beschwerden beziehungsweise Erkrankungen, z.B. des Herz-Kreislauf-Systems, finden sich bei Rothe et al. (2017).

Bildung spielt im Kontext *Arbeit* insofern eine bedeutsame Rolle, als dass mit höherer Bildung der Zugang zu Arbeitsplätzen erleichtert wird, die der Gesundheit weniger schaden (Feinstein et al., 2006). Beispielsweise umfassen komplexere berufliche Tätigkeiten meist geringere physische Arbeitsbelastungen, jedoch erfordern sie auch ein höheres Qualifizierungsniveau (BiBB & BAuA, 2014). In diesem Zusammenhang zeigt sich in der BiBB/BAuA-Erwerbstätigenbefragung, dass gerade Helfer- und Anlerntätigkeiten, die ein geringes Anforderungsniveau aufweisen und damit keinen formalen Abschluss beziehungsweise keine oder nur geringe spezifische Fachkenntnisse voraussetzen, besonders häufig physische Arbeitsbelastungen wie z.B. das Arbeiten im Stehen oder das Tragen und Heben schwerer Lasten beinhalten. So sind besonders Personen in Agrarberufen und in manuellen Berufen hohen physischen Arbeitsbelastungen ausgesetzt, wonach sie im Vergleich zu Beschäftigten in qualifizierten kaufmännischen und in Verwaltungsberufen häufiger über Kreuzschmerzen, Armschmerzen, Schmerzen in Händen und Füßen sowie Knieschmerzen berichten (BiBB & BAuA, 2014).

Berufliche Weiterbildung kann in diesem Zusammenhang dazu verhelfen, komplexere Tätigkeiten oder sogar eine Führungsfunktion in einem Unternehmen zu übernehmen. Die quantitative Studie von Buchholz, Unfried und Blossfeld (2014) deutet in diesem Zusammenhang darauf hin, dass die Teilnahme an formalen beruflichen Weiterbildungen die Aufstiegsmöglichkeiten fördert, insbesondere bei Frauen. Zwar sind Führungskräfte häufiger mit höheren psychischen Anforderungen konfrontiert als Erwerbstätige ohne Mitarbeiterverantwortung (Lohmann-Haisahl, 2012), jedoch verfügen sie gleichzeitig über mehr Ressourcen im Sinne höherer Entscheidungs- und Handlungsspielräume (Lück, 2017). Diese Balance zwischen Anforderungen und Kontrollmöglichkeiten ist nach dem beruflichen *Anforderungs-Kontroll-Modell* von Karasek (1979) entscheidend, ob Stress am Arbeitsplatz erlebt wird oder nicht. Während dieses Modell vorwiegend Merkmale des Arbeitsplatzes in den Blick nimmt, bezieht das *Modell beruflicher Gratifikationskrisen* von Siegrist (1996) auch Merkmale der arbeitenden Person mit ein und betrachtet die Arbeit als ein Tauschprozess von Leistung (Verausgabung des Mitarbeitenden) und Gegenleistung (Belohnung durch Arbeitgeber/in). Gratifikationskrisen und ihre gesundheitlichen Folgen sind dann wahrscheinlich, wenn die Belohnung im Vergleich zur Verausgabung als zu gering erlebt wird. Dabei ist Belohnung nicht nur im Sinne von Lohn, sondern auch in Form von Aufstiegsmöglichkeiten und Wertschätzung zu verstehen (Siegrist, 2013). Ob und inwiefern Arbeitsbedingungen als stressreich und damit belastend empfunden werden oder nicht, hängt nicht zuletzt auch von der eigenen Wahrnehmung und den eigenen Ressourcen ab. So beschreibt Lazarus (1993) in seiner *kognitiv-transaktionalen Stresstheorie*, dass besonders die kognitive Einschätzung von Stress zentral ist, wobei zwischen einer primären und sekundären Bewertung von Stress differenziert wird. Bei der ersten Bewertung wird das (Stress-)Ereignis klassifiziert: Handelt es sich um eine Bedrohung? Eine Herausforderung? Oder um einen Schaden/Verlust? Nahezu zeitgleich wird in der sekundären Bewertung abgewogen, welche personen- aber auch umweltbezogenen Bewältigungsressourcen zur Verfügung stehen. Während umweltbezogene Bewältigungsressourcen Faktoren wie Geld oder das soziale Netzwerk umfassen, enthalten personenbezogene Bewältigungsressourcen erneut Aspekte wie Überzeugungen, Resilienz oder Selbstwirksamkeitserwartung. Aus der ersten und sekundären Stressbewertung resultiert schließlich die Bewältigungsstrategie (Coping), die in problemorientiert und emotionsorientiert differenziert wird. Während problemorientiertes Coping, auf die Lösung des Problems abzielt, wird bei emotionsorientiertem Coping versucht, die Belastungssymptome zu lindern (Schwarzer, 2004; Lazarus, 1993). Facetten des Selbstkonzepts spielen jedoch nicht nur in der *kognitiv-transaktionalen Stresstheorie* eine Rolle, sondern sind

124

auch in Bezug auf das *Anforderungs-Kontroll-Modell* und bezüglich des Modells *beruflicher Gratifikationskrisen* von Bedeutung. Während beim *Anforderungs-Kontroll-Modell* die Selbstwirksamkeitserwartung hinsichtlich der Erfahrungen gelingender (oder misslingender) Bewältigung beruflicher Anforderungen bedeutsam ist, kann im Hinblick auf das Modell *beruflicher Gratifikationskrisen* das Selbstwergfühl durch die Erfahrung sozialer Anerkennung aufgrund einer erbrachten Leistung positiv oder negativ beeinflusst werden: „Wirksam gestaltete Autonomie des Handelns und angemessene erfahrene soziale Anerkennung erbrachter Leistung stellen offenbar tief sitzende Bedürfnisse arbeitender Menschen dar, deren dauerhafte Unterdrückung und Missachtung, ob bewusst oder unbewusst erlebt, ‚unter die Haut geht'" (Siegrist, 2013, S. 34).

Vor diesem Hintergrund kann im Kontext *Arbeit* berufliche Weiterbildung auch noch auf andere Art und Weise bedeutend sein. So können zum einen durch berufliche Weiterbildung die notwendigen Fähigkeiten und Kompetenzen erworben werden, die eine Bewältigung der beruflichen Anforderungen erleichtern und so zu einer höheren Selbstwirksamkeitserwartung und gleichzeitig zu einem geringeren Stresserleben führen. Zum anderen könnte eine berufliche Weiterbildung als Anerkennung oder Wertschätzung erlebt werden, wenn beispielsweise die Kosten der Weiterbildung vom Arbeitsgebenden übernommen werden und damit in den Mitarbeitenden investiert wird. Dadurch könnten beruflichen Gratifikationskrisen und deren negativen Gesundheitsfolgen entgegengewirkt werden. Ein direkter Effekt beruflicher Weiterbildung auf die Gesundheit wäre zudem denkbar, wenn es sich bei der Weiterbildung um eine gesundheitsförderliche Maßnahme oder eine Umschulung handelt, die Personen in körperlich anstrengenden Berufen dazu befähigt, einen anderen Arbeitsplatz mit weniger körperliche belastenden und mehr koordinativen oder beratenden Tätigkeiten zu übernehmen.

3.3.3 Nachbarschaft und Gemeinschaft

> The relationships between education and environmental health risks are largely linked to individuals' ability to make choices about where they live and how they deal with their resulting environment (Feinstein et al., 2006, p. 205).

Der Kontext Nachbarschaft und Gemeinschaft umfasst im *self-in-context* Modell zum einen physische Umweltfaktoren wie Verschmutzung, Verkehr und Wohnungsumgebung (z.b. Kriminalität), zum anderen sind soziale Faktoren bedeutend (Feinstein et al., 2006).

In Bezug auf den Zusammenhang zwischen physischen Umweltfaktoren und der Gesundheit ist inzwischen empirisch erwiesen, dass physische Umwelteinflüsse, wie die Schadstoffbelastung der Luft, zu gesundheitlichen Folgen wie Lungenerkrankungen, Verkalkung der Herzkranzgefäße oder einer erhöhten Sterblichkeit führen können (Wichmann, 2008). Ältere Studien belegen darüber hinaus einen Zusammenhang zwischen Verkehrslärm und erhöhten Stresshormonen (Maschke, Ising & Hecht, 1997) sowie zwischen Verkehrslärm und Herzerkrankungen (Dora & Phillips, 2000). Ein aktueller Bericht der WHO (2018) gibt ebenfalls einen Überblick über unterschiedliche Erkrankungen, die aus Luftverschmutzung und Umgebungslärmbelastung resultieren. Des Weiteren wurden im Rahmen des WHO Projekts „Tackling Obesity by Creating Healthy Residential Environments" für ein positives Wohlbefinden und Bewegungsverhalten folgende umgebungsbezogenen protektiven Faktoren identifiziert:

- Geringe Kriminalitätsrate, generelles Sicherheitsgefühl (z.B. ausreichende Straßenbeleuchtung, Maßnahmen zur Kriminalitätsbekämpfung, keine Graffitis)
- Nicht-motorisierte Mobilitätsangebote (z.B. Rad- und Fußwege, Nähe zu öffentlichen Verkehrsmitteln)

- Straßenverkehrssicherheit (z.b. durch geringere Verkehrs-
  dichte, Geschwindigkeitsbeschränkungen)
- Attraktive Wohngegenden mit ästhetisch ansprechenden Ge-
  bäuden und Begrünung (siehe Schöppe & Braubach, 2007, S.
  2).

Schneider und Mohn (2016) nennen zudem die Lebensmittel- und
Suchtmittelversorgung, die Infrastruktur von Gesundheitseinrichtungen und Sportstätten sowie die ökonomische Ressourcenlage
der Wohnumgebung als ausschlaggebend für die Gesundheit.

Ferner zeigen sich in der Studie von Baker, Bentley und Mason
(2013), dass Wohneigentümer höhere Werte in der mentalen Gesundheit aufzeigen als Mieter in privaten oder sozialen Wohnräu-
men. „Housing tenure may have psychosocial impacts on health;
owning one's one home may confer greater feelings of security
or prestige than social or private renting, and is often used as an
indicator of greater long-term command over resources" (Gibson
et al., 2011, p. 176). Hiscock, Macintyre, Kearns und Ellaway
(2003) identifizieren neben Schutz und Prestige auch noch Autonomie als einen potentiellen psychosozialen Ertrag des Wohnens.
In ihrer Studie erzielten Wohneigentümer in allen drei Bereichen
ebenfalls höhere Werte als Mieter von Sozialwohnungen. Im Be-
sitz eines Hauses zu sein, hat allerdings nicht immer positive Auswirkungen auf die Gesundheit. So kann durch einen Häuserkauf
eine Schuldenlast entstehen, die zu Kummer und Besorgnis führt
(Gibson et al., 2011).

Bildung ist hier insofern von Bedeutung, als dass Personen mit
einem höheren Bildungsabschluss meist ein höheres Einkommen
besitzen und so die Möglichkeit haben, sich ihr Wohn-umfeld
auszusuchen und sich somit für eine sicherere, schönere und damit auch gesündere Wohnumgebungen entscheiden zu können
(Feinstein et al., 2006). So belegen Studien, dass Personen mit

einem niedrigen sozioökonomischen Status eher in Wohnumgebungen mit höherer Lärmbelastung, weniger Begrünung, höherer Luftverschmutzung und höherer Benachteiligung leben (für einen Überblick siehe Braubach & Fairburn, 2010; siehe auch Bolte & Kohlhuber, 2009). Weiterbildung, besonders berufliche Weiterbildung, kann den Bildungseffekt hier verstärken, da durch Weiterbildung eine Steigerung im Einkommen erzielt werden kann (siehe Kapitel 3.3.1).

Allerdings sind Merkmale der Wohnumgebung oftmals nicht allein ausschlaggebend für Effekte auf die Gesundheit, vielmehr spielen das soziale Kapital und die Kohäsion innerhalb der Nachbarschaft eine bedeutende Rolle (Schneider & Mohn, 2016; siehe auch Friedrichs 2017). In der Definition von Putnam (2000) umfasst soziales Kapital soziale Beziehungen aus denen Normen von Reziprozität und Vertrauen entstehen. Dabei entwickeln sich bestimmte Erwartungshaltungen nach dem Motto "Ich erweise dir jetzt diesen Gefallen, in der Erwartung, dass du oder jemand anderes mir in der Zukunft dann auch einen Gefallen erweisen wird" (Putnam, 1993, p. 37). Werden Reziprozitätserwartungen erfüllt, so kann von ihnen durchaus eine gesundheitsfördernde Wirkung beispielsweise im Sinne einer emotionalen Befriedigung ausgehen. Werden umgekehrt jedoch Versprechen gebrochen oder gemeinschaftliche Unternehmungen durch den Absprung Einzelner gefährdet, entstehen negative emotionale Reaktionen aufgrund verletzter Normen sozialer Reziprozität (Siegrist, 2002).

Um soziales Kapital messen zu können, entwickelten Putnam, Leonardi und Nanetti (1994) einen „Index of Civic Community" der sich aus den drei folgenden Indikatoren zusammenstellt:

1. Ausmaß sozialer Netzwerkbildung in sekundären Gruppen (in Vereinen und freiwilligen Zusammenschlüssen),

2. Einschätzung eines Klimas des Vertrauens innerhalb der Wohnregion,
3. Einschätzung der Geltung von Werten und Normen gegenseitiger Fairness und Hilfsbereitschaft.

Für diese drei Indikatoren sozialen Kapitals liegen inzwischen unterschiedliche empirische Befunde vor, die einen Zusammenhang mit unterschiedlichen Gesundheitsvariablen belegen. Beispielsweise zeigte sich, dass alle drei Indikatoren mit Mortalität oder der selbstberichteten Gesundheit korrelieren (Siegrist, Dragano & von dem Knesebeck, 2009).

Außerdem sind im Rahmen des sozialen Kapitals soziale Beziehungen und Interaktionen wichtige Faktoren für das seelische Wohlbefinden und die körperliche Gesundheit (Lüscher & Scholz, 2018, S. 213). Während das Konzept der *sozialen Integration* besonders strukturelle und quantitative Aspekte (z.B. Anzahl von Freunden/Verwandten, Familienstand, Häufigkeit von Kontakten, usw.) von sozialen Beziehungen in den Blickpunkt rückt, beschreibt das Konzept der *sozialen Unterstützung* qualitative oder funktionale Aspekte von sozialen Beziehungen (Schwarzer, 2004). In Bezug auf *soziale Unterstützung* wird zwischen wahrgenommener Unterstützung, also der Überzeugung von der Verfügbarkeit des sozialen Rückhaltes bei Bedarf sowie dessen Bewertung und der Erwartung daran und tatsächlich erhaltener Unterstützung unterschieden. Weiter wird bei der Art der Interaktion hinsichtlich der sozialen Unterstützung zwischen emotionaler, instrumenteller und informationeller Unterstützung differenziert. „Im ersten Fall wird Mitleid, Zuwendung, Trost, Wärme usw. kommuniziert, im zweiten Fall werden Arbeiten erledigt, Güter besorgt usw., und im dritten Fall werden Informationen übermittelt und Ratschläge erteilt" (Schwarzer, 2004, S. 178).

Soziale Unterstützung kann auf unterschiedliche Art und Weise die Gesundheit beeinflussen. Grundsätzlich kann zwischen einem Haupteffekt und einem Puffereffekt unterschieden werden. In Bezug auf ersteres ist der direkte Effekt der sozialen Unterstützung auf Faktoren wie Wohlbefinden, Selbstwert oder Kontrollempfinden gemeint. Der Puffereffekt dagegen beschreibt, dass soziale Unterstützung in stressreichen Situationen als Puffer fungieren kann, indem Bewältigungsmöglichkeiten günstiger und Stressoren anders beurteilt werden, so dass es zu einem besseren Coping und zu günstigeren physiologischen und verhaltensbezogenen Reaktionen kommt (Lüscher & Scholz, 2018). Für die Frage wie soziale Unterstützung die Gesundheit beeinflusst, kommt der Selbstwirksamkeitserwartung erneut eine bedeutende Rolle als Mediator zu. So kann beispielsweise die Absicht mit einem Risikoverhalten aufzuhören und nicht rückfällig zu werden, durch ein soziales Netzwerk stimuliert werden, indem das Vertrauen in die eigene Fähigkeit, sich zu ändern, bestärkt sowie der Anreiz des Gesundheitsgewinns kommuniziert wird (Schwarzer, 2004). Außerdem zeigt die Studie von Holahan und Holahan (1987), dass soziale Unterstützung ein signifikanter Mediator zwischen Selbstwirksamkeitserwartung und Depression im Alter ist, wonach eine höhere Selbstwirksamkeitserwartung zu einer höheren sozialen Unterstützung und diese zu einem geringeren Risiko für Depression führt. Weitere Studien belegen, dass soziale Unterstützung ein starker Prädiktor für Morbidität und Mortalität ist und das Gesundheitsverhalten, im Sinne von gesunder Ernährung, weniger Substanzmissbrauch, Steigerung der körperlichen Aktivität sowie der Bereitschaft zu gesundheitlichen Check-Ups positiv beeinflusst (für einen Überblick der einzelnen Studien siehe Lüscher & Scholz, 2018; Schwarzer, 2004). Nichtsdestotrotz kann soziale Unterstützung auch negative Gesundheitsfolgen, wie beispielsweise ein erhöhtes Stresserleben mit sich bringen (Lüscher & Scholz, 2018).

Weiterbildung kann hier besonders *als Kontext* zu einem höheren sozialen Kapital führen, indem sie beispielsweise die Chance ermöglicht, neue soziale Kontakte zu finden sowie soziale Beziehung zu stärken und zu vertiefen. Inzwischen belegen eine Reihe von Studien, dass durch Weiterbildung neue soziale Kontakte geknüpft werden und (dadurch) das soziale Kapital wächst (z.b. Balatti, Black & Falk 2006; Fujiwara 2012; Manninen, Fleige, Thöne-Geyer & Kil 2014; Power, Neville & O'Dwyer 2011, Rees & Schmidt-Hertha, 2015). Darüber hinaus schafft Weiterbildung die Gelegenheit, soziale Fähigkeiten wie Teilnahme und Reziprozität zu erwerben und auszuüben; sie bietet einen Raum für gemeinschaftliche Aktivität; sie unterstützt die Entwicklung von kollektiven Normen und Werten wie Toleranz, Verständnis und Respekt und wirkt sich so auf Verhaltensweisen und Einstellung aus, die bedeutend für die Gemeinschaft sind (Feinstein et al., 2006, p. 207; siehe hierzu auch Rüber, Rees & Schmidt-Hertha, 2018).

3.3.4 Soziale Ungleichheit und soziale Kohäsion

The exact nature of the processes linking social inequality with health inequality is not always clearly specified (…) However, much of the theory implicates social capital and identity capital as key pathways (Feinstein et al., 2006, p. 209).

Im Kontext von *Nachbarschaft und Gemeinschaft* wurde bereits die Bedeutsamkeit von sozialem Kapital und Kohäsion angesprochen. Jedoch wurde dabei nur das direkte soziale Umfeld des Individuums betrachtet. In diesem Kapitel soll nun stattdessen der Fokus auf der Gesellschaft beziehungsweise auf der Bedeutung der gesellschaftlichen Ungleichheit und gesellschaftlichen Kohäsion liegen.

Im vorangegangen Kapitel wurde bereits argumentiert, dass das Einkommen einer Person darüber entscheidet, in welcher Wohnumgebung sie lebt und dass „ärmere" Wohnumgebungen mehr Risikofaktoren für die Gesundheit bereithalten. Demnach sind sozial schwächere Personen mit einem niedrigeren Einkommen Wohnumgebungen mit mehr gesundheitlichen Risikofaktoren ausgesetzt. Hier wird also von einer absoluten (materiellen) Deprivation ausgegangen, die einen direkten Effekt auf die Gesundheit besitzt. Allerdings können auch in Bezug auf eine relative Deprivation die Effekte von Bildung auf Gesundheit erklärt werden. So wird an dieser Stelle im *self-in-context* Modells der psychosoziale Ansatz nach Wilkinson (1997) in den Blick genommen. Bei einer relativen Deprivation spielt weniger das objektive Fehlen materieller Ressourcen eine Rolle, als vielmehr die subjektive Wahrnehmung des eigenen sozialen Status im Vergleich zu anderen Bevölkerungsgruppen innerhalb gesellschaftlicher Hierarchien (Bolte & Kohlhuber, 2009; Wilkinson, 1997). So befriedigen materielle Ressourcen nicht nur grundlegende Bedürfnisse, sondern besitzen auch einen sozialen, psychosozialen und symbolischen Zweck: „It [consumption] expresses identity. Self image is enhanced by possessions. Shopping provides 'retail therapy.' Wealth is a marker for social status, success, and respectability, just as poverty is stigmatising" (Marmot & Wilkinson, 2001, p. 1234). Damit verbunden sind psychosoziale Faktoren, die als Mediatoren zwischen sozialer Ungleichheit und Gesundheit fungieren können (Wilkinson, 1997; Wilkinson & Pickett, 2007). Mit einem geringen sozialen Status gehen demnach geringere Kontrollüberzeugungen, Unsicherheit und ein geringeres Selbstwertgefühl einher. Zudem führt finanzielle Unsicherheit zu Stress, der sich wiederum negativ auf die Gesundheit auswirkt (Wilkinson, 1997). Siegrist (2017) spricht hierbei von „Sozialen Stressoren":

> Als soziale Stressoren gelten die soziale Benachteiligung aufgrund ausgeprägter Unterschiede der Schichtungsstruktur, die

Disparität von Lebenslagen bei großer Einkommensungleichheit sowie die das Alltagsleben erschwerende soziale Desintegration (Makro-Ebene). Ferner zählen hierzu der Mangel an – oder die Krisenanfälligkeit von – engen sozialen Beziehungen sowie der Ausschluss aus – oder die schlechte Qualität von – Arbeit und Beschäftigung (Meso-Ebene). Dadurch erhöhte Risiken stressbedingter Erkrankungen wurden in vielen Studien nachgewiesen und können durch verhältnispräventive Maßnahmen verringert werden (S. 1).

Des Weiteren zeigt die Studie von Mishra und Carleton (2015), dass die subjektiv wahrgenommene relative Deprivation, gemessen anhand der *Personal Relative Deprivation Scale* (PRDS; Callan, Ellard, Shead & Hodgins, 2008), negativ mit der physischen und mentalen Gesundheit korreliert. In einer weiteren Studie von Elgar, Xie, Pförtner, White und Pickett (2016) wurde der Zusammenhang zwischen relativer Deprivation und unterschiedlichen Risikofaktoren für Übergewicht bei Schülern zwischen neun und neunzehn Jahren in Kanada untersucht. Die Ergebnisse zeigen, dass relative Deprivation zu weniger körperlicher Aktivität und weniger gesunden Ernährungsweisen führt. Eine amerikanische Studie von Subramanyam, Kawachi, Berkman und Subramanian (2009) analysierte den Zusammenhang zwischen relativer Deprivation, bezogen auf das Einkommen und selbstberichteter Gesundheit. Die Ergebnisse zeigen hier ebenfalls, dass je höher die relative Deprivation hinsichtlich des Einkommens, desto weniger wurde von einer guten Gesundheit berichtet.

Auf empirische Ergebnisse gestützt führt Wilkinson (1997) schließlich drei Argumente an, weshalb die relative gegenüber der absoluten Deprivation bedeutender für die Gesundheit ist: Erstens zeigt sich, dass Mortalität mehr mit der Einkommensverteilung innerhalb eines Landes als mit dem absoluten Einkommen zwischen Ländern in Verbindung steht. Zweitens scheint sich die Steigerung der Lebenserwartung unabhängig vom ökonomischen

Wachstum eines Landes zu entwickeln. Drittens weisen Länder mit einer geringeren Einkommensdiskrepanz eine geringere Mortalitätsrate sowie eine niedrigere relative Deprivation auf, als Länder mit einer großen Ungleichverteilung. Begründen lässt sich das mit der Annahme, dass eine geringere Einkommensdiskrepanz zu einer geringeren sozialen Teilung, zu einem höheren Vertrauen und damit zu einer höheren gesellschaftlichen Kohäsion innerhalb eines Landes führt (Wilkinson, 1997).

Neben dem psychosozialen Ansatz von Wilkinson (1997) wird im Rahmen des *self-in-context* Modells an dieser Stelle zusätzlich der sozio-anthropologische Ansatz der *kulturellen Konsonanz*[27] (Dressler, 2005) zur Erklärung des Zusammenhangs zwischen sozialer Ungleichheit und Gesundheit herangezogen. Kultur wird hier als kognitive Eigenschaft definiert, die das erlernte und geteilte Wissen darstellt, das erforderlich ist, um angemessen in einer sozialen Gruppe zu fungieren (Dressler, Balieiro, Ribeiro & Dos Santos, 2007a; Dressler, 2012). Dabei liegt das Wissen als kognitive Repräsentation in Form von „Kulturellen Mustern" vor, die als skelettartige Umrisse auf verschiedene kulturelle Bereiche angewendet werden können (z.B. das kulturelle Modell der Familie). Diese „kulturellen Mustern" enthalten die grundlegenden Elemente und Prozesse innerhalb eines kulturellen Bereichs, lassen manche Variablen aber zunächst unspezifiziert, die dann erst innerhalb spezieller Situationen determiniert werden (Dressler, 2005). Voraussetzungen für „kulturelle Mustern" sind dabei, dass sie zum einen erlernt und zum anderen von anderen geteilt werden (Dressler, 2012). So steuern die „kulturellen Mustern" die eigenen Überzeugungen und das eigene Verhalten und helfen dabei, das Verhalten anderer zu interpretieren (Dressler et al., 2007a). Damit wird das Verständnis von Kultur beziehungsweise „kulturellen Mustern" auf der Ebene der Person und auf der Ebene von (sozialen) Gruppen verortet (Dressler, 2012). Die

---

[27] Im Original „Cultural Consonance".

Übereinstimmung zwischen „kulturellen Mustern" und dem Verhalten von Personen ist aus zwei Gründen jedoch nicht immer konform: Erstens geben manche „kulturelle Muster" in vielen Bereichen nur allgemeine Richtlinien für das Verhalten vor, welches dann durch spezifische Einflüsse und Beschränkungen innerhalb eines gegebenen Kontextes geregelt werden muss. Zweitens können Personen nicht immer den „kulturellen Mustern" entsprechend handeln, selbst wenn sie sich derer bewusst sind. Mangelnde Motivation spielt hierbei weniger eine Rolle als vielmehr ökonomische Beschränkungen. Kommt es zu einer Diskrepanz zwischen dem Wissen über das „kulturelle Muster" und dem Handeln einer Person, kann dies zu Stress und damit folglich auch zu gesundheitlichen Auswirkungen führen (Dressler et al., 2007a).

Vor diesem Hintergrund beschreibt das Konzept der *kulturellen Konsonanz* das Ausmaß, inwieweit die Überzeugungen und das Verhalten einer Person mit den geteilten „kulturellen Mustern" übereinstimmen (Dressler, 2012). Dabei wird postuliert, dass je größer die Diskrepanz, desto mehr Stress wird bei der Person ausgelöst. Dies kann auf zwei Wegen geschehen:

> First, there is the potential dissonance brought about by an individual knowing that he or she is not acting in a way consistent with prevailing understandings. Second, there is the potential for negative sanctions from others in mundane social interaction, when an individual is clearly behaving in a way inconsistent with prevailing sensibilities. For both of these reasons, low cultural consonance may be associated with greater distress and poorer health (Dressler et al., 2007a, p. 200).

Das Ausmaß *kultureller Konsonanz* wurde bereits in Bezug auf verschiedene kulturelle Bereiche untersucht. Hierzu zählen unter anderem die zwei Bereiche Lebensstil und soziale Unterstützung, die als „kulturell konstruierter Ausdruck" des sozioökonomischen Status und der sozialen Integration auf einer subjektiven

Wahrnehmungsebene betrachtet werden (Dressler et al., 2007a). Unter Lebensstil werden hier das Besitzen von Konsumgütern sowie bestimmte Verhaltensweisen gefasst. Soziale Unterstützung hingegen wird als die Wahrnehmung definiert, dass bei gefühlter Not innerhalb des eigenen sozialen Netzwerks Hilfe und Beistand verfügbar sein werden (Dressler, 2005; siehe auch Kapitel 3.3.3).

Inzwischen gibt es eine Reihe verschiedener Studien, vorwiegend von der Forschungsgruppe um Wiliam Dressler, die einen positiven Zusammenhang zwischen *kultureller Konsonanz* in beiden Bereichen und Gesundheit belegen. So wurde beispielweise gezeigt, dass eine hohe *kulturelle Konsonanz* sowohl im Lebensstil als auch hinsichtlich sozialer Unterstützung mit einem niedrigeren Blutdruck und weniger Symptomen von Depression korrelieren (Dressler & Santos, 2000; Dressler & Bindon, 2000; Dressler, Balieiro, Ribeiro & Dos Santos, 2007b)[28]. Zusammenfassend wird der Zusammenhang zwischen sozialer Ungleichheit und Gesundheit durch die Ausprägung der *kulturellen Konsonanz* in den Bereichen Lebensstil und sozialer Unterstützung mediiert. Letztere kann zugleich auch einen moderierenden Effekt beinhalten, in dem soziales Kapital die negativen Effekte sozialer Ungleichheit abfedert (Feinstein et al., 2006).

In diesem Kapitel wurden ähnliche Wirkmechanismen zwischen Bildung und Gesundheit vorgestellt, wie im voranstehenden Kapitel, allerdings eher auf einer subjektiven Ebene verortet. Während im vorangegangen Kapitel mehr die objektiven Auswirkungen sozialer Benachteiligung und deren Folgen für die Gesundheit im Fokus standen, war es hier die subjektive Wahrnehmung der sozialen Benachteiligung. Dabei wurden mit dem psychosozialen Ansatz der relativen Deprivation von Wilkinson einerseits

---

[28] Darüber hinaus liegen mittlerweile ähnliche Ergebnisse für die Bereiche Familie, nationales Identitätsgefühl und Essen vor (siehe Dressler et al., 2007a; Dressler, 2012).

Faktoren des Selbstkonzepts (z.B. Selbstwertgefühl) und mit dem sozio-anthropologischen Ansatz der *kulturellen Konsonanz* von Dressler (2005) andererseits Faktoren des sozialen Kapitals angesprochen. Daher können ähnliche Argumente, wie sie bereits hinsichtlich des Zusammenhangs von Weiterbildung und Gesundheit beschrieben wurden, auch hier angefügt werden. So kann zum einen konstatiert werden, dass Weiterbildung das soziale Kapital einer Person stärken kann, in dem es dieser die Möglichkeit bietet, soziale Netzwerke zu knüpfen oder soziale Kompetenzen zu erwerben. Zum anderen kann Weiterbildung das Selbstkonzept stärken, indem sie beispielsweise das Selbstwertgefühl oder die Kontrollüberzeugungen einer Person fördert. Demzufolge kann nicht nur Bildung, sondern auch Weiterbildung eine „Pufferrolle" zwischen sozialer Ungleichheit und Gesundheit einnehmen.

3.4 Exkurs: Human capital theory of learned effectiveness

Innerhalb des *self-in-context* Modells wird in Bezug auf die Bedeutung der Selbstwirksamkeitserwartung auf die *Human capital theory of learned effectiveness* von Mirowsky und Ross (1998) verwiesen. Da diese Theorie jedoch nicht nur an dieser Stelle einen Beitrag zu Erklärung des Zusammenhangs zwischen Bildung und Gesundheit leistet, sondern darüber hinaus auch Aspekte auf der kontextbezogenen Ebene anbringt, stellt sie eine eigenständige zum *self-in-context* Modell querliegende Theorie dar. Aus diesem Grund soll in diesem kurzen Exkurs näher auf sie eingegangen werden.

Die *Human capital theory of learned effectiveness* gibt Hinweise darauf, dass Bildung über alle Lebensphasen hinweg zur Entwicklung von Fähigkeiten und Fertigkeiten sowie Gewohnheiten beiträgt und so die Menschen dazu befähigt, auch im Sinne von Gesundheit ihr Leben effektiv zu gestalten und persönlich bedeutsame Ziele zu erreichen (Kruse, 2006b). Dabei ist die Überzeugung der Menschen, ihre Umwelt selbst meistern, kontrollieren oder wirksam verändern zu können, zentral (Mirowsky & Ross, 2005). Folgende Annahme wird hierbei zugrunde gelegt:

> Education enables people to coalesce health-producing behaviors into a coherent lifestyle, that a sense of control over outcomes in one's own life encourages a healthy lifestyle and conveys much of education's effect, and that educated parents pass on a healthy lifestyle to their children (Mirowsky & Ross, 1998, p. 416).

Es wird also davon ausgegangen, dass Bildung Personen dazu befähigt, Gewohnheiten und Verhaltensweise so zu kombinieren, dass sie für die Gesundheit förderlich sind, wobei sowohl die Gewohnheiten als auch die Verhaltensweisen nicht unmittelbar mit der Gesundheit in Beziehung stehen müssen. An dieser Stelle weist die *Human capital theory of learned effectiveness* große Parallelen zum ökonomischen Ansatz der *produktiven* und *allokativen Effizienz* auf (siehe Kap. 3.3.1). So argumentieren Mirowsky und Ross (1998) zum einen, dass Bildung Personen zu effektiveren Nutzern von Informationen macht, da sie beabsichtigen, eingeholte Informationen auch zu nutzen. Zum anderen werden durch Bildungsprozesse beispielsweise das Selbstvertrauen und Selbstbewusstsein sowie die Motivation Probleme zu lösen, aufgebaut, was auch hinsichtlich gesundheitlicher Probleme wirksam sein kann. In diesem Zusammenhang zeigt die Studie von Tett und Maclachlan (2007), in der 600 Weiterbildungsteilnehmende an einem Kurs zur Förderung von Lese- und Rechenkompetenz befragt wurden, dass sich die Personen aufgrund der erworbenen Kompetenzen auch in anderen Lebensbereichen selbstbewusster fühlten. So beschreiben manche der Kursteilnehmenden: "I'm more confident approaching strangers for information", "I don't need an interpreter when I go to the hospital" oder "I can help myself. I don't need to depend on others and have changed my mind to be very hopeful and helpful" (Tett & Maclachlan, 2007, p. 161).

Außerdem wird postuliert, dass Bildung die Handlungsfähigkeit und persönlichen Kontrollüberzeugungen sowie Selbstwirksamkeitserwartung stärkt und sich das wiederum positiv auf die Gesundheit auswirkt: „those with a sense of personal control know more about health; they are more likely to initiate preventive behaviors like quitting smoking, exercising, or moderating alcohol consumption" (Mirowsky & Ross, 1998, p. 419). In diesem Zusammenhang beschreibt ein Teilnehmender der Studie von Hammond (2004) die Wirkung von Weiterbildung auf Gesundheit wie folgt: „It [Further Education] has made me more determined to beat the doctors (...) You control your own fate. Fate does not control you" (p. 556).

Zuletzt wird, wie im *self-in-context* Modell, postuliert, dass der Bildungstand der Eltern ein wesentlicher Prädiktor für die Gesundheit ist (siehe Kap. 3.3.1). Demnach vermitteln gutgebildete Eltern ihren Kindern eher einen gesunden Lebensstil und statten sie mit mehr Ressourcen aus, die sich später positiv auf die Gesundheit auswirken können (Mirowsky & Ross, 1998). Die *Human capital theory of learned effectivness* beschreibt damit, ähnlich zum *self-in-context* Modell, unterschiedliche Wege, wie Bildung unabhängig vom eigenen sozioökonomischen Status, zur Gesundheit beitragen kann (Kruse, 2018).

3.5 Das *self-in-context* Modell als Erklärung des Zusammenhangs zwischen Weiterbildung und Gesundheit – Zusammenfassung

Anhand des *self-in-context* Modells wurde veranschaulicht, wie Bildung auf vielfältige Art und Weise zu gesundheitsbezogenen Erträgen führen kann. Dabei spielen verschiedene personen- und kontextbezogenen Faktoren eine wichtige Rolle, die keineswegs nur isoliert voneinander wirken. Vielmehr ist es oftmals ein Zusammenspiel verschiedener Faktoren, die zwischen personen- und kontextbezogener Ebene diffundieren. Im Sinne des sozioökologischen Ansatzes von Bronfenbrenner (1979), auf dem das *self-in-context* Modell beruht, handelt es sich demnach um eine ständige Personen-Umwelt-Interaktion, in der unterschiedliche Faktoren zusammenwirken. Zwar können äußere Umstände durchaus gesundheitsgefährdende Faktoren wie Stress bereithalten, werden diese jedoch nicht als solche wahrgenommen und bewertet, oder gibt es genügend personenimmanente Bewältigungsressourcen wie Resilienz oder Selbstwirksamkeit, müssen diese nicht per se zu negativen Gesundheitsfolgen führen. Des Weiteren ist beispielsweise der personenbezogene Faktor der *Zeitpräferenz* auch im Kontext der *Familie und Haushalt* im Rahmen des Modells der Gesundheitsnachfrage bedeutsam und soziale Beziehungen sind nicht nur als Quelle sozialer Unterstützung für die Gesundheit bedeutend, sondern bedingen zeitgleich die Formation der Selbstwirksamkeitserwartung und des Selbstwertgefühls mit. So kann an vielen Stellen eine theoretische Verschränkung festgestellt werden, obwohl jede theoretische Perspektive einen eigenständigen Beitrag zur Erklärung des Zusammenhangs zwischen Bildung und Gesundheit erbringt. Überdies ließ sich zeigen, dass sowohl Bildung *als Prozess* als auch Bildung *als Kontext* zu gesundheitsbezogenen Erträgen führen kann. Während Bildung *als Prozess* vorwiegend die Entwicklung und Förderung von für die Gesundheit bedeutsamen personenimmanenten Eigenschaften unterstützt, eröffnet Bildung *als Kontext* die Möglichkeit, soziale Kontakte zu knüpfen, soziale Netzwerke zu stärken und soziale Kompetenzen zu erwerben, wodurch ebenfalls wichtige Determinanten für die Gesundheit gefördert werden.

Nicht zuletzt konnte im Rahmen des *self-in-context* Modells gezeigt werden, dass viele der genannten Wirkmechanismen zum

Zusammenhang zwischen Bildung und Gesundheit nicht nur auf Bildung im Allgemeinen, sondern auch auf Weiterbildung im Besonderen zutreffen. Die verschiedenen personen- und kontextbezogenen Faktoren, die im *self-in-context* Modell dabei genannt werden, können schließlich drei zentralen Bereichen zugeteilt werden. Zum einen können Facetten des Selbstkonzepts, wie z.b. das Selbstwertgefühl oder die Selbstwirksamkeitserwartung, individuellen Dispositionen zugeordnet werden. Zum anderen handelt es sich um soziale Ressourcen, wie z.b. das soziale Netzwerk oder die soziale Unterstützung. Einen dritten Bereich stellen schließlich Faktoren der erwerbsbezogenen Situation, wie z.b. das Einkommen oder der berufliche Status, dar. Daran anknüpfend lassen sich in Anlehnung an das *self-in-context* Modell von Feinstein et al. (2006) folgende zentralen Wirkmechanismen zwischen Weiterbildung (sowohl als Prozess als auch als Kontext) auf Gesundheit, konstatieren:

Abb. 3: Zentrale Wirkmechanismen von Weiterbildung auf Gesundheit in Anlehnung an das *self-in-context* Modell

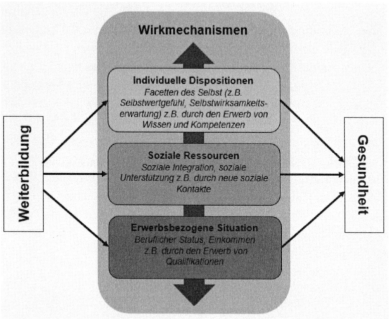

(Quelle: eigene Darstellung)

So wird schließlich angenommen, dass die Teilnahme an Weiterbildungen als Prozess, beispielsweise durch den Erwerb von Wissen und Kompetenzen, individuelle Dispositionen, wie z.b. die Selbstwirksamkeitserwartung, und dadurch auch die Gesundheit beeinflusst. Im Hinblick auf soziale Ressourcen ermöglicht Weiterbildung als Kontext, dass neue soziale Kontakte geknüpft werden, die z.b. in Form von sozialer Unterstützung einen Effekt auf die Gesundheit besitzen können. Darüber hinaus kann die Teilnahme an Weiterbildungen zu weiteren (beruflichen) Qualifikationen führen, wodurch sich Faktoren der erwerbsbezogenen Situation (z.b. beruflicher Status) und so auch die Gesundheitsressourcen verändern können. Wie vom vertikalen Pfeil in der Mitte der Abbildung symbolisiert, können die einzelnen Faktoren auch interagieren und zusammen zu gesundheitlichen Effekten führen. Das bedeutet, dass die Teilnahme an Weiterbildungen beispielsweise zu neuen sozialen Beziehungen führt, aus denen eine höhere Selbstwirksamkeitserwartung der Person hervorgeht. Eine höhere Selbstwirksamkeitserwartung erleichtert umgekehrt wiederum das Knüpfen neuer sozialer Kontakte (Benight & Bandura, 2004). Außerdem interagieren individuelle Dispositionen und Faktoren der erwerbsbezogenen Situation miteinander, wenn es um die subjektive Wahrnehmung des eigenen sozioökonomischen Status geht, wie es in dem psychosozialen Ansatz nach Wilkinson (1997) oder in der Theorie der kulturellen Konsonanz (Dressler, 2005) beschrieben wurde (Feinstein et al., 2006).

Mit Blick auf die unterschiedlichen Bereiche ist schließlich festzustellen, dass viele der im *self-in-context* Modell genannten Faktoren auch Bedingungen für ein „aktives Altern" darstellen. So bilden individuelle Dispositionen, wie z.b. Selbstwirksamkeitserwartung, psychologische Voraussetzungen, soziale Ressourcen, wie z.b. soziale Unterstützung, soziale Voraussetzungen und Faktoren der erwerbsbezogenen Situation, wie z.B. Einkommen, wirtschaftliche Voraussetzungen für ein „aktives Altern" ab. Demzufolge kann davon ausgegangen werden, dass Weiterbildung nicht nur im jungen und mittleren Erwachsenenalter, sondern auch im höheren Erwachsenenalter zu gesundheitsbezogenen Erträgen führt. Inwiefern es bereits empirische Evidenz für gesundheitsbezogene Erträge von Weiterbildung (im Alter) gibt, wird im folgenden Kapitel dargelegt.

4 Gesundheitsbezogene Erträge von Weiterbildung – Der Forschungsstand

Nachdem im vorherigen Kapitel dargelegt wurde, inwiefern Bildung, beziehungsweise Weiterbildung, einen Effekt auf die Gesundheit besitzt, werden in diesem Kapitel Studien vorgestellt, die gesundheitsbezogene Erträge von Weiterbildung untersuchten. Für die Auswahl wurden zum einen Studien berücksichtigt, die sowohl formale und non-formale als auch berufliche und/oder allgemeine Weiterbildungskurse in den Blick nahmen. Ausgeschlossen wurden dabei Studien, die gezielt gesundheitsbezogene Bildungsmaßnahmen betrachteten, da solche Bildungsmaßnahmen weniger im Mittelpunkt der vorliegenden Arbeit stehen. Zum anderen wurden nur Studien aufgenommen, die explizit gesundheitsbezogene Erträge als Resultat der Weiterbildung (mit) berücksichtigten und nicht ausschließlich breitere soziale Erträge wie zivilgesellschaftliches Engagement oder soziale Teilhabe fokussierten. So werden im Folgenden nur Ergebnisse zu gesundheitsbezogenen Weiterbildungserträgen vorgestellt, auch wenn in der Studie noch andere Weiterbildungserträge untersucht wurden. Da der Fokus der vorliegenden Arbeit auf älteren Personen liegt, wird zudem nur über Ergebnisse höherer Altersgruppen berichtet, obgleich möglicherweise verschiedene Altersgruppen analysiert wurden.

Beginnend mit zwei elementaren Studien, die im Rahmen des Forschungszentrums „Wider Benefits of Learning" erfolgten, werden darauffolgend weitere größtenteils jüngere Studien dargelegt, die teilweise ebenfalls im Zusammenhang mit dem Forschungszentrum, teilweise aber auch außerhalb davon durchgeführt wurden.

4.1 Studien zu gesundheitsbezogenen Erträgen im Rahmen des Forschungszentrums „Wider Benefits of Learning"

Ein Großteil der Forschungsarbeiten zu gesundheitsbezogenen Erträgen von Weiterbildung geht zurück auf die Gründung des Forschungszentrums „Wider Benefits of Learning" durch das Ministerium für Bildung und Arbeit (Department of Education and Employment[29]) im Jahr 1999 in London. Ziel und Aufgabe des Zentrums war es, soziale und gesundheitsbezogene Bildungserträge sowohl für das Individuum selbst als auch für die Gesellschaft zu untersuchen (Feinstein, 2002). Hierdurch entstanden Anfang der 2000er Jahre zahlreiche Beiträge, die vorwiegend von der Forschungsgruppe um Tom Schuller, Leon Feinstein, Cathie Hammond, Laura Woods, John Preston und John Bynner publiziert wurden. Allein im Rahmen der *Research Reports* des Forschungszentrums entstanden 26 Beiträge innerhalb von sechs Jahren (2002-2008).

Um die sozialen und gesundheitsbezogenen Bildungserträge umfassend zu analysieren, wurde in einer ersten Phase eine ausführliche Literaturreview durchgeführt. Anschließend erfolgte in einer zweiten Phase die qualitative Feldarbeit, in der eine große Zahl qualitativer Interviews realisiert wurde. Hinzu kam eine Reihe quantitativer Analysen großer britischer Haushaltsbefragungen, die bereits während und verstärkt nach der Feldarbeit entstanden.

Nachstehend soll zunächst näher auf zwei Studien eingegangen werden, die maßgeblich zu den ersten Erkenntnissen von gesundheitsbezogenen Weiterbildungserträge beigetragen haben. Zum einen handelt es sich hierbei um die gerade genannte qualitative Feldarbeit von Schuller, Brassett-Grundy, Green, Hammond und

---

[29] Heute: Department of Education.

146

Preston (2002), die grundlegend für die darauffolgenden Forschungsarbeiten im Rahmen des Forschungszentrums war. Zum anderen wird über die quantitative Längsschnittanalyse berichtet, die von Feinstein, Hammond, Woods, Preston & Bynner (2003) auf Grundlage der *National Child Development Study* durchgeführt wurde und sehr umfassend sowohl unterschiedliche Weiterbildungsformate als auch viele verschiedene gesundheitsbezogene Faktoren in den Blick nahm.

4.1.1 Die qualitative Studie von Schuller et al. (2002)

Im Rahmen der qualitativen Studie von Schuller et al. (2002) wurden Personen aus drei unterschiedlichen Regionen in England, die sich durch eine hohe Diversität auszeichneten, rekrutiert. So wurde der Londoner Stadtteil Camden aufgrund einer hohen ethnischen Vielfalt, der eher ländliche Ort Tendring (Essex) wegen einem durchschnittlich niedrigen Einkommen sowie der städtisch-ländliche Ort Nottinghamshire angesichts der dortigen weiten Spannbreite unterschiedlicher sozioökonomischer Lebensstandards, ausgewählt.

Die Stichprobenziehung erfolgte zielgerichtet, wonach nur Personen interviewt wurden, die an unterschiedlichen Bildungskontexten (von informellen Kontexten auf Gemeinschaftsebene bis hin zu Hochschulbildung) beteiligt waren. Insgesamt nahmen 145 Personen, darunter 102 Frauen und 43 Männer, an den qualitativen Interviews teil, wobei die jüngste Person 16 und die älteste über 70 Jahre alt war. Hinsichtlich des Qualifizierungsniveaus wurde die gesamte Spannbreite abgebildet. Fünfzehn Personen konnten keine Qualifikationen vorweisen, wohingegen 36 Personen hohe Qualifikationen besaßen. Alle anderen Personen verteilten sich dazwischen. Vierundvierzig Prozent der Befragten waren zum Zeitpunkt der Interviews erwerbstätig, die anderen 56% waren aus unterschiedlichen Gründen nicht (mehr) am Arbeitsmarkt beteiligt (Hausfrauen/Hausmänner, Studierende, Personen in der Nacherwerbsphase, Arbeitssuchende). Sowohl durch die Größe als auch durch die Heterogenität der Stichprobe wird die Repräsentativität der qualitativen Ergebnisse stark erhöht. Die Interviews wurden anhand eines Leitfadens geführt, wobei die Interviewten zunächst aufgefordert wurden, möglichst breit von ihrem Leben zu erzählen, beginnend mit ihren Erfahrungen während der Schulzeit.

Ausgehend von den ersten Erkenntnissen aus den qualitativen Interviews konzipierten Schuller et al. (2002) für die weiteren Analysen einen Rahmen, der verschiedene Facetten des Humankapitals (z.b. Kompetenz, Wissen), Sozialkapitals (z.b. zivilgesellschaftlichs Engagement, Familie) und Identitätskapitals (z.b. Selbstkonzept, Einstellungen) umfasst. Diesen verschiedenen Facetten sollten schließlich die weiteren identifizierten Bildungserträge[30] zugeordnet werden können. Nach Schuller et al. (2002) lassen sich die qualitativen Ergebnisse zwei unterschiedlichen Dimensionen zuordnen. Die erste Dimension bildet ab, inwiefern die Bildungserträge dem Individuum selbst oder aber der Gemeinschaft zu Gute kommen. Dagegen beschreibt die zweite Dimension, inwiefern die Bildungserträge zu einer Veränderung (transformierender Effekt) oder zu einem Konstanthalten (unterstützender Effekt) beispielsweise der Gesundheit führen. Bei beiden Dimensionen handelt es sich um Kontinuen, auf denen sich die identifizierten Bildungserträge hinsichtlich der jeweiligen genannten Pole verorten lassen (Schuller et al., 2002).

Mit Blick auf die Analyseergebnisse der qualitativen Daten bezüglich gesundheitsbezogener Bildungserträge ist festzustellen,

---

[30] Schuller et al. (2002) sprechen im Original von „learning" und nehmen in der Studie Lern- und Bildungserfahrungen über die gesamte Lebensspanne hinweg in den Blick, weshalb hier nicht von Weiterbildung im Spezifischen, sondern von Bildung allgemein gesprochen wird.

dass sich die meisten Effekte auf die mentale und weniger auf die physische Gesundheit beziehen. Wie die Ergebnisse zeigen, kann Bildung dabei sowohl zur Prävention (Erhaltung von Gesundheit) als auch zur Rehabilitation (Genesung von einer Erkrankung) einen bedeutenden Beitrag leisten. Hinsichtlich der beiden Dimensionen beziehungsweise Kontinuen besitzt Bildung damit entweder einen gesundheitsunterstützenden oder einen gesundheitstransformierenden Effekt. Im Hinblick auf gesundheitsbezogene Bildungserträge nennen Schuller et al. (2002) zusammenfassend folgende Ergebnisse:

- Bildung trägt zum Wohlbefinden und damit zu einer guten Gesundheit bei.
- Bildung hilft Personen mit mentalen Gesundheitsproblemen als eine Form therapeutischer Maßnahmen.
- Bildung hilft Depressionen zu vermeiden, zu reduzieren oder sich damit zu befassen. Hierbei handelt es sich vorwiegend um einen unterstützenden Effekt von Bildung.
- Bildung hilft Personen bei der Kommunikation mit medizinischem Fachpersonal, entweder direkt, durch ein besseres Verständnis der Sprache, oder indirekt, durch das neu erlangte Selbstvertrauen, sich gegenüber den Personen auszudrücken und Fragen zu stellen. Darüber hinaus bieten Lerngruppen ein Forum sich formal und informell über gesundheitsbezogene Informationen auszutauschen.
- Bildung kann die Selbstwahrnehmung und Selbsterkenntnis erhöhen. Auf positive Weise verstärkt Bildung damit die Wahrnehmung von Autonomie und Wirksamkeit, die weitere positive Effekte mit sich führen. Gleichwohl können eine erhöhte Selbstwahrnehmung und Selbsterkenntnis auch zu negativen Folgen führen, indem sie fundamentale Themen und die eigene Identität in Frage stellen.

– Bildung kann zudem zu negativen gesundheitlichen Effekten führen, wenn beispielsweise durch Lernanforderungen Stress ausgelöst wird (p.V).

Diese Ergebnisse belegen nicht nur, dass Bildung einen Effekt auf die Gesundheit besitzt, sondern verdeutlichen zusätzlich, dass, wie im *self-in-context* Modell postuliert, individuelle Dispositionen, wie Selbstvertrauen, oder die eigene Identität hierbei bedeutsam sind. Dabei ist festzustellen, dass die Teilnahme an einer Weiterbildung nicht nur zu positiven gesundheitsbezogenen Erträgen führt, sondern sich auch negativ auf die Gesundheit auswirken kann.

4.1.2 Die quantitative Studie von Feinstein et al. (2003)

Ein Jahr nach der qualitativen Studie von Schuller et al. (2002) folgte eine quantitative Längsschnittanalyse zu sozialen und gesundheitsbezogenen Weiterbildungserträgen von Feinstein et al. (2003). Hierzu wurden Daten der *National Child Development Study* verwendet, wobei ausschließlich der Zeitraum zwischen dem 33. (1991) und 42. Lebensjahr (2002) der Befragten betrachtet wurde. Insgesamt konnten so Daten von rund 11.500 Personen analysiert werden.

Eine Besonderheit dieser Studie stellt die umfangreiche Auswahl der verschiedenen Variablen zum Weiterbildungsverhalten sowie zu potentiellen gesundheitsbezogenen Erträgen dar. So wurden bezüglich einer Weiterbildungsteilnahme zwischen dem 33. und 42. Lebensjahr vier unterschiedliche Weiterbildungsformate in den Blick genommen. Einerseits wurde die Teilnahme an Weiterbildungsformaten, die entweder zu einer akademischen oder einer berufsbezogenen Qualifikation[31] beziehungsweise einem Zertifikat führten, betrachtet. Andererseits wurde die Teilnahme an berufsbezogenen Weiterbildungen oder einem Weiterbildungskurs in der Freizeit, die nicht mit einem Zertifikat oder einer bestimmten Qualifikation abgeschlossen wurden, berücksichtigt. Im Hinblick auf die Gesundheit wurden Variablen zum Gesundheitsverhalten (Rauchen, Alkoholkonsum, körperliche Aktivität), zur psychischen Gesundheit (Depression[32]) sowie zur Lebenszufriedenheit herangezogen (Feinstein et al., 2003). In den Analysen stand dabei weniger die Ausprägung der einzelnen Gesundheitsvariablen zum 42. Lebensjahr im Vordergrund, als vielmehr ihre Veränderung zwischen dem 33. und 42. Lebensjahr. Das bedeutet jedoch, dass nicht deutlich ermittelt werden kann, ob die Weiterbildungsteilnahme zwischen dem 33. und 42. Lebensjahr vor oder nach der Veränderung in den verschiedenen Gesundheitsvariablen erfolgte. Dadurch sind die Ergebnisse zu den gesundheitlichen Veränderungen weniger belastbar.

Zunächst wurden die Haupteffekte einer Weiterbildungsteilnahme auf die unterschiedlichen Gesundheitsvariablen anhand von Regressionsanalysen untersucht, ohne dabei die Weiterbildungsteilnahme oder die Stichprobe weiter zu differenzieren. Hier zeigt sich, dass mit steigender Anzahl von Weiterbildungskursen zwischen dem 33. und 42. Lebensjahr eine signifikant positive Veränderung der körperlichen Aktivität sowie der Lebenszufriedenheit einhergeht. Wird die Weiterbildungsteilnahme nicht als kontinuierliche Variable betrachtet, sondern in Katego-

---

[31] Hiermit sind formale Weiterbildungen gemeint, die entweder zu akademischen Abschlüssen oder beruflich qualifizierenden Abschlüssen, die sich z.B. dem *National Vocational Qualifications (NVQ)* zuordnen lassen, gemeint (nähere Informationen hierzu siehe Feinstein et al., p.100)
[32] Gemessen anhand des Malaise-Inventar von Rutter et al. (1970), welches die Anzeichen einer klinischen Depression anhand von 24 Item zum physischen und emotionalen Gefühlszustand erfasst (siehe hierzu auch Feinstein et al., 2003, p.23).

rien unterteilt (1-2 Kurse, 3-10 Kurse, 11 Kurse und mehr), bestätigen sich diese Ergebnisse jedoch nur für Personen, die drei bis zehn Weiterbildungsveranstaltungen besucht haben. Zudem hören diese Personen zwischen dem 33. und 42. Lebensjahr signifikant häufiger mit dem Rauchen auf. Dass weitere Kursbesuche nicht ebenfalls signifikante Veränderungen in den Gesundheitsvariablen bedingen, führen Feinstein et al. (2003) auf Verzerrungen des Selektionsverfahrens zurück, wonach sich Personen, die an mindestens elf Weiterbildungskursen partizipierten, vermutlich von den anderen Teilnehmenden hinsichtlich ihrer Weiterbildungsmotiven und den daraus resultierenden subjektiven Nutzen unterscheiden. Außerdem ist denkbar, dass nach einer bestimmten Anzahl von Weiterbildungskursen, andere Lernformate besucht werden müssen, um weitere Weiterbildungserträge zu generieren (Feinstein et al., 2003). Auch unter Kontrolle weiterer Variablen zu diversen Lebensumstände im 33. Lebensjahr (z.B. Hausbesitz, Familienstand, Kinder, Sozioökonomischer Status, Zeit, die nicht in Bildung, Weiterbildung oder Erwerbstätigkeit investiert wurde) sowie unter Kontrolle der Veränderung dieser Lebensumstände innerhalb des 33. und 42. Lebensjahr, bleiben die signifikanten positiven Veränderungen bezüglich einer erhöhten körperlichen Aktivität sowie einer höheren Lebenszufriedenheit weiterhin bestehen. Entsprechend sind die signifikanten Zusammenhänge zwar belastbarer, nach wie vor kann aber kein Rückschluss darauf gezogen werden, ob eine Weiterbildungsteilnahme den gesundheitlichen Veränderungen vorausging oder nicht. Aus diesem Grund prüften Feinstein et al. (2003) schließlich erneut anhand von Regressionsanalysen, inwiefern Veränderungen in den beiden Gesundheitsvariablen umgekehrt zu einer Weiterbildungsteilnahme im 42. Lebensjahr führen. Dabei zeigt sich, dass weder eine Erhöhung körperlicher Aktivität noch eine Veränderung der Lebenszufriedenheit signifikant mit einer Weiterbildungsteilnahme im 42. Lebensjahr korreliert.

Im nächsten Schritt wurde die Weiterbildungsteilnahme in den verschiedenen Regressionsmodellen nach dem Format der Weiterbildung differenziert. Hinsichtlich der Weiterbildungsformate, die entweder zu einer akademischen oder berufsbezogenen Qualifikation beziehungsweise zu einem Zertifikat führen, wird lediglich ein signifikant positiver Zusammenhang zwischen einer akademisch qualifizierenden Weiterbildungsteilnahme und einer Veränderung in der Lebenszufriedenheit deutlich. Im Hinblick auf berufsbezogene Weiterbildungen ohne Zertifikat ist ebenfalls ein signifikant positiver Zusammenhang mit einer Veränderung der Lebenszufriedenheit sowie einer Veränderung im Trinkverhalten zu beobachten. Die meisten signifikanten Zusammenhänge lassen sich jedoch mit der Teilnahme an Weiterbildungskursen in der Freizeit feststellen. So gibt es hier einen signifikant positiven Zusammenhang zwischen dem Aufgeben des Rauchens, der Erhöhung der körperlichen Aktivität sowie der Wahrscheinlichkeit an einer Depression zu erkranken. Letzteres erklären Feinstein et al. (2003) damit, dass sich in der qualitativen Studie von Schuller et al. (2002) bereits gezeigt hatte, dass manche Personen dann Weiterbildungskurse in ihrer Freizeit aufsuchen, wenn sie schwere Zeiten erleben und sich durch die Weiterbildungskurse ablenken wollen. In diesem Kontext belegen die Ergebnisse, dass Personen, die depressiv werden nicht durch eine Teilnahme an Weiterbildungskursen in der Freizeit geholfen werden kann (Feinstein et al., 2003).

Darüber hinaus wurden die Effekte hinsichtlich der unterschiedlichen Weiterbildungsformate nach der Häufigkeit besuchter Weiterbildungsveranstaltungen untersucht. In Bezug auf akademisch qualifizierende Weiterbildungskurse ist dabei festzuhalten, dass Personen, die in den letzten neun Jahren an einem Kurs partizipierten, gegenüber Nichtteilnehmenden eine signifikant höhere körperliche Aktivität aufweisen. Abgesehen davon gibt es im Hinblick auf die Gesundheitsvariablen keinen weiteren signifikanten Unterschied zwischen Personen, die einen, zwei oder mindestens drei akademisch qualifizierende Weiterbildungskurse besucht hatten und Nichtteilnehmenden. Bei den Teilnehmenden beruflich qualifizierender Weiterbildungskurse zeigt sich lediglich ein signifikanter Unterschied hinsichtlich einer Veränderung des Trinkverhaltens im Vergleich zu Nichtteilnehmenden. Dagegen können in Bezug auf berufsbezogene Weiterbildungen ohne abschließendes Zertifikat mehrere signifikante Unterschiede festgestellt werden. So deuten die Daten daraufhin, dass Personen, die an drei bis zehn beruflichen Weiterbildungen zwischen dem 33. und 42. Lebensjahr partizipierten, eine sowohl in der körperlichen Aktivität als auch in der Lebenszufriedenheit positive Veränderung aufweisen. Letzteres trifft auch auf diejenigen zu, die elf Weiterbildungskurse oder mehr besuchten. Mit Blick auf die Teilnahme an Weiterbildungskursen in der Freizeit zeigen sich erneut die meisten signifikanten Unterschiede. So geben Personen, die einen oder zwei Kurse besuchten, häufiger das Rauchen auf, erhöhen signifikant ihre körperliche Aktivität und reduzieren den Alkoholkonsum signifikant im Gegensatz zu Nichtteilnehmenden. Wie bereits durch die vorherigen Ergebnisse angedeutet, weisen jedoch auch hier Personen, die in der Freizeit an drei bis zehn Weiterbildungskursen teilnahmen, gegenüber Nichtteilnehmenden eine signifikant höhere Wahrscheinlichkeit auf, depressiv zu werden.

Die Studie von Feinstein et al. (2003) zeichnet sich besonders durch die zahlreichen untersuchten Zusammenhänge zwischen verschiedenen Weiterbildungsaspekten (Anzahl, Format) und den vielen verschiedenen gesundheitsbezogenen Variablen aus. Dabei ist festzuhalten, dass die Ergebnisse die theoretischen Annahmen des *self-in-context* Modells, dass die Teilnahme an einer Weiterbildung zu einer besseren Gesundheit führt, bestätigen, es

jedoch hinsichtlich der verschiedenen untersuchten gesundheitsbezogenen Erträge eine Rolle spielt, wie viele Weiterbildungskurse und welche Art von Weiterbildungen besucht wurden. So
konnte besonders hinsichtlich einer Weiterbildungsteilnahme in
der Freizeit und bei drei bis zehn besuchten Weiterbildungen signifikante gesundheitsbezogene Effekte identifiziert werden. Darüber hinaus lässt sich, wie bereits in der qualitativen Studie von
Schuller et al. (2002), beobachten, dass eine Weiterbildungsteilnahme nicht nur positive, sondern auch negative Effekte auf die
Gesundheit besitzen kann.

4.2 Internationale quantitative Studien zu gesundheitsbe- zogenen Erträgen von Weiterbildung

Seit den frühen Studien im Rahmen des Forschungszentrums
„Wider benefits of learning" wurden inzwischen weitere Studien
zu gesundheitsbezogenen Erträgen von Weiterbildung durchgeführt, auf die im Folgenden eingegangen werden soll. Hierbei
werden zunächst Studien vorgestellt, die vorwiegend akademisch
und/oder beruflich qualifizierende Weiterbildungen in den Blick
nehmen und somit eher formalen Weiterbildungserträgen zuzu-
ordnen sind (siehe Kap. 2.3.2). Darauf folgen Studien, die sich
mehr auf allgemeine Weiterbildung beziehen, die ohne eine abschließende Qualifikation und/oder in der Freizeit durchgeführt
wurden. Diese Studien werden demnach eher non-formalen Weiterbildungserträgen zugeteilt.

4.2.1 Formale akademische und berufliche Weiterbildung

Bereits 2002 untersuchte Feinstein innerhalb des Forschungszent-
rums „Wider Benefits of Learning" auf Grundlage der beiden
Längsschnittdatensätze *National Child Development Study
(NCDS)* (Geburtskohorte 1958) und *1970 British Cohort Study
(BCS70)* (Geburtskohorte 1970), inwiefern sich das Risiko für

eine Depression und Übergewicht durch Bildungsmaßnahmen reduzieren lässt. Im Gegensatz zu der Studie von Feinstein et al. (2003) wurde hier jedoch nicht auf Regressionsanalysen, sondern auf das Verfahren des Prospensity Score Matchings zurückgegriffen. Dieses Verfahren besitzt gegenüber Regressionsanalysen den Vorteil, dass auf Grundlage der vorhandenen Daten eine experimentelle Situation simuliert wird (Quasi-Experiment), wodurch eine kausale Interpretation der Ergebnisse ermöglicht wird. Im Falle der Studie von Feinstein (2002) bedeutet es, dass Personen, die an einer Weiterbildung partizipierten als sogenannte Behandlungsgruppe mit Nichtteilnehmenden als Kontrollgruppe verglichen wurden, wobei sich beide Personengruppen hinsichtlich möglichst vieler Merkmale ähnelten und nur dahingehend unterschieden, dass die eine Gruppe an einer Weiterbildung teilgenommen hatte und die andere nicht. Nur so sind die Ergebnisse und Effekte am Ende reliabel und lassen sich ausschließlich auf die Teilnahme an einer Weiterbildung und nicht auf andere Variablen zurückführen. Als Weiterbildung wurden sowohl berufliche als auch akademische Qualifizierungsmaßnahmen, die auf die Erstausbildung folgten und dem *National Vocational Qualifications* (NVQ) zugeordnet werden können, betrachtet. Das Risiko für eine Depression wurde erneut, wie bei Feinstein et al. (2003), anhand des Malaise-Inventar und das Risiko für Übergewicht anhand des *Body-Mass-Index (BMI)* erfasst. Die Ergebnisse zeigen, dass es besonders zwischen Personen ohne akademische beziehungsweise berufliche Qualifikation und Personen, die durch eine Weiterbildung eine Qualifikation ersten Grades (niedrige berufliche Qualifikation oder Hauptschulabschluss) erhielten, robuste[33] signifikante Effekte gibt. So kann festgestellt werden, dass in der Kohorte von 1958 sowohl Männer als auch Frauen, die (mindestens) eine niedrige akademische oder berufliche Qualifizierung durch eine entsprechende Weiterbildung vorweisen, gegenüber

---

[33] Robust bedeutet hier, dass sich die signifikanten Effekte in beiden Datensätzen finden (Feinstein, 2002, p.29).

156

Personen ohne Qualifizierung signifikant weniger wahrscheinlich an einer Depression oder an Übergewicht erkranken. In der Kohorte von 1970 zeigt sich nur ein signifikanter Unterschied zwischen Männern ohne akademische Qualifikation und Männern mit einem nachgeholten Hauptschulabschluss, wonach letztere ein geringeres Risiko für eine Depression aufzeigen. In der Gruppe der Frauen lässt sich das gleiche Ergebnis feststellen. Darüber hinaus kann hier beobachtet werden, dass Frauen mit mindestens einer niedrigen beruflichen Qualifikation gegenüber Frauen ohne eine berufliche Qualifikation ebenfalls ein signifikant geringeres Risiko für eine Depression aufweisen. Bezüglich des Risikos an Übergewicht zu erkranken, sind weniger starke Effekte zu beobachten. So zeigt sich hier lediglich, dass Männer mit (mindestens) einem nachgeholten Hauptschulabschluss gegenüber Männern ohne akademischen Abschluss ein signifikant niedrigeres Risiko für Übergewicht besitzen. Bei der Gruppe der Frauen lässt sich dagegen nur hinsichtlich der beruflichen Qualifikation ein ähnliches Ergebnis feststellen. So weisen Frauen mit einer niedrigen beruflichen Qualifikation im Vergleich zu Frauen ohne berufliche Qualifikation ein signifikant niedrigeres Risiko für Übergewicht auf. Mit Blick auf das *self-in-context* Modell verdeutlichen die Ergebnisse dieser Studien, dass durch den Erwerb von Qualifikationen positive Gesundheitseffekte durch eine formale Weiterbildungsteilnahme erzielt werden, besonders, wenn davor keine akademischen oder beruflichen Qualifikationen vorliegen. Des Weiteren ist zu beobachten, dass sich bei Männern und Frauen je nach Weiterbildung nicht die gleichen signifikanten gesundheitsbezogenen Erträge zeigen, wonach gesundheitsbezogene Weiterbildungserträge auch geschlechtsspezifisch sein können. Dass sich in dieser Studie im Gegensatz zur Studie von Feinstein et al. (2003) positive Effekte auf das Risiko an einer Depression zu erkranken, finden lassen, kann auf die unterschiedlichen methodischen Verfahren zurückgeführt werden. Dabei ist die höhere Belastbarkeit und Robustheit der Ergebnisse dieser

Studie gegenüber der Studie von Feinstein et al. (2003) hervorzuheben.

Ebenfalls auf Grundlage der *National Child Development Study* untersuchten Chandola, Plewis, Morris, Mishra und Plane (2011) den Zusammenhang zwischen der Teilnahme an Weiterbildungen und dem Risiko für eine koronare Herzerkrankung. Letzteres wurde anhand des „Framingham Risk Score" gemessen, der das Risiko für eine koronare Herzerkrankung für die nächsten zehn Jahre schätzt. Analog zu der Studie von Feinstein (2002) wurde hier jede Qualifizierungsmaßnahme zwischen dem 23. und 42. Lebensjahr als Weiterbildung gefasst, die zu einem höheren akademischen oder beruflichen Abschluss führt. Das Risiko für eine koronare Herzerkrankung wurde zum 44. Lebensjahr der Befragten betrachtet. So ist hier im Gegensatz zur Studie von Feinstein et al. (2003) eine zeitliche Abfolge gewährleistet, da das Risiko für eine koronare Herzerkrankung deutlich nach der Teilnahme an einer akademisch oder beruflich qualifizierenden Weiterbildung untersucht wurde. Die Ergebnisse der logistischen Regressionsanalysen zeigen, dass Frauen (n=2.227), die die Schule ohne Abschluss verließen aber nach dem 23. Lebensjahr eine weitere Qualifikationsmaßnahme zum Erreichen eines höheren akademischen oder beruflichen Abschlusses absolvierten, ein signifikant geringeres Risiko für eine koronare Herzerkrankung aufweisen als Frauen, die bis zu ihrem 42. Lebensjahr keinen höheren Abschluss nachholten. In der Gruppe der Männer (n=2.084) zeigt sich ein ähnliches Bild. So kann bei den Männern, die nach dem 23. Lebensjahr noch eine höhere akademische oder berufliche Qualifizierungsmaßnahme absolvierten, im Vergleich zu der Gruppe der Männer ohne Qualifikationen ein geringeres Risiko beobachtet werden. Allerdings ist hier der Unterschied nicht signifikant. Dementsprechend unterstützt die Studie von Chandola et al. (2011) die Ergebnisse der vorherigen Studie von Feinstein (2002) und gibt ebenfalls Hinweise darauf, dass das Nachholen beziehungsweise Absolvieren einer akademischen oder beruflichen Qualifizierungsmaßnahme im späteren Lebenslauf positive Gesundheitseffekte besitzen kann. Dabei zeichnet sich hinsichtlich der gesundheitsbezogenen Erträge erneut ein Geschlechterunterschied ab, wonach Frauen eher gesundheitlich von einer Weiterbildungsteilnahme profitieren.

In der Studie von Tooth und Mishra 2015 aus Australien wurde die Weiterbildungsteilnahme ähnlich zu den beiden vorangegangenen Studien davon abgeleitet, welchen höchsten Bildungsabschluss Frauen zwischen verschiedenen Beobachtungszeitpunkten angegeben hatten. Hierbei wurden die sechs Erhebungswellen der *Australien Longitudinal Study on Women's Health* betrachtet, wobei nur die Daten von Frauen, die zwischen 1973 und 1978 (n=14.247) und zwischen 1946 und 1951 geboren wurden (n=13.715), in die Analyse einflossen. Insgesamt liegt hier ein besonders langer Beobachtungszeitraum von insgesamt 16 Jahren vor. In der Studie wurde dann von einer Weiterbildungsteilnahme ausgegangen, wenn in der ersten Erhebungswelle ein niedriger und in der letzten Erhebungswelle ein mittlerer beziehungsweise hoher Bildungsabschluss genannt wurde („upwards from low"). Gleichermaßen wurde eine Weiterbildungsteilnahme angenommen, wenn in der ersten Erhebungswelle ein mittlerer Bildungsabschluss und in der letzten Erhebungswelle ein hoher Bildungsabschluss angegeben wurde („upwards from middle"). Als abhängige Variablen dienten hier zum einen die körperliche Funktionsfähigkeit, gemessen anhand der gleichnamigen Dimension im SF-36 und zum anderen die Auftretenshäufigkeit depressiver Symptome, operationalisiert anhand der *Centre for Epidemiologic Study 10-Item Depression Scale* (CESD-10). Beides wurde zum Zeitpunkt der letzten Erhebungswelle betrachtet, so dass, wie bei der vorangegangenen Studie sichergestellt wurde, dass die Weiterbildungsteilnahme zeitlich vor der Messung der körperlichen

Funktionsfähigkeit und dem Risiko für eine Depression, stattgefunden hat. Wie die Ergebnisse zeigen, erzielen Frauen in der jüngeren Kohorte (1970) mit einem stabilen niedrigen/mittleren Bildungsniveau im Vergleich zu Frauen mit einem stabilen hohen Bildungsniveau in 2012 signifikant geringere Werte in der körperlichen Funktionsfähigkeit und signifikant höhere Werte bei der Depressionsskala. Ebenso verhält es sich mit Frauen, die durch eine Weiterbildung bis zu ihrem 39. Lebensjahr von einem niedrigen zu einem mittleren Bildungsabschluss gelangten. Die Frauen jedoch, die von einem mittleren zu einem höheren Bildungsabschluss gelangten, unterscheiden sich in beiden Skalen nicht mehr signifikant von der Gruppe der Frauen mit einem über die Jahre stabilen hohen Bildungsniveau. In der Kohorte der älteren Frauen (1958) zeigen sich dieselben Ergebnisse hinsichtlich der körperlichen Funktionsfähigkeit. Im Hinblick auf das Risiko für eine Depression lässt sich jedoch feststellen, dass alle anderen Gruppen signifikant höhere Depressionswerte erzielen als die Gruppe mit einem stabilen hohen Bildungsniveau. Dementsprechend weisen, konträr zu der jüngeren Kohorte, Frauen, die von einem mittleren zu einem höheren Bildungsabschluss gelangten hier ebenfalls signifikant höhere Werte in der Depressionsskala auf, als Frauen mit einem stabilen hohen Bildungsabschluss. Dieses Ergebnis verdeutlicht, dass der Einfluss des Bildungsniveaus auf die Gesundheit auch dann gilt, wenn ein höherer Bildungsabschluss im weiteren Lebensverlauf durch eine formale Weiterbildung nachgeholt wird. Gleichzeitig deuten die anderen Ergebnisse, konform zu der vorangegangenen Studie, darauf hin, dass sich akademisch qualifizierende Weiterbildungsmaßnahmen positiv auf die Gesundheit auswirken. Zusätzlich verweisen die Ergebnisse darauf, dass das Nachholen höherer Bildungsabschlüsse durch Weiterbildung die Chance erhöht, den sozialen Gradienten von Gesundheit zu verringern. So zeigt sich in der jüngeren Kohorte kein signifikanter Unterschied hinsichtlich des Risikos für eine Depression zwischen den Frauen mit einem stabilen hohen

Bildungsniveau und den Frauen mit einem nachgeholten hohen Bildungsabschluss.

Eine Studie, die nicht nur formale qualifizierende Weiterbildungsmaßnahmen, sondern zusätzlich auch die Teilnahme an allgemeinen (non-formalen) Weiterbildungen in den Blick nahm, ist die Studie von Sabates und Feinstein (2006), die erneut im Rahmen des Forschungszentrums „Wider Benefits of Learning" durchgeführt wurde und dieselben Weiterbildungsformate betrachtete, wie die Studie von Feinstein et al. (2003). Zwar wurde in dieser Studie nicht direkt die Gesundheit betrachtet, dafür aber die Inanspruchnahme gesundheitsbezogener Vorsorgeleistungen, die als ein Indikator für das Gesundheitsverhalten gesehen werden kann (siehe Kap. 3.1.2). Die Inanspruchnahme gesundheitsbezogener Vorsorgeleistungen wurde anhand der Teilnahme an einem Screening für Gebärmutterhalskrebs analysiert. Datengrundlage hierfür war der *British Household Panel Survey* und dessen Daten von Frauen zwischen dem 22. und 65. Lebensjahr (n=41.355). In den Ergebnissen zeigt sich, dass die Teilnahme sowohl an einer qualifizierenden als auch an einer allgemeinen Weiterbildungsmaßnahme unter Kontrolle zahlreicher Variablen, die Wahrscheinlichkeit ein Screening durchzuführen signifikant erhöht. Allerdings wurden hierbei das Screening-Verfahren und die Weiterbildungsteilnahme im selben Jahr betrachtet, was bedeutet, dass erneut nicht nachvollzogen werden kann, ob das Screening vor oder nach der Weiterbildungsteilnahme stattgefunden hat. Um sicherzustellen, dass der Abstrich zeitlich nach einer Weiterbildungsteilnahme erfolgte, wurden die Analysen erneut durchgeführt, diesmal jedoch mit der Weiterbildungsteilnahme aus dem vorangegangen Jahr als Prädiktor. Bei diesen Analysen zeigt sich schließlich kein signifikanter Effekt mehr von einer Weiterbildungsteilnahme auf die Wahrscheinlichkeit der Durchführung eines Screenings. Nach Sabates und Feinstein (2006) legt dieses Ergebnis nahe, dass die hier zuvor gefundenen Effekte von Weiterbildung eher temporär sind. Da zudem nicht auszuschließen ist, dass manche Frauen mehrere Screenings durchführten, da womöglich frühere Testergebnisse positiv ausgefallen waren, wurden des Weiteren verschiedene Sensitivitätsanalysen durchgeführt. Hierbei lässt sich festhalten, dass es einen starken signifikanten Zusammenhang zwischen der bisherigen Schul- und Berufsbildung und der Durchführung eines Screenings gibt, nicht aber hinsichtlich der Teilnahme an einer Weiterbildung. Nur wenn die bisherige Schul- und Berufsbildung außer Acht gelassen wird, zeigt die Teilnahme an einer Weiterbildung einen signifikanten Effekt. Demzufolge besitzen Frauen, die an einer Weiterbildung teilgenommen haben eine 2,3 höhere Wahrscheinlichkeit ein Screening durchzuführen ($p < 0.01$), als Frauen, die an keiner Weiterbildung partizipierten. Auf Grundlage dieser Ergebnisse berechneten Sabates und Feinstein schließlich wie viele Krebsfälle durch die Teilnahme an einer Weiterbildung verhindert werden könnten. Dabei kommen sie zum Schluss, dass bei 100.000 an Weiterbildung teilnehmenden Frauen, vermutlich 116 bis 152 Krebsfälle durch einen Screening-Test vermieden werden könnten. Jedoch ist dabei noch mal darauf hinzuweisen, dass sich dieser Effekt nur zeigt, wenn der vorangegangene Schul- und Berufsabschluss nicht berücksichtigt wird, weshalb die Ergebnisse weniger belastbar sind. Damit gibt die Studie auch einen Hinweis darauf, dass die Teilnahme an einer Weiterbildung im Vergleich einen weniger starken Effekt auf das Gesundheitsverhalten besitzt, als der Schul- und Berufsabschluss.

Eine europaweite Studie, die nur die berufliche Weiterbildung (Continuing Vocational Education and Training [CVET]) betrachtete, wurde 2011 vom Europäischen Zentrum für die Förderung der Berufsbildung (CEDEFOP) initiiert. Hierbei ist hervorzuheben, dass ähnlich der Studie von Feinstein et al. (2003) und im Gegensatz zu den meisten anderen Studien nicht nur die formale und non-formale[34] berufliche Weiterbildungsteilnahme allein, sondern darüber hinaus die Dauer, das Format und die Finanzierung der Weiterbildungsteilnahme in den Blick genommen wurde. Im Hinblick auf gesundheitsbezogene Variablen wurden die selbstberichtete Gesundheit, der Body-Mass-Index (BMI) und chronische Gesundheitsbedingungen betrachtet. Als Datengrundlage dienten die verschiedenen Erhebungswellen (1994-2001) des *European Community Houshold Panel* (ECHP, n=60.500). Da in der vorliegenden Arbeit besonders ältere Personen im Fokus stehen, werden aus dieser Studie nur die Ergebnisse im Hinblick auf die Altersgruppe der 40- bis 60-Jährigen sowie der 60-Jährigen und Älteren vorgestellt. Dabei handelt es sich bei der ersten Altersgruppe um Personen, die 1994 noch erwerbstätig waren, während die zweite Altersgruppe nur Personen umfasst, die sich 1994 bereits in der Nacherwerbsphase befanden. Unter Kontrolle verschiedener Variablen (z.b. Erhebungsjahr, Bildungsniveau) über die Jahre hinweg zeigt sich für beide Altersgruppen ein signifikant positiver Zusammenhang zwischen der Teilnahme an einer beruflichen Weiterbildung und der durchschnittlichen selbstberichteten Gesundheit beziehungsweise dem Fehlen chronischer Gesundheitsprobleme. Werden jedoch nicht der erzielte Durchschnittswert, sondern die Veränderungen in den jeweiligen Gesundheitsvariablen über die Zeit als abhängige Variablen verwendet, verschwinden die signifikanten Effekte. In Bezug auf die weiterführenden Weiterbildungsvariablen Typ, Dauer und Finanzierung sind innerhalb der beiden älteren Altersgruppen keine signifikanten Unterschiede festzustellen. Bei der jüngeren Altersgruppe (26- bis 46-Jährigen) zeigt sich dagegen, dass eine formale

---

[34] Hier ist mit non-formaler beruflicher Weiterbildung, die Weiterbildung am Arbeitsplatz gemeint, während formale berufliche Weiterbildung, die Weiterbildung beispielsweise an Berufsschulen meint (nähere Informationen hierzu, siehe CEDEFOP, 20144, p.61f).

163

berufliche Weiterbildungsteilnahme gegenüber einer non-formalen/informellen einen signifikant positiven Effekt auf die Veränderung in der selbstberichteten Gesundheit besitzt, womit die Ergebnisse der Studien von Chandola et al. (2011) und Feinstein (2002) weiter gestützt werden. Gleichermaßen verhält es sich mit der Teilnahme an einer kurzzeitigen beruflichen Weiterbildungsveranstaltung im Vergleich zu einem langzeitigen Weiterbildungskurs. Im Hinblick auf die Finanzierung der beruflichen Weiterbildung ist festzustellen, dass eine vom Arbeitgeber oder der Arbeitgeberin finanzierte berufliche Weiterbildung gegenüber einer eigenfinanzierten Weiterbildungsteilnahme zwar signifikant positiv mit der Veränderung der selbstberichteten Gesundheit, jedoch gleichzeitig signifikant negativ mit chronischen Gesundheitsproblemen korreliert. Damit weist die CEDEFOP-Studie darauf hin, dass neben dem Weiterbildungstyp auch Faktoren wie die Weiterbildungsdauer und Weiterbildungsfinanzierung für gesundheitsbezogene Erträge von Bedeutung sein können, wenngleich in den höheren Altersgruppen keine signifikanten Effekte gefunden wurden.

Eine weitere Studie, die den Fokus ausschließlich auf die Teilnahme an einer qualifizierenden beruflichen Weiterbildung legte und dabei ältere Erwerbstätige in den Blick nahm, ist die Studie von Jenkins und Wiggins (2015). Konträr zu den anderen bisher vorgestellten Studien wurde hier weniger der Frage nachgegangen, ob es gesundheitsbezogene Erträge von Weiterbildung gibt, sondern vielmehr wie die Teilnahme an Weiterbildungen zu einem höheren Wohlbefinden führen kann. Es steht also weniger die Überprüfung als vielmehr die Erklärung des Zusammenhangs zwischen Weiterbildung und Gesundheit im Vordergrund, weshalb diese Studie einen besonderen Stellenwert einnimmt. Als Datengrundlage diente erneut die *National Child Development Study*, wobei nur Personen im 50. Lebensjahr betrachtet wurden, die erwerbstätig waren. Um herauszufinden auf welche Art und

164

Weise eine beruflich qualifizierende Weiterbildungsteilnahme zu einem höheren Wohlbefinden führen kann, wurde ein Strukturgleichungsmodell erstellt (siehe Abb.6), welches folgende Variablen umfasst: *die Teilnahme an einer beruflich qualifizierenden Weiterbildung vor dem 23. Lebensjahr, die Teilnahme an einer beruflich qualifizierenden Weiterbildung zwischen dem 23. und 32. Lebensjahr, die Teilnahme an einer beruflich qualifizierenden Weiterbildung zwischen dem 33. und 50. Lebensjahr, die Karriereposition im Alter von 33 Jahren, die Arbeitsqualität im Alter von 50 Jahren, das subjektive Wohlbefinden mit 50 Jahren,* gemessen anhand des CASP[35]. Wie anhand der Variablen ersichtlich wird, kann davon ausgegangen werden, dass die Weiterbildungsteilnahme den verschiedenen Mediatorvariablen (*Karriereposition* und *Arbeitsqualität*) und der abhängigen Variable zum subjektivem Wohlbefinden vorgeschaltet ist, wodurch sich belastbare Aussagen über die Effekte der beruflich qualifizierenden Weiterbildungsteilnahme treffen lassen. Die während des Beobachtungszeitraums erworbenen Qualifikationen wurden anhand des *National Qualification Framework*[36] kategorisiert. Die Variable zur *Arbeitsqualität* besteht aus den drei Komponenten „Status und Einfluss", „Arbeitssicherheit und Arbeitszufriedenheit" sowie „Stress". Letztere wurde zum einen anhand der Arbeitsstunden und zum anderen durch die Frage, inwiefern die Arbeit das Familienleben beeinträchtigt, erhoben. „Arbeitssicherheit und Arbeitszufriedenheit" wurden anhand der subjektiven Arbeitszufriedenheit und der Frage, ob die Person glaubt, dass sie in einem Jahr noch im selben Beruf arbeiten wird, gemessen. Für die Variable „Beruflicher Status und Einfluss" wurde einerseits nach

---

[35] Das Erhebungsinstrument CASP misst die Dimensionen Kontrolle (Control), autonome Lebensgestaltung (Autonomy), Selbstverwirklichung (Self-Realiziation) und Wohlbefinden (Pleasure) (Hyde et al., 2003).
[36] Für nähere Informationen siehe: www.gov.uk/ofqual

dem Ausmaß des Einflusses im Sinne von Verantwortung[37] am Arbeitsplatz und andererseits anhand einer fünfstufigen Skala (beginnend bei „ungelernt" bis „Fachkraft/Experte") nach dem beruflichen Status gefragt. Jenkins und Wiggins postulieren, dass der Erwerb einer formalen beruflichen Qualifikation durch Weiterbildungen zwischen dem 23. und 32. Lebensjahr die Karriereposition im Alter von 33 Jahren sowie die Arbeitsqualität im Alter von 50 Jahren voraussagt. Zudem wurde angenommen, dass Letztere auch durch erworbene formale Qualifikationen zwischen dem 33. und 50. Lebensjahr prognostiziert wird. Somit wurde davon ausgegangen, dass die Teilnahme an einer beruflich qualifizierenden Weiterbildung zwischen dem 23. und 50. Lebensjahr durch die Mediatoren *Karriereposition* und *Arbeitsqualität* indirekt das Wohlbefinden im Alter (mit 50 Jahren) beeinflusst.

In den Ergebnissen zeigt sich anhand der Kennwerten für die Modellgüte (Fit-Indizes; siehe Kap. 5.1), dass es sich um ein guten Modellfit handelt ($\chi^2(63) = 186.6$, *RMSEA* = 0.0017, *CFI* = 0.975, TLI = 0.951) und somit das theoretische Modell die vorliegenden empirischen Daten gut abbildet. Darüber hinaus ist zu beobachten, dass hinsichtlich einer beruflich qualifizierenden Weiterbildungsteilnahme einzig der Pfad beginnend bei einer beruflich qualifizierenden Weiterbildungsteilnahme innerhalb dem 33. und 50. Lebensjahr über die Facette der Arbeitsqualität „Beruflicher Status und Einfluss" hin zum Wohlbefinden im Alter von 50 Jahren signifikant ist. Damit stellt die Arbeitsqualitätsfacette „Beruflicher Status und Einfluss" einen signifikanten Mediator dar, wonach eine beruflich qualifizierende Weiterbildungsteilnahme innerhalb dem 33. und 50. Lebensjahr signifikant positiv mit der Facette „Beruflicher Status und Einfluss" und diese wiederum

---

[37] 0=keine Aufsichtsaufgaben; 1=Vorgesetzter oder Führung eines kleinen Unternehmens ohne Mitarbeiter; 2=Leitende Verantwortung oder Führung des eigenen Unternehmens mit Mitarbeitern (Jenkins & Wiggins, 2015, p. 86).

signifikant positiv mit dem Wohlbefinden im 50. Lebensjahr korreliert. Getrennt nach Geschlechtern lässt sich zudem beobachten, dass ebenfalls nur dieser Pfad sowohl bei Männern als auch bei Frauen statistisch signifikant ist, wobei der Effekt bei Frauen größer ist als bei Männern. So lassen sich anhand der Studie von Jenkins und Wiggins (2015) für die vorliegende Arbeit zwei bedeutsame Aspekte festhalten. Zum einen ist ein Geschlechtsunterschied zu beobachten, wonach Frauen erneut stärker indirekt von der Teilnahme an einer qualifizierenden Weiterbildung gesundheitlich zu profitieren scheinen. Zum anderen zeigt sich, dass, wie im *self-in-context* Modell postuliert, der Zusammenhang zwischen einer beruflichen Weiterbildung und der Gesundheit durch den beruflichen Status erklärt werden kann. Dagegen scheinen Arbeitsbelastungen wie Stress keine Rolle zu spielen.

Zu ähnlichen Ergebnissen kommt auch eine ältere Studie von Tujinman, die bereits 1990 durchgeführt wurde und auf der die Studie von Jenkins und Wiggins (2015) beruht. Tujinman untersuchte in Schweden ebenfalls anhand eines Strukturgleichungsmodells auf Basis von Längsschnittdaten (Malmö-Studie; n=671), inwiefern sich die Teilnahme an einer beruflichen Weiterbildung[38] zwischen dem 30. und 56. Lebensjahr auf unterschiedliche Variablen, darunter auch das subjektive Wohlbefinden, auswirkt. Die Ergebnisse zeigen sowohl einen direkten als auch indirekten Effekt der beruflichen Weiterbildungsteilnahme zwischen dem 30. und 56. Lebensjahr und dem subjektiven Wohlbefinden im Alter von 56 Jahren. So kann einerseits ein direkter signifikant positiver jedoch schwacher Effekt (0.08) festgestellt werden. Andererseits deuten die Ergebnisse darauf hin, dass die Teilnahme an einer Weiterbildung innerhalb des Beobachtungszeitraums zu einem höheren beruflichen Status im Alter von 56

---

[38] Aus der Studie geht nicht deutlich hervor, um welche Art von Weiterbildung es sich handelt. Es wird nur von „adult education" gesprochen. Da die Studie jedoch im beruflichen Kontext angelegt ist, wird von einer beruflichen Weiterbildung ausgegangen.

Jahren führt. Dieser wirkt sich signifikant positiv auf die Karriereperspektiven mit 56 Jahren aus, die wiederum signifikant positiv mit dem subjektiven Wohlbefinden im Alter von 56 Jahren korrelieren. Der positive Zusammenhang zwischen beruflicher Weiterbildungsteilnahme und dem subjektiven Wohlbefinden wird hierbei also über die Faktoren *Beruflicher Status* und *Karriereperspektiven* mediiert. Damit werden zum einen die Ergebnisse der Studie von Jenkins und Wiggins (2015) gestärkt, wonach der berufliche Status von Bedeutung ist. Zum anderen gibt die Studie von Tujinman Hinweise darauf, dass bei älteren Erwerbstätigen zudem Karriereperspektiven beim Zusammenhang von Weiterbildung und Gesundheit bedeutsam sind.

Zusammengefasst belegen die bisher aufgeführten Studien zu gesundheitsbezogenen Erträgen von formaler Weiterbildung, dass die Teilnahme an Weiterbildungen, die mit einer akademischen oder beruflichen Qualifikation abschließen, einen positiven Effekt auf die Gesundheit besitzen. Dabei geben einzig die Studien von Tujinman (1990) und Jenkins und Wiggins (2015) Hinweise darauf, dass wie im *self-in-context* Modell angenommen, Faktoren der erwerbsbezogenen Situation, wie z.B. der berufliche Status, den Zusammenhang zwischen beruflicher Weiterbildungsteilnahme und Gesundheit erklären kann. Inwiefern auch Faktoren, wie z.B. das Einkommen, eine Rolle spielen, wurde nicht weiter untersucht.

4.2.2 Non-formale Weiterbildung

Bereits im Jahr 2000 untersuchten Dench und Regan in Australien auf Basis des *National Adult Learning Survey* die Motivation zum und den Einfluss von Lernen im Alter. Insgesamt lagen hierbei Daten von 336 Personen vor, die zwischen 50 und 71 Jahren alt waren. Als Indikator für die Weiterbildungsteilnahme wurde ein breiterer Lernbegriff zugrunde gelegt, sodass die Teilnahme an jeglicher Lernaktivität, unabhängig ob organisiert oder nicht organisiert, miteinbezogen wurde. Im Hinblick auf die rein deskriptiven Ergebnisse halten Dench und Regan fest, dass 80% der Lernenden einen positiven Einfluss auf mindestens einen der folgenden Bereiche berichten: Lebensfreude, eigenes Wohlbefinden, Zufriedenheit in anderen Lebensbereichen, die Fähigkeit den Alltag zu bewältigen. Ferner nennen 42% der Lernenden, dass die Fähigkeit sich für etwas einzusetzen sowie die Bereitschaft Verantwortung zu übernehmen, gestärkt wurde. Weitere 28% berichten über einen positiven Einfluss auf soziale freiwillige oder gemeinschaftliche Aktivitäten und auf ihr Eingebunden sein in soziale Beziehungen oder in eine Gemeinschaft. Die hier genannten Weiterbildungserträge kommen dem erweiterten Gesundheitsverständnis im Alter von Kruse et al. (2002) sehr nahe (siehe Kap. 2.2.1). Aspekte, wie „Fähigkeit den Alltag zu bewältigen", „Fähigkeit sich für etwas einzusetzen" oder „Bereitschaft Verantwortung zu übernehmen", lassen demnach darauf schließlich, dass sich die Weiterbildungsteilnahme auch positiv auf die Gesundheit der Befragten ausgewirkt hat. Ebenso scheint die Weiterbildungsteilnahme zu einem „produktiven Altern" beigetragen zu haben, da auch „freiwillige und gemeinschaftliche Aktivitäten" positiv beeinflusst wurden. In Bezug auf das *self-in-context* Modell ist zudem davon auszugehen, dass durch den positiven Einfluss der Weiterbildung auf das Eingebundensein in soziale Beziehungen oder in die Gemeinschaft, die Weiterbildung durch Stärkung sozialer Ressourcen auch einen positiven Effekt auf die Gesundheit besitzt. Allerdings ist anzumerken, dass die Ergebnisse dieser Studie auf Selbstauskünften hinsichtlich der Weiterbildungserträge beruhen. Das bedeutet, dass im Gegensatz zu den bisher vorgestellten Studien die Personen selbst, direkt nach den subjektiven Weiterbildungserträgen befragt wurden. Bei solchen Selbstauskünften kann es zu Verzerrungen beispielsweise im Sinne der sozialen Erwünschtheit kommen. So könnten die Befragten dazu geneigt haben, mehr Weiterbildungserträge zu nennen oder den

Weiterbildungserträgen eine höhere Bedeutung beizumessen, als es tatsächlich der Fall war. Aus diesem Grund sind diese Ergebnisse weniger belastbar, als die zuvor dargestellten Studienergebnisse.

Eine Studie, die noch ältere Personen in den Blick nahm, ist die Studie von Åberg (2016). Er untersuchte in Schweden ebenfalls quantitativ die Erträge von organisierten Lernaktivitäten, sogenannten Studienzirkeln, und befragte hierzu Teilnehmende, die mindestens 65 Jahre alt waren. Für die Studie wurde im Rahmen einer nationalen Umfrage (n=1.499) die Frage „Have you...felt increased comfort and well-being [as a result of study circle participation]?" aufgenommen. Die erneut rein deskriptiv berichteten Ergebnisse zeigen, dass sich bei 20% der Befragten das Wohlbefinden stark und bei 43% eher stark verbessert hat. Zudem geben 40% der Personen mit hohem Gemeinschaftssinn an, eine starke Steigerung des Wohlbefindens durch die Teilnahme wahrgenommen zu haben. Damit wird ein positiver Zusammenhang zwischen der Teilnahme an einer non-formalen Weiterbildung und dem Wohlbefinden belegt. Dabei scheinen besonders Personen mit einem hohen Gemeinschaftssinn eine Zunahme des Wohlbefindens beobachtet zu haben, was darauf hindeutet, dass soziale Personeneigenschaften die Stärke des Weiterbildungseffekts auf die Gesundheit moderieren können. Wie bei der Studie von Dench und Regan (2000) ist allerdings auch hier zu beachten, dass die Ergebnisse lediglich auf Selbstauskünften beruhen und damit nur unter entsprechenden Einschränkungen zu interpretieren sind.

Im Nachbarland Finnland stellte Manninen (2010) im quantitativen Teil seiner Studie eine ganz ähnliche Frage wie Åberg: „How much has your participation had an impact on the following factors…"[39]. Im qualitativen Teil führte er zudem qualitative Interviews (n=19) und Fokusgruppeninterviews (n=12) durch. Zielgruppe waren hierbei alle Personen, die an einer Maßnahme von Trägern der freien Erwachsenenbildung (Zentren für Erwachsenenbildung, Volkshochschulen, Sommerkurse an Universitäten, Studienzentren und Sportzentren) im Jahr 2007 teilgenommen hatten. Im Hinblick auf die qualitativen Ergebnisse benennen 28% der Befragten ein besseres mentales Wohlbefinden als Ertrag der Weiterbildung und 13,2% berichten von einer verbesserten physischen Gesundheit. Die Ergebnisse der entsprechenden Frage im Fragebogen unterstützen diesen Befund. So gibt hier über die Hälfte (62%) (n=1.744) an, dass zumindest in einem geringen Ausmaß die Weiterbildungsteilnahme zum Erhalt der physischen Gesundheit beiträgt. Hinsichtlich der mentalen Gesundheit sind es sogar 95% die aussagen, dass die Weiterbildungsteilnahme mindestens in einem geringen Ausmaß positiven Einfluss auf das mentale Wohlbefinden besitzt. Allerdings handelt es sich hierbei erneut ausschließlich um Selbstauskünfte der Befragten, weshalb die quantitativen Ergebnisse hier weniger belastbar sind.

An diese Studie anknüpfend erfolgte vier Jahre später erneut unter Mitarbeit von Manninen im Rahmen des europaweiten Projekts „Benefits of lifelong learning" (BeLL) (Manninen et al., 2014) eine weitere sowohl quantitative als auch qualitative Erhebung zu nicht-monetären Weiterbildungserträgen. Die Befragungen fanden in folgenden zehn europäischen Ländern statt: Tschechien, Deutschland, England, Finnland, Italien, Rumänien, Serbien, Slowenien, Spanien, Schweiz. Insgesamt beantworteten 8.646 Personen den Fragebogen und mit 82 Personen[40] konnte ein Interview realisiert werden. Analog zu der vorherigen Studie von Manninen

---

[39] Antwortmöglichkeiten lagen auf einer fünfstufigen Skala von „Überhaupt nicht" bis „sehr viel".
[40] aus jedem Land acht Personen; aus Spanien zehn Personen.

(2010) lag der Fokus in diesem Projekt auf Personen, die in den letzten zwölf Monaten an mindestens einem Kurs der freien Erwachsenenbildung teilgenommen hatten. Neben der physischen und mentalen Gesundheit dienten weitere psychologische Merkmale (z.B. Selbstwirksamkeitserwartung, Kontrollüberzeugungen) und soziale Faktoren (z.B. soziale Netzwerke, soziales Engagement) als abhängige Variablen. In der quantitativen Erhebung wurden folgende Fragen zu den Erträgen der Weiterbildungsteilnahme gestellt: „Now, please assess whether these liberal adult education courses have caused the following changes in your life. Use the following scale: Much less (- - -) Less (- -) Slightly less (-) No change (0) Slightly more (+) More (++) Much more (+++)", "What immediate outcomes, if any, have you noticed from your participation in learning?", "What other outcomes, long-term effects, or changes have you noticed?". Im Hinblick auf die erste Frage gibt die folgende Tabelle einen Ausschnitt der Ergebnisse der insgesamt 35 möglichen Antwortitems wieder. Dabei werden nur die Prozentangaben dargestellt, die sich auf die Angabe „mehr als vor der Weiterbildung"[41]beziehen (für die gesamte Tabelle siehe Manninen et al., 2014, p. 25).

---

[41] durch die Aggregation der Skalenpunkte „Slightly more (+)", „More (++)", „Much more (+++)".

Tab. 7: Häufigkeitsangaben zu Veränderungen in ausgewählten Aspekten durch Weiterbildungsteilnahme im Rahmen der BeLL-Studie

Antwortitems	„mehr als vor der Weiterbildung"	Rang
6. Taking all things together, I am happy	80,7%	6
35. I am positive about life	78%	8
23. I pay attention to my health	70,9%	12
5. I try to lead a healthy lifestyle	68,7%	15
17. I am satisfied with my physical health	61,3%	25
change in smoking (smokers only)	16,7%	-
change in alcohol use (only alcohol user)	9,6%	-

(Quelle: Manninen et al., 2014, S. 25f, eigene Darstellung)

Hinsichtlich der einzelnen Erträge können mit Blick auf verschiedene Altersgruppen signifikante Unterschiede beobachtet werden. So zeigt sich, dass sich die Einstellung zur „Sinnhaftigkeit des Lebens" beispielsweise besonders in der jüngsten und ältesten Altersgruppe positiv veränderte.

The reason might be that for younger participants, liberal adult education serves as a 'stepping stone' to society and their own life, whereas older participants use it as a 'cushion' to soften age related-changes like retirement or the loss of family members (Manninen et al., 2014, p. 30).

Die Bedeutung der Weiterbildung differenziert sich dementsprechend je nach Lebensphase der Beteiligten. Im Hinblick auf Ältere kann Weiterbildung, wie bereits angesprochen, Veränderungen, wie z.B. den Eintritt in die Nacherwerbsphase oder den Verlust von Familienmitgliedern, dämpfen (siehe Kap. 2.3.1). In Bezug auf die Bereiche Gesundheit und mentales Wohlbefinden profitiert die Gruppe der Älteren (65- bis 92-Jährige) am meisten. Manninen et al. (2014) begründen dies damit, dass vermutlich besonders für ältere Personen soziale Interaktionen und Engagement eine wichtige Ressource für das Wohlbefinden sind. Darüber hinaus zeigt sich, dass die Gruppe der Hausfrauen/Hausmänner und die Gruppe der Personen in der Nacherwerbsphase im Vergleich zu den Teilnehmenden allgemein, am meisten in den Bereichen „Gesundheit" und „mentales Wohlbefinden" profitieren, allerdings ist der Unterschied nicht signifikant. Ebenso ist mit Blick auf den Bildungshintergrund festzustellen, dass Teilnehmende mit einem niedrigen Bildungsniveau (ISCED-Stufe 1 oder niedriger) am meisten im Bereich „Gesundheit" von einer Weiterbildungsteilnahme nutznießen. Schließlich wurde auch untersucht, ob sich das Ausmaß der Erträge je nach Weiterbildungskurs unterscheidet. Hier ist zu beobachten, dass arbeits- oder berufsbezogene Kurse, im Vergleich zu anderen Weiterbildungsthemen, statistisch signifikant die Aspekte „Kontrollüberzeugungen", „Selbstwirksamkeit" und „Sinnhaftigkeit des Lebens" unterstützen. Überdies fördert die Teilnahme an mehreren Weiterbildungskursen das mentale Wohlbefinden signifikant besser, als die Teilnahme an nur einem Weiterbildungskurs. Die Ergebnisse der qualitativen Daten im Rahmen der BeLL-Studie unterstützen schließlich die quantitativen Ergebnisse. So ist hier besonders das mentale Wohlbefinden einer der dominierenden Weiterbildungserträge in den Interviews. Zuletzt wurde ein Strukturgleichungsmodell erstellt, um die Teilnahme an Weiterbildungskursen und die einzelnen Dimensionen der Weiterbildungserträge näher zu analysieren. Das Ergebnis lässt sich wie folgt zusammenfassen:

> It shows that participation in liberal adult education leads to a change in attitudes among participants (concerning the importance of adult education, learner self-confidence, and tolerance) and to more active social engagement. This in turn generates a stronger sense among participants that they have control of their own life (feelings that can influence one's life situation). It

also leads directly to benefits related to health, work, and family. Moreover, participants' increased sense of control and the benefits related to health, work, and family interact with each other, meaning that better health and increased career opportunities also enhance learners' self-confidence, for example, and vice versa (Manninen et al., 2014, p. 38).

Die Ergebnisse deuten somit darauf hin, dass, wie im *self-in-context* Modell postuliert, individuelle Dispositionen und soziale Ressourcen den Zusammenhang zwischen Weiterbildung und Gesundheit mediieren und dass dabei die verschiedenen Faktoren miteinander interagieren können. Im Gegensatz zur Studie von Jenkins und Wiggins (2015) wurden allerdings für dieses Strukturgleichungsmodell keine Längs-, sondern Querschnittdaten verwendet. Das bedeutet, dass die verschiedenen Variablen in der BeLL-Studie zum selben Zeitpunkt erhoben wurden, sodass hier nicht genau festgestellt werden kann, ob die Veränderungen in den unterschiedlichen Variablen im Strukturgleichungsmodell durch die Weiterbildungsteilnahme verursacht wurden oder, ob umgekehrt, die jeweiligen Veränderungen eine Weiterbildungsteilnahme begünstigten. Damit sind die hier vorliegenden Ergebnisse weniger belastbar als die Studienergebnisse von Jenkins und Wiggins (2015). Nichtsdestotrotz stellt die BeLL-Studie eine Ausnahme dar, da sie einer der wenigen Studien ist, die außerhalb des Londoner Forschungszentrums Weiterbildungserträge derart ausführlich und zusätzlich europaweit analysierte.

Ferner untersuchten Hammond und Feinstein (2006) anknüpfend an die Studie von Feinstein et al. (2003), inwiefern es hinsichtlich der Gesundheit und des Wohlbefindens einen Unterschied macht, ob Personen während der Schulzeit „erfolgreich" waren oder nicht und welche Rolle der Weiterbildung dabei zukommt. Hierbei war die Frage zentral, inwieweit sich der Gesundheitszustand von Personen ohne Schulerfolg durch die Teilnahme an einer Weiterbildung positiv verändert (gesundheitstransformierender

Effekt) beziehungsweise positiv konstant bleibt (gesundheitserhaltender Effekt). Analog zur Studie von Feinstein et al. (2003)
diente als Datengrundlage die *National Child Development Study*
und dabei die Beobachtungszeitpunkte zwischen dem 33. und 42.
Lebensjahr der Befragten. Darüber hinaus wurde ebenfalls die
Teilnahme an unterschiedlichen non-formalen Weiterbildungskursen sowie zahlreiche gesundheitsbezogene Variablen wie Lebenszufriedenheit, Optimismus und Wirksamkeit; Erkrankungen
wie Depressionen, Migräne und Rückenschmerzen[42]; Variablen
zum Gesundheitsverhalten wie Rauchen, körperliche Aktivität
und Alkoholkonsum betrachtet. In Bezug auf die Kategorie *kein
Schulerfolg* wurde für die Analyse zwischen den folgenden fünf
Personentypen differenziert: „Kein Mittlerer-Reife Abschluss",
„Schulschwänzer", „negative Einstellungen gegenüber Schule"
sowie die Kombinationen von „Kein Mittlerer-Reife Abschluss
aber engagierter Schüler" und „Kein Mittlerer-Reife Abschluss
und kein engagierter Schüler". Zusammengefasst zeigen die Ergebnisse, dass sowohl in der gesamten Stichprobe als auch hinsichtlich der fünf verschiedenen Teilstichproben der Personen mit
keinem Schulerfolg, diejenigen, die zwischen dem 33. und 42. Lebensjahr an einer Weiterbildung teilnehmen, eine höhere Wahrscheinlichkeit besitzen mit 42 Jahren höhere Werte in Bezug auf
Optimismus, Wirksamkeit und selbstberichteter Gesundheit zu
erzielen, als Personen, die in dem Beobachtungszeitraum nicht an
einer Weiterbildung partizipieren. Darüber hinaus werden Weiterbildungsaktive bis zum 42. Lebensjahr wahrscheinlicher das
Rauchen aufgeben und sich häufiger körperlich betätigen als Personen, die an keiner Weiterbildung teilnehmen (gesundheitstransformierende Effekte). Bezüglich Letzterem kann ebenso festgestellt werden, dass weiterbildungsaktive Personen, die sich bereits
mit 33 Jahren viel bewegten, auch noch mit 42 Jahren körperlich

---

[42] Lebenszufriedenheit, Wirksamkeit, Optimismus, Migräne und Rückenschmerzen
wurden anhand einzelner Fragen erfasst. Depression wurde erneut mittels des Malaise-Inventar gemessen.

aktiv sein werden (gesundheitserhaltender Effekt). Insgesamt lassen sich mehr gesundheitstransformierende Effekte als gesundheitserhaltende Effekte von Weiterbildung feststellen. Die Studie von Hammond und Feinstein (2006) bestätigt damit teilweise die gesundheitsförderlichen Effekte, die bereits in der Studie von Feinstein et al. (2003) gefunden wurden. Allerdings muss hier ebenfalls angemerkt werden, dass sowohl die Weiterbildungsteilnahme als auch die Veränderung in den jeweiligen gesundheitsbezogenen Variablen zum selben Zeitpunkt zwischen dem 33. und 42. Lebensjahr der Befragten erhoben wurden und somit die Ergebnisse weniger belastbar sind. Nichtsdestotrotz gibt die Studie Hinweise darauf, dass sich unabhängig von den verschiedenen erlebten Schulerfahrungen dieselben gesundheitsbezogenen Erträge zeigen können, wenn an einer Weiterbildung teilgenommen wird.

Eine weitere Studie aus England untersuchte auf Grundlage des *British Household Panel* inwiefern die Teilnahme an Teilzeitkursen generell Auswirkungen auf die Gesundheitszufriedenheit besitzt (Fujiwara, 2012). Die Ergebnisse der Regressionsanalyse weisen darauf hin, dass es einen signifikant positiven Zusammenhang zwischen der Teilnahme an einem Teilzeitkurs und der Gesundheitszufriedenheit gibt. Weitere Informationen, beispielsweise zu Kontrollvariablen, sind der Studie nicht zu entnehmen, weshalb über die Belastbarkeit der Ergebnisse keine Aussage getroffen werden kann.

Eine jüngere Studie aus England von Pearce, Launay, Machin, Dunbar und Robin (2016) ging der Frage nach, ob sich gesundheitsbezogene und soziale Erträge hinsichtlich verschiedener Inhalte non-formaler Weiterbildungsaktivitäten unterscheiden. Hierzu wurden Erwachsene, die an verschiedenen wöchentlichen Weiterbildungskursen in der lokalen Gemeinschaft teilnahmen, rekrutiert. Die jeweiligen Kursinhalte umfassten Singen (vier

Kurse), Kunst und Handwerk (zwei Kurse) und kreatives Schreiben (ein Kurs). Alle Kurse dauerten über sieben Monate an und beinhalteten in der Mitte eine Pause von zwei Wochen. Die quantitativen Daten wurden daher zu drei Zeitpunkten erhoben: zu Beginn, kurz vor der Pause und innerhalb des letzten Monats. Als abhängige Variablen für die mentale Gesundheit wurden mittels der *Generalised Anxiety Disorder* Scale (GAD7) und des *Patient Health Questionnaire (PHQ-9)* Variablen zu Angststörungen erhoben. Für die physische Gesundheit wurde auf den *SF-36* und für die Lebenszufriedenheit auf die *Satisfaction with Life Scale* (SWLS) zurückgegriffen. Insgesamt nahmen 135 Erwachsene zwischen 18 und 83 Jahren an der Befragung teil. Signifikante Ergebnisse lassen sich schließlich nur zwischen dem ersten und letzten Befragungszeitpunkt feststellen. So erzielten alle Befragten, unabhängig vom Kursinhalt, sowohl hinsichtlich der physischen als auch mentalen Gesundheit am Ende des Kurses bessere Werte als zuvor. Darüber hinaus berichten die Teilnehmenden aller Kurse nach den sieben Monaten über eine signifikant höhere Lebenszufriedenheit als zu Beginn. Festzuhalten bleibt, dass erst nach den sieben Monaten signifikante Effekte beobachtet werden können, der Kursinhalt dabei aber keinen Unterschied macht. Das bedeutet, dass die Effekte von Weiterbildung sich erst nach einer bestimmten Kursdauer zeigen können und der Kursinhalt nicht ausschlaggebend für die Effekte ist. Vielmehr scheint, wie im *self-in-context* Modell postuliert, Weiterbildung als Kontext und Weiterbildung als Prozess für die gesundheitsbezogenen Erträge bedeutsam zu sein. Eine Stärke dieser Studie ist das Prä- und Post-Design, durch das eine klare zeitliche Abfolge der Weiterbildungsteilnahme und der Veränderung in den verschiedenen gesundheitsbezogenen Variablen festgelegt wird, sodass belastbarere Rückschlüsse auf die gesundheitsbezogenen Effekte der Weiterbildungsteilnahme gezogen werden können.

Dass die Länge einer Weiterbildung für gesundheitliche Auswirkungen von Bedeutung ist, zeigt auch eine jüngere kanadische Studie von Narushima, Liu und Diestelkamp (2018a). Befragt wurden hierbei Personen, die mindestens 60 Jahre alt waren und an einer Weiterbildung teilgenommen hatten oder noch immer daran teilnahmen (n=416). Bei dem beobachteten Weiterbildungsformat handelte es sich um ein „publicly funded, non-formal and non-credit programme offering diverse general-interest subjects" (Narushima et al., 2018a, p. 668). Für die quantitativen Analysen wurde die Dauer des Weiterbildungsbesuchs erfragt und davon abgeleitet drei unterschiedliche Gruppen gebildet: Eine Weiterbildungsgruppe mit einer kurzen Laufzeit (zwischen vier und 18 Monate), eine Gruppe mit einer mittleren Laufzeit (zwischen 19 und 48 Monaten) sowie eine Gruppe mit einer langen Laufzeit (über 49 Monate). Als abhängige Variable wurde das psychologische Wohlbefinden (*Psychological General Well-Being Index*) herangezogen, wobei für die Analysen aus der metrischen Skala zwei Kategorien gebildet wurden. Dazu wurden Werte über 73 (von insgesamt 110 Punkten) der Kategorie „Positives Wohlbefinden" und alle Werte unter 73 der Kategorie „Betrübt" (distressed) zugeordnet. Zudem wurde aus den Informationen über das Alter, die Gesundheit, den sozioökonomischen Status und der sozialen Unterstützung ein „Vulnerabilitäts-Index" erstellt. In den Ergebnissen zeigt sich, dass die Personen in der langzeitigen Weiterbildungsgruppe ein signifikant höheres Wohlbefinden vorweisen als die Teilnehmenden der anderen beiden Gruppen. Darüber hinaus lässt sich beobachten, dass unter Kontrolle der Variablen zum Geschlecht, Alter und zur Gesamtvulnerabilität im Vergleich zur Weiterbildungsgruppe mit kurzer Laufzeit, sowohl die Weiterbildungsgruppe mit mittlerer als auch die Weiterbildungsgruppe mit langer Laufzeit, ein signifikant geringeres Risiko aufweisen, sich „betrübt" zu fühlen. Auch unter Kontrolle der selbstberichteten Gesundheit bleiben die signifikanten Effekte bestehen. Dies verweist auf eine Belastbarkeit der

Studienergebnisse, wenngleich es sich hier, wie bei der BeLL-Studie, um eine Querschnittstudie handelt bei der die gesundheitsbezogenen Effekte entsprechend nicht zwingend auf die Weiterbildungsteilnahme zurückzuführen sind, da die Studie nur einen Erhebungszeitpunkt umfasst. Schließlich verdeutlichen nach Narushima et al. (2018a) diese Ergebnisse, dass je länger ältere Personen an einem Kurs partizipieren oder dasselbe Thema verfolgen, desto besser ist ihr psychologisches Wohlbefinden. Ähnliche Ergebnisse finden sich bereits in älteren Studien von Narushima, Liu und Diestelkamp (2013a; 2013b).

In China führten Leung und Liu 2011 eine quantitative Studie durch, die den Zusammenhang von lebenslangem Lernen und Lebensqualität älterer chinesischer Erwachsener untersuchte. Insgesamt beteiligten sich 1.003 Personen, die an einem bestimmten Weiterbildungsprogramm (Capacity Building Mileage Programme [CBMP]) teilnahmen und zwischen 18 und 78 Jahren alt waren. Die Ergebnisse der multiplen Regressionsmodelle zeigen, dass die Gesamtteilnahme an den Kursen signifikant positiv mit der Lebensqualität korreliert. Differenziert nach Alter trifft dies jedoch nur für die Gruppe der unter 60-Jährigen zu, nicht aber auf die Gruppe der über 60-Jährigen. In dieser Gruppe zeigte sich stattdessen ein signifikanter positiver Effekt der Variable „Bereitschaft nach Abschluss des Programms sich weiter zu bilden" auf die Lebensqualität. Damit zeigt sich bei den über 60-Jährigen ein indirekter Effekt der Weiterbildungsteilnahme auf die Gesundheit im Alter, da nach Kruse et al. (2002) auch der Aspekt „Offenheit für neue Erfahrungen und Anregungen" zum Gesundheitsverständnis im Alter zählt. Allerdings lässt sich durch das querschnittbezogene Forschungsdesign nicht klar identifizieren, ob die Weiterbildungsteilnahme vor einer Veränderung in der Lebenszufriedenheit stattgefunden hat oder nicht, weshalb ebenso davon ausgegangen werden kann, dass eine höhere Lebenszufriedenheit zu einer Weiterbildungsteilnahme führte.

Insgesamt betrachtet, belegen die hier genannten Studien, dass nicht nur die Teilnahme an formalen, sondern auch an non-formalen Weiterbildungen zu verschiedenen gesundheitsbezogenen Erträgen führt. Die Studien, die Ältere in den Blick nahmen, zeigen zudem, dass Aspekte wie sie im erweiterten Gesundheitsverständnis von Kruse et al. (2002) genannt werden durch Weiterbildung gefördert werden. Jedoch gibt einzig die Studie von Manninen et al. (2014) zusätzlich Hinweise darauf, dass wie im self-in-context Modell postuliert, verschiedene individuelle Dispositionen und soziale Ressourcen für den Zusammenhang zwischen Weiterbildung und Gesundheit bedeutend sind.

4.2.3 Formale und non-formale Weiterbildungsformen im Vergleich

Auf Grundlange der ersten (2002) und zweiten (2004/2005) Erhebungswellen der *English Longitudinal Study of Ageing* (n=8.427) untersuchte Jenkins (2012) im Rahmen einer Längsschnittstudie die gesundheitsbezogenen Erträge von unterschiedlichen Weiterbildungsformaten bei Älteren. So betrachtete er zum einen die Teilnahme an einer qualifizierenden und nicht qualifizierenden beruflichen Weiterbildung und zum anderen die Teilnahme an Kunst-, Musik- oder Abendkursen sowie die Mitgliedschaft in Sportvereinen und Sportkursen. Als abhängige Variable diente die *Epidemiologic Studies Depression Scale* (CES-D). Die Ergebnisse der Regressionsanalysen zeigen, dass alle Personen, die zusammengenommen an irgendeiner der genannten Weiterbildungsformate teilgenommen hatten, signifikant geringere Werte in der Depressionsskala zwischen den beiden Erhebungswellen aufweisen. Wird nach den unterschiedlichen Weiterbildungsformaten differenziert, ist es jedoch nur die Teilnahme an einer beruflich qualifizierenden Weiterbildung, die signifikant mit einem Abfall der Depressionswerte zusammenhängt. Davon ableitend schlussfolgert Jenkins (2012) „These findings confirm that the benefits of learning, in terms of reduced depression scores, were likely to be confined to a very small subgroup of relatively young, employed, and highly qualified individuals" (p. 600). Des Weiteren wurde in der Studie geprüft, inwiefern die Teilnahme an den einzelnen Weiterbildungsformaten einen Einfluss auf den Beginn oder das Ende einer Depression gemäß des CES-D ausübt, beziehungsweise in Anlehnung an Schuller et al. (2002) einen gesundheitstransformierenden Effekt besitzt. Erneut ist es die Teilnahme an einer qualifizierenden beruflichen Weiterbildungsmaßnahme, die einen signifikanten Effekt aufweist. Demnach haben Personen, die zum Zeitpunkt der ersten Erhebungswelle anhand des CES-D nicht depressiv waren und an einem solchen Weiterbildungsformat teilnahmen, ein signifikant geringeres Risiko an einer Depression zu erkranken. Werden alle Weiterbildungsformate in einer Variable zusammengefasst, zeigt sich, dass Personen, die bei der ersten Erhebungswelle laut des CES-D an einer Depression erkrankt waren und an irgendeiner Form von Weiterbildung partizipierten, eine erhöhte Chance besitzen, die Depression zu überwinden. Ein Jahr zuvor führte Jenkins (2011) bereits eine ähnliche Studie mit denselben Daten und unabhängigen Variablen durch. Einziger Unterschied war, dass anstatt der Depressionsskala CES-D die Skala CASP-19 für das subjektive Wohlbefinden verwendet wurde. Hier zeigt sich im Gegensatz, dass gerade umgekehrt die Teilnahme an Musik-, Kunst- und Abendkursen signifikant mit einer Veränderung im subjektiven Wohlbefinden korreliert, wohingegen die Teilnahme an beruflichen Weiterbildungskursen und die Mitgliedschaft in Sportvereinen keinen statistischen Effekt aufweisen. Damit deutet die beiden Studien darauf hin, dass, je nach betrachteter gesundheitsbezogener abhängiger Variable, ein anderes Weiterbildungsformat einen signifikanten gesundheitsbezogenen Effekt aufzeigen kann.

In 2013 analysierte Jenkins zusammen mit Mostafa erneut auf Grundlage der *English Longitudinal Study of Ageing* den Zusammenhang zwischen Weiterbildungsteilnahme und subjektivem Wohlbefinden (CASP-19). Diesmal wurden jedoch auch die dritte (2007) und vierte (2009) Erhebungswelle betrachtet, womit ein langer Beobachtungszeitraum von sieben Jahren vorlag. Darüber hinaus wurde im Hinblick auf die Weiterbildungsteilnahme nicht nur hinsichtlich der bereits bekannten Weiterbildungsformate differenziert, sondern den Weiterbildungsformaten auch Variablen für formale und informelle Lernaktivitäten[43] zugeordnet, was eine Besonderheit dieser Studie darstellt. Nahm eine Person an einer beruflichen Weiterbildung mit oder ohne Erwerb von beruflichen Qualifikationen teil, handelte es sich demnach um „formale Lernaktivitäten". Wurden Musik-, Kunst-, oder Abendkurse besucht oder lag die Mitgliedschaft in einem Sportverein vor, wurde dies „informellen Lernaktivitäten" zugeordnet. Nur die vierte Erhebungswelle betrachtend, zeigt sich, dass ausschließlich diese „informellen Lernaktivitäten" signifikant positiv mit dem subjektiven Wohlbefinden der älteren Personen korrelieren. In die unterschiedlichen Weiterbildungsformate differenziert, weist nur die Teilnahme an Gymnastik oder Sportkursen einen signifikanten positiven Zusammenhang auf. Wird die Veränderung des subjektiven Wohlbefindens zwischen der dritten und vierten Erhebungswelle als abhängige Variable verwendet, lässt sich zusätzlich beobachten, dass unter Kontrolle verschiedener Variablen sowohl die Teilnahme an Musik-, Kunst- und Abendkursen als auch die Mitgliedschaft in Sportvereinen signifikant mit der Steigerung des subjektiven Wohlbefindens gemäß des CASP-19 korreliert. Demzufolge sind es wieder nur „informelle Lernaktivitäten" die einen signifikanten Effekt aufzeigen. Schließlich untersuchten Jenkins und Mostafa die Effekte der

---

[43] Die Zuordnung in formale und non-formale Lernaktivitäten entspricht jedoch nicht der Einteilung in formale, non-formale und informelle Lernaktivitäten nach dem AES und damit auch nicht dem Verständnis in der vorliegenden Arbeit.

Weiterbildungsteilnahme auf das subjektive Wohlbefinden über alle vier Erhebungswellen (2002-2009) hinweg (siehe auch Jenkins & Mostafa, 2014). Hierbei ist festzustellen, dass erneut nur „informelle Lernaktivitäten" signifikant positiv mit einer Veränderung des subjektiven Wohlbefindens korrelieren. Werden die Regressionen jedoch mit den einzelnen unterschiedlichen Weiterbildungsformaten durchgeführt, wird ersichtlich, dass unter Kontrolle zahlreicher Variablen nicht nur der Besuch von Musik-, Kunst- und Abendkursen sowie die Mitgliedschaft in Sportvereinen positiv mit einer Veränderung des subjektiven Wohlbefindens korrelieren, sondern auch die Teilnahme an einer beruflich qualifizierenden Weiterbildung. Durch die längsschnittliche Beobachtung über diese lange Zeitspanne hinweg und die gleichzeitige Kontrolle zahlreicher Variablen, kann davon ausgegangen werden, dass es sich hierbei um sehr belastbare Ergebnisse handelt.

Zusammengefasst belegen beide Studien, dass sich hinsichtlich des subjektiven Wohlbefindens besonders informelle und nonformale Weiterbildungen positiv darauf auswirken. In Bezug auf eine Depression scheint dagegen die Teilnahme an einer qualifizierenden beruflichen Weiterbildungsmaßnahme von Bedeutung zu sein. Je nach gesundheitsbezogener Variablen können sich also die Effekte verschiedener Weiterbildungsformate unterscheiden.

4.3 Internationale qualitative Studien zu gesundheitsbezogenen Erträgen von Weiterbildung im Alter

Im Jahr 2008 untersuchten Sloane-Seale und Kops in Kanada, inwiefern die Teilnahme an einer Weiterbildungsmaßnahme zu „erfolgreichem Altern" beiträgt. Konkret wurden hierzu Personen befragt, die an Weiterbildungen teilnahmen, die von Einrichtungen für Senioren (seniors' organizations) angeboten wurden. Insgesamt wurden fünf Fokusgruppeninterviews geführt, an denen

38 Mitglieder der Einrichtungen partizipierten. Anschließend wurden die Interviews anhand qualitativer Inhaltsanalysen ausgewertet. Zusammenfassend berichten die Interviewten, dass die Teilnahme an den Weiterbildungen das Wohlbefinden beeinflusst, indem es die kognitive Aktivität stimuliert, Möglichkeiten für physische Aktivitäten, Freundschaften und Informationen zur Gesundheit anbietet sowie das Bewusstsein für Zufriedenheit und Leistung fördert. Eine der interviewten Personen beschreibt den Zusammenhang zwischen der Weiterbildungsteilnahme und der Gesundheit wie folgt:

> I think that there was a time when you went to the doctor, you got pills, and you took them. Now you want to know why, what they are doing, and what are the side effects? You want to know more about why you are taking these medicines (Sloane-Seale & Kops, 2008, p. 53).

Der gesundheitsbezogene Ertrag zeigt sich hier in einem höheren Gesundheitsbewusstsein im Sinne einer kritischen Reflektion des gesundheitsbezogenen Handelns, wie es sich ähnlich auch schon in den Studien von Schuller et al. (2002) und Hammond (2004) beobachten ließ. Im Sinne der *Human Capital Theory of learned effectiveness* von Mirowsky und Ross (1998) (siehe Kap. 3.4) ist das Zitat darüber hinaus ein Beleg dafür, dass durch die Weiterbildungsteilnahme eine Stärkung der eigenen Handlungsfähigkeit und der persönlichen Kontrollüberzeugungen erfolgen kann.

Ebenfalls im Hinblick auf ein „erfolgreiches Altern" untersuchten Hachem und Vuopala (2016) Weiterbildungserträge im Libanon. Hier wurden insgesamt 461 Teilnehmende einer „University of the Third Age" (UTA) befragt, von denen die Meisten zwischen 50 und 69 Jahren alt waren. Der Fokus der Studie lag zum einen auf den Antworten einer offenen Frage zu den wahrgenommenen Erträgen der Teilnahme an einer UTA und zum anderen auf einer offenen Frage zu den wahrgenommenen Herausforderungen während des Semesters. Insgesamt 131 Antworten wurden anhand qualitativer Inhaltsanalysen ausgewertet. Vor dem Hintergrund der Selbstbestimmungstheorie schlussfolgern die Autoren, dass bildungsbezogene Herausforderungen im Allgemeinen das Wohlbefinden der Älteren eher negativ beeinflussen, während bildungsbezogene Belohnungen es stärken. Des Weiteren weisen die Ergebnisse darauf hin, dass die Teilnahme an einer UTA viele der Befragten glücklicher macht und zu einer allgemein höheren Motivation beiträgt. Darüber hinaus hilft sie Personen gegen Depression und Angst anzukämpfen, die durch den Verlust des Ehepartners oder durch den Eintritt in die Nacherwerbsphase ausgelöst wurden. Viele der Befragten berichten zudem, dass sich ihre Wahrnehmung des Alters verändert hat. Demnach fühlen sie sich wesentlich jünger, als ihr eigentliches Alter und voller Energie, wodurch viele auch ein höheres emotionales und physisches Wohlbefinden angeben. Dieses Gefühl der Verjüngung wird besonders durch die Wahrnehmung „wieder Student zu sein" ausgelöst. Die Studie von Hachem und Vuopala (2016) gibt in diesem Zusammenhang Hinweise darauf, dass das subjektive Altersbild eine bedeutende Rolle bei dem Zusammenhang zwischen Weiterbildung und Gesundheit im Alter spielen kann. Darüber hinaus zeigt sich, dass die Weiterbildungsteilnahme auch zu einer höheren Lebenszufriedenheit beiträgt, indem sie Anlass dazu gibt wieder das Haus zu verlassen. Die Ergebnisse der Studie verdeutlichen insgesamt, wie bedeutend Weiterbildung gerade im Kontext Alter ist und wie sie zu gesundheitsbezogenen Erträgen führen kann.

Ähnliche Ergebnisse zeigt auch die Studie von Boulton-Lewis und Buys (2015), die im Rahmen eines größeren Projekts zu Lernerfahrungen älterer Australier durchgeführt wurde. Hierzu wurde mit 40 Personen, die mindestens 55 Jahre alt waren und entweder an einem organisierten Bildungsformat teilgenommen oder aber nicht teilgenommen hatten, ein teilstrukturiertes Interview geführt. In der phänomenologischen Auswertung lässt sich beobachten, dass die Lernerfahrungen der Befragten zwei Hauptkategorien zugeordnet werden können - einerseits der Kategorie „Vergnügen und Freizeit" (pleasure and measure), andererseits der Kategorie „Zweck und Relevanz" (purpose and relevance). Unabhängig davon, um welche der beiden Kategorien es sich handelt, wird ersichtlich, dass die Teilnahme an organisierten Lernaktivitäten das Selbstbewusstsein und Bewältigungsstrategien fördert sowie kognitive Fähigkeiten, Wissen und soziale Beziehungen bewahrt. Darüber hinaus unterstützt die Weiterbildungsteilnahme den Umgang mit der eigenen Gesundheit und trägt damit generell zu einer besseren mentalen und physischen Gesundheit bei: „engagement in learning is a key element for active and healthy ageing in later life" (Boulton-Lewis & Buys, 2015, p. 764). Die Ergebnisse der Studie belegen damit, dass Faktoren, wie sie im erweiterten Gesundheitsverständnis von Kruse et al. (2002) oder auch im *self-in-context* Modell genannt sind, durch die Weiterbildungsteilnahme gestärkt werden und somit zur Gesundheit im Alter beitragen.

Eine ähnliche Studie, die ebenfalls Lernerfahrungen Älterer in den Blick nahm und demselben Analyseansatz einer hermeneutischen phänomenologischen Auswertung folgte, ist die aktuelle kanadische qualitative Studie von Narushima, Liu und Dieselkamp (2018b). Hier wurden anhand von zehn teilstrukturierten Interviews vergangene und aktuelle Lernerfahrung, Lernmotivationen und Lernerträge von älteren „vulnerablen" Weiterbildungsteilnehmenden untersucht. Acht Personen nahmen dabei an Kunst- und Handwerkskursen teil und jeweils eine Person besuchte einen Tanz- oder Computerkurs. Bei den interviewten Personen handelte es sich um acht Frauen und zwei Männer, die zwischen 70 und 90 Jahren alt waren. Acht Personen waren Langzeit-Weiterbildungsteilnehmende, was bedeutet, dass sie bereits durchschnittlich zehn Jahre am selben Weiterbildungskurs teilnahmen, während zwei Personen innerhalb eines Jahres einen Weiterbildungskurs verlassen hatten. Die Ergebnisse zeigen, dass Angst, Frustration und Furcht, die aufgrund von Veränderung und Einschränkung von physischen Fähigkeiten im Alter entstehen, antreiben, an bereits begonnen Weiterbildungskursen teilzunehmen. So berichten mehrere Personen, die an Krebs oder Demenz erkrankt sind, dass die wöchentlichen Kurse wie eine Therapie wirken, auch wenn es nicht immer leicht ist diese zu besuchen: „Classes have clear therapeutic effects on many participants – attending weekly classes seems to provide some *assurance for their mental faculties* and a *sense of agency*, which adds some *coherence to their lives*" (Narushima et al., 2018b, p. 700). Eine 75-jährige Person berichtet beispielsweise, dass sie morgens aufgrund der Schmerzen nach vier Knieoperationen manchmal am liebsten zu Hause bleiben würde. Nichtsdestotrotz steht sie an diesen Tagen aber auf und geht zu ihrem Schreibkurs, weil sie weiß, dass der Kurs ihr guttut und sie sich danach besser fühlt. Der Kurs lenkt sie ab und lässt sie ihren Schmerz vergessen, weshalb sie selbst in diesem Zusammenhang von einem therapeutischen Effekt spricht. Zusätzlich berichten die Interviewten auch über die Bedeutung des sozialen Netzwerks innerhalb des Weiterbildungskurses und über die Bedeutung des Dozenten oder der Dozentin. So führt, nach Aussagen der Teilnehmenden, der Verlust von Ehepartnern, Freunden und/oder Verwandten und durch das daraus resultierende kleiner werdende soziale Netzwerk kombiniert mit physischen Beeinträchtigungen, zu einem höheren Risiko für soziale Isolation und Depression. Durch die Teilnahme an Weiterbildungskursen haben viele der Befragten inzwischen allerdings ein informelles soziales Netzwerk aufgebaut innerhalb dessen Information zu dem jeweiligen Weiterbildungsthema ausgetauscht und mit dem gelegentlich auch mal ausgegangen wird. Des Weiteren geben einige der Interviewten an, dass sie in ihrem Kurs Vorbilder getroffen hatten, die ihnen Mut machten. Eine wichtige Rolle spielte hierbei auch die dozierende Person, die durch ermutigende Worte und die Schaffung einer angenehmen Atmosphäre zu einem guten Wohlbefinden der Teilnehmenden beiträgt. Mehrere Personen erzählen zudem, dass sie durch die Teilnahme an einem Weiterbildungskurs ihre mentalen Grenzen erweitern konnten. Durch das Lernen wird demnach auch die Neugier auf das Leben erhalten, da anderen Menschen unterschiedlichen Alters und unterschiedlicher Ethnizität begegnet und so stets etwas Neues gelernt wird. Schließlich identifizieren Narushima et al. (2018b) ein erhöhtes Selbstbewusstsein und eine positive Einstellung zu sich selbst, als einen zentralen Weiterbildungsertrag:

> All participants' narratives touched on the self-esteem and confidence it generates (...) Participants' positive attitudes stemmed not only from looking back on their self growth over the years, but also from their day to day sense of achievement coping with challenges with dignity and integrity. (...) Such resilience and a strong sense of self may be one of the most important outcomes of continuous learning in late adulthood (p. 702).

Ähnliche Ergebnisse finden sich bereits in einer älteren qualitativen Studie von Narushima (2008). Aus der Studie von Narushima et al. (2018b) geht schließlich hervor, dass im Alter besonders Weiterbildung als Kontext, der eine soziale Plattform und Austausch bietet, gesundheitsbezogene Erträge fördert, da mit dem Alter das eigene soziale Netzwerk kleiner und der Verlust nahestehender Personen höher erlebt wird. Darüber hinaus wird im Zusammenhang mit dem Erhalt kognitiver Fähigkeiten und der eigenen Handlungsfähigkeit sowie in Bezug auf das Vergessen von Schmerzen, wie in der Studie von Schuller et al. (2002), auch von einem therapeutischen Effekt der Weiterbildung gesprochen. Zudem wird auf die bedeutende Rolle der dozierenden Person hingewiesen, die nach Bandura (1977) zu einer höheren Selbstwirksamkeitserwartung der Lernenden beiträgt.

Zusammengefasst deuten die qualitativen Studien zu gesundheitsbezogenen Weiterbildungserträgen Älterer, darauf hin, dass Weiterbildung im Alter einerseits zu einem „aktiven" und „produktiven" Altern beiträgt. Andererseits veranschaulichen sie, dass in Bezug auf das *self-in-context* Modell unterschiedliche individuelle Dispositionen und soziale Ressourcen durch Weiterbildung gestärkt werden und im Sinne des erweiterten Gesundheitsverständnisses von Kruse et al. (2002) die Gesundheit im Alter positiv beeinflussen.

4.4 Nationale Studien zu gesundheitsbezogenen Erträgen von Weiterbildung

Wie sich zeigt, wurden auf internationaler Ebene bereits zahlreiche Studien zu gesundheitsbezogenen Erträgen von Weiterbildung durchgeführt. Dies trifft für Deutschland weniger zu. Ein Gros der Studien, die sich mit dem Thema Weiterbildung und Gesundheit in Deutschland auseinandersetzen, nehmen ausschließlich die Schulbildung in den Blick, obwohl in diversen Datensätzen sowohl Variablen zur beruflichen und/oder allgemeinen Weiterbildungsteilnahme als auch verschiedene Variablen zur Gesundheit erfasst werden (z.B. Sozioökonomisches Panel (SOEP), Nationales Bildungspanel (NEPS)).

Eine Studie, die gesundheitsbezogene Erträge von Weiterbildung in Deutschland untersuchte, ist die bereits erwähnte europaweite BeLL-Studie (Manninen et al., 2014; siehe Kap. 4.3). Für Deutschland wurden hier quantitative Daten aus insgesamt 902 Fragebögen ausgewertet sowie qualitative Daten aus insgesamt acht Interviews analysiert. In Bezug auf die quantitativen Daten, die über die wahrgenommenen Weiterbildungserträge Auskunft geben, zeigt die folgende Tabelle, dass es in Deutschland im Vergleich zu den in der BeLL-Studie befragten Ländern insgesamt keine signifikanten Abweichungen gibt:

Tab. 8: Wahrgenommene Weiterbildungserträge im Vergleich: BeLL-Länder insgesamt und Deutschland

	Rang	
Antwortitems	BeLL-Länder (n=8.646)	Deutschland (n=902)
6. Taking all things together, I am happy	6	6
35.I am positive about life	8	8
23.I pay attention to my health	12	12
5. I try to lead a healthy lifestyle	15	14
17.I am satisfied with my physical health	25	22

(Quelle: Manninen et al., 2014; eigene Darstellung)

Wie aus der Tabelle hervorgeht, belegen die verschiedenen genannten subjektiven Weiterbildungserträge in Deutschland nahezu dieselben Rangplätze wie bei den befragten BeLL-Ländern insgesamt. Des Weiteren finden sich auf den ersten Rangplätzen in der deutschen Stichprobe ebenfalls analog zu den BeLL-Ländern insgesamt Erträge, die sich direkt auf Erwachsenenbildung/Weiterbildung (z.B. „Bildung im Erwachsenenalter sehe ich als wichtige Chance") oder Lernen (z.B. „ich bin motiviert zu lernen") beziehen. So geben 82,3% der Befragten an, dass sie nach der Teilnahme, Erwachsenenbildung/Weiterbildung eher als eine gute Möglichkeit sehen, ihr Leben zu gestalten als zuvor. Hinsichtlich des Lernens, berichten 77,5% der Befragten, dass sie anschließend mehr in ihre Lernfähigkeiten vertrauen. Im Hinblick auf gesundheitsbezogene Erträge zeigen sich besonders für das mentale Wohlbefinden positive Veränderungen. So nennen mehr als 70%, dass sie positive Veränderungen in ihrer Lebenszufriedenheit wahrgenommen haben und sich glücklicher fühlen. Jedoch ist an dieser Stelle erneut darauf hinzuweisen, dass diese

Selbstauskünfte aufgrund einer potentiellen Verzerrung durch soziale Erwünschtheit nur unter Vorbehalt zu interpretieren sind.

Ergänzend zu den quantitativen Ergebnissen lässt sich aus den qualitativen Interviews schließen, dass die Teilnahme an Erwachsenenbildung/Weiterbildung Gefühle wie Freude und Zufriedenheit fördert und damit zu einem hohen Wohlbefinden im Alltag beiträgt. Des Weiteren wurde berichtet, dass die Teilnahme an Erwachsenenbildung/Weiterbildung den Befragten im Gegensatz zu anderen Aktivitäten eine sinnvolle Abendgestaltung bietet und sie dadurch abends gut entspannen können. Darüber hinaus zeigen die Interviews, dass die Teilnahme dabei hilft, besser mit schwierigen Situationen, wie z.B. die Geburt eines Kindes oder der Eintritt in die Nacherwerbsphase, umzugehen. Nicht zuletzt wird auch genannt, dass die Teilnahme die kognitive Fitness unterstützt. Dies wird besonders von Personen in der Nacherwerbsphase angegeben. Auf Grundlage der qualitativen Interviews lassen sich damit zwei bedeutende wahrgenommene gesundheitsbezogene Weiterbildungserträge festhalten: Einerseits ein besserer Umgang mit kritischen Lebensereignissen und andererseits eine Reduzierung des alltäglichen Stresses, womit in Bezug auf ein „aktives Altern" die Bedeutung von Weiterbildung deutlich wird (siehe Kap. 2.3.1). Im Hinblick auf das *self-in-context* Modell zeigt sich hier zudem, dass, wie im *self-in-context* Modell postuliert, Resilienz im Sinne der Bewältigung kritischer Lebensereignisse durch die Weiterbildungsteilnahme gefördert wird. Darüber hinaus wird in den Interviews deutlich, dass die Art der Weiterbildungserträge und ihre Intensität sowohl von dem Inhalt als auch von der Länge des Kurses sowie von der Anzahl von Kursen abhängig ist. So werden Weiterbildungserträge besonders deutlich, wenn Personen an unterschiedlichen Kursen über eine längere Zeit hinweg partizipieren (Thöne-Geyer, 2014).

Ferner publizierte 2015 das Bundesministerium für Bildung und Forschung (BMBF) die Bekanntmachung zur Förderung von Forschungsvorhaben zum Thema „nicht-monetäre Erträge von Bildung". Im Rahmen dieser Förderlinie gibt es inzwischen verschiedene Projekte, die unterschiedliche nicht-monetäre Erträge und darunter auch gesundheitsbezogene Erträge von Bildung untersuchen. Ein Forschungsvorhaben, das in diesem Zusammenhang ähnlich zu der vorliegenden Arbeit sowohl Weiterbildungsaktivitäten Älterer als auch im weiteren Sinne gesundheitsbezogene Variablen in Form der Lebensqualität in den Blick nimmt, ist das Projekt „Bildungsaktivitäten und Lebensqualität in der zweiten Lebenshälfte" (BiLeQua), dass derzeit an der Freien Universität Berlin durchgeführt wird. Im Fokus stehen hier die zwei Fragen: Wie verändern sich Bildungsaktivitäten in der zweiten Lebenshälfte? Welchen Einfluss haben Bildungsaktivitäten auf die Lebensqualität in der zweiten Lebenshälfte? Zur Beantwortung der Fragestellungen werden Daten von NEPS und DEAS analysiert. Dabei wird versucht, beide Datensätze zu matchen und so den Zusammenhang zwischen der Bildungsbeteiligung im Lebenslauf und Indikatoren von Lebensqualität zu untersuchen. Zum heutigen Zeitpunkt liegen jedoch noch keine Publikationen über Projektergebnisse vor, nicht zuletzt, weil das Projekt erst im Januar 2019 abgeschlossen wird.

4.5 Zusammenfassung des Forschungsstandes zu gesundheitsbezogenen Weiterbildungserträgen

Im Vergleich zu den wenigen nationalen empirischen Ergebnissen zu gesundheitsbezogenen Erträgen von Weiterbildung existiert international eine Vielzahl verschiedener Studien, die sich sowohl in ihren jeweiligen Methoden als auch Aussagekraft voneinander unterscheiden. So verweisen deskriptive und inferenzstatistische Ergebnisse, die entweder aus Quer- oder aus Längsschnittstudien gewonnen wurden, darauf, dass die Teilnahme an einer Weiterbildung zu gesundheitlichen Effekten führt. Obwohl die positiven Effekte überwiegen, konnten ebenso negative Effekte gefunden werden. So liegen beispielsweise unterschiedliche Ergebnisse hinsichtlich dem Risiko einer Depression vor. Deutet die Studie von Feinstein et al. (2003) hierbei auf einen negativen Effekt der Weiterbildungsteilnahme hin, berichten andere Studien wie z.b. von Jenkins (2012) über einen positiven Effekt. Diese Diskrepanz lässt sich auf viele verschiedene Faktoren zurückführen. So wird Depression ebenso wie die Weiterbildungsteilnahme nahezu in jeder Studie anders erfasst. Darüber hinaus unterscheiden sich die Studien anhand der untersuchten Altersgruppen. Zudem beziehen sich manche Studien auf Quer- andere wiederum auf Längsschnittdaten. Dementsprechend können die Ergebnisse der Studien nur bedingt miteinander verglichen werden. Festzuhalten bleibt jedoch, dass eine Weiterbildungsteilnahme nicht zwingend positive Effekte auf die Gesundheit besitzt.

Darüber hinaus weist der Forschungsstand darauf hin, dass nicht nur die Teilnahme an einer Weiterbildung an sich, sondern zusätzlich weitere Variablen wie der Weiterbildungstyp, die Weiterbildungsdauer sowie die Anzahl von besuchten Weiterbildungen eine Rolle spielen kann. Mehrere Studien zeigen in diesem Zusammenhang, dass besonders eine qualifizierende berufliche Weiterbildung signifikante Effekte auf die Gesundheit besitzt (CEDEFOP, 2011; Chandola et al., 2011; Feinstein, 2002). Andere Studien verweisen darauf, dass je länger eine Weiterbildung besucht wird (Narushima et al., 2018a; Pearce et al., 2016) beziehungsweise je mehr Weiterbildungen besucht werden, desto größer sind die gesundheitsbezogenen Effekte (Feinstein et al., 2003; Thöne-Geyer, 2014). Hierbei merkt Field (2011) jedoch kritisch an:

Most of the research takes an undifferentiated view of learning. This often reflects underlying problems with the data being analysed. In general, they measure 'static' products of learning such as qualifications, or easily identifiable input measures such as the numbers of courses attended or hours spent studying; these measures tend to present one particular way of understanding learning, as something that is more or less passively acquired (…) it is certainly true that the use of standardised indicators of learning tends to conceal the nuances and subtleties of different types of learning (p. 288).

So bleiben Studien, die verschiedenen Facetten von Weiterbildung hinsichtlich gesundheitsbezogene Erträge untersuchen und abbilden, zukünftig weiter notwendig. Andererseits machen manche der vorgestellten Studien deutlich, dass nicht nur hinsichtlich der Weiterbildungsteilnahme, sondern auch hinsichtlich der Zielgruppe weiter differenziert werden sollte. Beispielsweise deuten die Studien von Chandola et al. 2011, Feinstein 2002 sowie von Tooth und Mishra, 2015 darauf hin, dass besonders Personen mit niedriger Bildung oder Qualifizierung gesundheitlich von einer Weiterbildung profitieren.

Letztlich zielt der Großteil der vorgestellten Studien auf die Prüfung des Zusammenhangs zwischen Weiterbildung und Gesundheit ab, wohingegen nur wenige Studien diesen Zusammenhang auch zu erklären versuchen. Während die Studie von Jenkins und Wiggins (2015) aufzeigt, dass im formalen beruflich qualifizierenden Kontext Faktoren wie z.B. der Berufsstatus eine wichtige mediierende Rolle im Zusammenhang von beruflicher Weiterbildung und Gesundheit einnehmen, verweist die BeLL-Studie im allgemeinen non-formalen Kontext von Weiterbildung auf bedeutende Faktoren wie Kontrollüberzeugungen, Selbstvertrauen und soziales Engagement. Letztendlich stützen die hier vorgestellten empirischen Ergebnisse die theoretischen Annahmen des *self-in-context* Modells, wonach Weiterbildung, durch verschiedene individuelle Dispositionen, soziale Ressourcen und Faktoren der erwerbsbezogenen Situation, zu gesundheitsbezogenen Erträgen führen kann. Dabei deuten die Ergebnisse der qualitativen Studien, bei denen größtenteils ältere Personen befragt wurden, zusätzlich darauf hin, dass im Alter besonders individuelle Dispositionen und soziale Ressourcen für gesundheitsbezogene Weiterbildungserträge bedeutsam sind.

5 Ableitung der Forschungsfragen und -hypothesen

Das vorangegangene Kapitel zum Forschungsstand zeigt, dass es bislang kaum Studien in Deutschland gibt, welche die gesundheitsbezogenen Erträge von Weiterbildung behandeln. Das Gros der internationalen Studien zu dem Themenkomplex zielt darüber hinaus auf die Überprüfung und weniger auf die Erklärung des Zusammenhangs zwischen Weiterbildung und Gesundheit ab. Zudem werden hierbei in Bezug auf das *self-in-context* Modell oftmals nur einzelne Erklärungsvariablen untersucht, nicht aber verschiedene Faktoren der personen- und kontextbezogenen Ebene zusammen betrachtet. Im Hinblick auf die Weiterbildungsteilnahme wird zwar bei vielen Studien zwischen allgemeiner und beruflicher oder zwischen qualifizierender und nicht-qualifizierender Weiterbildung unterschieden, weitere Faktoren wie Dauer, Format, Finanzierung bleiben dabei jedoch weitgehend unbeachtet. Des Weiteren wird besonders in quantitativen Studien bisher kaum der Fokus auf ältere Personen gelegt. Vor diesem Hintergrund lassen sich in Bezug auf das *self-in-context* Modell für die vorliegende Arbeit folgende Forschungsfragen und Forschungshypothesen ableiten:

1. Zeigt sich ein Zusammenhang zwischen der Weiterbildungsteilnahme[44] und der Gesundheit[45] bei älteren Erwachsenen?

   Hypothese: Es besteht ein signifikanter positiver Zusammenhang zwischen einer Weiterbildungteilnahme und Gesundheit.

---

[44] Im *self-in-context* Modell wird nicht explizit zwischen beruflicher und allgemeiner Weiterbildung beziehungsweise Bildung differenziert, weshalb hier unter dem Begriff Weiterbildung beide Weiterbildungsformate gemeint sind und analysiert werden.
[45] Unter Gesundheit ist hier sowohl die mentale als auch die physische Gesundheit gemeint.

Mit Blick auf die im *self-in-context* Modell unterschiedlich dargestellten Faktoren, welche die Effekte von Weiterbildung auf Gesundheit erklären, stellt sich zudem die Frage:

2. Welche personen- und kontextbezogenen Faktoren spielen in Anlehnung an das *self-in-context* Modell bei dem Zusammenhang zwischen Weiterbildungsteilnahme und Gesundheit älterer Erwachsener eine signifikante Rolle?

Auf der personenbezogenen Ebene:

a) Hypothese: Faktoren des Selbstkonzepts (z.B. Selbstwirksamkeitserwartung und Selbstwertgefühl) moderieren/ mediieren[46] den Zusammenhang zwischen Weiterbildungsteilnahme und Gesundheit.

b) Hypothese: Gesundheitsbezogene Überzeugungen moderieren/ mediieren den Zusammenhang zwischen Weiterbildungsteilnahme und Gesundheit.

c) Hypothese: Faktoren intertemporaler Entscheidungen (z.B. Selbstkontrolle) moderieren/ mediieren den Zusammenhang zwischen Weiterbildungsteilnahme und Gesundheit.

d) Hypothese: Resilienz moderiert/ mediiert den Zusammenhang zwischen Weiterbildungsteilnahme und Gesundheit.

Auf der kontextbezogenen Ebene:

e) Hypothese: Das Bildungsniveau beziehungsweise das Einkommen der Eltern moderiert/ mediiert den Zusammenhang zwischen Weiterbildungsteilnahme und Gesundheit.

---

[46] Im *self-in-context* Modell wird davon ausgegangen, dass vieler der beschriebenen personen- und kontextbezogenen Faktoren sowohl einen moderierenden als auch mediierenden Effekt haben können (Feinstein et al., 2006).

f) Hypothese: Arbeitsbelastungen moderieren/ mediieren den Zusammenhang zwischen Weiterbildungsteilnahme und Gesundheit.

g) Hypothese: Aspekte des sozialen Kapitals (z.b. soziale Beziehungen, soziale Unterstützung) moderieren/ mediieren den Zusammenhang zwischen Weiterbildungsteilnahme und Gesundheit.

h) Hypothese: Der sozioökonomische Status beziehungsweise das Einkommen moderieren/ mediieren den Zusammenhang zwischen Weiterbildungsteilnahme und Gesundheit.

Schließlich verweisen manche der vorgestellten Studien darauf, dass sich die gesundheitsbezogenen Erträge hinsichtlich verschiedener Faktoren der Weiterbildungsteilnahme unterscheiden (siehe z.b. Feinstein et al., 2003; CEDEFOP, 2011). Vor diesem Hintergrund soll in der vorliegenden Arbeit des Weiteren der Frage nachgegangen werden:

3. Unterscheiden sich die gesundheitsbezogenen Erträge zwischen verschiedenen Aspekten der Weiterbildungsteilnahme bei älteren Erwachsenen?

a) Hypothese: Je nach Weiterbildungsformat unterscheiden sich die gesundheitsbezogenen Erträge signifikant.

b) Hypothese: Je nach Weiterbildungsdauer unterscheiden sich die gesundheitsbezogenen Erträge signifikant.

c) Hypothese: Je nach Weiterbildungsanlass unterscheiden sich die gesundheitsbezogenen Erträge signifikant.

Um nicht nur einzelne Zusammenhänge zwischen Weiterbildung und Gesundheit im Alter zu prüfen, sondern darüber hinaus Hinweise zu finden, wie sich dieser Zusammenhang erklären lässt, soll in Bezug auf das *self-in-context* Modell schließlich der Frage nachgegangen werden:

4. Inwiefern lässt sich das von Feinstein et al. (2006) postulierte *self-in context* Modell als Erklärung zum Zusammenhang zwischen Weiterbildung und Gesundheit im Alter an empirischen Daten überprüfen?

6 Von der Theorie zur Empirie - das Forschungsdesign

Für die Beantwortung der vorliegenden vier Forschungsfragen wird ein quantitatives Design gewählt, in dessen Mittelpunkt Sekundäranalysen zweier unterschiedlicher Datensätze stehen. Sekundäranalysen stellen längst ein bedeutendes Verfahren quantitativer Methoden dar und bieten viele Vorzüge. So verspricht die Nutzung bereits vorhandener Daten nicht nur forschungsökonomische Vorteile wie beispielsweise einen geringeren zeitlichen Aufwand und niedrigere Kosten (Trzesniewski, Donnellan & Lucas, 2011), sondern birgt auch ethische und soziale Potenziale (Hyman, 1972; Medjedović, 2014): „Eine der ethischen Fragen, die sich Forschung (…) stellen muss, ist die nach den Zumutungen an das Feld und die Individuen darin. Die Kooperationsbereitschaft von Forschungssubjekten sollte nicht überbeansprucht werden" (Medjedović, 2014, S. 32). Ethische Potenziale der Sekundäranalyse treten besonders dann in den Vordergrund, wenn sensiblen Forschungsthemen nachgegangen wird (Medjedović, 2014) oder es sich um eine besonders vulnerable beziehungsweise schwer erreichbaren Population handelt (Rew et al., 2000). Darüber hinaus bestärken Sekundäranalysen den ‚open-source‘ Ansatz in der Wissenschaft, wonach viele Forschende dieselbe Datenquelle nutzen können und somit im Stande sind, Ergebnisse zu replizieren. Dies impliziert zudem, dass die forschende Person ihr methodisches Vorgehen genau dokumentiert und begründet, wodurch nicht zuletzt ein Beitrag zur Transparenz in der Forschung und Wissenschaft geleistet wird (Trzesniewski et al., 2011).

Inzwischen gibt es in Deutschland eine ganze Reihe von Studien, bei denen große Datensätze mit dem Ziel generiert werden, dass sie von möglichst vielen Forschenden genutzt werden können (Medjedović, 2014). Hierzu zählen beispielsweise das Sozio-

Ökonomische Panel (SOEP), die Allgemeine Bevölkerungsumfrage der Sozialwissenschaften (ALLBUS), der Deutsche Alterssurvey (DEAS) sowie das Nationale Bildungspanel (NEPS). Damit einher geht, dass größere Forschungsvorhaben nicht mehr nur durch große Organisationen oder Institute mit den notwendigen Ressourcen durchgeführt werden können, sondern auch einzelne Wissenschaftlerinnen und Wissenschaftler die Möglichkeit erhalten Forschungsfragen nachzugehen, die ein aufwendigeres Forschungsdesign beanspruchen (Smith, 2008). Entsprechend ist es auch in der vorliegenden Arbeit nicht nur möglich, die aufgestellten Hypothesen an zwei großen repräsentativen Stichproben zu testen, sondern darüber hinaus Fragestellungen nachzugehen, die ein längsschnittliches Forschungsdesign erfordern.

Als Datengrundlage für die Sekundäranalysen in Bezug auf die ersten drei Forschungsfragen dienen zunächst Querschnittdaten, die im Rahmen des Projekts „Weiterbildungsinteressen älterer Erwerbspersonen – die Gestaltung der eigenen Weiterbildungsbiografie vor dem Hintergrund individueller Erwerbsverläufe und -pläne" (WiE 50+) an der Universität Tübingen am Institut für Erziehungswissenschaft gewonnen wurden. Der Zugang zu diesen Daten wird durch die eigene Mitarbeit in dem Projekt (u.a. Entwicklung des Fragebogens, Auswertung der quantitativen Daten) ermöglicht. Die Entscheidung, diesen Datensatz als Grundlage für die Sekundäranalyse heranzuziehen, liegt überdies darin begründet, dass es bislang in Deutschland kaum einen anderen Datensatz gibt, der gleichermaßen sowohl umfassende Daten zum Weiterbildungsverhalten Älterer (z.B. Weiterbildungsdauer, Weiterbildungsformat, Weiterbildungsanlass) als auch zu ihrem Gesundheitszustand (z.B. physische und mentale Gesundheit) erfasst. So ermöglichen die WiE 50+ Daten, den Zusammenhang zwischen unterschiedlichen Weiterbildungsvariablen (Teilnahme, Dauer, Format, Anlass) und Skalen der physischen sowie mentalen Gesundheit tiefergehend zu analysieren.

202

Um neben dieser Betrachtung im Querschnitt auch eine längsschnittliche Perspektive zu ermöglichen, der im Hinblick auf die vierte Fragestellung eine besondere Bedeutung zukommt, wird anschließend eine Sekundäranalyse von Längsschnittdaten vorgenommen, die aus dem DEAS stammen. Datengrundlage sind hier die vom FDZ-DZA des Deutschen Zentrums für Altersfragen (DZA) herausgegebenen Daten des Deutschen Alterssurveys (DEAS), die dort als *scientific use files* angefordert werden können. Für die vorliegende Forschungsarbeit sind besonders die Datensätze der letzten beiden Erhebungswellen von 2011 (DOI: 10.5156/DEAS.2011.M.002) und 2014 (DOI: 10.5156/ DEAS. 2014.M.001) von Interesse. Der DEAS wird als Datengrundlage für die Sekundäranalyse gewählt, da er im Gegensatz zu anderen Längsschnittdatensätzen nicht nur ebenfalls ältere Personen als Zielgruppe fokussiert, sondern darüber hinaus viele Variablen umfasst, die hinsichtlich der Prüfung des *self-in-context* Modells einen besonderen Stellenwert einnehmen (z.B. Variablen zum Selbstwertgefühl und zur Selbstwirksamkeitserwartung).

Im Hinblick auf die verschiedenen Fragestellungen und auf Grundlage der beiden Datensätze lässt sich das methodische Vorgehen schließlich in zwei Abschnitte untergliedern. So wird zunächst auf Basis der WiE 50+ Daten und in Bezug auf die ersten drei Fragestellungen untersucht, ob es einen Zusammenhang zwischen Weiterbildung und Gesundheit im Alter gibt (Frage 1) und inwiefern sich dieser Zusammenhang hinsichtlich verschiedener personen- und kontextbezogener Faktoren einerseits (Frage 2) und verschiedener Weiterbildungsbedingungen andererseits (Frage 3) unterscheidet. Dafür werden multiple lineare Regressionen (Frage 1 und 3) sowie Moderatoranalysen (Frage 2) durchgeführt. Außerdem wird in Bezug auf die vierte Fragestellung der Zusammenhang zwischen Weiterbildung und Gesundheit im Alter näher analysiert und versucht, Hinweise darauf zu finden, wie beziehungsweise über welche verschiedenen Pfade Weiterbildung zu einer besseren Gesundheit führen kann. Dazu werden verschiedene Strukturgleichungsmodelle erstellt und anhand der DEAS Daten analysiert. Während die ersten drei Fragen also eher die Überprüfung des Zusammenhangs zwischen Weiterbildung und Gesundheit beabsichtigen, zielt die vierte Fragestellung auf die Erklärung des Zusammenhangs ab.

In den folgenden Kapiteln sieben und acht wird zuerst das methodische Vorgehen sowie die Ergebnisse hinsichtlich der ersten drei Fragestellungen präsentiert bevor darauffolgend in den Kapiteln neun und zehn das methodische Vorgehen sowie die Ergebnisse zur vierten Fragestellung vorgestellt werden.

7 Methodisches Vorgehen zur Überprüfung des Zusammenhangs zwischen Weiterbildung und Gesundheit

Im Hinblick auf die ersten drei Forschungsfragen wird als Datengrundlage der Querschnittdatensatz des WiE 50+ Projekts herangezogen. Darauf basierend wird in Bezug auf die erste Forschungsfrage zunächst der Zusammenhang zwischen Weiterbildung und Gesundheit im Alter geprüft. Dazu werden multiple linearen Regressionen durchgeführt, denn „Die Regressionsanalyse ist eines der flexibelsten und am häufigsten eingesetzten statistischen Analyseverfahren. Sie dient der Analyse von Beziehungen zwischen einer abhängigen und einer oder mehreren unabhängigen Variablen" (Backhaus, Erichson, Plinke & Weiber, 2016). Damit ist es möglich Kausalbeziehungen (jedoch keine Kausalität) zu untersuchen, die auch als „Je-desto-Beziehungen" (Backhaus et al., 2016) bezeichnet werden können. Im Gegensatz zu Korrelationsanalysen ist es hierbei möglich, die Art von Zusammenhängen zu modellieren (Rudolf & Müller, 2012). Darüber hinaus können Zusammenhänge quantitativ beschrieben und erklärt sowie Werte der abhängigen Variable (Kriteriumsvariable) geschätzt beziehungsweise vorhergesagt werden (Backhaus et al., 2016). Durch die Hinzunahme weiterer unabhängiger Variablen (Prädiktoren) ist es zudem möglich, verschiedene Einflussgrößen auf die abhängigen Variable zu kontrollieren.

Mit Blick auf die zweite Forschungsfrage werden in Anlehnung an das *self-in-context* Modell anschließend die Effekte verschiedener personen- und kontextbezogenen Variablen auf diesen Zusammenhang hin mittels Moderatoranalysen näher untersucht. Moderatoranalysen als ein spezieller Fall der Regressionsanalysen ermöglichen die Überprüfung, ob sich eine unabhängige Variable anders auf eine abhängige Variablen auswirkt, wenn eine bestimmte Ausprägung einer Moderatorvariable vorliegt (Danner, 2011). „Eine Variable wird als Moderatorvariable bezeichnet, wenn von ihrer Ausprägung die Stärke des Zusammenhangs von zwei Variablen abhängt" (Rudolf & Müller, 2012, S. 60).

Vor dem Hintergrund der Studienergebnisse zu unterschiedlichen gesundheitsbezogenen Erträge in Bezug auf verschiedene Weiterbildungsbedingungen wie z.b. Dauer oder Finanzierung (siehe Kap. 4), werden bezüglich der dritten Forschungsfrage erneut multiple lineare Regressionen durchgeführt, die schließlich darüber Auskunft geben sollen, inwiefern sich die gesundheitsbezogenen Erträge im Zusammenhang mit unterschiedlichen Weiterbildungsbedingungen (Format, Anlass, Dauer) unterscheiden. Bevor nachstehend auf die einzelnen Voraussetzungsprüfungen für das Durchführen der verschiedenen Regressions- und Moderatoranalyse eingegangen wird, sollen zunächst die Daten des WiE 50+ Projekts sowie die Operationalisierungen der theorierelevanten Faktoren dargestellt werden.

7.1   Datengrundlage WiE 50+ Daten

Im Fokus des Projekts WiE50+ stehen ältere Erwerbstätige und Personen in der Nacherwerbsphase. Dabei werden besonders die Bildungsinteressen und -motive von Erwachsenen in der zweiten Hälfte ihrer Berufslaufbahn sowie deren Erwartungen an Bildungsangebote vor dem Hintergrund der individuellen Zukunftspläne betrachtet. Davon ausgehend, dass die Gestaltungspläne für die weitere berufliche Tätigkeit beziehungsweise für die Gestaltung der Nacherwerbsphase auch Bildungsinteressen prägen, werden die individuellen Lebens- und Karriereentwürfe für das letzte Drittel der Erwerbsphase beziehungsweise die Nacherwerbsphase in den Blick genommen. Das Projekt WiE 50+ wurde im Zeitraum von September 2015 bis Dezember 2016 an der Universität Tübingen in Kooperation mit Helmut Kuwan - Sozialwissenschaftliche Forschung und Beratung München durchgeführt und vom Bundesministerium für Bildung und Forschung (BMBF) gefördert (Förderkennzeichen: W1408 141581).

Die quantitative repräsentative Fragebogenerhebung im Rahmen des Projekts erfolgte durch das Befragungsinstitut Kantar Public. Die Datenerhebung wurde dabei anhand eines standardisierten Fragebogens als computergestütztes persönliches mündliches Interview (CAPI) durchgeführt, wofür von den Projektbeteiligten ein Fragebogen entwickelt wurde. Die Inhalte des Fragebogens umfassen Fragen zum Weiterbildungsverhalten, zum privaten und beruflichen Lernumfeld, zu beruflichen Perspektiven, zu (berufsbezogenem) Bildungsinteresse und -barrieren sowie Fragen zur subjektiven Einschätzung eigener beruflicher Kompetenzen (berufliche Selbstwirksamkeit). Darüber hinaus werden Fragen zum eigenen Altersbild, zur Einstellungen zum Übergang in die Nacherwerbsphase sowie zur mentalen und physischen Gesundheit gestellt. Der Großteil der Fragebogenitems beruht dabei entweder auf bereits etablierten Instrumenten oder stammt aus größeren repräsentativen Erhebungen wie dem AES, der BiBB/BAuA-Erwerbstätigenbefragung, dem DEAS sowie der EdAge-Studie (Tippelt et al., 2009a). So wurde bei der Erfassung der mentalen und physischen Gesundheit auf ein Messinstrument zur *gesundheitsbezogenen Lebensqualität* zurückgegriffen (siehe Kap. 2.2.2) während die Weiterbildungs-teilnahme in Anlehnung an den AES erhoben wurde (vgl. Kap. 2.3.3). In Bezug auf Letzteres konnte es insgesamt zwei Befragungsschleifen geben, wenn die Person mehr als eine Weiterbildung besucht hatte. In diesem Fall sollte die Person für alle darauffolgenden Fragen an die „wichtigste" Weiterbildung denken. Am Ende des Fragenblocks wurde dann ähnlich zum AES gefragt, ob es sich bei der Weiterbildung um eine berufliche oder allgemeine Weiterbildungsveranstaltung handelte. Betraf es eine berufliche Weiterbildung wurde danach gefragt, ob in den letzten zwölf Monaten auch eine allgemeine Weiterbildungsveranstaltung besucht wurde und vice versa. Bejahte die befragte Person diese Frage ebenfalls, wurden die Fragen des Fragenblocks erneut gestellt, diesmal allerdings in Bezug auf die „wichtigste" allgemeine beziehungsweise berufliche Weiterbildungsveranstaltung. Um beispielsweise die verschiedenen potentiellen Weiterbildungsformate (z.b. Kurzzeitige Bildungsveranstaltung, Schulung am Arbeitsplatz, etc.) bei der Frage zur Weiterbildungsteilnahme abzubilden, wurde ergänzend zu dem computergestützten Fragebogen ein Listenheft erstellt, das den Befragten zur Visualisierung von Skalen oder umfangreicheren Antwortkategorien bei ausgewählten Fragen vorgelegt wurde[47]. Nach der vorläufigen Fertigstellung des Fragebogens fand vom 15. bis 29 März 2016 ein Pretest statt, an dem 50 Personen teilnahmen. Aufgrund der Ergebnisse wurden anschließend einige Fragen gestrichen, offene Kategorien geschlossen und einzelne Fragen modifiziert, so dass die angestrebte Befragungszeit von insgesamt dreißig Minuten für die Haupterhebung erzielt werden konnte.

Zielgruppe im Projekt WiE 50+ waren deutschsprachige Personen im Alter von 50 bis 69 Jahren. Für die Auswahl der Befragungspersonen, wurde eine mehrfach geschichtete, dreistufige Zufallsstichprobe nach ADM-Standards (Arbeitskreis Deutscher Markt- und Sozialforschungsinstitut e.V.) gezogen. Als Schichtungsmerkmale dienten hier Bundesländer, Regierungsbezirke und BIK-Gemeindetypen. Um die Befragten über die Studie aufzuklären und eine höhere Teilnahmebereitschaft zu erzielen sowie um die Seriosität der Erhebung zu betonen, wurde ein Informationsschreiben erstellt, das über Ziele, Auftraggeber und Durchführung der Studie informierte. Insgesamt wurden in der zweimonatigen Feldphase (19. April 2016 - 19. Juni 2016) 23.719

---

[47] Ausschnitte aus dem Listenheft, die Variablen betreffen, die in der vorliegenden Arbeit verwendet wurden, können dem Anhang III entnommen werden.

Haushalte aufgesucht. In vielen Haushalten lebte keine Person, die zur Zielgruppe gehörte oder die Zielperson beziehungsweise keine Person im Haushalt sprach Deutsch, so dass die bereinigte Bruttostichprobe noch 17.259 Adressen umfasste. Da bei 6.767 Haushalten keine Person angetroffen wurde, verblieben 10.492 Adressen. Nach weiterer Selektion durch diversen Ausschlusskriterien[48] konnte schließlich mit 2.017 Personen ein Interview durchgeführt werden. Bei zwölf Interviews war jedoch eine Auswertung nicht möglich, so dass am Ende repräsentative Daten von 2.005 Personen vorlagen.

7.2 Operationalisierung und Aufbereitung der analyserelevanten Variablen

Nach dem kleinen Einblick in die WiE 50+ Datenerhebung werden in diesem Kapitel die ausgewählten analyserelevanten Variablen aus dem WiE 50+ Datensatz sowie ihre Aufbereitung dargelegt. Bei der Auswahl der Variablen müssen, wie bei Sekundäranalysen üblich (siehe hierzu Trzesniewski et al., 2011), Einschränkungen gemacht werden, da der WiE 50+ Datensatz nicht explizit für die vorliegenden Forschungsfragen erhoben wurde. Wie nachstehend gezeigt kann im Hinblick auf das *self-in-context* Modell nichtsdestotrotz nahezu für jeden theorierelevanten Faktor eine angemessene Variable herangezogen werden[49].

7.2.1 Weiterbildungsteilnahme und Gesundheit

Da der Forschungsstand zeigt, dass es sowohl hinsichtlich allgemeiner als auch beruflicher Weiterbildung gesundheitsbezogene Erträge gibt (siehe Kap. 4), werden in der vorliegenden Arbeit

---

[48] Ausschlussgründe waren: Zielperson wurde nicht angetroffen (n=977); Zielperson war verreist, (n=152), krank/nicht in der Lage (n=300), hatte keine Zeit (n=3.635) oder war aus sonstigen Gründen nicht bereit das Interview zu führen (n=3.411).
[49] Eine Auflistung aller verwendeten Variablen aus dem WiE 50+ Datensatz, die in der vorliegenden Arbeit verwendet wurden, ist dem Anhang I zu entnehmen.

beide Weiterbildungsformen untersucht. Mit Blick auf die ersten drei Forschungsfragen, wird hierzu jeweils die Variable zur *beruflichen* und *allgemeinen Weiterbildungsteilnahme* als **Prädiktor** aus den WiE 50+ Daten ausgewählt. Auf Grundlage der beiden Befragungsschleifen im Fragebogen bildet die jeweilige Variable ab, ob die befragte Person im letzten Jahr (März 2015 - März 2016) mindestens an einer beruflichen oder allgemeinen Weitebildungsveranstaltung teilgenommen hat. Für die unterschiedlichen Regressionsanalysen beziehungsweise Moderatoranalysen werden beide Variablen jeweils dummykodiert (0 = keine Teilnahme; 1= Teilnahme).

Hinsichtlich der Bedeutung von Gesundheit im Alter lässt sich festhalten, dass ganzheitliche Konzepte von Gesundheit, die verschiedene gesundheitsbezogene Faktoren in den Blick nehmen, am ehesten dem erweiterten Gesundheitsverständnis im Alter von Kruse et al. (2002) entsprechen. Deshalb bieten sich besonders mehrdimensionale Messinstrumente wie z.b. zur *gesundheitsbezogene Lebensqualität* an, um gesundheitsbezogen Weiterbildungserträge im Alter zu identifizieren (siehe Kap. 2.2). Vor diesem Hintergrund werden als **abhängige Variablen** für die ersten drei Forschungsfragen einerseits die Variable zur *physischen Gesundheit* und andererseits die Variable zur *mentalen Gesundheit* aus dem WiE 50+ Datensatz herangezogen, die beide auf einer Version des SF-12 (Kurzversion des SF-36) beruhen, die seit 2002 auch im SOEP verwendet werden (SF-12v2-SOEP)[50]. Bei beiden Variablen handelt es sich jeweils um die entsprechenden Summenskalen der Items zur physischen beziehungsweise mentalen Gesundheit. Für die Konstruktion dieser beiden Skalen wird

---

[50] Dabei handelt es sich um die zweite Version des SF-12 (SF-12v2), welche dieselben Dimensionen wie der SF-12 enthält, sich jedoch in den Formulierungen und Antwortmöglichkeiten unterscheidet (Turner-Bowker & Hogue, 2014).

auf den von Nübling, Andersen und Mühlbacher (2006) entwickelten Algorithmus[51] zurückgegriffen, der ebenfalls auf der SOEP-Version des SF-12 basiert. Der Algorithmus kann nahezu ohne Ausnahme angewendet werden, einzig in Bezug auf das zweite Fragebogenitem zur körperlichen Funktionsfähigkeit muss eine Anpassung des Algorithmus erfolgen, da hier im Projekt WiE 50+ anstatt eines Items wie im SOEP (*„Und wie ist das mit anderen anstrengenden Tätigkeiten im Alltag, wo man z.b. etwas Schweres heben muss oder Beweglichkeit braucht: Beeinträchtigt Sie dabei Ihr Gesundheitszustand stark, ein wenig oder gar nicht?"*) zwei Items abgebildet wurden (*„Wenn Sie etwas Schweres heben müssen"* und *„Bei Tätigkeiten, bei denen Sie Beweglichkeit brauchen"*). Dadurch wird die Skala zur *körperlichen Funktionsfähigkeit* um ein Item erweitert. Um den Algorithmus anwenden zu können, werden zunächst die Variablennamen der im Fragebogen enthaltenen Items in die Namen des Original SF-12 geändert und die zwei Items zur *mentalen Gesundheit* wie im SF-12 invertiert (rmhi3; rvital2). Nach dem die Daten für die Konstruktion der körperlichen und mentalen Summenskalen bereinigt und aufbereitet wurden, erfolgt zuerst die Bildung der acht Subskalen des SF-12 (*körperliche Funktionsfähigkeit, körperliche Rollenfunktion, Schmerz, allgemeine Gesundheitswahrnehmung, Vitalität, soziale Funktionsfähigkeit, emotionale Rollenfunktion, psychisches Wohlbefinden*). Dazu wird für jede Subskala der Mittelwert berechnet und auf eine Skala von 0 (Minimum) bis 100 (Maximum) transformiert. Die vier Einzelitems zu *Schmerz, Vitalität, allgemeine Gesundheitswahrnehmung* und *soziale Funktionsfähigkeit* werden dabei direkt auf den Wertebereich von 0 bis 100 transformiert. Bei den Subskalen mit je zwei Items wird zunächst der Durchschnittswert der beiden Items be-

---

[51] Die Syntax für den Algorithmus kann hier abgerufen werden: https://www.econstor.eu/bitstream/10419/129225/1/diw_datadoc_2006-016.pdf (zuletzt geprüft am 19.01.2019).

rechnet. Diese Rohwerte werden daraufhin z-standardisiert (Mittelwert = 0; Standardabweichung = 1) und aufgrund einer besseren Handhabbarkeit wie im SOEP 2004 linear auf einen Mittelwert von 50 und eine Standardabweichung von 10 transformiert (siehe Nübling et al., 2006). Nach Abschluss des Norm-Based-Scoring lassen sich die Ergebnisse der vorliegenden Stichprobe nun mit den Ergebnissen der Stichprobe des SOEP 2004 vergleichen (siehe hierzu Kapitel 7.1). In einem letzten Schritt erfolgt schließlich die Verdichtung der acht Subskalen zu den zwei übergeordneten Dimensionen *physische Gesundheit* (Physical health, PCS) und *mentale Gesundheit* (Mental health, MCS). Dazu werden die von Nübling et al. (2006) ermittelten „Factor score coefficients" eingesetzt. Diese Koeffizienten wurden anhand einer explorative Faktorenanalyse (PCA, Varimaxrotation), die analog zum US-Manual durchgeführt wurde, mit den acht z-transformierten Subskalen identifiziert. Damit ist die Bildung der beiden Skalenvariablen zur *mentalen* und *physischen Gesundheit* für die Regressions- und Moderatoranalysen abgeschlossen (Nübling et al., 2006).

7.2.2 Personen- und kontextbezogene Moderatorvariablen

Im Hinblick auf die zweite Forschungsfrage werden für die Moderatoranalyse verschiedene personen- und kontextbezogene Variablen als Moderatorvariablen ausgewählt und aufbereitet, die in Anlehnung an das self-in-context Modell eine wichtige Rolle bei dem Zusammenhang zwischen Weiterbildungsteilnahme und Gesundheit im Alter spielen können.

Im Rahmen des WiE 50+ Projekts wurde weder die allgemeine Selbstwirksamkeitserwartung noch das Selbstwertgefühl erfasst. Stattdessen werden für die Moderatoranalysen auf der personenbezogenen Ebene stellvertretend für die Facetten des Selbstkonzepts eine Variable zur beruflichen Selbstwirksamkeitserwartung und eine Variable zum Altersbild als Moderatorvariablen aufgenommen. In Bezug auf Ersteres wird angenommen, dass die berufliche Selbstwirksamkeitserwartung eine Facette der allgemeinen Selbstwirksamkeitserwartung abbildet und dementsprechend vergleichbare Ergebnisse zeigt. Zur Erfassung der beruflichen Selbstwirksamkeitserwartung wird im Projekt WiE 50+ die Kurzskala von Schyns und Collani (2002) verwendet. Insgesamt handelt es sich hierbei um acht Items, denen auf einer sechsstufigen Likertskala (1 = „stimmt völlig" bis 6 = „stimmt überhaupt nicht") zugestimmt werden kann. Nach dem Cronbach's Alpha hier eine hohe Reliabilität ($\alpha = 0.908$) zeigt, wird gemäß dem Manual eine Summenskala berechnet, für die alle acht Items invertiert werden.

Bezüglich des Altersbildes konnte bereits gezeigt werden, dass es sich zum einen durch eine Weiterbildungsteilnahme positiv verändern kann (siehe Kap. 2.4) und zum anderen ein bedeutsamer Prädiktor für die Gesundheit ist (siehe Kap. 2.1.3). Deshalb ist davon auszugehen, dass es sich hierbei ebenfalls um einen wichtigen personenbezogenen Faktor handelt, der eine Facette des Selbstkonzepts darstellt. Die im WiE 50+ Projekt eingesetzte Skala zum Altersbild stammt ursprünglich aus dem DEAS. Da die Originalskala mit 16 Items jedoch zu umfangreich für die WiE 50+ Befragung war, wurde aufgrund inhaltlicher Überlegungen eine Kurzskala mit nur neun Items konstruiert. Den verschiedenen Items kann hier auf einer vierstufigen Likertskala zugestimmt werden (1 = „Trifft voll und ganz zu" bis 4 = „Trifft überhaupt nicht zu"), wobei vier der Items für die Analysen invertiert werden müssen[52]. Im DEAS wird zwischen einem gewinn- und einem verlustorientierten Altersbild unterschieden (siehe Kap. 2.1.3), weshalb auch in der vorliegenden Arbeit zunächst anhand einer explorativen Faktorenanalyse untersucht wird, ob das Altersbild

---

[52] Bei den Items handelt es sich um Q89_1, Q89_4, Q89_5, Q89_9.

mehrdimensional ist. Nach Durchführung der Hauptkomponen-tenanalyse mit neun zu extrahierenden Faktoren legt der Screeplot eine zweifaktorielle Lösung nahe. Anhand der Vari-max-Rotation zeigt sich, dass die vier Items „Dass ich besser mit meinen körperlichen Schwächen umgehen kann", „Dass ich vie-len Dingen gegenüber gelassener werde", „Dass sich meine Fä-higkeiten erweitern" sowie „Dass ich mein Leben mehr beeinflus-sen und gestalten kann" auf einem Faktor (Positives Altersbild) und die Items „Dass ich mich mit der Zeit häufiger langweile", „Dass ich häufiger unzufrieden mit mir selbst bin", „Dass ich we-niger respektiert werde", „Dass mein Gesundheitszustand schlechter wird" und „Dass ich mich häufiger einsam fühle" auf dem anderen Faktor (Negatives Altersbild) laden. Nach Überprü-fung der Reliabilität (Cronbach's Alpha Positives Altersbild: $\alpha = 0.557$; Cronbach's Alpha Negatives Altersbild: $\alpha = 0.763$) werden die Items der entsprechenden Faktoren jeweils zu einer Mittel-wertskala zusammengefasst. Bei den folgenden Analysen werden demnach sowohl die Variable für ein positives Altersbild als auch die Variable für ein negatives Altersbild als Moderatorvariablen berücksichtigt.

Des Weiteren wird hinsichtlich des personenbezogenen Faktors *Zukunftserwartung* im *self-in-context* Modell stellvertretend eine Variable zur *Einstellung gegenüber der Nacherwerbsphase* aus-gewählt. Auch wenn diese Variable weniger dem ökonomischen Aspekt der *intertemporalen Entscheidungen* entspricht, stellt die *Einstellung gegenüber der Nacherwerbsphase* auf einer weniger ökonomischen Ebene und besonders im Kontext Älterer eine wichtige Facette der *Zukunftserwartung* dar. So konnte bereits empirisch belegt werden, dass die *Einstellung gegenüber der Nacherwerbsphase* für die Weiterbildungsteilnahme älterer Per-sonen bedeutsam ist (siehe hierzu Rees & Schmidt-Hertha, 2017). Die Items hinsichtlich der **Einstellung gegenüber der Nacher-werbsphase** im WiE 50+ Fragebogen wurden der EdAge-Studie

(Tippelt et al., 2009a) entnommen. Insgesamt kann hierbei auf einer vierstufigen Likertskala (1 = „Trifft voll und ganz zu" bis 4 = „Trifft überhaupt nicht zu") folgenden neun Items zugestimmt werden: „Ich werde den Übergang ohne Probleme meistern", „Ich würde gerne noch lange weiterarbeiten", „Meine Hobbies und/oder andere Aktivitäten werden mein Leben ganz ausfüllen", „Ich werde meine neu gewonnene Freiheit genießen", „Ich werde das Arbeitsleben vermissen", „Ich werde mir mehr Zeit für Freunde und Bekannte nehmen", „Mir wird der Kontakt zu meinen Kollegen/innen fehlen", „Ich habe schon konkrete Pläne zur Gestaltung der nächsten Jahre", „Nach dem Übertritt in die Rente/Pension werde ich rasch neue Tätigkeitsfelder finden" (siehe Sinner & Schmidt, 2009, S. 89). Analog zum Altersbild wird auch hier anhand einer explorativen Faktorenanalyse zuerst untersucht, ob eine Mehrdimensionalität vorliegt. Dafür wird erneut eine Hauptkomponentenanalyse mit neun zu extrahierenden Faktoren durchgeführt. Der Scree-Test verweist ebenfalls auf eine zweifaktorielle Lösung, wobei nach Varimax-Rotation die Items „Ich würde gerne noch lange weiterarbeiten", „Ich werde das Arbeitsleben vermissen" und „Mir wird der Kontakt zu meinen Kollegen fehlen" auf einem Faktor (Negative Einstellung) und alle anderen sechs Items auf dem anderen Faktor (Positive Einstellung) laden. Darauffolgend werden nach einer Reliabilitätsprüfung (Cronbach's Alpha *Positive Perspektive*: α = 0.731; Cronbach's Alpha *Negative Perspektive*: α = 0.690) die einzelnen Items auf den beiden Komponenten jeweils zu einer Mittelwertskala zusammengefasst (siehe hierzu auch Rees & Schmidt-Hertha, 2017, S. 287f). Damit wird bei den folgenden Analysen sowohl die Variable zu einer *positiven Einstellung gegenüber der Nacherwerbsphase* als auch die Variable zu einer *negativen Einstellung gegenüber der Nacherwerbsphase* als Moderatorvariablen in den Blick genommen. Für die beiden anderen im *self-in-context* Modell genannten personenimmanenten Faktoren *gesundheitsbezogene Überzeugungen* und *Resilienz*, lassen sich keine angemessenen stellvertretenden Variablen innerhalb des WiE 50+ Datensatzes finden.

Ebenso liegen im Hinblick auf die **kontextbezogenen Faktoren** für den Kontext *Familie und Haushalt* (z.b. Bildungsniveau der Eltern) keine angemessenen Variablen im WiE 50+ Datensatz vor, da weder das Bildungsniveau noch das Einkommen der Eltern der Befragten erfasst wurde. Für die anderen Kontexte aber werden gemäß des *self-in context* Modells Variablen zu Arbeitsbelastungen, zum sozialen Kapital beziehungsweise sozialen Umfeld sowie zum sozioökonomischen Status als Moderatorvariablen hinzugezogen.

Für die Variablen zur Arbeit werden jeweils die Variable zur *physischen* und *psychischen Arbeitsbelastung* in die Moderatoranalysen aufgenommen. Hierzu werden zunächst die Angaben zur beruflichen Tätigkeit der befragten Personen nach dem ISCO-88 codiert. Grundlage hierfür sind die Angaben zu den drei folgenden offenen Fragen zur Arbeitstätigkeit:

1. Welche berufliche Tätigkeit üben Sie aus? Bitte sagen Sie es so genau wie möglich; also z.b. nicht „Elektriker", sondern „Elektroinstallateur", nicht „Verkäuferin", sondern „Schuhverkäuferin", nicht „Sachbearbeiter", sondern z.b. „Arbeitsvorbereiter" oder „Buchhalter".
2. Können Sie mir diese berufliche Tätigkeit noch genauer benennen? Hat das, was Sie machen, noch eine genauere Bezeichnung?
3. Bitte beschreiben Sie Ihre berufliche Tätigkeit und Ihre wesentlichen Aufgaben genau. Zum Beispiel „Patienten versorgen, Medikamente geben, Vitalzeichen überwachen", „Bedienen von KundInnen und Kassiertätigkeit".

Basierend auf den ISCO-88 Codes, wird den Daten in einem nächsten Schritt ein allgemeiner Index zur „physischen und psychischen Arbeitsbelastung in beruflichen Tätigkeiten" zugespielt. Dieser Index beruht auf Daten der BiBB-/ BAuA-Erwerbstätigenbefragung 2006 und ist frei zugänglich (für nähere Informationen hierzu siehe Kroll, 2011). Auf Grundlage dieses Indexes werden schließlich zwei Summenskalen gebildet, so dass für die Analysen sowohl eine Moderatorvariable zur *physischen Arbeitsbelastung* als auch zu *psychischen Arbeitsbelastung* zur Verfügung steht.

Ebenfalls auf den ISCO-88 Codes gründend, wird für die Moderatorvariable zum *sozioökonomischen Status* der von Ganzeboom, de Graaf und Treiman (1992) entwickelte *International Socio-Economic Index of occupational status (ISEI)* berechnet, wofür die von Ganzeboom erstellte Syntax[53] verwendet wird.

Hinsichtlich des sozialen Kapitals beziehungsweise sozialen Umfeldes wird eine Moderatorvariable zur *aktiven sozialen Lebensgestaltung* gebildet, die Rückschluss auf die soziale Aktivität der befragten Person zulässt und in diesem Sinne nicht zuletzt auch Hinweise auf ein „produktives Altern" geben kann (siehe Kap. 2.3.1). Dazu wird eine Summenskala aus der Häufigkeitsangabe[54] folgender drei Items im Fragebogen gebildet: „Treffen mit Freunden/ Verwandten/ Bekannten/ (ehemaligen) Arbeitskollegen/ usw.", „Nachgehen eines ehrenamtlichen Engagements" sowie „Betreuung von Enkeln". Für die Berechnung der Summenskala werden die Antwortoptionen wie folgt umcodiert: „Ja, täglich" =

---

[53] Die Syntax kann unter http://www.harryganzeboom.nl/isco88/index.htm abgerufen werden.
[54] Die Antwortoptionen lagen auf einer fünfstufigen Likerskala vor: 1 = „Nein, nicht ausgeübt"; 2 = „Ja, täglich", 3 = „Ja, mindestens einmal die Woche", 4 = „Ja, mindestens einmal im Monat", 5 = „Ja, seltener"

5, „Ja, mindestens einmal die Woche" = 4, „Ja, mindestens einmal im Monat" = 3, „Ja, seltener" = 2 und „Nein, nie ausgeübt" = 1.

7.2.3 Weiterbildungsformat, Weiterbildungsdauer und Weiterbildungsanlass

In Bezug auf die dritte Forschungsfrage werden in Anlehnung an die Studienergebnisse von Feinstein et al. (2003) und CEDEFOP (2011) die zwei Variablen zur allgemeinen beziehungsweise beruflichen Weiterbildungsteilnahme schließlich durch Prädiktoren ersetzt, die weiterführende Informationen über die besuchte Weiterbildungsveranstaltung liefern. Dazu werden die bereits aus den zwei Befragungsschleifen von Kantar Public aggregierten Variablen zur *allgemeinen* beziehungsweise *beruflichen Weiterbildungsdauer*, zum *allgemeinen* beziehungsweise *beruflichen Weiterbildungsformat* und zum *allgemeinen* beziehungsweise *beruflichen Weiterbildungsanlass* aus dem WiE 50+ Datensatz ausgewählt und weiter aufbereitet.

Für die Variablen zum **beruflichen** beziehungsweise *allgemeinen* **Weiterbildungsformat** wird jeweils eine neue Variable erstellt, da es nicht für alle fünf Antwortmöglichkeiten (1 = „Kurs/ Lehrgang", 2 = „Kurzzeitige Bildungsveranstaltung", 3 = „Schulung/ Training am Arbeitsplatz", 4 = „Privatunterricht/ Privattraining", 5 = „Seniorenstudium/ wissenschaftliche Weiterbildung") eine ausreichende Anzahl von Fällen gibt. So werden für die Variable zum *beruflichen Weiterbildungsformat* die ersten drei Kategorien übernommen und zwei Dummy-Variablen erstellt, wobei „kurzzeitige Bildungsveranstaltung" jeweils die Referenzkategorie darstellt. Die Kategorien „Privatunterricht/ Privattraining", „Seniorenstudium/ wissenschaftliche Weiterbildung" und „Sonstiges" werden hinsichtlich dem beruflichen Weiterbildungsformat nicht berücksichtigt, da diese drei Kategorien nur von zehn oder weniger Personen[55] angegeben wurden. Bei der Variable zum *allgemeinen Weiterbildungsformat* dagegen wird die Kategorie „Schulung am Arbeitsplatz" durch die Kategorie „Privatunterricht/ Privattraining" ersetzt, da nur dreizehn Personen berichteten im allgemeinen Weiterbildungskontext an einer Schulung am Arbeitsplatz teilgenommen zu haben aber 30 Personen an einem Privatunterricht oder Privattraining partizipierten. Wie bei der Variable zum *beruflichen Weiterbildungsformat* werden auch bei der Variable zum *allgemeinen Weiterbildungsformat* die Kategorien „Seniorenstudium/ wissenschaftliches Studium" und „Sonstiges" aufgrund der geringen Angaben[56] nicht berücksichtigt.

Im Hinblick auf die Variablen zur **beruflichen beziehungsweise allgemeinen Weiterbildungsdauer** gibt es folgende Antwortoptionen: „Weniger als ein Tag beziehungsweise acht Stunden", „Ein Tag bis unter eine Woche", „Eine Woche bis unter einem Monat", „Ein bis unter drei Monate", „Drei Monate bis unter ein Jahr" und „Ein Jahr und mehr". Da bei den letzten drei Antwortoptionen die Fallzahl sehr gering ausfällt („Ein bis unter drei Monate": n=31; „Drei Monate bis unter ein Jahr": n=21; „Ein Jahr und mehr": n=13), werden die drei Kategorien zu der Kategorie „Ein Monat bis ein Jahr und mehr" (n=65) aggregiert. Daraufhin werden entsprechend jeweils drei Dummy-Variablen erstellt mit der Kategorie „Weniger als ein Tag beziehungsweise acht Stunden" als Referenz.

---

[55] Berufliches Weiterbildungsformat: Kurs/Lehrgang (n=181), kurzzeitige Bildungsveranstaltung (n=203), Schulung/Training am Arbeitsplatz (n=194), Privatunterricht/Privattraining (n=10), Seniorenstudium/wissenschaftliche Weiterbildung (n=2), Sonstiges (n=9).

[56] Allgemeines Weiterbildungsformat: Kurs/Lehrgang (n=73), kurzzeitige Bildungsveranstaltung (n=79), Schulung/Training am Arbeitsplatz (n=13), Privatunterricht/Privattraining (n=30), Seniorenstudium/wissenschaftliche Weiterbildung (n=4), Sonstiges (n=10).

Hinsichtlich der Variable zum *beruflichen Weiterbildungsanlass*, wird danach gefragt, ob die Teilnahme „auf betriebliche Anordnung", „auf Vorschlag des Vorgesetzten" oder aber „auf Eigeninitiative" hin aufgesucht wurde. Ausgehend von diesen drei Ausprägungen werden zwei Dummy-Variablen erstellt, wobei die Antwortmöglichkeit „aus Eigeninitiative" die Referenzkategorie bildet.

7.2.4 Alter, Geschlecht, Bildungsniveau und Erwerbsstatus

Wie sich in den empirischen Ergebnissen des DEAS und DEGS in Bezug auf die Gesundheit im Alter feststellen ließ, unterscheidet sich der Gesundheitszustand nach Alter und Bildungsniveau beziehungsweise sozialem Status und Geschlecht (siehe Kap. 2.2.3). Darüber hinaus konnte im Hinblick auf die Weiterbildungsteilnahme im Alter auch anhand der Ergebnisse des AES 2016 beobachtet werden, dass das Bildungsniveau eine Rolle spielt und zudem der Erwerbsstatus bedeutsam ist (siehe Kap. 2.3.3). Aus diesem Grund werden die Variablen zu *Alter, Geschlecht* und *Erwerbsstatus* aus dem WiE 50+ Datensatz als Kontrollvariablen in die unterschiedlichen Regressions- und Moderatoranalysen mitaufgenommen. Zusätzlich wird eine Variable zum Bildungsniveau erstellt. Die Variable zum *Geschlecht* wird dummykodiert (0 = „männlich"; 1 = „weiblich") ebenso die Variable zum *Erwerbstatus* (0 = „nicht erwerbstätig"; 1 = „erwerbstätig")[57]. Die Variable zum *Bildungsniveau* (ISCED) wird in Anlehnung an den DEAS anhand den Angaben zum höchsten Bildungs- und Berufsabschluss gebildet, wonach die Einteilung in niedriges, mittleres und hohes Bildungsniveau nach der ISCED-

---

[57] Zuvor wurde aus der Variable zum Erwerbsstatus mit sechs Antwortkategorien (1 = erwerbstätig, 2 = arbeitslos, 3 = Rentner/Pensionär, 4 = Hausfrau/Hausmann, 5 = Aus anderen Gründen nicht erwerbstätig) durch Aggregation eine binäre Variable mit den Ausprägungen „erwerbstätig" (entspricht Kategorie 1) und nicht „nicht erwerbstätig" (entspricht Kategorie 2 bis 5) erstellt.

97 Kategorisierung erfolgt. Demnach besitzen die befragten Personen ohne eine abgeschlossene berufliche Ausbildung oder mit maximal einem Haupt-, Realschul- oder POS-Abschluss ein *niedriges Bildungsniveau* (ISCED-Stufe: 0-2). Personen, mit einer abgeschlossenen Berufsausbildung und Personen, ohne eine abgeschlossene Berufsausbildung aber mit (Fach-) Hochschulreife wird hingegen ein *mittleres Bildungsniveau* (ISCED-Stufe: 3-4) zugeordnet. Personen mit einer abgeschlossenen Aufstiegsfortbildung (Technikerschule, Fach-, Meister-, Berufs- oder Fachakademie) sowie Befragte mit abgeschlossenem Studium zählen schließlich zu der Gruppe mit *hohem Bildungsniveau* (ISCED-Stufe: 5-6) (siehe Engstler, Schmiade & Lejeune, 2013). Für die Analysen wird die neu erstellte Bildungsvariable zudem dummy-kodiert, wobei die Kategorie eines *mittleren Bildungsniveaus* als Referenzkategorie dient.

7.2.5 Gewichtungsvariable

Nicht zuletzt wurde von Kantar Public eine Gewichtungsvariable erstellt, deren Aktivierung es erlaubt, aus der vorliegenden Stichprobe Rückschlüsse auf die Gesamtpopulation zu ziehen. Die Gewichtung wird nach Alter, Geschlecht, Bundesland und Gemeindegrößenklasse durchgeführt. Zudem wird, aufgrund der schlechten Erreichbarkeit von Erwerbstätigen und der Erfahrung, dass Personen mit niedriger Schuldbildung häufiger eine Befragung verweigern, nach Erwerbstätigkeit (ja/nein), höchstem Schulabschluss und deutsch/nicht-deutsch gewichtet. Sowohl für die deskriptiven Ergebnisse als auch für jede Regressions- und Moderatoranalyse wird diese Gewichtungsvariable aktiviert.

7.3 Stichprobenbeschreibung WiE 50+

Nach dem nun die verschiedenen analyserelevanten Variablen vorgestellt wurden, soll hier ein Überblick über die wichtigsten

221

Stichprobenmerkmale der WiE 50+ Daten gegeben werden. Basis für die Regressionsanalysen bilden die gewichteten quantitativen Daten von insgesamt 1.015 Frauen (50,6%) und 990 Männern (49,4%). Das Durchschnittsalter der Teilnehmenden beträgt 58,5 Jahre (*SD*: 5,80). Hinsichtlich des Bildungsniveaus sind besonders Personen mit einem mittleren (58,5%) und hohem Bildungsabschluss (32,8%) in der Stichprobe vertreten. Lediglich 8,7% Personen weisen einen niedrigen Bildungsabschluss vor. Der Erwerbsstatus der Befragten stellt sich wie folgt dar:

Abb. 4: Deskriptive Darstellung der Verteilung des Erwerbsstatus der Gesamtstichprobe WiE 50+

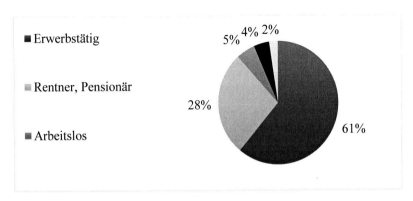

n=2.005, gewichtet (Quelle: eigene Darstellung)

Wie sich zeigt, ist über die Hälfte der befragten Personen noch erwerbstätig und nahezu jede dritte Person bereits in der Nacherwerbsphase. Alle anderen Personen sind aus verschiedenen Gründen nicht (mehr) erwerbstätig.

Neben den soziodemographischen Daten ist für die Analysen zudem von Interesse, wie sich die Weiterbildungsbeteiligung der Befragten darstellt. Hier ist festzustellen, dass von den Befragten fast jede dritte Person (30,1%) in den letzten zwölf Monaten an einer beruflichen Weiterbildung teilgenommen hat. Wird nur die

Gruppe der noch erwerbstätigen Personen betrachtet, ist es sogar fast die Hälfte (46,6%). Im Vergleich zu den Ergebnissen des AES 2016 wird damit hinsichtlich der Teilnahme an einer betrieblichen Weiterbildung sowohl in Bezug auf die Gesamtstichprobe (29%) als auch bezüglich der Teilstichprobe der Erwerbstätigen (46%) eine nahezu identische Teilnahmequote erzielt (siehe Kap. 2.3.3). Ebenso zeigen sich im Hinblick auf die allgemeine Weiterbildungsteilnahme in den WiE 50+ Daten eine ähnliche Teilnahmequote wie im AES 2016. So partizipieren ungefähr 10% der WiE 50+ Befragten in den letzten zwölf Monaten an einer allgemeinen Weiterbildung während es im AES 2016 12% sind, die an einer individuell-bezogenen Weitebildung teilgenommen haben.

Hinsichtlich des mentalen und physischen Gesundheitszustandes der Personen in der WiE 50+ Stichprobe ist es anhand des Normed-Based Scoring möglich, die Werte der einzelnen gesundheitsbezogenen Dimensionen mit den Werten der SOEP-Stichprobe von 2004 zu vergleichen. Wie die nachstehende Tabelle zeigt, erzielen die Befragten des Projekts WiE 50+ im Vergleich zu den Befragten des SOEP 2004 fast ausschließlich niedrigere Mittelwerte. Dies lässt sich mit dem höheren Durchschnittsalter der WiE 50+ Befragten begründen, da im SOEP bereits Personen ab dem 17. Lebensjahr befragt werden. Hinsichtlich der Vitalität und des psychischen Wohlbefindens erzielen dagegen die WiE 50+ Befragten höhere Werte als die (jüngeren) Beteiligten des SOEP 2004:

Tab. 9: Ergebnisse der gewichteten SF-12v2 SOEP Werte im Projekt WiE 50+ nach Norm Based Scoring im Vergleich der Ergebnisse im SOEP 2004

	N		Mittelwert		Standard-abweichung	
	WiE 50+	*SOEP*	WiE 50+	*SOEP*	WiE 50+	*SOEP*
Körperliche Funktionsfähigkeit	2.005	*21.248*	65,88	*73,14*	39,18	*32,15*
Körperliche Rollenfunktion	2.005	*21.248*	67,75	*74,29*	25,72	*26,46*
Schmerz	2.005	*21.248*	65,45	*73,27*	27,04	*27,14*
Allgemeiner Gesundheitszustand	2.001	*21.248*	59,10	*60,57*	25,41	*24,08*
Vitalität	2.005	*21.248*	56,98	*52,94*	20,46	*22,84*
Soziale Funktionsfähigkeit	2.005	*21.248*	80,21	*83,22*	22,58	*23,57*
Emotionale Rollenfunktion	2.005	*21.248*	79,58	*81,94*	21,94	*22,35*
Psychisches Wohlbefinden	2.005	*21.248*	66,41	*61,96*	18,82	*20,47*

(Quelle: eigene Darstellung)

Dass ältere Personen gegenüber Jüngeren ein höheres psychisches Wohlbefinden aufzeigen, war bereits im DEGS zu beobachten (siehe Kap. 2.2.3). Im Vergleich zu den Ergebnissen der 50- bis 69- Jährigen in der DEGS Studie, erzielen die Befragten im WiE 50+ Projekt jedoch in allen Dimensionen etwas geringere Werte (siehe Tab. 4). Dies kann unter anderem darauf zurückgeführt werden, dass beim DEGS der SF-36 und im Projekt WiE 50+ eine Version des SF-12 verwendet wurde.

7.4 Voraussetzungsprüfung Regressions- und Moderatoranalysen

Vor der Durchführung der einzelnen Regressions- und Moderatoranalysen, müssen zunächst verschiedene Voraussetzungsannahmen geprüft werden, da eine Verletzung dieser zu verzerrten Schätzergebnissen führen könnte (Eid, Gollwitzer & Schmitt, 2010). Dazu wird jede Regressions- und Moderatoranalyse auf folgende Annahmen hin überprüft: Normalverteilung der Residuen, Homoskedastizität, Linearität, Multikollinearität und Unabhängigkeit der Residuen (Autokorrelation). Zuvor jedoch werden die Daten auf fehlende Werte und multivariate Ausreißer beziehungsweise einflussreiche Datenpunkte untersucht.

7.4.1 Fehlender Werte und multivariate Ausreißer

Im Hinblick auf das Vorliegen fehlender Werte im WiE 50+ Datensatz zeigt sich, dass bei keiner der einzelnen analyserelevanten Variablen die Anzahl fehlender Werte über 5% liegt. Da sich in der Forschungspraxis bereits bewährt hat, „bei weniger als 5% von Fällen mit fehlenden Werten nur die kompletten Fälle für eine Regressionsschätzung zu benutzen und die anderen Fälle ohne weitere Behandlung aus der Analyse auszuschließen" (Urban, Mayerl & Wahl, 2016, S. 5), wird sich auch hier für einen listenweisen Fallausschluss entschieden, zumal sich die verbleibende Stichprobe weiterhin als groß genug darstellt. Für einen listenweisen Fallausschluss ist allerdings Bedingung, dass die fehlenden Fälle zufällig verteilt sind (Hair et al., 2010) und es sich demnach um sogenannte Missings Completely at Random (MCAR) handelt[58]. Zur Überprüfung der Verteilung, wird der MCAR-Test

---

[58] Allerdings wurde in diesem Zusammenhang bereits gezeigt, dass bei einem listenweisen Fallausschluss Regressionsanalysen als sehr robust gegenüber der Verletzung der MCAR-Voraussetzung gelten, weshalb angenommen werden kann, dass auch in diesem Falle die Schätzung der Regressionskoeffizienten nicht verzerrt wäre (siehe hierzu Allison, 2009; Baltes- Götz, 2013; Little, 1992).

nach Little für jede Regressions- und Moderatoranalyse herangezogen. Ist der MCAR-Test nicht signifikant, kann davon ausgegangen werden, dass es sich bei den fehlenden Werte um eine Zufallsstichprobe aus den erhobenen Daten handelt, die weder von der Ausprägung der Variablen selbst noch von der Ausprägung anderer Variablen im Datensatz abhängt (Lüdtke, Robitsch, Trautwein & Köller, 2007).

Neben fehlenden Werte könne auch Ausreißer, also Fälle mit extremen Werten, zu einer Verzerrung der Parameterschätzung führen, weshalb die vorliegenden Daten auf multivariate Ausreißer getestet werden. Die Mahalanobis-Distanz ($\mathcal{D}^2$) misst wie weit ein Fall vom Zentrum aller Fälle hinsichtlich der Prädiktoren ist: „A common practice is to consider a multivariate outlier to be present when an obtained Mahalanobis distance exceeds a chi-square critical value at a conservative alpha level (e.g., 0.001) with k degrees of freedom" (Pituch & Stevens, 2015, S. 112). Die Mahalanobis-Distanz lässt sich direkt in sogenannte Helbelwerte (Leverages) überführen (siehe hierzu Eid et al., 2010), für die kritische Werte angegeben werden. In der vorliegenden Arbeit beschränkt sich die Betrachtung deshalb auf Letztere. In größeren Stichproben, wie in der vorliegenden Arbeit, handelt es sich dann um einen Ausreißer, wenn der Wert der zentrierten Hebelwerte größer als $2k + 2/n$ ist, wobei k die Anzahl der Prädiktoren ist (Stoetzer, 2017).

Wirkt sich ein Ausreißer kaum oder gar nicht auf die Schätzung der Regressionsparameter aus, muss dieser jedoch nicht zwangsläufig aus den Daten entfernt werden. Aus diesem Grund wird nicht nur geprüft, ob Ausreißer vorliegen, sondern weitergehend auch getestet, ob es sich um sogenannte einflussreiche Datenpunkte handelt. Dazu wird der Cook'sche Distanzwert (Cooks D) verwendet, der darüber Auskunft gibt, ob sich eine einzelne Beobachtung auf das gesamte Regressionsmodell auswirkt. Damit einflussreiche Datenpunkte ausgeschlossen werden können, sollte der Wert von Cooks $D < 1$ liegen (Stoetzer, 2017). Hierbei gilt, dass selbst wenn ein einflussreicher Datenpunkt identifiziert ist, keine Notwendigkeit besteht diesen Ausreißer zu eliminieren, sofern der Wert von Cooks $D < 1$ ist, da kein großer Effekt auf das Regressionsmodell zu erwarten ist (Pituch & Stevens, 2015; Stevens, 2009). Ferner, sollten Ausreißer nicht allein auf Grundlage statistischer Kennwerte ausgeschlossen werden, da es durchaus vorkommen kann, dass manche Teilnehmende tatsächlich extremere Merkmalsausprägungen vorweisen als andere (Bühner, 2011). Vielmehr sollten die einzelnen Ausreißer-Fälle auf Eingabe- oder Übertragungsfehler inspiziert und gegebenenfalls ausgeschlossen werden (Eid et al., 2010).

An dieser Stelle sei vorweggenommen, dass sich bei allen Regressions- und Moderatoranalysen der MCAR-Test nach Little als nicht signifikant erweist ($p > 0.05$), weshalb ein listenweiser Fallausschluss vorgenommen werden kann, ohne dass es dabei zu verzerrten Schätzergebnissen kommt. Des Weiteren kann für alle Regressions- und Moderatorenanalysen festgehalten werden, dass weder die zentrierten Hebelwerte noch Cooks D auf Ausreißer beziehungsweise einflussreiche Datenpunkte hindeuten, sodass darüber hinaus kein Fall ausgeschlossen werden muss.

7.4.2 Normalverteilung der Residuen, Homoskedastizität, Linearität, Multikollinearität und Autokorrelation

Die **Normalverteilung der Residuen** wird visuell anhand von Histogrammen und P-P Plots getestet. Entsprechen die Daten nicht der Normalverteilungskurve im Histogramm beziehungsweise der Linie im P-P-Plot, kann von einer Verletzung der Annahme ausgegangen werden. Die **Homoskedastizität** und **Linearität**[59] wird anhand von Residuenplots gegen die geschätzten Werte der abhängigen Variable und gegen die verschiedenen unabhängigen Variablen geprüft. Von einer Homoskedastizität und Linearität kann dann gesprochen werden, wenn die Residualwerte unsystematisch um 0 schwanken (Eid et al., 2010). In Bezug auf eine vorliegende **Autokorrelation** der Residuen wird auf den Durbin-Watson Test zurückgegriffen, dessen Werte zwischen 1,5 und 2,5 variieren müssen, um eine Autokorrelation auszuschließen (Rudolf & Müller, 2012). Inwiefern eine Multikollinearität der unabhängigen Variablen vorliegt, wird schließlich anhand der Toleranz- und Varianzinflations-Statistik geprüft, wonach keine Werte unter 0,1 (Toleranzstatistik) beziehungsweise keine Werte über 10 (Varianzinflationsstatistik) erzielt werden sollten. Grundsätzlich gilt, dass trotz Verletzungen der Annahmen zur Normalverteilung der Residuen, Unabhängigkeit der Residuen und Homoskedastizität, die Regressionsgewichte ohne Verzerrung geschätzt werden können. Allerdings können die Schätzung des Standardfehlers und damit die Testung auf Signifikanz dadurch verzerrt werden. Sollte die Annahme der Normalverteilung der Residuen verletzt werden, ist jedoch mit Blick auf die vorliegende große Stichprobe davon auszugehen, dass sowohl die Regressionsgewichte, als auch die Standardfehler und die Signifikanztests nicht verzerrt sind (Eid et al., 2010, S. 92f).

Bei der Ergebnisdarstellung der einzelnen Regressions- und Moderatorenanalysen wird nur auf einzelnen Voraussetzungs-prüfungen eingegangen, wenn eine oder mehrere Annahmen verletzt wurden. Ansonsten kann vorausgesetzt werden, dass die verschiedenen Annahmen erfüllt sind.

---

[59] Da der Test auf Heteroskedastizität auch als ein Test auf Nichtlineariät aufgefasst werden kann (siehe hierzu Backhaus et al., 2016, S. 104), wird hier beides zusammen untersucht und kein anderer Test auf Linearität hinzugezogen.

8 Ergebnisse zur Überprüfung des Zusammenhangs zwischen Weiterbildung und Gesundheit im Alter

Nachdem sowohl die Daten auf fehlende Werte und Ausreißer geprüft als auch die Stichprobe auf ihre wichtigsten Merkmale hin deskriptiv untersucht wurde, erfolgt die Durchführung der unterschiedlichen multiplen linearen Regressions- und Moderatoranalysen. So werden nachstehend zuerst die Ergebnisse der multiplen linearen Regressionsanalysen zum Zusammenhang zwischen Weiterbildungsteilnahme und Gesundheit im Alter (Frage 1), dann die Ergebnisse der Moderatorenanalysen zur Bedeutung personen- und kontextbezogener Faktoren (Frage 2) und schließlich die Ergebnisse der weiteren multiplen linearen Regressionsanalysen zum Zusammenhang zwischen unterschiedlichen Weiterbildungsbedingungen und Gesundheit (Frage 3) vorgestellt.

8.1 Ergebnisse zum Zusammenhang zwischen allgemeiner/beruflicher Weiterbildungsteilnahme und mentaler/physischer Gesundheit im Alter

In Bezug auf die erste Forschungsfrage, werden in die Regressionsmodelle die *berufliche* und *allgemeine Weiterbildungsteilnahme in den letzten zwölf Monaten* als Prädiktoren und die *physische* sowie *mentale Gesundheit* als abhängige Variablen aufgenommen. Zusätzlich werden die Variablen *Geschlecht, Alter, Bildungsniveau* und *Erwerbsstatus* als Kontrollvariablen einbezogen. Die Ergebnisse der multiplen linearen Regressionen zeigt folgende Tabelle:

Tab. 10: Multiple lineare Regression zur Überprüfung des Zusammenhangs zwischen beruflicher/ allgemeiner Weiterbildungsteilnahme und mentaler/ physischer Gesundheit

Variable	Mentale Gesundheit			Physische Gesundheit		
	B	SE B	β	B	SE B	β
Alter	0,31	0,05	0,18***	0,02	0,05	0,01
Geschlecht (RK: männlich)	-1,43	0,45	-0,07**	0,62	0,45	0,03
Bildungsniveau (RK: mittleres Bildungsniveau)						
- Niedriges Bildungsniveau	-3,73	0,81	-0,11***	-1,30	0,80	-0,04
- Hohes Bildungsniveau	0,15	0,50	0,01	2,01	0,50	0,09***
Erwerbsstatus (RK: nicht erwerbstätigt)	1,51	0,59	0,07*	4,64	0,59	0,22***
Weiterbildungsteilnahme in den letzten 12 Monaten (RK: keine Teilnahme)						
- Allg. Weiterbildungsteilnahme	0,03	0,75	0,00	1,08	0,74	0,03
- Berufl. Weiterbildungsteilnahme	1,23	0,57	0,06*	1,47	0,56	0,07**
R^2		0,042			0,081	
F		13,413***			25,912***	

*$p<0.05$; **$p<0.01$; ***$p<0.001$; n=1.992

Mit Blick auf die Kontrollvariablen korrelieren sowohl das *Alter* als auch das *Geschlecht* nur mit der *mentalen Gesundheitsskala* signifikant. Dabei gilt korrespondierend zu den deskriptiven Ergebnissen hinsichtlich der gesundheitsbezogenen Lebensqualität: Je höher das Alter, desto höhere Werte in der *mentalen Gesundheitsskala*. Zudem gibt es nur bezüglich der *mentalen Gesundheitsskala* einen signifikanten Geschlechtsunterschied, wonach

Frauen signifikant geringere Werte in der *mentalen Gesundheits-skala* erzielen als Männer. Ebenso erreichen Personen mit einem niedrigen Bildungsabschluss im Vergleich zu Personen mit einem mittleren Bildungsabschluss einen signifikant geringeren Wert bei der *mentalen Gesundheitsskala.* Auch hinsichtlich der *physischen Gesundheitsskala* scheint das *Bildungsniveau* relevant. So lässt sich beobachten, dass Personen mit einem hohen Bildungs-abschluss signifikant höhere Werte in der *physischen Gesund-heitsskala* erlangen als Personen mit einem mittleren Bildungsab-schluss. Darüber hinaus korreliert der *Erwerbsstatus* sowohl mit der *mentalen* als auch mit der *physischen Gesundheitsskala* sig-nifikant positiv, wonach Erwerbstätige höhere Werte in der *men-talen* und *physischen Gesundheitsskala* aufweisen als nicht (mehr) erwerbstätige Personen.

Im Hinblick auf die Weiterbildungsteilnahme zeichnet sich bei der *mentalen* und *physischen Gesundheitsskala* ein ähnliches Bild ab. So korreliert die Variable *berufliche Weiterbildungsteilnahme in den letzten zwölf Monaten* sowohl mit der Skala der *mentalen* als auch mit der Skala der *physischen Gesundheit* signifikant po-sitiv. Personen, die in den letzten zwölf Monaten an einer beruf-lichen Weiterbildung teilgenommen haben, erzielen demnach hö-here Werte in beiden Gesundheitsskalen als Nichtteilnehmende. Dagegen weist die Variable *allgemeine Weiterbildungsteilnahme in den letzten zwölf Monaten* weder bezüglich der *mentalen* noch hinsichtlich der *physischen Gesundheitsskala* einen signifikanten Effekt auf. Wird abschließend die aufgeklärte Varianz betrachtet, zeigt sich, dass im Hinblick auf die mentale Gesundheit 4,2% und in Bezug auf die physische Gesundheit mit 8,1% fast doppelt so viel der Varianz durch die ausgewählten Prädiktoren erklärt wer-den kann.

Zusammenfassend lässt sich mit Blick auf die ersten vier Hypothesen festhalten, dass nur in Bezug auf die *berufliche Weiterbildungsteilnahme in den letzten zwölf Monaten* die ersten beiden Hypothesen bestätigt werden können, da kein signifikanter Zusammenhang zwischen der *allgemeinen Weiterbildungsteilnahme in den letzten zwölf Monaten* und der *physischen* beziehungsweise *mentalen Gesundheitsskala* unter Kontrolle von *Alter, Geschlecht, Bildungsabschluss* und *Erwerbsstatus* festgestellt werden kann. Aus diesem Grund werden im Folgenden nur Ergebnisse vorgestellt, welche ausschließlich die Variable *berufliche Weiterbildungsteilnahme in den letzten zwölf Monaten* berücksichtigen. Dadurch verringert sich die Gesamtstichprobe für die weiteren Analysen auf die Gruppe der erwerbstätigen Personen (n=1.073).

8.2 Ergebnisse zu relevanten personen- und kontextbezogenen Faktoren beim Zusammenhang von Weiterbildung und Gesundheit im Alter

Für die Durchführung der unterschiedlichen Moderatoranalysen werden zunächst Interaktionsterme zwischen dem Prädiktor (hier: *berufliche Weiterbildungsteilnahme in den letzten 12 Monaten*) und den jeweiligen ausgewählten personen- und kontextbezogenen Moderatorvariablen erstellt. Dazu werden die entsprechenden metrischen Moderatorvariablen z-standardisiert[60]. Mit Blick auf die mathematische Gleichung ist der Interaktionsterm das Produkt aus der Moderatorvariable (m_i) und dem Prädiktor (x_i):

$$y_i = b_0 + b_1 \cdot x_i + b_2 \cdot m_i + b_3 \cdot x_i \cdot m_i + e_i$$

---

[60] Die Variable der *beruflichen Weiterbildungsteilnahme in den letzten zwölf Monaten* als Prädiktor des Interaktionsterms wird aufgrund der Dummykodierung nicht z-standardisiert.

In der Formel stellt y_i den Wert der Kriteriumsvariablen Y des i-ten Probanden und x_i den Wert der Prädiktorvariablen X des i-ten Probanden dar. m_i bildet den Wert der Moderatorvariablen M des i-ten Probanden und e_i schließlich das Residuum des i-ten Probanden ab. Die einzelnen Regressionskoeffizienten werden durch b_0, b_1, b_2 und b_3 wiedergegeben.

Ist der Interaktionsterm ($b_3 \cdot x_i \cdot m_i$) in der Regressionsgleichung signifikant, so bedeutet das, dass sich die Steigung der Regressionsgeraden signifikant durch die Ausprägung der Moderatorenvariable verändert beziehungsweise die Moderatorvariable einen signifikanten Einfluss auf den Zusammenhang zwischen unabhängiger Variable und abhängiger Variable besitzt. Um einen Interaktionseffekt zu interpretieren, bietet sich eine grafische Darstellung zweier Regressionsgeraden an, wobei eine Gerade eine schwache und die andere Gerade eine starke Ausprägung der Moderatorvariable abbilden. Dabei wird auch ersichtlich, ob es sich um eine ordinale, hybride oder disordinale Interaktion handelt. Eine ordinale Interaktion liegt vor, wenn in beiden Interaktionsdiagrammen[61] beide Regressionsgeraden in dieselbe Richtung verlaufen (z.B. beide aufsteigend). In diesem Falle können beide Haupteffekte, also sowohl der Effekt des Prädiktors als auch der Effekt der Moderatorvariable global interpretiert werden. Eine hybride Interaktion dagegen kennzeichnet, dass die Geraden nur in einem Interaktionsdiagramm gleichsinnig und in dem anderen gegenläufig verlaufen. Das bedeutet, dass nur ein Haupteffekt global interpretiert werden kann. Verlaufen in beiden Diagrammen die Regressionsgeraden nicht gleichsinnig, handelt es sich um eine disordinale Interaktion und keiner der beiden Haupteffekte kann global interpretiert werden (Bortz & Döring, 2006).

---

[61] Im ersten Diagramm ist z.B. die Weiterbildungsteilnahme Moderator und die berufliche Selbstwirksamkeitserwartung Prädiktor während im zweiten Diagramm die Rollen vertauscht werden und die Weiterbildungsteilnahme den Prädiktor und die berufliche Selbstwirksamkeitserwartung den Moderator darstellt.

Vor diesem Hintergrund werden die Ergebnisse der verschiedenen Moderatoranalysen nachstehend grafisch dargestellt, wobei nur jene Interaktionsdiagramme vorgestellt werden, bei denen die berufliche Weiterbildungsteilnahme den Prädiktor darstellt, da nur sie für die Frage, inwiefern der Zusammenhang zwischen beruflicher Weiterbildungsteilnahme und Gesundheit durch ausgewählte personen- und kontextbezogene Variablen moderiert wird, relevant sind.

8.2.1 Personenbezogene Faktoren

Auf der personenbezogenen Ebene werden die Variablen der beruflichen Selbstwirksamkeitserwartung, des positiven und negativen Altersbildes, sowie der positiven und negativen Einstellung gegenüber der Nacherwerbsphase als Moderatorvariablen betrachtet.

Hinsichtlich der Moderatoranalyse mit der beruflichen Selbstwirksamkeitserwartung als Moderatorvariable lässt sich kein signifikanter Interaktionseffekt feststellen, ebenso nicht mit dem positiven Altersbild. Dagegen zeigt sich ein signifikanter Interaktionsterm mit dem negativen Altersbild beim Zusammenhang zwischen beruflicher Weiterbildungsteilname in den letzten zwölf Monaten und der mentalen Gesundheitsskala ($b = 1,576$; $p < 0.01$). Demnach besitzt die Ausprägung der Moderatorvariable einen signifikanten Einfluss auf die Regressionsgerade. Wie die folgende Abbildung[62] verdeutlicht, erzielen Personen mit einem höheren negativen Altersbild, die an einer Weiterbildung teilgenommen haben, höhere Werte in der mentalen Gesundheitsskala als Nichtteilnehmende. Bei den Personen mit einem geringeren negativen Altersbild weisen dagegen Nichtteilnehmende höhere

---

[62] Diese und die folgenden Abbildungen zu den Ergebnissen der Moderatoranalysen, wurden mit dem Tool „Stats Tool Package" erstellt, das über folgende Seite heruntergeladen werden kann http://www.jeremydawson.co.uk/slopes.htm.

Werte in der mentalen Gesundheit auf als weiterbildungsaktive Personen:

Abb. 5: Interaktionseffekt der Variablen negatives Altersbild und berufliche Weiterbildungsteilnahme in den letzten zwölf Monaten auf mentale Gesundheit

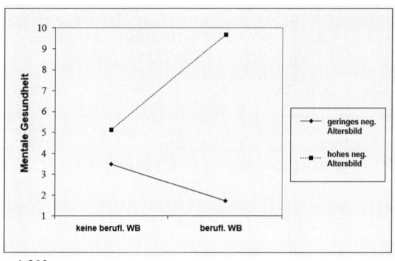

n=1.203

Der Effekt der beruflichen Weiterbildungsteilnahme kann damit nicht global interpretiert werden, da die Teilnahme nicht in jedem Falle mit höheren Werten in der *mentalen Gesundheitsskala* zusammenhängt. Vielmehr ist hier die Ausprägung des negativen Altersbildes entscheidend.

Im Hinblick auf die Moderatorvariablen zur *Einstellung gegenüber der Nacherwerbsphase* kann bei der *mentalen Gesundheitsskala* nur mit einer *positiven Einstellung* gegenüber *der Nacherwerbsphase* ein signifikanter Interaktionsterm mit dem Prädiktor *berufliche Weiterbildungsteilnahme in den letzten zwölf Monaten* ($b = 1{,}223$; $p < 0.001$) nachgewiesen werden. So ist mit Blick

235

auf eine höhere *positive Einstellung gegenüber der Nacherwerbs-phase* festzustellen, dass die Personen, die an einer Weiterbildung teilgenommen haben höhere Werte in der *mentalen Gesundheits-skala* verzeichnen als Nichtteilnehmende. Ebenso verhält es sich bei Personen mit einer geringeren *positiven Einstellung gegen-über der Nacherwerbsphase.* Damit ist der Effekt der beruflichen Weiterbildungsteilnahme global interpretierbar, da im Vergleich zu einer Nichtteilnahme, eine berufliche Weiterbildungsteil-nahme in beiden Fällen mit höheren Werten in der *mentalen Ge-sundheitsskala* zusammenhängt. Der Zusammenhang wird dabei durch eine hohe positive Einstellung gegenüber der Nacherwerbs-phase gestärkt.

Abb. 6: Interaktionseffekt der Variablen positive Perspektive auf die Nacherwerbsphase und berufliche Weiterbildungsteilnahme in den letzten zwölf Monaten auf mentale Gesundheit

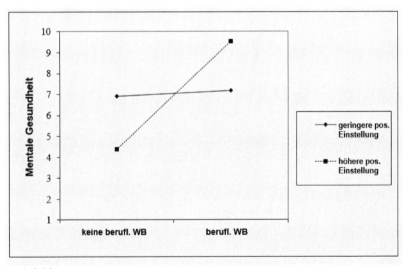

n=1.044

In Bezug auf die *physische Gesundheitsskala* zeigt sich ein ande-res Bild. So lässt sich hier eine signifikant negative Interaktion

236

zwischen dem Prädiktor *berufliche Weiterbildungsteilnahme in den letzten zwölf Monaten* und der Moderatorvariable *positive Einstellung gegenüber der Nacherwerbsphase* feststellen (b = -1,634; $p < 0.01$). Wie die folgende Abbildung veranschaulicht, bedeutet das, dass bezüglich einer höheren *positiven Einstellung gegenüber der Nacherwerbsphase*, die weiterbildungsaktiven Personen niedrigere Werte in der *physischen Gesundheitsskala* erzielen als Nichtteilnehmende. Bei den Personen mit einer geringen *positiven Einstellung gegenüber der Nacherwerbsphase* dagegen weisen die Personen, die an einer Weiterbildung teilgenommen haben höhere Werte in der *physischen Gesundheitsskala* auf als Nichtteilnehmende:

Abb. 7: Interaktionseffekt der Variablen positive Perspektive auf die Nacherwerbsphase und berufliche Weiterbildungsteilnahme in den letzten zwölf Monaten auf physische Gesundheit

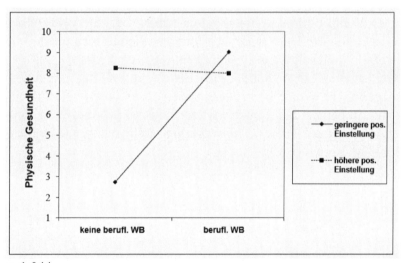

n=1.044

Der Effekt der beruflichen Weiterbildungsteilnahme ist damit erneut nicht global interpretierbar.

237

8.2.2 Kontextbezogene Faktoren

Auf der kontextbezogenen Ebene werden die Variablen *physische* und *psychische Arbeitsbelastung, aktive soziale Lebensgestaltung* und der *sozioökonomische Status (ISEI)* als Moderatorvariablen in den Blick genommen.

Bei den Moderatoranalysen mit der *physischen* und *psychischen Arbeitsbelastung* kann weder hinsichtlich der *physischen* noch bezüglich der *mentalen* Gesundheitsskala ein signifikanter Interaktionseffekt mit dem Prädiktor *berufliche Weiterbildungsteilnahme in den letzten zwölf Monaten* beobachtet werden. Dagegen zeigt sich im Hinblick auf die *mentale Gesundheitsskala* bei der Moderatoranalyse mit der *aktiven sozialen Lebensgestaltung,* ein signifikanter Interaktionseffekt mit der *beruflichen Weiterbildungsteilnahme* ($b = 2,006$; $p < 0.01$). Die nachstehende Abbildung verdeutlicht, dass sozial aktive Personen, die an einer beruflichen Weiterbildung teilgenommen haben, höhere Werte in der *mentalen Gesundheitsskala* erzielen, als Nichtteilnehmende, die ebenfalls sozial aktiv sind. Gleichzeitig weisen weniger sozial aktive Personen, die an einer beruflichen Weiterbildung partizipierten geringere Werte in der *mentalen Gesundheitsskala* auf, als Nichtteilnehmende, die auch weniger sozial aktiv sind. Der Effekt der *beruflichen Weiterbildungsteilnahme* kann damit wieder nicht global interpretiert werden.

Abb. 8: Interaktionseffekt der Variablen aktive soziale Lebensgestaltung und berufliche Weiterbildungsteilnahme in den letzten zwölf Monaten auf mentale Gesundheit

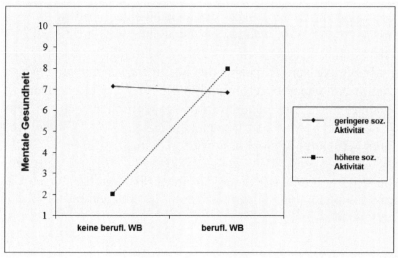

n=1.110

Ein signifikanter Interaktionseffekt kann schließlich auch bei der Interaktion zwischen der beruflichen Weiterbildungsteilnahme und der Moderatorvariable *ISEI* hinsichtlich der *physischen Gesundheit* festgestellt werden (b =2,006; $p < 0.01$). Mit Blick auf die Voraussetzungsprüfung ist hierbei jedoch anzumerken, dass zwischen der Variablen der *beruflichen Weiterbildungsteilnahme in den letzten zwölf Monaten* und dem Interaktionsterm *berufliche Weiterbildungsteilnahme in den letzten zwölf Monaten x ISEI* ein niedriger Toleranzwert beziehungsweise hoher Varianzinflationswert vorliegt, was auf eine Multikollinearität hindeutet. Dieser Verdacht bestätigt sich in der Kollinearitätsdiagnose, wobei es sich mit einem Konditionsindex von 14.480 lediglich um eine mäßige Multikollinearität handelt (Brosius, 2013). Dennoch können die Koeffizienten demnach effizient geschätzt werden (Backhaus et al., 2016). So veranschaulicht die folgende Abbildung

(Abb. 9), dass der Effekt der *beruflichen Weiterbildungsteilnahme* global interpretiert werden kann, da sowohl Personen mit hohem *sozioökonomischen Status* als auch Personen mit geringem *sozioökonomischen Status* höhere Werte in der *physischen Gesundheitsskala* aufweisen, wenn sie an einer beruflichen Weiterbildung teilgenommen haben als Nichtteilnehmende mit vergleichbarem *sozioökonomischen Status*. Ein höherer sozioökonomischer Status verstärkt dabei den positiven Zusammenhang zwischen beruflicher Weiterbildung und physischer Gesundheit, da Personen mit einem höheren sozioökonomischen Status höhere Werte in der physischen Gesundheit erzielen, als Personen mit einem geringeren sozioökonomischen Status.

Abb. 9: Interaktionseffekt der Variablen ISEI und berufliche Weiterbildungsteilnahme in den letzten zwölf Monaten und physische Gesundheit

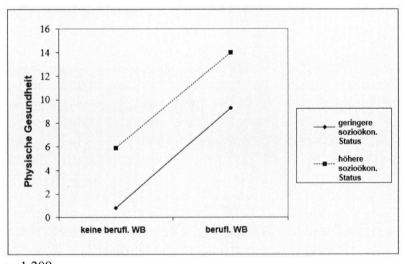

n=1.209

240

8.3 Ergebnisse zum Zusammenhang zwischen unterschiedlichen Weiterbildungsbedingungen und gesundheitsbezogenen Erträgen im Alter

Für die dritte Forschungsfrage werden die Weiterbildungsbedingungen *Weiterbildungsformat*, *Weiterbildungsdauer* und *Weiterbildungsanlass* anstatt der *beruflichen Weiterbildungsteilnahme in den letzten zwölf Monaten* als Prädiktoren analysiert. Da diese Variablen voraussetzen, dass die Personen noch erwerbstätig sind und zusätzlich in den letzten zwölf Monaten an einer beruflichen Weiterbildung teilgenommen haben, verringert sich die Stichprobe für die folgenden Analysen erneut (n=570).

8.3.1 Weiterbildungsformat

Mit Blick auf das Weiterbildungsformat wird untersucht, inwiefern es hinsichtlich der gesundheitsbezogenen Erträge einen Unterschied macht, ob es sich um eine *kurzzeitige Bildungsveranstaltung*, eine *Schulung direkt am Arbeitsplatz* oder aber um einen *Kurs/Lehrgang* handelte. Dabei wird in Anlehnung an die CEDEFOP-Studie (2011) angenommen, dass eine kurzzeitige Bildungsveranstaltung mit höheren Werten in der *mentalen* und *physischen Gesundheitsskala* signifikant zusammenhängt (siehe Kap. 4.2.1).

In den Ergebnissen zeigt sich jedoch, dass es bezüglich der *mentalen Gesundheitsskala* überhaupt keine signifikanten Unterschiede zwischen den verschiedenen Formaten gibt. Hinsichtlich der *physischen Gesundheitsskala* kann dagegen festgestellt werden, dass wie angenommen Personen, die an einer *Schulung am Arbeitsplatz* beteiligt waren signifikant schlechtere Werte in der *physischen Gesundheitsskala* erzielen als Personen, die an einer kurzzeitigen Bildungsveranstaltung partizipierten:

Tab. 11: Multiple lineare Regression zur Überprüfung des Zusammenhangs zwischen unterschiedlichen beruflichen Weiterbildungsformaten und der physischen Gesundheit

Variable	Physische Gesundheit		
	B	$SE\ B$	β
Alter	-0,020	0,086	-0,010
Geschlecht (RK: männlich)	0,155	0,731	0,009
Bildungsniveau (RK: mittleres Bildungsniveau)			
- Niedriges Bildungsniveau	3,702	2,540	0,064
- Hohes Bildungsniveau	0,694	0,758	0,041
Weiterbildungsformat (RK: kurzzeitige Bildungsveranstaltung)			
- Kurs/ Lehrgang	0,172	0,902	0,009
- Schulung am Arbeitsplatz	-2,090	0,904	-0,118*
R^2		0,010	
F		1,896	

*$p<0.05$; n=542

Bei der Interpretation dieser Ergebnisse ist jedoch Vorsicht geboten, denn der Anteil der aufgeklärten Varianz durch die in dem Modell integrierten Prädiktoren liegt lediglich bei 1%. Zudem ist der F-Test nicht signifikant was bedeutet, dass die unabhängigen Variablen keine statistisch nachweisbare Beziehung zur abhängigen Variablen besitzen und damit nicht gezeigt werden kann, dass die ausgewählten Prädiktoren für die Erklärung der Varianz der abhängigen Variablen geeignet sind. Somit kommt den Ergebnissen dieses Regressionsmodells eher eine deskriptive Bedeutung zu (Rudolf & Müller, 2012).

8.3.2 Weiterbildungsdauer

Des Weiteren wird analysiert, ob sich die gesundheitsbezogenen Erträge dahingehend unterscheiden, wie lange die besuchte berufliche Weiterbildung andauerte. Hier lässt sich erneut bezüglich der *physischen Gesundheitsskala* ein signifikanter Zusammenhang beobachten:

Tab. 12: Multiple lineare Regression zur Überprüfung des Zusammenhangs zwischen beruflicher Weiterbildungsdauer und mentaler beziehungsweise physischer Gesundheit

Variable	Physische Gesundheit		
	B	$SE\ B$	β
Alter	-0,077	0,085	-0,039
Geschlecht (RK: männlich)	0,260	0,724	0,015
Bildungsniveau (RK: mittleres Bildungsniveau)			
- Niedriges Bildungsniveau	2,451	2,562	0,042
- Hohes Bildungsniveau	0,970	0,749	0,057
Berufliche Weiterbildungsdauer (RK: Weniger als ein Tag beziehungsweise acht Stunden)			
- Ein Tag bis unter eine Woche	-1,217	0,911	-0,072
- Eine Woche bis unter einen Monat	0,917	1,139	0,042
- Ein Monat bis ein Jahr und mehr	-2,825	1,312	-0,107*
R^2		0,010	
F		1,774	

*$p<0.05$; $n=558$

Mit Blick auf die Tabelle kann festgehalten werden, dass Personen, die im letzten Jahr an einer *beruflichen Weiterbildung* teilgenommen haben, die *länger als ein Monat* andauerte, signifikant niedrigere Werte in der *physischen Gesundheitsskala* erzielen, als Personen die eine Weiterbildung besuchten, die lediglich *acht*

243

Stunden beziehungsweise einen Tag in Anspruch nahm. Unter Berücksichtigung des geringen Bestimmtheitsmaßes und des nicht signifikanten F-Tests muss jedoch erneut angemerkt werden, dass das entsprechende Regressionsmodell nur deskriptive Interpretationen zulässt.

8.3.3 Weiterbildungsanlass

In Anlehnung an die Beobachtung in der CEDEFOP-Studie (2011), dass eine vom Arbeitgeber oder der Arbeitgeberin finanzierte berufliche Weiterbildung im Vergleich zu einer eigenfinanzierten Weiterbildungsteilnahme signifikant positiv mit der Veränderung der selbstberichteten Gesundheit und signifikant negativ mit chronischen Gesundheitsproblemen korreliert, wird hier schließlich untersucht, ob Personen, die *eigeninitiativ* an einer *beruflichen Weiterbildung* teilgenommen haben, eher höhere oder niedrigere Werte in der *mentalen* und *physischen Gesundheitsskala* aufweisen als Personen, die eine *berufliche Weiterbildung* nur auf Anordnung besucht hatten. Wie die folgende Tabelle verdeutlicht, gibt es sowohl hinsichtlich der *mentalen* als auch bezüglich der *physischen Gesundheitsskala* eine signifikant negative Korrelation, wenn die *berufliche Weiterbildung* auf *betriebliche Anordnung* beziehungsweise auf *Vorschlag des Vorgesetzten* absolviert wurde:

Tab. 13: Multiple lineare Regression zur Überprüfung des Zusammenhangs zwischen beruflichem Weiterbildungsanlass und mentaler beziehungsweise physischer Gesundheit

Variable	Mentale Gesundheit			Physische Gesundheit		
	B	$SE\ B$	β	B	$SE\ B$	β
Alter	0,089	0,091	0,042	-0,072	0,086	-0,036
Geschlecht (RK: männlich)	-1,629	0,770	-0,090	0,206	0,730	0,012
Bildungsniveau (RK: mittleres Bildungsniveau)						
- Niedriges Bildungsniveau	-5,075	2,706	-0,081	3,338	2,565	0,056
- Hohes Bildungsniveau	-0,685	0,801	-0,038	0,725	0,760	0,042
Berufliche Weiterbildungsanlass (RK: Auf Eigeninitiative)						
- Auf betriebliche Anordnung	-1,767	0,882	-0,097*	-0,834	0,836	-0,049
- Auf Vorschlag des Vorgesetzten	-1,489	1,119	-0,062	-2,977	1,061	-0,132**
R^2		0,015			0,009	
F		2,440*			1,853	

*$p<0.05$; **$p<0.01$; $n=555$

Im Hinblick auf die *physische Gesundheitsskala* muss jedoch erneut festgestellt werden, dass aufgrund des niedrigen Bestimmtheitsmaß und dem nicht signifikanten F-Test, die Ergebnisse lediglich deskriptiv zu interpretieren sind.

8.4 Zusammenfassung der Überprüfung des Zusammenhangs zwischen Weiterbildung und Gesundheit im Alter

Nach Abschluss des ersten Teils der Analysen zur Überprüfung des Zusammenhangs zwischen und Gesundheit im Alter, lässt sich festhalten, dass sich ein signifikant positiver Zusammenhang nur zwischen einer beruflichen Weiterbildungsteilnahme und der mentalen sowie physischen Gesundheit zeigt. Alle weiteren Analysen wurden deshalb nur mit Blick auf die berufliche Weiterbildung und damit ausschließlich mit der Gruppe der älteren noch erwerbstätigen Personen durchgeführt.

Im Hinblick auf die zweite Forschungsfrage muss aufgrund der Ergebnisse der Moderatorenanalysen ein Teil der zu anfangs aufgestellten Hypothesen verworfen werden, da keine der angenommenen signifikanten Interaktionseffekte festgestellt werden können. So zeigt sich kein signifikanter Interaktionseffekt bei der Moderatorvariable *berufliche Selbstwirksamkeitserwartung* sowie bei den Moderatorvariablen zu *physischen* und *psychischen Arbeitsbelastungen*. Dagegen deuten die Daten daraufhin, dass der Zusammenhang zwischen beruflicher Weiterbildung und mentaler Gesundheit im Alter davon abhängt, wie sehr ein *negatives Altersbild* vorhanden und wie hoch die *sozial aktive Lebensgestaltung* ist. Dabei gilt, dass weiterbildungsaktive Personen mit einem eher negativen Altersbild höhere Werte in der mentalen Gesundheit aufzeigen, als Weiterbildungsteilnehmende mit einem weniger negativen Altersbild. Außerdem weisen weiterbildungsaktive Personen, die auch sozial aktiv sind, höhere Werte in der mentalen Gesundheit auf, als Weiterbildungsteilnehmende, die weniger sozial aktiv sind. Darüber hinaus zeigt sich, dass Weiterbildungsteilnehmende mit einer *positiven Einstellung gegenüber der Nacherwerbsphase* höhere Werte in der mentalen jedoch gleichzeitig niedrigere Werte in der physischen Gesundheit erzielen als Weiterbildungsteilnehmende mit einer weniger positiven Einstellung. Im Hinblick auf den *sozioökonomischen Status* ist festzuhalten, dass dieser einerseits den Zusammenhang zwischen beruflicher Weiterbildung und physischer Gesundheit stärkt, da weiterbildungsaktive Personen mit höherem sozioökonomischen Status höhere Werte in der physischen Gesundheit aufzeigen als weiterbildungsaktive Personen mit einem geringeren sozioökonomischen Status. Andererseits wird ersichtlich, dass die Teilnahme an einer beruflichen Weiterbildung in jedem Falle mit höheren Werten in der physischen Gesundheit einhergeht unabhängig davon, ob es sich um Personen mit einem hohen oder niedrigen sozioökonomischen Status handelt.

Mit Blick auf die dritte Forschungsfrage wurde schließlich untersucht, inwiefern sich die gesundheitsbezogenen Erträge im Alter hinsichtlich verschiedener Weiterbildungsbedingungen unterscheiden. Hier zeigt sich, dass es sowohl bezüglich des Formats als auch hinsichtlich der Dauer und des Anlasses signifikante Unterschiede gibt. Diese Ergebnisse können jedoch überwiegend nur deskriptiv interpretiert werden, da der F-Test nicht signifikant ist. Dennoch geben die Ergebnisse Hinweise darauf, dass Weiterbildungsformate, die längerfristig sind mit geringeren Werten in der physischen Gesundheit einhergehen und dass Personen, die eine berufliche Weiterbildung aus Eigeninitiative besuchten, höhere Werte in der mentalen und physischen Gesundheit aufweisen, als Personen, die sich auf Anordnung des Vorgesetzten oder aufgrund betrieblicher Anordnung an einer Weiterbildung beteiligten.

Schlussendlich ist zu konstatieren, dass es einen signifikant positiven Zusammenhang zwischen einer beruflichen Weiterbildungsteilnahme und der mentalen sowie physischen Gesundheit im Alter gibt, der sich nach Weiterbildungsbedingung unterscheiden kann und durch verschiedene personen- und kontextbezogene Faktoren beeinflusst wird. Nachdem nun gezeigt wurde, dass ein signifikanter Zusammenhang zwischen Weiterbildung und Gesundheit im Alter besteht, wird im Folgenden das methodische Vorgehen und die Ergebnisse der Strukturgleichungsmodelle präsentiert, die auf Grundlage des *self-in-context* Modells den Zusammenhang zwischen Weiterbildung und Gesundheit im Alter näher analysieren und Hinweise darauf geben, durch welche Faktoren dieser Zusammenhang vermittelt werden kann.

9 Methodisches Vorgehen zur Erklärung des Zusammenhangs zwischen Weiterbildung und Gesundheit im Alter

Für die Beantwortung der vierten Forschungsfrage, die weniger auf die Überprüfung, sondern vielmehr auf die Erklärung des Zusammenhangs zwischen Weiterbildung und Gesundheit im Alter abzielt, wird auf die Längsschnittdaten des DEAS zurückgegriffen. Ähnlich zu den Studien von Jenkins und Wiggins (2015) sowie Manninen et al. (2014) werden auf dieser Datengrundlage verschiedene Strukturgleichungsmodelle[63] durchgeführt. Manninen et al. (2014) fasst dabei die Vorzüge von Strukturgleichungsmodellen wie folgt zusammen: „SEM models and latent variables are considered to be better methods than traditional regression models to analyse complex interactions between variables. They also make it possible to depict multiple hypotheses in a single model" (p. 37). Darüber hinaus erlauben Strukturgleichungsmodelle kausale Beziehungen in theoretischen Modellen zu überprüfen. Hierfür ist jedoch unabdingbar, dass im Vorfeld sachlogische und theoretisch fundierte Hypothesen zur Überprüfung der einzelnen Zusammenhänge generiert werden. Damit folgen Strukturgleichungsmodelle vorwiegend einem konfirmatorischen (hypothesenüberprüfend) Ansatz (Backhaus et al., 2016). Nichtsdestotrotz können Strukturgleichungsmodelle ebenso einen explorativen Charakter einnehmen. Fällt beispielsweise die Passung (Fit) zwischen den theoretischen Annahmen und dem empirisch geprüften Modell zu gering aus, kann versucht werden, durch unterschiedliche Modifikationen des empirischen Modells die Modellgüte zu verbessern, um so die empirischen Daten besser abzubil-

---

[63] Die Strukturgleichungsmodelle wurden mit dem Programm IBM SPSS AMOS 24 durchgeführt.

249

den (Byrne, 2016). Im Hinblick auf die vorliegende Forschungsarbeit jedoch liegt der Fokus auf der Überprüfung theoretische Annahmen des *self-in-context* Modells, weshalb hier ausschließlich ein konfirmatorischer Ansatz verfolgt und keine explorative Modifizierung des Modells angestrebt wird.

Wie Manninen et al. (2014) bereits andeutet, ist ein weiterer Vorteil von Strukturgleichungsmodellen, dass sie es im Gegensatz zu Pfadmodellen ermöglichen, nicht nur manifeste (beobachtbare) Variablen zu analysieren, sondern gleichermaßen simultan latente (nicht beobachtbare) Variablen zu untersuchen (Byrne, 2016). In diesem Fall wird auch von einer Kausalanalyse gesprochen (Weiber & Mühlhaus, 2014). Hierbei werden die Verfahren der Faktorenanalyse mit dem der multiplen Regressionsanalyse im Rahmen des Strukturgleichungsmodels kombiniert (Rudolf & Müller, 2012). So ist es mit Strukturgleichungsmodellen möglich, zum einen empirische Daten zu gemeinsamen (latenten) Faktoren zu strukturieren und zu bestimmen und zum anderen aus einer Reihe von Prädiktoren ein optimales Vorhersagemodell für eine abhängige Variable zu schätzen. Damit besteht ein Strukturgleichungsmodell aus zwei Elementen. Einerseits enthält es Messmodelle, innerhalb derer die Zusammenhänge zwischen den beobachteten und nichtbeobachteten Variablen (Latente Konstrukte) analysiert werden. Andererseits schließt es Strukturmodelle ein, welche die Zusammenhänge zwischen den nichtbeobachteten Variablen untersucht (Byrne, 2016). Dieser Aspekt ist in der vorliegenden Arbeit von besonderer Bedeutung, da es sich sowohl bei den abhängigen Variablen als auch bei den meisten personen- und kontextbezogenen Variablen (Mediatorvariablen) um latente Faktoren und damit nicht direkt messbare Konstrukte handelt.

Bevor im Weiteren auf einzelnen Voraussetzungen zur Durchführung von Strukturgleichungsmodelle eingegangen wird, soll zunächst der DEAS Datensatz als Datengrundlage näher vorgestellt sowie die einzelnen Operationalisierungen der theorierelevanten Variablen dargelegt werden.

9.1   Datengrundlage DEAS

Im Fokus des DEAS stehen die Lebenssituationen und Alterns-verläufe der Menschen in der zweiten Lebenshälfte. Initiierte die erste Erhebung 1996 noch das Bundesministerium für Familie, Senioren, Frauen und Jugend (BMFSFJ), ist seit der zweiten Erhebung 2002 das DZA mit der Durchführung, Auswertung und Weiterentwicklung des DEAS betraut. Während im Forschungs-datenzentrum die Daten sowie deren Dokumentationen unter anderem in Form von Fragebögen und Codebücher als *scientific use files* bereitgestellt werden, wird die Stichprobenziehung und -pflege bereits seit Studienbeginn durch das Institut für angewandte Sozialwissenschaft GmbH (infas) in Bonn durchgeführt (Klaus & Engstler, 2017).

Im Hinblick auf die Datenerhebungsmethode werden im DEAS unterschiedliche methodische Verfahren kombiniert. So wird zuerst mit allen teilnehmenden Personen vor Ort anhand eines standardisierten Fragebogens ein persönliches mündliches Interview geführt. An den beiden ersten Erhebungszeitpunkten erfolgte dieses Interview im Paper-Pencil Format (PAPI), seit 2008 wird es wie beim Projekt WiE 50+ als CAPI durchgeführt. Im Rahmen dieser mündlichen Interviews werden zudem unterschiedliche Tests wie zum Beispiel ein Zahlen-Zeichen-Test oder ein Lungenfunktionstest eingesetzt. Komplementiert wird das mündliche Interview durch einen anschließenden schriftlichen Selbstausfüller-Fragebogen[64]. Während das mündliche Interview Themen wie

---

[64] Alle Erhebungsinstrumente und Dokumentationsmaterialien des DEAS sind durch folgenden Link online abrufbar: https://www.dza.de/forschung/deas/erhebungsinstrumente.html

Arbeit und Ruhestand, wirtschaftliche Lage, soziale Beziehungen, Freizeitaktivitäten, Wohnen/ Wohnumfeld sowie soziodemografischen Angaben umfasst, greift der Selbstausfüller-Fragebogen darüber hinaus sensiblere Fragen zu beispielsweise Einstellungen, subjektiven Einschätzungen, Gesundheit und Einkommen auf. Hier werden auch verschiedene psychologische Merkmale wie z.b. das Selbstwertgefühl oder die Selbstwirksamkeitserwartung erfasst. Die verwendeten Instrumente stützen sich dabei auf bereits etablierte und geprüfte Skalen (Für einen Überblick der verwendeten Instrumente im DEAS von 1996-2011: siehe Wiest et al., 2014; Für einen Überblick von 2014: siehe Engstler & Hameister, 2016). Nicht zuletzt werden im DEAS neben beständigen Befragungsinhalten auch zeitaktuelle Themenbereiche und Fragen aufgenommen, wodurch auf gegenwärtige Diskurse reagiert werden kann. Beispielsweise wurden in der letzten Erhebungswelle 2014 Fragen zur sozialen Exklusion, zum lokalen Serviceangebot für Ältere und zu nachbarschaftlichen Kontakten ergänzt (Klaus & Engstler, 2017). Gleichzeitig fallen für Panelteilnehmenden Fragen, die stabile Merkmale erfassen wie beispielsweise das Geschlecht, weg. Solche Fragen, werden dann bei der Befragung überfiltert.

Die erste repräsentative Befragung im Rahmen des DEAS fand 1996 statt, darauf folgten 2002, 2008, 2011 und 2014 insgesamt vier weitere Erhebungswellen, so dass inzwischen Daten von fünf Erhebungszeitpunkten zur Verfügung stehen. Die Verkürzung der Taktung von sechs auf drei Jahre wird damit begründet, dass so eine bessere Abbildung der Dynamiken individueller Lebensverläufe in der zweiten Lebenshälfte ermöglicht wird (Klaus & Engstler, 2017). Zu jedem Erhebungszeitpunkt, abgesehen von 2011, wurde bisher eine neue Basisstichprobe gezogen. Ab der zweiten Erhebungswelle (2002) wurden zudem aus bereits vorangegangenen Basiserhebungen befragte Personen erneut interviewt, sofern dafür eine Einwilligung vorlag. In 2011 fand nur eine solche Panelbefragung statt. Abgesehen von 1996 (reine Basisstichprobe) und 2011 (reine Panelbefragung) liegen schließlich zu jedem Befragungszeitpunkt sowohl Quer- als auch Längsschnittdaten vor. Zielgruppe für die Basisstichproben des DEAS sind Personen zwischen 40 und 85 Jahren in Privathaushalten. Die Stichprobenauswahl gründet auf einer nach Altersgruppe, Geschlecht und Landesteil (Ost/West) geschichteten Zufallsstichprobe aus den Einwohnermelderegistern.

Insgesamt beteiligten sich bis heute 20.715 Personen am DEAS, wenngleich die Mehrheit nur an den jeweiligen Erstbefragungen teilnahm (n=14.091). Nichtsdestotrotz, konnten bisher 2.265 Personen zweimal, 3.041 Personen dreimal, 922 Personen viermal und 395 Personen fünfmal im Rahmen des DEAS interviewt werden (Klaus & Engstler, 2017). Die Befragungszeitpunkte der Mehrfachbefragten unterliegen hierbei keiner unmittelbaren chronologischen Abfolge. In der Aufzählung dreimal befragte Personen können beispielsweise an den ersten beiden und an der letzten Erhebungswelle teilgenommen haben, es bedeutet nicht zwingend, dass sie an den ersten oder letzten drei Befragungen beteiligt waren.

Für die Durchführung der Strukturgleichungsmodelle werden die Daten der letzten beiden Erhebungswellen von 2011 und 2014 in den Blick genommen. Schließlich ist der Datensatz von 2014 der Aktuellste und umfasst mit 10.324 Fällen den größten Stichprobenumfang. Damit eine zeitliche Abfolge gewährleistet ist und so sichergestellt werden kann, dass die Weiterbildungsteilnahme vor der Abfrage der verschiedenen gesundheitsbezogenen Variablen stattgefunden hat, werden zudem die Daten aus der Erhebungswelle von 2011 betrachtet. Frühere Erhebungswellen werden nicht hinzugenommen, da gewährleistet sein muss, dass alle Personen zu jedem betrachteten Erhebungszeitpunkt sowohl an dem mündlichen Interview als auch an dem Selbstausfüller-Fragebogen teilgenommen haben. Dadurch würde sich der Stichprobenumfang erheblich verringern.

9.2 Operationalisierung und Aufbereitung der analyserelevanten Variablen

Im Gegensatz zu dem WiE 50+ Datensatz umfasst der DEAS eine Reihe weiterer Variablen, die im Rahmen des *self-in-context* Modells explizit genannt werden. Nicht zuletzt aus diesem Grund wird der DEAS als weiterer Datensatz für die Sekundäranalysen hinzugezogen. Bevor auf die einzelnen ausgewählten Variablen eingegangen wird, ist vorwegzunehmen, dass bei Strukturgleichungsmodellen mit latenten Konstrukten (z.B. Selbstwertgefühl) immer die einzelnen Items des jeweiligen Konstrukts aufgenommen werden sollten. Welche konkreten Items aus dem DEAS in der vorliegenden Arbeit für die jeweiligen latenten Konstrukte verwendet wurden, wird unter anderem im Folgenden beschrieben und kann der Auflistung im Anhang I entnommen oder bei Engstler und Hameister (2016) nachgesehen werden.

9.2.1 Weiterbildungsteilnahme und Gesundheit

Konform zum Vorgehen mit den WiE 50+ Daten werden als **Prädiktoren** für die Gesundheit Variablen zur *beruflichen* und *allgemeinen Weiterbildungsteilnahme* in die Strukturgleichungsmodelle aufgenommen.

Die Variable zur *beruflichen Weiterbildungsteilnahme* wird dem DEAS Datensatz von 2014 entnommen, da sich hierbei der Befragungshorizont an die letzten drei Jahre richtet („Denken Sie nun einmal an die letzten 3 Jahre. Haben Sie in dieser Zeit Lehrgänge, Kurse, Seminare oder Veranstaltungen besucht, die der

Weiterbildung im Beruf oder der beruflichen Umschulung dienten?"). Dieser wird anschließend dummykodiert (0 = „keine Teilnahme 2011-2014"; 1 = „Teilnahme 2011-2014").

Im DEAS wird hinsichtlich der *allgemeinen Weiterbildungsteilnahme* nach der Häufigkeit von Vortrags- und Kursbesuchen gefragt („Wie oft besuchen Sie Kurse oder Vorträge, z.B. zur Fort- oder Weiterbildung). Die verschiedenen Antwortmöglichkeiten hierzu (1 = „Täglich", 2 = „Mehrmals in der Woche", 3 = „Einmal in der Woche", 4 = „1- bis 3-Mal im Monat", 5 = „Seltener" und 6 = „Nie") werden zu den Antwortmöglichkeiten „Teilgenommen" (Aggregation der Antwortmöglichkeit 1 bis 5) und „Nie teilgenommen" (entsprechend der Kategorie 6) zusammengefasst und ebenfalls dummykodiert (1 = „Teilgenommen"; 0 = „Nie teilgenommen"). Um sicherzustellen, dass die *allgemeine Weiterbildungsteilnahme* vor der Abfrage der gesundheitsbezogenen Variablen stattgefunden hat, wird die Variable zur Häufigkeit von Kurs-/ Vortragsbesuchen aus dem Datensatz von 2011 entnommen.

Ebenfalls korrespondierend mit dem Projekt WiE 50+ wird für die physische Gesundheit eine auf der gesundheitsbezogenen Lebensqualität (SF-36) beruhende Skala zur *körperlichen Funktionsfähigkeit* als **abhängige Variable** in die Strukturgleichungsmodelle einbezogen. Allerdings handelt es sich hierbei um die Dimension der körperlichen Funktionsfähigkeit aus dem SF-36 und gründet nicht auf der Version des SF-12 wie sie im Projekt WiE 50+ verwendet wurde. Hinsichtlich der mentalen Gesundheit kann nicht auf die mentale Gesundheitsdimension des SF-36 beziehungsweise SF-12 zurückgegriffen werden, da sie im DEAS nicht erhoben wurde. Stattdessen wird als Indikator für die mentale Gesundheit das emotionale Wohlbefinden herangezogen, welches anhand des Positive and Negative Affect Schedule (PA-NAS)[65] gemessen wurde und auch eine wichtige Komponenten des subjektiven Wohlbefindens darstellt (Diener, 2000; Schumacher et al., 2003). In diesem Zusammenhang konnten bereits gezeigt werden, dass z.b. ein Negativer Affekt mit einem höheren Risiko für Herz-Kreislauf-Erkrankungen und ein Positiver Affekt mit einem geringeren Erkrankungs- sowie Sterblichkeitsrisiko zusammenhängt (Eschenbeck, 2009). Der PANAS misst anhand von 20 Items die emotionale Befindlichkeit (Breyer & Bluemke, 2016), wobei die Items lediglich aus einem Gefühlszustand beschreibenden Adjektiv bestehen (z.b. begeistert, bedrückt, nervös, stolz). Jeweils zehn Adjektive lassen sich so der Dimension des Negativen Affekts (negatives emotionales Wohlbefinden) beziehungsweise der des Positiven Affekts (positives emotionales Wohlbefinden) zuordnen. Ein hoher Positiver Affekt zeichnet sich beispielsweise durch Enthusiasmus, Wachsamkeit und Aktivität aus, während ein niedriger Positiver Affekt durch Traurigkeit und Lethargie gekennzeichnet ist. Dementgegen wird ein hoher Negativer Affekt durch beispielsweise Kummer, Angst und Ärger und ein niedriger Negativer Affekt durch Ruhe und Gelassenheit beschrieben (Watson et al., 1988). Abhängig von der Instruktion können sowohl aktuelle, zeitlich begrenzte als auch zeitlich überdauernde, habituelle Affektivitätsausprägungen gemessen werden (Breyer & Bluemke, 2016). Im DEAS wird danach gefragt, wie sich die Befragten in den letzten Monaten gefühlt haben. Daher kann hier von einer zeitlich überdauernden Affektivitätsmessung ausgegangen werden (siehe hierzu Schumacher, Klaiberger & Brähler, 2003). In den Analysen wird schließlich der Positive Affekt getrennt vom Negativen Affekt betrachtet, denn: „Die Facetten Positiver Affekt und Negativer Affekt wer-

---

[65] siehe Watson, Clark und Tellegen (1988).

den dabei nicht als entgegengesetzte Pole einer Dimension betrachtet, sondern als diskriminierbare Dimensionen desselben
Konstrukts" (Breyer & Blümke, 2016, S. 4).

Da es sich sowohl bei der *körperlichen Funktionsfähigkeit (SF-
36)* als auch bei dem *Positiven* und *Negativen Affekt* um latente
Variablen handelt, werden hierfür die jeweiligen einzelnen skalenzugehörigen Items aus dem DEAS Datensatz von 2014 in die
Strukturgleichungsmodelle aufgenommen. Dabei müssen bei den
letzten drei Items zur *SF-36* Skala die fehlenden Werte aus der
letzten Erhebungswelle 2011 aufgrund von Überfilterung ersetzt
werden.

9.2.2 Personen- und kontextbezogene Mediatorvariablen

Im Hinblick auf die **Mediatorvariablen** werden auf der perso-
nenbezogenen Ebene wie im *self-in context* Modell beschrieben
Variablen zum *Selbstwertgefühl* und zur *Selbstwirksamkeitserwartung* als Indikatoren für das Selbstkonzept herangezogen.
Während sich die Items zum *Selbstwertgefühl* im DEAS auf die
Skala von Rosenberg (1965) stützen, erfolgt die Messung der
Selbstwirksamkeitserwartung nach Schwarzer und Jerusalem
(1995) (siehe Wiest et al., 2014; Engstler & Hameister, 2016).
Stellvertretend für den personenbezogenen Aspekt *Zukunftserwartung* werden Variablen zum *Optimismus* als Indikator aus
dem DEAS in das Strukturgleichungsmodell aufgenommen. Obgleich *Optimismus* im *self-in-context* Modell nicht explizit als
wichtige personenbezogene Facette genannt wird, belegen verschiedene Studien in Bezug auf *intertemporale Entscheidungen,*
dass *Optimismus* bei der Einschätzung gegenwärtiger und zukünftiger Gewinne beziehungsweise Verluste eine Rolle spielt
(siehe z.B. Berndsen & van der Pligt, 2001; Shavit, 2013). Darüber hinaus ist *Optimismus* sehr bedeutend für das gesundheits-

bezogene Handeln einer Person. So zeigen empirische Ergebnisse, dass optimistische Menschen eine höhere Widerstandskraft (Resilienz) gegenüber Stress vorweisen (Vasudevan, Chakrawarty & Dhanalakshmi, 2014), eher über einen höheren Gesundheitsstatus berichten (Smith, Young & Lee, 2004) und ein größeres psychisches Wohlbefinden aufweisen (Burris, Brechting, Salsman & Carlson, 2009). Für die Variable *Optimismus* wird im DEAS die Skala nach Brandstätter und Wentura (1994) verwendet. Analog zur *körperlichen Funktionsfähigkeit* und zum *Positiven* beziehungsweise *Negativen Affekt*, handelt es sich auch beim *Selbstwertgefühl* und *Optimismus* sowie bei der *Selbstwirksamkeitserwartung* um latenten Konstrukte, weshalb auch hier die jeweiligen skalenzugehörigen Items aus dem Fragebogen von 2014 in die Strukturgleichungsmodelle aufgenommen und entsprechend invertiert werden (siehe hierzu Engstler & Hameister, 2016). Obgleich der DEAS ebenfalls das Altersbild erfasst, wird diese Variable aus Gründen der Sparsamkeit des Modells nicht zusätzlich in die Strukturgleichungsmodelle aufgenommen.

Auf der Kontextebene werden gemäß dem *self-in context* Modell und analog zum Vorgehen bei den WiE 50+ Daten Variablen zur *subjektiven Arbeitsbelastung* als Indikatoren für den kontextbezogenen Faktor „Arbeit" aufgenommen. Hierzu wird im DEAS die Frage gestellt, inwiefern sich die befragten Personen an ihrem Arbeitsplatz durch „Umweltbedingungen", „Stress", „neue Anforderungen" und „anstrengende oder einseitige körperliche Aktivitäten" belastet fühlen. Im Gegensatz zu den WiE 50+ Daten, bei denen die Variablen zur Arbeitsbelastung anhand der ISCO-Codes erstellt wurden, handelt es sich hierbei also weniger um objektive als vielmehr um subjektive Arbeitsbelastungen. Bevor die einzelnen Items für das latente Konstrukt *subjektive Arbeitsbelastung* in die Strukturgleichungsmodelle aufgenommen werden können, müssen zunächst alle durch Überfilterung entstandenen fehlenden Werte aus den vorausgegangen Erhebungswellen

ersetzt werden. Anschließend werden die Items wie folgt invertiert: 0 = „Trifft nicht zu"; 1 = „überhaupt nicht belastet"; 2 =
„Kaum belastet"; 3 = „Etwas belastet"; 4 = „Ziemlich belastet";
5 = „Sehr belastet".

Als Indikatoren für den Kontext „Nachbarschaft und Gemeinschaft", wird einerseits im Sinne der *sozialen Integration* die Variable zur **sozialen Netzwerkgröße** der Personen und andererseits
in Bezug auf die *soziale Unterstützung* die Variablen zur Skala
der **Einsamkeit** von De Jong Gierveld und Van Tilburg (2006)
(siehe Kap. 3.3.3) in die Analysen aufgenommen. Sowohl für die
manifeste Variable der sozialen Netzwerkgröße als auch für die
Items des latenten Konstrukts *Einsamkeit,* werden die entsprechenden Items aus dem DEAS-Datensatz von 2014 ausgewählt.

Als letzter Mediator auf der kontextbezogenen Ebene wird
schließlich das *Haushaltsnettoeinkommen* einer Person als manifeste Variable in das Strukturgleichungsmodell aufgenommen. Es
wird also nicht wie bei den WiE 50+ Daten der *sozioökonomische
Status* als Indikator verwendet, da davon auszugehen ist, dass das
Bildungsniveau einer Person (eine Komponente des sozioökonomischen Status) innerhalb von drei Jahren weniger veränderbar
ist als das Einkommen. Aus diesem Grund wird hier die entsprechende Variable aus dem DEAS-Datensatz 2014 ausgewählt.

9.2.3 Alter, Geschlecht, Bildungsniveau und weitere Kontroll-variablen

Analog zum Vorgehen bei den WiE 50+ Daten werden auch in
den Strukturgleichungsmodellen die Variablen **Alter, Geschlecht**
und **Bildungsniveau** als Kontrollvariablen hinzugefügt. Hierzu
wird die Geschlechtsvariable aus dem DEAS-Datensatz von 2011
dummykodiert (0 = „männlich"; 1 = „weiblich"). Zusätzlich wird

aus der nach ISCED-97 ursprünglich dreistufigen Bildungsvariable aus Gründen der Sparsamkeit des Modells eine binäre Dummy-Variable (0 = „niedriger bis mittlerer Bildungsabschluss"; 1 = „hoher Bildungsabschluss") erstellt, zumal lediglich 6% der Panelbefragten (n=170) einen niedrigen Bildungsabschluss vorweisen. In Anlehnung an die Studie von Feinstein et al. (2003) werden zudem die unterschiedlichen Variablen zur *Selbstwirksamkeit,* zum *Selbstwertgefühl,* zum *Optimismus,* zur *Einsamkeit,* zur *sozialen Netzwerkgröße,* zu *subjektiven Arbeitsbelastungen* und zum *Einkommen* sowie die Variablen zum *Positiven* und *Negativen Affekt* und zur *körperliche Funktionsfähigkeit* aus der früheren Erhebungswelle von 2011 als jeweilige Kontrollvariablen aufgenommen, indem zusätzlich die jeweiligen Items zu den verschiedenen latenten Konstrukten aus dem DEAS Datensatz von 2011 aufgenommen werden (siehe Abb. 11 und Abb. 12).

9.2.4 Gewichtungsvariable

Überdies wurden vom DZA unterschiedliche Gewichtungsvariablen erstellt, die je nach Analyseverfahren und -gegenstand aktiviert werden können. Als Grundlage für die Gewichtung wurden vom DZA Selektivitätsanalysen durchgeführt, um herauszufinden, welche spezifischen Personengruppe weniger wahrscheinlich an einer Folgebefragung teilnehmen würde. Dazu wurde mittels logistischer Regressionsanalysen die Teilnahmewahrscheinlichkeit für jeden Befragten der Basisstichprobe geschätzt. Bei der letzten Erhebungswelle 2014 erwiesen sich hierbei besonders folgende Prädiktoren als bedeutsam: Antwortbereitschaft bei der Erstbefragung, Bildungsniveau, Alter, Kreistyp, Netzwerkgröße, Einkommenshöhe und Gesundheit (Engstler & Hameister, 2016).

Da sowohl Quer- als auch Längsschnittanalysen mit den DEAS-Daten möglich sind, liegen entsprechend sowohl querschnittbezogene als auch panelbezogene Gewichtungsvariablen vor. Zudem unterscheiden sich die Panel- und Querschnittgewichte dahingehend, ob Variablen aus dem Interview oder Variablen aus dem Selbstausfüller-Fragebogen in die Analysen einfließen. Da in der vorliegenden Forschungsarbeit ausschließlich längsschnittliche Analysen von Interesse sind, die Variablen aus dem Selbstausfüller-Fragebogen einbeziehen und dementsprechend nur Teilnehmende einbezogen werden, die an beiden Erhebungszeitpunkten sowohl an dem persönlichen mündlichen Interview als auch dem Selbstausfüller-Fragebogen teilgenommen haben, wird für jede Analyse die Panelgewichtungsvariable „gew_panel 2014 _drop" aktiviert.

9.3 Stichprobenbeschreibung DEAS

Nach Vorstellung aller analyserelevanten Variablen werden nun die wichtigsten Stichprobenmerkmale präsentiert. Von den insgesamt 2.591 befragten Personen, die sowohl 2011 als auch 2014 an der mündlichen (CAPI) und schriftlichen Befragung (Selbstausfüller-Fragebogen) des DEAS teilgenommen haben, waren 1.374 (53%) Frauen und 1.217 (47%) Männer. Im Jahr 2011 liegt das Durchschnittsalter bei ca. 64,2 Jahre (*SD*: 11,42) und 2014 dementsprechend bei ungefähr 67,1 Jahren (*SD*: 11,43). In der Gruppe der Erwerbstätigen sind die Befragten jedoch jünger, so beträgt hier das durchschnittliche Alter 2011 53,6 Jahre (*SD*: 4,82) und 2014 55,5 Jahre (*SD*: 4,83) Jahre. Die älteste befragte Person in der Gesamtstichprobe ist 91 beziehungsweise 94 Jahre alt, während in der Teilstichprobe der Erwerbstätigen das Höchstalter 75 beziehungsweise 78 Jahre ist. Der Erwerbsstatus der Befragten verteilt sich 2011 und 2014 wie folgt:

Abb. 10: Deskriptive Darstellung der Verteilung des Erwerbsstatus der Gesamtstichprobe DEAS von 2011 und 2014

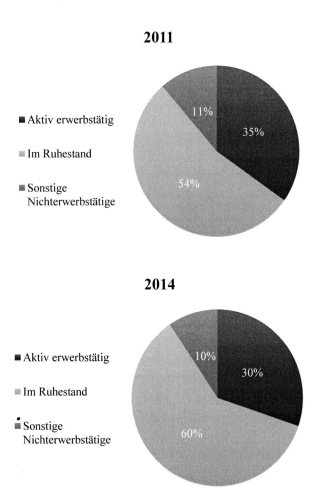

2011

■ Aktiv erwerbstätig

▩ Im Ruhestand

■ Sonstige
Nichterwerbstätige

11%
35%
54%

2014

■ Aktiv erwerbstätig

▩ Im Ruhestand

▪ Sonstige
Nichterwerbstätige

10%
30%
60%

(n=2.951, gewichtet, Quelle: eigene Darstellung)

Wie sich zeigt, ist die Anzahl der Personen in der Nacherwerbs-phase von 2011 auf 2014 um ca. 6% angestiegen während gleich-zeitig die Anzahl der Erwerbstätigen und sonstigen Nicht-Er-werbstätigen jeweils um 3,5% beziehungsweise 2% abgenommen hat.

Insgesamt haben von den 2014 befragten Personen (n=2.590) 18,4% in den letzten drei Jahren an einem beruflichen Lehrgang, Kurs, Seminar oder einer beruflichen Veranstaltung teilgenom-men. Wird nur die Gruppe der Personen betrachtet, die sowohl 2011 als auch 2014 erwerbstätig waren (n=743), sind es hingegen 61,3%. Im Hinblick auf eine allgemeine Weiterbildungsteil-nahme, gaben 2011 62,9% der befragten Personen (n=2.590) an, „nie" einen Kurs oder Vortrag besucht zu haben. Alle anderen Personen (37,1%), stimmen zu, dass sie „täglich" (n=1), „mehr-mals pro Woche" (n=16), „einmal pro Woche" (n=66), „ein bis drei Mal im Monat" (n=129) oder „seltener" (n=747) an einem Kurs oder Vortrag teilgenommen haben. Für 2014 zeichnet sich ein nahezu identisches Bild ab, hier sind es 64,4% der Befragten, die berichten, „nie" einen Kurs oder Vortrag besucht zu haben. Im Vergleich zu den Ergebnissen des AES 2016 zeigt sich hier ein etwas anderes Bild der beruflichen und allgemeinen Weiter-bildungsteilnahme Älterer. So liegt die Teilnahmequote an beruf-licher Weiterbildung im DEAS deutlich unter der Teilnah-mequote an betrieblicher Weiterbildung im AES (29%). Werden jedoch nur Erwerbstätige betrachtet übersteigt die Teilnah-mequote im DEAS die Teilnahmequote im AES (54%). Diese Unterschiede sind auf verschiedene Gründe zurückzuführen. Zum einen wird im DEAS nach den letzten drei und im AES nur nach den letzten zwölf Monaten gefragt. Zum anderen sind im AES mit betrieblicher Weiterbildung Weiterbildungsaktivitäten gemeint, die entweder ganz oder überwiegend während der bezahlten Ar-beitszeit oder während einer bezahlten Freistellung für Bildungs-zwecke erfolgte und/oder bei denen die direkten Kosten ganz oder anteilig durch den Arbeitgeber oder die Arbeitgeberin übernommen wurden (siehe Kap. 2.3.3). Eine so genaue Differenzierung liegt im DEAS nicht vor, so dass hier einer „beruflichen Weiterbildung" verschiedene berufliche Weiterbildungsformate zugeordnet werden können, ungeachtet der Kostenübernahme oder des Zeitpunktes. Ein unterschiedliches Abfragevorgehen ist vermutlich auch der Grund für die höhere Teilnahmequote hinsichtlich der allgemeinen Weiterbildungsteilnahme. Während im AES die Abfrage der allgemeinen Weiterbildungsteilnahme zusammen mit der beruflichen Weiterbildungsteilnahme auf identische Weise erfolgt, wird im DEAS lediglich nach der Häufigkeit von Vortrags- oder Kursbesuchen gefragt. Darüber hinaus, werden konträr zum AES im DEAS noch ältere Personen über 69 Jahre befragt, was ebenfalls zu unterschiedlichen Ergebnissen bei der allgemeinen Teilnahmequote führen könnte.

Hinsichtlich der *körperlichen Funktionsfähigkeit* und dem *emotionalen Wohlbefinden* veranschaulicht die folgende Tabelle, dass zwischen den beiden Erhebungszeitpunkten nur eine geringe Veränderung bei den Befragten im DEAS stattgefunden hat:

Tab. 14: Deskriptive Ergebnisse der gewichteten gesundheitsbezogenen abhängigen Variablen im Vergleich von 2011 und 2014 (DEAS)

	N		Mittelwert		Mini-mum	Maxi-mum	Standard-abweichung	
	2011	2014	2011	2014			2011	2014
Körperliche Funktionsfähigkeit (SF-36)	2.576	2.578	82,18	77,94	0	100	22,59	24,48
Positiver Affekt	2.578	2.542	3,51	3,49	1	5	0,52	0,54
Negativer Affekt	2.578	2.549	2,09	2,10	1	5	0,53	0,53

So sind die Werte bezüglich des *Positiven* und *Negativen Affekts* nahezu identisch während bei der *körperlichen Funktionsfähigkeit* eine Abnahme um ca. vier Punktwerte vorliegt.

Dabei ist festzustellen, dass die Befragten im DEAS bezüglich der *körperlichen Funktionsfähigkeit* verglichen mit Normwerten einer anderen bevölkerungsrepräsentativen Erhebung (siehe Gunzelmann, Albani, Beutel & Brähler, 2006) unter Berücksichtigung des Alters nahezu dieselben Mittelwerte aufweisen, weshalb hier von einer durchschnittlichen *körperlichen Funktionsfähigkeit* der Befragten gesprochen werden kann. So erzielen 60- bis 64-Jährige in der anderen Befragung einen Mittelwert von 84,12 (*SD*: 20,05) und 65- bis 69-jährige Personen einen Mittelwert von 79,05 (*SD*: 20,20). Mit Blick auf das emotionale Wohlbefinden lässt sich in einer anderen repräsentativen Stichprobe (siehe Breyer & Bluemke, 2016) beobachten, dass Personen über 55 Jahre einen mittleren Wert von 3,15 (SD: 0,06) bezüglich des *Positiven Affekts* und hinsichtlich des *Negativen Affekts* einen Mittelwert von 1,63 (SD: 0,055) erzielen. Damit weisen die Befragten im DEAS durchschnittlich sowohl einen höheren *Positiven Affekt* als auch einen höheren *Negativen Affekt* auf. Dass sich die Werte der Befragten in der DEAS Stichprobe sowohl hinsichtlich der körperlichen Funktionsfähigkeit als auch bezüglich des emotionalen Wohlbefindens von den Stichproben der anderen repräsentativen Befragungen etwas unterscheiden, könnte möglicherweise an dem höheren Durchschnittsalter der DEAS Befragten liegen.

9.4 Voraussetzungsprüfung Strukturgleichungsmodelle

Insgesamt gibt es vier unterschiedliche Schätzverfahren, mit denen die freien Parameter in einem Strukturgleichungsmodell geschätzt werden können. Die am häufigsten angewendete Methode ist die *Maximum-Likelihood-Methode* (ML), die auch hier für die

Beantwortung der vierten Forschungsfrage herangezogen wird. Für diese Methode müssen andere Voraussetzungen überprüft werden als für die verschiedenen Regressions- und Moderatoranalysen. Bevor im Weiteren näher auf die Voraussetzungen eingegangen wird, sollen zunächst die DEAS Daten, analog zum methodischen Vorgehen bei den WiE 50+ Daten, hinsichtlich fehlender Werte und Ausreißer analysiert werden.

9.4.1 Fehlende Werte und multivariate Ausreißer

Im Hinblick auf fehlende Werte bei den DEAS Daten lässt sich festhalten, dass auch hier fast keine analyserelevante Variable fehlende Werte über 5% aufweist. Einzig hinsichtlich der beiden Einkommensvariablen (2011 und 2014) in der Stichprobe der Erwerbstätigen liegt die Anzahl fehlender Werte bei 5,6%. Aufgrund dieser geringen Anzahl wird wieder ein listenweisen Fallausschluss gewählt. Inwiefern hierzu die Voraussetzung einer nicht systematischen Verteilung der fehlenden Werte gegeben ist, wird erneut anhand des MCAR-Tests nach Little überprüft. Die Ergebnisse zeigen, dass die fehlenden Werte im Datensatz bei einem Großteil der Analysen weder von der Ausprägung der Variablen selbst noch von der Ausprägung einer anderen Variablen abhängen (Lüdtke et al., 2007). Dies trifft allerdings nicht für die Analysen zu, welche die Einkommensvariable beinhalten, da hier der MCAR-Test signifikant ist ($p < 0.05$). Vielmehr liegt in diesem Fall nahe, dass beispielsweise besonders arme oder besonders reiche Personen ihre Einkommensangaben verweigerten, womit es sich um keine zufällige Verteilung der fehlenden Werte mehr handelt (Urban et al., 2016). Auch wenn das zur Folge hat, dass bei diesen Analysen die Stichprobe trotz Gewichtungsvariable nicht mehr repräsentativ ist und die Schätzungen verzerrt werden können, wird an der Entscheidung für einen listenweisen Fallausschluss festgehalten, da es sich bei den fehlenden Werten lediglich um einen geringen Anteil handelt und die Stichprobe groß ist.

Des Weiteren deuten die Ergebnisse der zentrierten Hebelwerte und Cooks D darauf hin, dass für die Analyse der verschiedenen Strukturgleichungsmodelle weder multivariate Ausreißer noch einflussreiche Datenpunkte vorliegen.

9.4.2 Multivariate Normalverteilung

Voraussetzungen für die Schätzung des Modells anhand der Maximum-Likelihood-Methode sind eine multivariate Normalverteilung sowie ein Intervallskalenniveau der Daten (Bühner, 2011; Wentura & Pospeschill, 2015). Beides kann in der vorliegenden Forschungsarbeit nur bedingt erfüllt werden. So liegen die einzelnen Items für die verschiedenen latenten Konstrukte auf einer vier- oder sogar nur dreistufigen (SF-36) Likertskala vor und entsprechen damit eher einer Ordinal- und keiner Intervallskala. Darüber hinaus werden für die kategorialen Kontrollvariablen zum *Geschlecht* und *Bildungsniveau*, sowie für die unabhängige kategoriale Variable zur *beruflichen* und *allgemeinen Weiterbildungsteilnahme* Dummy-Variablen eingesetzt, wodurch die Annahme der multivariaten Normalverteilung bereits verletzt wird. Zudem zeigt sich für die Gesamtstichprobe, dass auch die Werte der verschiedenen latenten Konstrukte nicht normalverteilt sind. So deuten die einzelnen Histogramme bei den Variablen zum *Negativen Affekt* und zur *Einsamkeit* auf eine Linksschiefe und bei den Variablen zur *körperlichen Funktionsfähigkeit, Selbstwertgefühl* und *Netzwerkgröße* auf eine Rechtschiefe hin. Darüber hinaus ist der Kolmogorov-Smirnov-Test für alle Variablen signifikant (p<0.001), weshalb hier von keiner multivariaten Normalverteilung auszugehen ist. Da die Grenzwerte der Schiefe (<2) und Kurtosis (<7) jedoch bei keiner Variable überschritten werden, kann von einer moderaten Verletzung der multivariaten Normalverteilung gesprochen werden (siehe Bühner, 2011). Dies trifft allerdings nicht auf die Teilstichprobe der nur Erwerbstätigen zu, denn hier werden sowohl hinsichtlich der Variablen zur *körperlichen Funktionsfähigkeit (SF-36)* als auch bezüglich der Variablen zum *Einkommen* die Grenzwerte überschritten. Deshalb kann es bei den Strukturgleichungsmodellen mit diesen Variablen zu einer weniger adäquaten Schätzung der Ergebnisse kommen.

Liegt keine multivariate Normalverteilung der Daten vor und enthält das zu prüfende Modell ordinale beziehungsweise dichotome sowie kontinuierliche manifeste Variablen, bietet sich anstatt der Maximum-Likelihood-Methode die nicht-verteilungsabhängige *Asymptotically Distribution-Free Methode* (ADF) an (Schermelleh-Engel, et al. 2003; Wentura & Pospechill, 2015). Inzwischen wurde aber gezeigt, dass im Gegensatz zur Maximum-Likelihood-Methode die ADF-Methode nur dann zu einer besseren Schätzung der Parameter und Modellfit-Maße führt, wenn eine ausreichend große Stichprobe (n>1000) zugrunde liegt (Bühner, 2011; Olsson, Foss, Troye & Howell, 2000). Darüber hinaus, gilt die Maximum-Likelihood-Methode als robust gegenüber einer (moderaten) Verletzung der multivariaten Normalverteilung (Bühner, 2011; Olsson et al., 2000; Wentura & Pospeschill, 2015), insbesondere bei Stichproben über 500 Personen (Lei & Lomax, 2005). So bleibt festzuhalten: „Die ML-Methode gilt (…) im Vergleich als weniger sensitiv gegenüber Variationen des Stichprobenumfangs, robust gegenüber Verletzungen der Normalverteilungsannahme und liefert exaktere Schätzungen" (Wentura & Pospeschill, 2015, S. 215). Demnach ist die Maximum-Likelihood-Methode den anderen Verfahren vorzuziehen und wird in der vorliegenden Arbeit trotz den moderaten Voraussetzungsverletzungen verwendet.

10 Ergebnisse der Analysen zur Erklärung des Zusammenhangs zwischen Weiterbildung und Gesundheit im Alter

Bevor nun die Darstellung der Ergebnisse der verschiedenen Strukturgleichungsmodelle folgt sei darauf hingewiesen, dass diese mit gewichteten Daten durchgeführt werden. Um dies mit der Software IBM SPSS AMOS zu ermöglichen wird für jedes Strukturgleichungsmodell zunächst eine Kovarianzmatrix mit allen analyserelevanten und gewichteten Variablen erstellt, wobei nur komplette Fälle ohne fehlende Werte in die Kovarianzmatrix aufgenommen werden.

Die Komplexität des Modells begrenzend und dem Ziel der Sparsamkeit folgend, werden zudem Faktoren der Personen- und Kontextebene getrennt voneinander in den verschiedenen Strukturgleichungsmodellen betrachtet. Die folgenden zwei Grafiken zeigen die „Basismodelle" für beide Ebenen mitsamt den unterschiedlichen aufgenommenen Prädiktoren beziehungsweise abhängigen Variablen und Kontrollvariablen:

Abb. 11: Basismodell für Strukturgleichungsmodelle auf personenbezogener Ebene

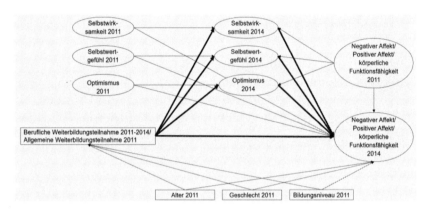

Das Basismodell der personenbezogenen Ebene (siehe Abb. 11) veranschaulicht, dass diese Strukturgleichungsmodelle, vier endogene latente Variablen (*Selbstwirksamkeitserwartung 2014, Selbstwertgefühl 2014, Optimismus 2014, Positiver Affekt 2014/ Negativer Affekt 2014/ SF-36 2014*) sowie eine endogene manifeste Variable (*berufliche Weiterbildungsteilnahme 2011-2014/ allgemeine Weiterbildungsteilnahme 2011*) umfassen. Hinsichtlich der Kontrollvariablen handelt es sich um drei exogene manifeste Variablen (*Geschlecht, Alter, Bildungsniveau*) sowie um vier exogene latente Variablen (*Selbstwirksamkeitserwartung 2011, Selbstwertgefühl 2011, Optimismus 2011, Positiver Affekt 2011/ Negativer Affekt 2011/ SF36 2011*). Nicht zuletzt lässt sich anhand des Basismodell zudem feststellen, ob die personenbezogenen Strukturgleichungsmodelle über- oder unteridentifiziert beziehungsweise genau identifiziert sind. Insgesamt liegen 2.080 feste Datenpunkte vor und 122 zu schätzende Parameter, womit 1.958 (2080-122) Freiheitsgrade verbleiben. Somit handelt es sich um ein angestrebtes überidentifiziertes Modell, weil mehr feste als zu schätzende Parameter vorliegen (Byrne, 2016). Die breiteren schwarzen Pfeile verdeutlichen die zentralen Pfade zur

Erklärung des Zusammenhangs zwischen Weiterbildung und Gesundheit im Alter in Anlehnung an das *self-in-context* Modell.

Im kontextbezogenen Basismodell (siehe Abb. 12) bilden die breiteren schwarzen Pfeile ebenfalls die verschiedenen im *self-in-context* Modell postulierten Wirkmechanismen ab. Dabei wird differenziert, ob als Prädiktor die *berufliche Weiterbildungsteilnahme 2011-2014* oder aber die *allgemeine Weiterbildungsteilnahme 2011* herangezogen wird:

Abb. 12: Basismodell für Strukturgleichungsmodelle auf der kontextbezogenen Ebene

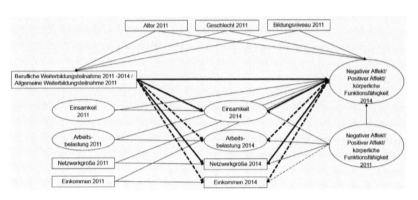

So entfallen bei der *allgemeinen Weiterbildungsteilnahme 2011* die Mediator- und Kontrollvariablen *Arbeitsbelastung 2011/ Arbeitsbelastung 2014* und *Einkommen 2011/ Einkommen 2014*, da empirische Belege zu einem höheren Einkommen bislang vorwiegend im Zusammenhang mit einer beruflichen Weiterbildungsteilnahme vorliegen (siehe z.B. Büchler & Pannenberg, 2004; Pollack et al., 2016; Wolter & Schiener, 2009). In Bezug auf die Arbeitsbelastungen wird ebenfalls angenommen, dass besonders eine berufliche Weiterbildung zu weniger Arbeitsbelastungen führt (siehe Kap. 3.3.2), da sich dadurch beispielsweise Aufstiegsmöglichkeiten eröffnen mit denen weniger Arbeitsbelastungen einhergehen (siehe Buchholz, et al. 2014). Nicht zuletzt zeigt die Studie von Manninen (2010), dass die Teilnahme an allgemeiner Weiterbildung kaum Auswirkungen auf berufsbezogene Faktoren und das Einkommen besitzt und so der Großteil der Erträge von allgemeiner Weiterbildung sich nicht im Berufskontext verorten lassen.

Darüber hinaus kontrolliert gegebenenfalls weder der *Positive Affekt 2011* noch der *Negative Affekt 2011* das *Einkommen 2014*, da keine empirischen Hinweise dafür gefunden wurden, dass das emotionale Wohlbefinden das Einkommen bedingt. Demgegenüber ist durchaus anzunehmen, dass die körperliche Gesundheit eine Rolle bei der Höhe des Einkommens spielt, da mit Beeinträchtigung der körperlichen Funktionsfähigkeit oftmals auch eine Beeinträchtigung der Arbeitsfähigkeit einhergeht, welche nicht zuletzt zu einem früheren Erwerbsaustritt und damit zu einem geringeren Einkommen führen kann. Dieser vorzeitige Erwerbsaustritt muss dabei nicht plötzlich geschehen, sondern kann im Rahmen eines bestimmten zeitlichen Ablaufs und anhand verschiedener Zwischenstufen erfolgen, beispielsweise in Form eines graduellen Erwerbsaustritts (siehe Peter & Hasselhorn, 2013).

Wird die berufliche Weiterbildungsteilnahme als Prädiktor herangezogen, handelt es sich bei dem Basismodell hinsichtlich der latenten Konstrukte (*Einsamkeit 2014, Arbeitsbelastung 2014, Positiver Affekt 2014/ Negativer Affekt 2014/ SF-36 2014*) um drei endogene latente Variablen. Hinzu kommen drei endogene manifeste Variablen (*Netzwerkgröße 2014, Einkommen 2014, Berufliche Weiterbildungsteilnahme 2011-2014/ Allgemeine Weiterbildungsteilnahme 2011*) sowie die fünf exogenen manifesten Kontrollvariablen (*Alter, Geschlecht, Bildungsniveau, Netzwerkgröße 2011, Einkommen 2011*) und drei exogenen latenten Kontrollvariablen (*Einsamkeit 2011, Arbeitsbelastung 2011, Positiver Affekt 2011/ Negativer Affekt 2011/ SF-36 2011*). Bei der *allgemeinen Weiterbildungsteilnahme 2011* hingegen enthält das Strukturgleichungsmodell nur zwei endogene latente Variablen und zwei endogene manifeste Variablen sowie nur zwei exogene latente Kontrollvariablen (*Einsamkeit 2011, Positiver Affekt 2011/ Negativer Affekt 2011/ SF-36 2011*) und vier exogene manifeste Kontrollvariablen (*Alter, Geschlecht, Bildungsniveau, Netzwerkgröße 2011*). Hier liegen demensprechend 741 Datenpunkte sowie 74 zu schätzende Parameter und damit 667 Freiheitsgrade vor, wohingegen bei der beruflichen Weiterbildungsteilnahme 1.176 feste Datenpunkte sowie 100 zu schätzende Parameter und damit 1.076 Freiheitsgrade vorhanden sind[66]. In beiden Fällen handelt es sich aber wieder um überidentifizierte Modelle.

Da die Strukturgleichungsmodelle verschiedene Konstrukte enthalten, die anhand derselben Instrumente sowohl 2011 als auch 2014 erhoben wurden, werden zusätzlich die Faktorladungen der jeweiligen Konstrukte zu beiden Messzeitpunkten gleichgesetzt, um so die Messinvarianz zu berücksichtigen. Des Weiteren wird nach den einzelnen Analysen der personen- und kontextbezogenen Ebene für jede abhängige Variable ein Strukturgleichungsmodell erstellt, das sowohl alle signifikanten personenbezogenen als auch alle signifikanten kontextbezogenen Faktoren umfasst.

Im Folgenden werden nun die Ergebnisse der durchgeführten Strukturgleichungsmodelle präsentiert, wobei zuerst auf die berufliche und anschließend auf die allgemeine Weiterbildung eingegangen wird. Damit die Güte der jeweiligen Strukturgleichungsmodelle angemessen bewertet werden kann, wird zuvor

---

[66] Wird die Variable zum *Einkommen 2014* durch die Variable *SF36 2011* kontrolliert, sind es nur 99 zu schätzende Parameter und damit 1.077 Freiheitsgrade.

ein kurzer Exkurs zu den verschiedenen ausgewählten Gütemaße (Fit-Indizes) gegeben.

10.1 Exkurs: Fit-Indizes

Für die Beurteilung der Modellgüte können inzwischen eine ganze Reihe unterschiedlicher Fit-Indizes berücksichtigt werden. „Generally, the fit criteria of a structural equation model indicate to what extent the specified model fits the empirical data" (Schermelleh-Engel, Moosbrugger & Müller, S. 31). Für die vorliegende Forschungsarbeit werden jedoch nicht alle Fit-Indizes berichtet, stattdessen werden im Folgenden nur die von Hu und Bentler (1999) empfohlenen Fit-Indizes, die auch an anderer Stelle als besonders bedeutsam genannt werden (siehe Backhaus, Erichson, Weiber, 2015; Bühner, 2011) zur Beurteilung der Modellgüte näher erläutert.

Grundsätzlich lassen sich die ausgewählten Fit-Indizes in Absolute und Inkrementelle differenzieren. Die hier vorgestellten absoluten Fit-Indizes *CMIN* beziehungsweise *Chi²* (χ^2), *Root Mean Square Error of Approximation (RMSEA)* und *Standardized Root Mean Residual (SRMR)* beurteilen die Gesamtgüte des Modells, also wie gut das theoretische Modell die empirischen Daten wiederspiegelt, beziehungsweise wie gut es „passt". Dagegen prüft der *Comparative Fit Index (CFI)*, als inkrementeller Index, wie gut das geschätzte Modell, im Vergleich zu anderen alternativen Modellen, die empirischen Daten repräsentiert. Meistens wird hier als Alternativmodell ein Nullmodell (Independence-Modell) herangezogen, welches impliziert, dass es keinerlei Beziehungen zwischen den unabhängigen und abhängigen Variablen im Modell gibt (Hair et al., 2010; Rudolf & Müller, 2012).

χ^2-Test

Der χ^2-*Test* prüft die statistische Nullhypothese, also, ob die modelltheoretische Varianz-Kovarianzmatrix den wahren Werten der Grundgesamtheit entspricht (Backhaus et al., 2015). Ist der χ^2-*Test* signifikant, so muss das geprüfte Modell verworfen werden. Hierbei besteht jedoch die Problematik, dass der χ^2-Test sehr sensitiv auf die Stichprobengröße reagiert. Das bedeutet mit steigender Stichprobengröße wird die Wahrscheinlichkeit größer, dass das Modell abgelehnt wird, da dann auch Abweichungen die Signifikanz bedingen können, die sich nicht auf das theoretische Modell beziehen (Wentura & Pospeschill, 2015).

Darüber hinaus wird häufig ein weiterer Kennwert angegeben, der den χ^2-Wert im Verhältnis zu den Freiheitsgraden ($\frac{\chi^2}{df}$) setzt. Hiernach wird ein Modell dann angenommen, wenn der χ^2-Wert im Verhältnis zu den Freiheitsgraden möglichst klein ist. Konkret wird dann von einem guten Modellfit gesprochen, wenn das Verhältnis ($\frac{\chi^2}{df}$) $\leq$ 2,5 (Backhaus et al., 2015) beziehungsweise ($\frac{\chi^2}{df}$) $\leq$ 3 (Schermelleh-Engel et al., 2003) ist. Allerdings gibt es neben der Stichprobensensitivität eine weitere Problematik der χ^2-Test-Statisik, da diese eine multivariate Normalverteilung voraussetzt, die oftmals nicht gegeben ist[67]. Aufgrund dieser Einschränkungen wurden weitere Gütekriterien entwickelt, „die unabhängig vom Stichprobenumfang und relativ robust gegenüber Verletzungen der Multinormalverteilungsannahme sind" (Backhaus et al., 2015, S. 94). Diese werden im Folgenden vorgestellt.

---

[67] Bei Verletzung der multivariaten Normalverteilung empfiehlt Bühner (2011) den von AMOS ausgegeben χ^2- Wert anhand des Bollen-Stine-Bootstrap zu korrigieren. Da dieses Verfahren jedoch Zugriff auf die Rohdaten benötigt, konnte es in der vorliegenden Arbeit nicht angewandt werden.

RMSEA

Der *RMSEA* ist wie der χ^2-Test ein inferenzstatistisches Maß und prüft, wie gut sich das Modell an die Wirklichkeit annähert (Backhaus et al., 2015), gilt im Gegensatz zum χ^2-Test jedoch als relativ unabhängig von der Stichprobengröße (Schermelleh-Engel et al., 2003). Beim *RMSEA* lassen sich die Werte wie folgt interpretieren:

- *RMSEA* ≤ 0.05 → gute Passung
- *RMSEA* ≤ 0.08 → akzeptable Passung
- *RMSEA* ≥ 0.10 → inakzeptable Passung (Backhaus et al., 2015)

Grob gilt also für eine gute Modellpassung der Cut-off-Wert von ≤ 0.05 und für eine schlechte Passung ein Wert von ≥ 0.10, wobei der Cut-Off-Wert für eine gute Modellpassung bei großen Stichproben (n > 250) stattdessen bei ≤ 0.06 liegt (Wentura & Pospechill, 2015). Ein Wert zwischen 0.08 und 0.10 kann als mittelmäßig angesehen werden (Schermelleh-Engel et al., 2003). Ergänzend wird eine Irrtumswahrscheinlichkeit für die Nullhypothese angegeben (sogenannte PCLOSE-Wert), ob der *RMSEA* $\leq$ 0.05 liegt. Ist der p-Wert ≥ 0.05 kann von einem guten Modellfit ausgegangen werden (Backhaus et al., 2015). Darüber hinaus kann anhand des Konfidenzintervalls beurteilt werden, wie präzise der *RMSEA* geschätzt wird. Dabei gilt, dass der untere Schwellenwert für eine exakte Passung den Wert 0 einnehmen beziehungsweise für einen „close fit" ≤ 0.05 liegen sollte (Schermelleh-Engel et al., 2003).

SRMR

Gegenüber dem χ^2-Test und dem *RMSEA* handelt es sich beim *SRMR* um ein rein deskriptives Gütekriterium, welches als relativ

276

robust gegenüber Verletzungen der Multinormalverteilungsannahme gilt (Backhaus et al., 2015). Hier wird zunächst die Differenz zwischen der empirischen Varianz-Kovarianz und der modelltheoretisch errechneten Varianz-Kovarianz einer Variablen gemessen. Dabei wird der Differenzwert ins Verhältnis zur Modellkomplexität gesetzt. Zusätzlich wird der Effekt standardisiert, um zu vermeiden, dass sich die Skalierung der Indikatoren auf die Höhe von Varianzen und Kovarianzen auswirkt (Backhaus et al., 2015). Der Schwellenwert für einen guten Modellfit liegt hier bei: *SRMR* ≤ 0.10, wobei ein Wert ≤ 0.05 als guter und ≤ 0.10 als akzeptabler Modellfit angesehen wird (Backhaus et al., 2015; Schermelleh-Engel et al., 2003).

CFI

Während es sich bei den drei vorangegangenen Kennwerten um absolute Fit Indizes handelt, gehört der *CFI* zur Gruppe der inkrementellen Fit-Indizes (Hair et al., 2010). Der *CFI* kann einen Wert zwischen 0 und 1 annehmen. „Das getestete Modell kann dabei nie einen höheren Wert erzielen als das ‚schlechteste' Modell, das Nullmodell" (Bühner, 2011, S. 427). Bei den Cut-Off-Werten für ein gutes Modell werden in der Literatur unterschiedliche Werte angegeben. Während Hair et al. (2010) ab einem Wert von 0.90 von einem guten Modell sprechen, wird andernorts ein Cut-Off-Wert von 0.95 genannt (siehe Bühner, 2011; Wentura & Pospechil, 2015). Schermelleh-Engel et al. (2003) argumentieren hingegen für einen guten Modellfit ab ≥ 0.97.

An dieser Stelle soll jedoch noch einmal betont werden, dass in der vorliegenden Forschungsarbeit dem konfirmatorischen Ansatz folgend die Prüfung eines theoretischen Modells in Anlehnung an das *self-in-context Modell* von Feinstein et al. (2006) im Vordergrund steht und keine explorative Überarbeitung des Modells. Daher werden die angegeben Fit-Indizes lediglich als Hinweis dafür betrachtet, inwiefern weitere Modifikationen des Modells nötig wären, welche aber nicht Teil dieser Arbeit sein sollen. Zudem ist anzumerken, dass für die Beurteilung der Modellgüte theoretische und logische Überlegungen trotz Fit-Indizes unverzichtbar sind (Bühner, 2011).

10.2 Berufliche Weiterbildung

Für die Strukturgleichungsmodelle mit der *beruflichen Weiterbildungsteilnahme 2011-2014* als Prädiktor werden nur die gewichteten Daten der Teilstichprobe der Personen verwendet, die sowohl 2011 als auch 2014 berufstätig waren und an der schriftlichen sowie mündlichen Befragung teilgenommen haben (n=743). Nachfolgend werden die Ergebnisse zuerst für die personenbezogene und darauffolgend für die kontextbezogene Ebene sowie gegebenenfalls abschließend für beide Ebenen gemeinsam dargestellt.

10.2.1 Berufliche Weiterbildung: Personenbezogene Ebene

Auf der personenbezogenen Ebene wird zuerst untersucht, inwiefern die Variablen *Selbstwirksamkeitserwartung 2014*, *Selbstwertgefühl 2014* und *Optimismus 2014* eine mediierende Rolle bei dem Zusammenhang zwischen der beruflichen Weiterbildungsteilnahme und den drei gesundheitsbezogenen abhängigen Variablen, einnehmen. Das folgende Strukturgleichungsmodell mit dem *Positiven Affekt 2014 als abhängige Variable* sowie jedes Weitere bildet die geschätzten standardisierten Regressionsgewichte mit dem jeweiligen Signifikanzniveau ab:

Abb. 13: Strukturgleichungsmodell zum Zusammenhang zwischen beruflicher Weiterbildungsteilnahme 2011-2014 und Positivem Affekt 2014 mit den personenbezogenen Faktoren Selbstwirksamkeitserwartung, Selbstwertgefühl, Optimismus

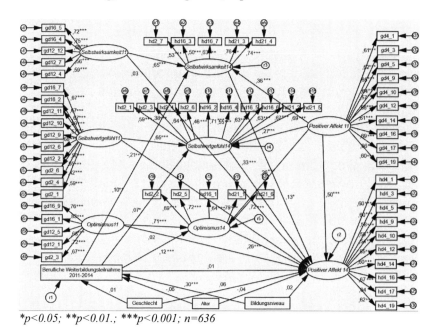

*p<0.05; **p<0.01.; ***p<0.001; n=636*

Zunächst lässt sich festhalten, dass innerhalb des Strukturgleichungsmodells bei den einzelnen Messmodellen die einzelnen Items hochsignifikant ($p < 0.001$) auf dem jeweiligen latenten Konstrukt laden. Dies lässt darauf schließen, dass es sich hierbei um einen guten lokalen Modellfit der einzelnen Messmodelle handelt. Zusätzlich sind die jeweiligen Fehlervarianzen sowie die Varianz des latenten Konstrukts selbst signifikant, wodurch ein weiterer Hinweis für einen guten lokalen Modellfit der Messmodelle vorliegt (siehe Bühner, 2011)[68]. Die jeweiligen latenten Konstrukte von 2011 korrelieren zudem signifikant positiv mit den entsprechenden latenten Konstrukten 2014.

Vor dem Hintergrund des *self-in-context* Modells lässt sich wie erwartet feststellen, dass alle drei personenbezogene Faktoren signifikante Mediatoren bei dem Zusammenhang zwischen beruflicher Weiterbildungsteilnahme und dem Positiven Affekt darstellen, da sie sowohl mit der *beruflichen Weiterbildungsteilnahme 2011-2014* als auch mit dem *Positiven Affekt 2014* signifikant korrelieren. Demnach erzielen Personen, die an einer beruflichen Weiterbildung teilgenommen haben höhere Werte in der *Selbstwirksamkeitserwartung* $(\beta = 0.10; p < 0.01)$, im *Selbstwertgefühl* $(\beta = 0.07; p < 0.05)$ und im *Optimismus* $(\beta = 0.12; p < 0.001)$ in 2014. Höhere Werte in diesen drei Variablen korrelieren wiederum signifikant mit höheren Werten im *Positiven Affekt 2014 (Selbstwirksamkeitserwartung 2014:* $\beta = 0.13; p < 0.05$; *Selbstwertgefühl 2014:* $\beta = 0.33; p < 0.001$; *Optimismus 2014:* $\beta = 0.26; p < 0.001)$, was bedeutet, dass Personen mit einem höheren Selbstwertgefühl, einem höheren Optimismus und einer höheren Selbstwirksamkeitserwartung eher ein positives emotionales Wohlbefinden angeben. Einen signifikanten direkten Zusammenhang zwischen einer beruflichen Weiterbildungsteilnahme und dem *Positiven Affekt in 2014* kann nicht beobachtet werden. Daran anknüpfend zeigt sich, dass der indirekte Effekt der beruflichen Weiterbildungsteilnahme (0,061) auf das positive emotionale Wohlbefinden größer ist als der direkte Effekt (0,006). Dies trifft auf die meisten der folgenden Strukturgleichungsmodelle zu, weshalb nachstehend nur erneut darauf

---

[68] Dieses Ergebnis trifft, wie im Weiteren ersichtlich wird, auf alle folgenden Strukturgleichungsmodelle zu, weshalb nachstehend nicht mehr explizit darauf eingegangen wird.

eingegangen wird, wenn der direkte Effekt größer als der indirekte Effekt sein sollte. Insgesamt werden durch die verschiedenen Pfade 66% der Varianz des *Positiven Affekts 2014* erklärt.

Ferner kann anhand des Strukturgleichungsmodells festgestellt werden, dass ein hohes *Selbstwertgefühl in 2011* signifikant negativ mit dem *Positiven Affekt* in 2014 zusammenhängt ($\beta = -0.21; p < 0.001$). Demzufolge sind Personen mit einem höheren *Selbstwertgefühl 2011*, in 2014 beispielweise eher traurig oder lethargisch. Umgekehrt gilt, dass je höher *der Positive Affekt 2011*, desto höher das *Selbstwertgefühl* ($\beta = 0.27; p < 0.001$), die *Selbstwirksamkeitserwartung* ($\beta = 0.36; p < 0.001$) und der *Optimismus* ($\beta = 0.26; p < 0.001$) in 2014. Mit Blick auf die Kontrollvariablen korreliert lediglich die Variable *Bildungsniveau* signifikant positiv mit der *beruflichen Weiterbildungsteilnahme 2011-2014* ($\beta = 0.30; p < 0.001$). Personen mit einem höheren Bildungsniveau in 2011 nehmen also eher an einer beruflichen Weiterbildung zwischen 2011 und 2014 teil, als Personen mit einem niedrigeren Bildungsniveau. Dieses Ergebnis gilt auch für die zwei folgenden Strukturgleichungsmodelle (siehe Abb. 14 und Abb. 15). Hinsichtlich der Passung des Modells zeigen die verschiedenen Fit-Indizes ein uneinheitliches Bild: $\chi^2(1959) = 7250.825$, $\frac{\chi^2}{df} = 3.701$, $RMSEA = 0.065$ (CI90: 0.064 - 0.067), $SRMR = 0.1923$, $CFI = 0.725$. So verweist einzig der RMSEA auf einen akzeptablen Modellfit während die Werte der anderen Fit-Indizes auf einen weniger akzeptablen Modellfit schließen lassen.

In Bezug auf den **Negativen Affekt 2014** (siehe Abb. 14) kann ebenfalls wie erwartet beobachtet werden, dass auch hier das *Selbstwertgefühl 2014* und der *Optimismus 2014* signifikante Mediatoren darstellen. Bei der *Selbstwirksamkeitserwartung 2014* handelt es sich dagegen um keinen signifikanten Mediator, da zwar mit der *beruflichen Weiterbildungsteilnahme 2011-2014* eine signifikante Korrelation vorliegt ($\beta = 0.14; p < 0.001$), jedoch nicht mit dem *Negativen Affekt 2014*. So hängen nur höhere Werte im *Selbstwertgefühl* ($\beta = -0.26; p < 0.001$) und *Optimismus* ($\beta = -0.23; p < 0.001$) in 2014 mit signifikant niedrigeren Werten im *Negativen Affekt 2014* zusammen. Diese Personen sind also weniger ängstlich, haben weniger Kummer und sind eher ruhig oder gelassen. Insgesamt werden hier 78% der Varianz des *Negativen Affekts 2014* erklärt.

Abb. 14: Strukturgleichungsmodell zum Zusammenhang zwischen beruflicher Weiterbildung 2011-2014 und Negativem Affekt 2014 mit den personenbezogenen Faktoren Selbstwirksamkeitserwartung, Selbstwertgefühl, Optimismus

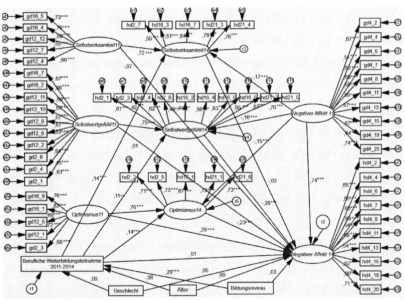

*p<0.05; **p<0.01.; ***p<0.001; n=653

Überdies zeigt sich, dass ein hoher *Negativer Affekt in 2011* mit signifikant niedrigeren Werten in allen drei Mediatorvariablen von 2014 einhergeht. Je höher also der *Negative Affekt in 2011* desto geringer die *Selbstwirksamkeitserwartung* ($\beta =$ $-0.17; p < 0.001$), das *Selbstwertgefühl* ($\beta = -0.16; p <$ 0.001) und der *Optimismus* ($\beta = -0.15; p < 0.001$) in 2014. Umgekehrt gibt es einen signifikant positiven Zusammenhang zwischen dem *Optimismus* in 2011 und dem *Negativen Affekt in 2014*. Personen, die in 2011 eher optimistisch waren, weisen in 2014 also eher ein negatives emotionales Wohlbefinden auf. Im Hinblick auf die Bewertung des Modells weist bei den absoluten Fit-Indizes erneut nur der RMSEA auf einen akzeptablen Fit hin: $\chi^2(1959) = 7611.421$, $\frac{\chi^2}{df} = 3.885$, $RMSEA = 0.067$ (CI90: 0.065 - 0.068), $SRMR = 0.190$, $CFI = 0.716$.

Wird die **körperliche Funktionsfähigkeit 2014** als abhängige Variable betrachtet (Abb.19), erweist sich entgegen der Erwartung nur noch die Variable des *Optimismus 2014* als signifikanter Mediator, der sowohl signifikant positiv mit der *beruflichen Weiterbildungsteilnahme 2011-2014* ($\beta = 0.14; p < 0.001$) als auch mit der *körperlichen Funktionsfähigkeit 2014* ($\beta = 0.40; p < 0.001$) korreliert. Personen, die eher optimistisch sind, weisen demnach nicht nur ein höheres emotionales Wohlbefinden, sondern auch eine höhere physische Gesundheit auf.

Abb. 15: Strukturgleichungsmodell zum Zusammenhang zwischen beruflicher Weiterbildungsteilnahme 2011-2014 und körperlicher Funktionsfähigkeit (SF36) 2014 mit den personenbezogenen Faktoren Selbstwirksamkeitserwartung, Selbstwertgefühl, Optimismus

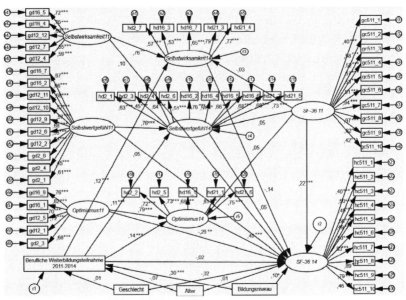

*$p<0.05$; **$p<0.01$.; ***$p<0.001$; $n=658$

Die Variablen Selbstwirksamkeitserwartung 2014 ($\beta = 0.12; p < 0.001$) und Selbstwertgefühl 2014 ($\beta = 0.11; p < 0.001$) weisen zwar ebenfalls einen signifikant positiven Zusammenhang mit der beruflichen Weiterbildungsteilnahme 2011-2014 auf, jedoch nicht mit der körperlichen Funktionsfähigkeit 2014. So kann festgehalten werden, dass im Hinblick auf die körperliche Funktionsfähigkeit mit Ausnahme des Optimismus nicht dieselben personenbezogenen Faktoren signifikante Mediatoren darstellen wie beim emotionalen Wohlbefinden. Im Gegensatz zum Positiven und Negativen Affekt wird hier mit 14,8% zudem ein wesentlich geringerer Anteil der Varianz der abhängigen Variable erklärt.

Überdies ist ähnlich zum vorherigen Strukturgleichungsmodell ein signifikant negativer Zusammenhang zwischen dem Optimismus in 2011 und der körperlichen Funktionsfähigkeit in 2014 festzustellen ($\beta = -0.25; p < 0.01$). Personen, die 2011 eher optimistisch waren, schätzen ihre körperliche Funktionsfähigkeit 2014 demnach signifikant schlechter ein als weniger optimistische Personen in 2011. In Bezug auf die soziodemografischen Kontrollvariablen korreliert hier das Bildungsniveau zusätzlich signifikant positiv mit der körperlichen Funktionsfähigkeit 2014 ($\beta = 0.10; p < 0.05$). Personen mit einem höheren Bildungsniveau partizipieren demnach nicht nur eher an einer beruflichen Weiterbildung, sondern geben auch eine höhere körperliche Funktionsfähigkeit an, als Personen mit einem geringeren Bildungsniveau. Die Modellbewertung fällt ähnlich zu den beiden vorangegangen Strukturgleichungsmodelle aus: $\chi^2(1959)$ =8470.858, $\frac{\chi^2}{df}$ = 4.324, RMSEA = 0.071 (CI90: 0.070 - 0.073), SRMR = 0.1637, CFI = 0.701.

10.2.2 Berufliche Weiterbildung: Kontextbezogene Ebene

Im Gegensatz zur personenbezogene Ebene, lassen sich auf der Kontextebene entgegen der theoretischen Annahmen keine signifikanten Mediatoreffekte hinsichtlich des Zusammenhangs zwischen *beruflicher Weiterbildungsteilnahme 2011-2014* und *Positiver Affekt 2014* (Abb. 16) beziehungsweise *Negativer Affekt 2014* (Abb. 17) feststellen. In beiden Strukturgleichungsmodellen korreliert zwar die *berufliche Weiterbildungsteilnahme 2011-2014* mit der sozialen *Netzwerkgröße in 2014* signifikant positiv ($\beta = 0.10; p < 0.01; \beta = 0.01; p < 0.01$), jedoch weist diese keinen signifikanten Zusammenhang mit dem *Positiven* oder *Negativen Affekt* in 2014 auf. Zusätzlich zeigt sich im Strukturgleichungsmodell mit dem *Negativen Affekt 2014* als abhängige Variable eine signifikant negative Korrelation zwischen der *beruflichen Weiterbildungsteilnahme 2011-2014* und den *subjektiven*

Arbeitsbelastungen 2014 ($\beta = -0.11; p < 0.01$). Demnach geben Personen, die in den drei Jahren an einer beruflichen Weiterbildung teilgenommen haben, signifikant geringere Arbeitsbelastungen in 2014 an als Nichtteilnehmende. Allerdings hängt die *subjektive Arbeitsbelastung 2014* nicht signifikant mit dem *Negativen Affekt in 2014* zusammen.

Abb. 16: Strukturgleichungsmodell zum Zusammenhang zwischen beruflicher Weiterbildungsteilnahme 2011-2014 und Positivem Affekt 2014 mit den kontextbezogenen Faktoren Netzwerkgröße, Einsamkeit, subjektive Arbeitsbelastung und Einkommen

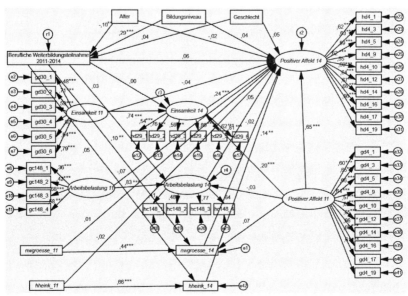

*p<0.05; **p<0.01.; ***p<0.001; n=627

Abb. 17: Strukturgleichungsmodell zum Zusammenhang zwischen beruflicher Weiterbildungsteilnahme 2011-2014 und Negativem Affekt 2014 mit den kontextbezogenen Faktoren soziale Netzwerkgröße, Einsamkeit, subjektive Arbeitsbelastung, Einkommen

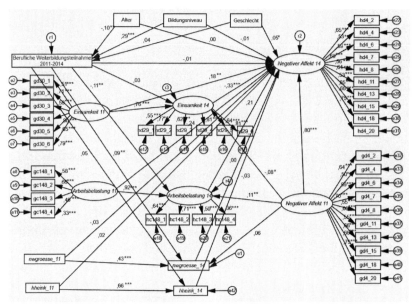

*p<0.05; **p<0.01.; ***p<0.001; n=640*

Dagegen korreliert das Gefühl der *Einsamkeit 2014* in beiden Strukturgleichungsmodellen mit dem *Positiven* beziehungsweise *Negativen Affekt 2014* signifikant ($\beta = 0.24; p < 0.001; \beta = -0.33; p < 0.001$). Personen die sich weniger einsam fühlen[69], weisen demnach signifikant höhere beziehungsweise niedrigere Werte im *Positiven* beziehungsweise *Negativen Affekt 2014* auf. Zusätzlich ist festzustellen, dass auf der Kontextebene mit dem *Positiven Affekt 2014* als abhängige Variable zum einen mit

---

[69] Die Einsamkeitsskala ist so gepolt, dass sie sich wie folgt interpretieren lässt: Je höher die Werte, desto weniger einsam fühlen sich die Personen.

55,6% deutlich weniger Varianz erklärt wird als auf der personenbezogenen Ebene. Zum anderen lässt sich erstmals beobachten, dass der direkte Effekt zwischen *der beruflichen Weiterbildungsteilnahme* und dem *Positiven Affekt 2014* größer ist (0,059) als der Indirekte (0,007). Demgegenüber wird auf der kontextbezogenen Ebene beim *Negativen Affekt 2014* eben so viel Varianz erklärt (78,5%) wie auf der personenbezogenen Ebene.

Darüber hinaus wird in beiden Strukturgleichungsmodellen ersichtlich, dass Personen, die 2011 höhere Werte im *Positiven Affekt* beziehungsweise niedrigere Werte im *Negativen Affekt* erzielten, ein signifikant geringeres *Einsamkeitsgefühl 2014* ($\beta = 0.20; p < 0.001; \beta = -0.08; p < 0.05$) aufzeigen. Gleichzeitig lässt sich festhalten, dass ein geringes *Einsamkeitsgefühl in 2011* mit einem höheren *Negativen Affekt in 2014* signifikant zusammenhängt ($\beta = -0.18; p < 0.01$). Personen, die sich in 2011 weniger einsam fühlen, weisen 2014 also ein eher negatives emotionales Wohlbefinden auf. In Bezug auf den *Positiven Affekt 2014* lässt sich des Weiteren ein signifikant positiver Zusammenhang mit dem *Einkommen 2014* feststellen ($\beta = 0.14; p < 0.01$). Je höher das Einkommen desto höher also das positive emotionale Wohlbefinden. Interessanterweise lässt sich zudem im Hinblick auf die Kontrollvariablen feststellen, dass unter Berücksichtigung der kontextbezogenen Faktoren und ohne Kontrolle der personenbezogenen Faktoren nicht nur das *Bildungsniveau*, sondern auch das *Alter* in beiden Modellen einen signifikanten Effekt auf die berufliche Weiterbildungsteilnahme besitzt ($\beta = -0.10; p < 0.01$). So nehmen ältere Personen signifikant weniger an einer beruflichen Weiterbildung zwischen 2011 und 2014 teil. Im Hinblick auf den *Negativen Affekt 2014* lässt sich zudem ein signifikanter Geschlechtseffekt festhalten, wonach Frauen signifikant höhere Werte im *Negativen Affekt 2014* aufweisen als Männer ($\beta = 0.06; p < 0.05$). Auch auf der kontextbezogenen Ebene deutet hinsichtlich der Fit-Indizes einzig der RMSEA sowohl in

Bezug auf das Modell mit dem *Positiven Affekt 2014* ($\chi^2(1076)$ = 4462.369, $\frac{\chi^2}{df}$ = 4.147, *RMSEA* = 0.071 (CI90: 0.069 - 0.073), *SRMR* = 0.1064, *CFI* = 0.726) als auch in Bezug auf das Modell mit dem *Negativen Affekt 2014* ($\chi^2(1078)$ =4786.962, $\frac{\chi^2}{df}$ = 4.441, *RMSEA* = 0.073 (CI90: 0.071 - 0.076), *SRMR* = 0.1107, *CFI* = 0.712) auf ein akzeptables Modell hin.

Konträr zu den beiden vorangegangenen Modellen und konform mit der theoretischen Annahme des *self-in-context* Modells, lässt sich im folgenden Strukturgleichungsmodell mit der **körperlichen Funktionsfähigkeit 2014** als abhängige Variable auf der kontextbezogenen Ebene die Variable zu den *subjektiven Arbeitsbelastungen 2014* als signifikanter Mediator identifizieren:

Abb. 18: Strukturgleichungsmodell zum Zusammenhang zwischen beruflicher Weiterbildungsteilnahme 2011-2014 und körperlicher Funktionsfähigkeit (SF-36) 2014 mit den kontextbezogenen Faktoren soziale Netzwerkgröße, Einsamkeit, subjektive Arbeitsbelastung, Einkommen

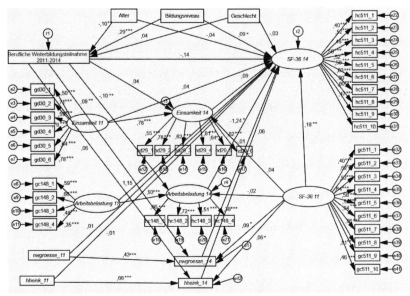

*$p<0.05$; **$p<0.01$.; ***$p<0.001$; $n=652$

Dabei verweist der standardisierte Regressionskoeffizient mit -1,24 auf einen sehr starken Effekt. Dementsprechend geben Personen, die zwischen 2011 und 2014 eine berufliche Weiterbildung besucht haben in 2014 signifikant geringere *subjektive Arbeitsbelastungen* an ($\beta = -0.10; p < 0.01$), wobei höhere *subjektive Arbeitsbelastungen 2014* signifikant mit einer geringeren *körperlichen Funktionsfähigkeit 2014* zusammenhängen ($\beta = -1.24; p < 0.05$). Überdies korreliert wiederholt eine *berufliche Weiterbildungsteilnahme 2011-2014* signifikant positiv mit der sozialen *Netzwerkgröße 2014* ($\beta = 0.09; p < 0.01$), jedoch steht diese Variable auch hier in keinem signifikanten Zusammenhang mit der *körperlichen Funktionsfähigkeit 2014*. Insgesamt wird auf der kontextbezogenen Ebene mehr Varianz *der körperlichen Funktionsfähigkeit 2014* erklärt (27,5%) als auf der personenbezogenen Ebene.

Des Weiteren lässt sich beobachten, dass Personen mit einer höheren *körperlichen Funktionsfähigkeit in 2011* ebenfalls ein größeres *soziales Netzwerk in 2014* angeben ($\beta = 0.09; p < 0.05$). Darüber hinaus korreliert die *körperliche Funktionsfähigkeit von 2011* signifikant positiv mit dem *Einkommen in 2014* ($\beta = 0.06; p < 0.05$). Ansonsten weisen konform zu den anderen kontextbezogenen Strukturgleichungsmodellen das *Alter* ($\beta = -0.10; p < 0.05$) sowie das *Bildungsniveau* ($\beta = 0.29; p < 0.001$) einen signifikant negativen beziehungsweise positiven Effekt auf die *berufliche Weiterbildungsteilnahme 2011-2014* auf. Zusätzlich gibt es wie auf der personenbezogenen Ebene eine signifikant positive Korrelation zwischen dem *Bildungsniveau* und der *körperlichen Funktionsfähigkeit 2014* ($\beta = 0.09; p < 0.05$). Demnach geben Personen mit einem höheren *Bildungsniveau* eine höhere *körperliche Funktionsfähigkeit* an. Im Hinblick auf die Fit-Indizes deutet bei diesem Strukturgleichungsmodell erstmals nicht nur der RMSEA, sondern auch der SRMR auf einen akzeptablen Fit hin: $\chi^2(1077) = 5609.049$, $\frac{\chi^2}{df} = 5.208$, *RMSEA* = 0.080 (CI90: 0.078 - 0.082), *SRMR* = 0.0862, *CFI* = 0.693.

10.2.3 Berufliche Weiterbildung: Personen- und kontextbezogene Ebene

Wie bereits erwähnt, werden in einem nächsten Schritt nun pro abhängige Variable alle signifikanten Mediatorvariablen sowohl von der personenbezogenen als auch von der kontextbezogenen Ebene jeweils in ein Strukturgleichungsmodell integriert. Da sich auf Kontextebene nur hinsichtlich der *körperlichen Funktionsfähigkeit 2014* ein signifikanter Mediator identifizieren ließ, wird

291

nur dafür ein erneutes Strukturgleichungsmodell erstellt (Abb. 19). So werden hier die signifikante personenbezogene Mediatorvariable zum *Optimismus 2014* und die signifikante kontextbezogene Mediatorvariable zu den *subjektiven Arbeitsbelastungen 2014* als Mediatoren aufgenommen. Wie die folgende Abbildung zeigt, bleibt unter Berücksichtigung beider Mediatorvariablen nur die Variable zum *Optimismus 2014* weiterhin ein signifikanter Mediator während die Variable zu den *subjektiven Arbeitsbelastungen 2014* ihren signifikanten Mediatoreffekt verliert, da hier keine signifikante Korrelation zwischen den *Arbeitsbelastungen 2014* und der *körperlichen Funktionsfähigkeit 2014* vorliegt. Überdies zeigt sich erneut ein signifikant negativer Zusammenhang zwischen dem *Optimismus 2011* und der *körperlichen Funktionsfähigkeit 2014* ($\beta = -0.18; p < 0.05$), wonach Personen, die 2011 eher optimistisch waren, 2014 ihre körperliche Funktionsfähigkeit schlechter bewerten, als in 2011 weniger optimistische Personen.

Abb. 19: Strukturgleichungsmodell zum Zusammenhang zwischen beruflicher Weiterbildungsteilnahme 2011-2014 und körperlicher Funktionsfähigkeit (SF-36) 2014 mit signifikanten personen- und kontextbezogenen Faktoren (Optimismus, subjektive Arbeitsbelastungen)

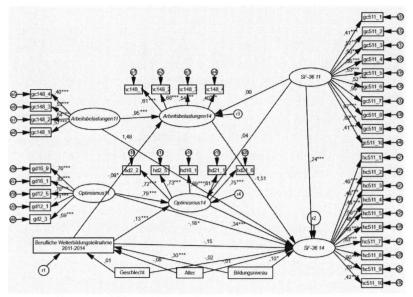

*$p<0.05$; **$p<0.01$.; ***$p<0.001$; $n=626$

Bei den Kontrollvariablen können dieselben signifikanten Zusammenhänge festgestellt werden wie beim vorherigen Strukturgleichungsmodell. Im Hinblick auf die Varianzerklärung der *körperlichen Funktionsfähigkeit 2014* wird in diesem Strukturgleichungsmodell bislang die größte Varianz erklärt (33,7%). Trotz der größeren Sparsamkeit des Modells verweisen jedoch erneut nur der RMSEA und SRMR auf einen akzeptablen Fit hin: $\chi^2(821) = 4891.321$, $\frac{\chi^2}{df} = 5.958$, $RMSEA = 0.085$ (CI90: 0.083 - 0.088), $SRMR = 0.081$, $CFI = 0.709$.

Im Hinblick auf die berufliche Weiterbildungsteilnahme ist fest-zuhalten, dass konform zu den theoretischen Annahmen des *self-in-context* Modells das Selbstwertgefühl und die Selbstwirksam-keitserwartung wichtige personenbezogene Faktoren darstellen, die den Zusammenhang zwischen beruflicher Weiterbildung und Gesundheit erklären können. Beide Faktoren sind jedoch nur hin-sichtlich des emotionalen Wohlbefindens bedeutsam, wobei nur das Selbstwertgefühl sowohl in Bezug auf den Positiven Affekt als auch bezüglich des Negativen Affekts einen signifikanten Me-diator darstellt. Der Optimismus erklärt dagegen sowohl den Zu-sammenhang zwischen beruflicher Weiterbildung und emotiona-lem Wohlbefinden als auch zwischen beruflicher Weiterbildung und körperlicher Funktionsfähigkeit. Mit Blick auf die kontext-bezogene Ebene lässt sich in Bezug auf das *self-in-context* Modell lediglich die subjektive Arbeitsbelastung als signifikanter Medi-ator beim Zusammenhang zwischen beruflicher Weiterbildung und körperlicher Funktionsfähigkeit identifizieren. Wird zusätz-lich der Optimismus aufgenommen, verschwindet jedoch der sig-nifikante Effekt. Demzufolge erweist sich der Optimismus als zentraler Mediator beim Zusammenhang zwischen beruflicher Weiterbildung und Gesundheit. Mit Blick auf die Varianzaufklä-rung zeigt sich zudem, dass für das positive emotionale Wohlbe-finden eher personenbezogene (66%) und weniger kontextbezo-genen Faktoren (55,6%) von Bedeutung sind während es für die physische Gesundheit gerade umgekehrt ist. Hier wird auf der Kontextebene nahezu doppelt so viel Varianz aufgeklärt (27,5%) als auf der personenbezogenen Ebene (14,8%). Für das negative emotionale Wohlbefinden scheinen Faktoren beider Ebenen zent-ral, da hier jeweils fast derselbe Anteil Varianz aufgeklärt wird (78% und 78,5%).

10.3 Allgemeine Weiterbildung

Gleichwohl sich in den multiplen linearen Regressionsanalysen mit den WiE 50+ Daten kein signifikanter Zusammenhang zwischen einer allgemeinen Weiterbildungsteilnahme und der mentalen sowie physischen Gesundheit zeigte, wird dieser Zusammenhang mit den DEAS Daten dennoch erneut untersucht. Begründen lässt sich das Vorgehen damit, dass mit den DEAS Daten zum einen neue Variablen und eine neue Stichprobe zur Verfügung stehen und sich das *self-in-context* Modell von Feinstein et al. (2003) zum anderen nicht ausschließlich auf die berufliche Weiterbildung bezieht. Vielmehr können gerade auf der personenbezogene Ebene dieselben Variablen zur Erklärung des Zusammenhangs zwischen allgemeiner Weiterbildungsteilnahme und mentaler sowie physischer Gesundheit beitragen. Für die folgenden Analysen wird aufgrund der Teilnahme an einer allgemeinen und nicht nur beruflichen Weiterbildung die gesamte Stichprobe (n=2.591) betrachtet.

10.3.1 Allgemeine Weiterbildung: Personenbezogene Ebene

Auf der personenbezogenen Ebene werden hinsichtlich des Zusammenhangs zwischen *einer allgemeinen Weiterbildungsteilnahme 2011* und dem *Positiven* sowie *Negativen Affekt 2014* dieselben personenbezogenen Variablen in das Strukturgleichungsmodell aufgenommen wie bei der *beruflichen Weiterbildungsteilnahme 2011-2014*. Dabei zeigen sich im Vergleich zum Zusammenhang mit der beruflichen Weiterbildungsteilnahme sowohl in Bezug auf den *Positiven Affekt 2014* (Abb. 20) als auch hinsichtlich des *Negativen Affekts 2014* (Abb. 21) dieselben signifikanten Mediatorvariablen. So stellen beim Zusammenhang zwischen der *allgemeinen Weiterbildungsteilnahme 2011* und dem *Positiven Affekt 2014*, wie im *self-in-context* Modell angenommen, alle drei betrachteten personenbezogenen Faktoren signifikante Mediatoren dar.

Abb. 20: Strukturgleichungsmodell zum Zusammenhang zwischen allgemeiner Weiterbildungsteilnahme 2011 und Positivem Affekt 2014 mit den personenbezogenen Faktoren Selbstwirksamkeitserwartung, Selbstwertgefühl, Optimismus

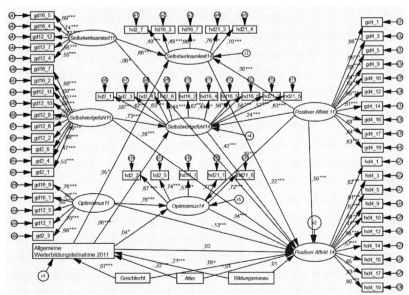

*p<0.05; **p<0.01.; ***p<0.001; n=2.107*

Abb. 21: Strukturgleichungsmodell zum Zusammenhang zwischen allgemeiner Weiterbildungsteilnahme 2011 und Negativem Affekt 2014 mit den personenbezogenen Faktoren Selbstwirksamkeitserwartung, Selbstwertgefühl, Optimismus

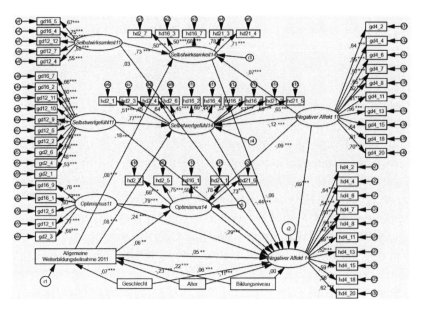

*p<0.05; **p<0.01; ***p<0.001; n=2.150

Dementsprechend erzielen Personen, die bereits 2011 an einer allgemeinen Weiterbildung teilgenommen hatten, höhere Werte in der *Selbstwirksamkeitserwartung* ($\beta = 0.05; p < 0.05$), im *Selbstwertgefühl* ($\beta = 0.06; p < 0.001$) und im *Optimismus* ($\beta = 0.04; p < 0.05$) in 2014 und diese drei Variablen korrelieren wiederum signifikant positiv mit einem positiven emotionalen Wohlbefinden in 2014. Ein ähnliches Bild ist auch beim Zusammenhang mit dem *Negativen Affekt 2014* erkennbar, wobei hier entgegen der Vermutung die *Selbstwirksamkeitserwartung 2014* kein signifikanter Mediator ist. Es gibt zwar einen signifikant positiven Zusammenhang zwischen der *allgemeinen Weiterbildungsteilnahme 2011* und der *Selbstwirksamkeitserwartung 2014*

297

($\beta = 0.08; p < 0.001$), nicht jedoch zwischen der *Selbstwirk-samkeitserwartung 2014* und dem *Negativen Affekt 2014* (siehe Abb. 21). Mit Blick auf die erklärte Varianz ist festzustellen, dass im Gegensatz zu den Strukturgleichungsmodellen mit der *beruflichen Weiterbildungsteilnahme 2011-2014* hier hinsichtlich des *Positiven Affekts 2014* ein höherer Anteil (70,3%) und bezüglich des *Negativen Affekts 2014* ein etwas geringerer Anteil (74,7%) erklärt wird.

Zudem zeigt sich im Strukturgleichungsmodell mit dem **Positiven Affekt 2014** (Abb. 20) als abhängige Variable jeweils ein signifikant negativer Zusammenhang zwischen den drei Variablen *Selbstwirksamkeitserwartung 2011* ($\beta = -0.06; p < 0.05$), *Selbstwertgefühl 2011* ($\beta = -0.28; p < 0.001$), *Optimismus 2011* ($\beta = -0.13; p < 0.001$) und dem *Positiven Affekt 2014*. Personen, die 2011 höhere Werte in diesen drei Bereichen erzielen, geben 2014 also einen signifikant geringeres positives emotionales Wohlbefinden an. Entgegengesetzt gilt jedoch, dass je höher der *Positive Affekt in 2011*, desto höher sind die Werte im Selbstwertgefühl ($\beta = 0.24; p < 0.001$), in der Selbstwirksamkeitserwartung ($\beta = 0.30; p < 0.001$) und im Optimismus ($\beta = 0.19; p < 0.001$) in 2014.

Ähnliche Ergebnisse lassen sich auch beim **Negativen Affekt 2014** (Abb. 21) hinsichtlich der Variablen *Selbstwertgefühl 2011* und *Optimismus 2011* feststellen. So korrelieren beide Variablen signifikant positiv mit dem negativen emotionalen Wohlbefinden in 2014 ($\beta = 0.18; p < 0.001$; $\beta = 0.24; p < 0.001$) während gleichzeitig ein hoher *Negativer Affekt in 2011* mit signifikant geringeren Werten im *Selbstwertgefühl 2014* ($\beta = -0.12; p < 0.001$), im *Optimismus 2014* ($\beta = -0.09; p < 0.001$) und in der *Selbstwirksamkeitserwartung 2014* ($\beta = -0.07; p < 0.001$) einhergeht. Zusätzlich lässt sich hier erstmals ein signifikanter direkter Zusammenhang zwischen der *allgemeinen Weiterbildungsteilnahme 2011* und dem *Negativen Affekt 2014* beobachten ($\beta = 0.05; p < 0.01$). Personen, die 2011 an einer allgemeinen Weiterbildung teilgenommen haben, weisen demnach ein höheres negatives emotionales Wohlbefinden in 2014 auf.

Im Hinblick auf die soziodemografischen Kontrollvariablen, weisen in beiden Strukturgleichungsmodellen alle drei Variablen eine signifikante Korrelation mit der allgemeinen Weiterbildungsteilnahme auf. Demnach nehmen Frauen eher als Männer ($\beta = 0.07; p < 0.001$), Jüngere eher als Ältere ($\beta = -0.22; p < 0.001; \beta = -0.23; p < 0.001$) und Höhergebildete eher als Niedriggebildete ($\beta = 0.21; p < 0.001; \beta = 0.22; p < 0.001$) an einer allgemeinen Weiterbildung teil. Zudem gibt es zwischen dem *Geschlecht* und dem *Positiven Affekt 2014* eine signifikante positive Korrelation ($\beta = 0.06; p < 0.05$), wonach Frauen ein signifikant höheres positives emotionales Wohlbefinden 2014 aufweisen als Männer. Hinsichtlich des *Negativen Affekts 2014* zeigt sich jedoch ein umgekehrter signifikanter Effekt, wonach Frauen auch ein signifikant höheres negatives emotionalen Wohlbefinden 2014 erzielen als Männer ($\beta = 0.06; p < 0.001$). Zudem korreliert hier das *Alter* signifikant negativ mit dem *Negativen Affekt 2014* ($\beta = -0.11; p < 0.001$), was bedeutet, dass ältere Personen einen geringeres negatives emotionales Wohlbefinden in 2014 aufweisen. Für beide Modelle gilt, dass nur der RMSEA auf ein akzeptables Modell schließen lässt (*Positiver Affekt 2014*: $\chi^2(1959) = 19733.855, \frac{\chi^2}{df} = 10.073, RMSEA = 0.066$ (CI90: 0.065 - 0.066), $SRMR = 0.1812$ $CFI = 0.704$; *Negativer Affekt 2014*: $\chi^2(1959) = 21408.106, \frac{\chi^2}{df} = 10.928, RMSEA = 0.068$ (CI90: 0.067 - 0.069), $SRMR = 0.1736, CFI = 0.679$).

Konträr zum Strukturgleichungsmodell mit der beruflichen Weiterbildungsteilnahme stellt sich im Hinblick auf den Zusammenhang zwischen *allgemeiner Weiterbildungsteilnahme 2011* und *körperlicher Funktionsfähigkeit 2014* (siehe Abb. 22) nicht nur die Variable zum *Optimismus 2014*, sondern auch die Variable zur *Selbstwirksamkeitserwartung 2014* als signifikanter Mediator heraus. Dementsprechend geben Personen, die 2011 an einer allgemeinen Weiterbildung teilgenommen haben 2014 höhere Werte in der Selbstwirksamkeitserwartung ($\beta = 0.07; p < 0.001$) und im Optimismus ($\beta = 0.04; p < 0.05$) an. Und Personen mit einer höheren Selbstwirksamkeitserwartung ($\beta = 0.11; p < 0.001$) und einem höheren Optimismus ($\beta = 0.18; p < 0.001$) in 2014 weisen höhere Werte in der *körperlichen Funktionsfähigkeit 2014* auf. Überdies gibt es auch einen signifikant positiven Zusammenhang zwischen der *allgemeinen Weiterbildungsteilnahme in 2011* und dem *Selbstwertgefühl in 2014* ($\beta = 0.06; p < 0.01$), wobei der Zusammenhang zwischen dem *Selbstwertgefühl 2014* und der *körperlichen Funktionsfähigkeit in 2014* entgegen der Annahme jedoch nicht signifikant ist. Nicht zuletzt ist auch hier ein direkter signifikant positiver Zusammenhang zwischen der *allgemeinen Weiterbildungsteilnahme 2011* und der *körperlichen Funktionsfähigkeit 2014* zu beobachten ($\beta = 0.04; p < 0.05$).

Abb. 22: Strukturgleichungsmodell zum Zusammenhang zwischen allgemeiner Weiterbildungsteilnahme 2011 und körperlicher Funktionsfähigkeit (SF-36) 2014 mit den personenbezogenen Faktoren Selbstwirksamkeitserwartung, Selbstwertgefühl, Optimismus

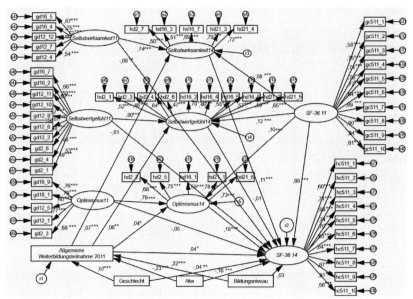

*p<0.05; **p<0.01.; ***p<0.001; n=2.199*

Im Gegensatz zur beruflichen Weiterbildungsteilnahme wird hier mit der allgemeinen Weiterbildungsteilnahme 2011 eine deutlich höhere Varianz in der Variable der *körperlichen Funktionsfähigkeit 2014* erklärt (53,3%). Darüber hinaus ist der direkte Effekt zwischen *der allgemeinen Weiterbildungsteilnahme 2011* und der *körperlichen Funktionsfähigkeit 2014* höher (0,035) als der Indirekte (0,013).

Ferner zeigt sich, dass Personen mit einer höheren *körperlichen Funktionsfähigkeit in 2011*, zwar höhere Werte in der *Selbstwirksamkeitserwartung* ($\beta = 0.08; p < 0.001$), im *Selbstwertgefühl*

$(\beta = 0.12; p < 0.001)$ und im *Optimismus* $(\beta = 0.10; p <$ 0.001) in 2014 erzielen, jedoch umgekehrt Personen mit einer höheren *Selbstwirksamkeitserwartung in 2011* eine signifikant geringere *körperliche Funktionsfähigkeit 2014* angeben $(\beta = -0.09; p < 0.01)$. Konform zu den vorangegangenen Strukturgleichungsmodellen, korrelieren hier alle drei soziodemografischen Kontrollvariablen signifikant mit der *allgemeinen Weiterbildungsteilnahme 2011* (Alter: $\beta = -.23; p < 0.001$; Geschlecht: $\beta = 0.07; p < 0.001$; Bildungsniveau: $\beta = 0.22; p < 0.001$). Darüber hinaus hängen *Alter* und *Geschlecht* signifikant negativ mit der *körperlichen Funktionsfähigkeit 2014* zusammen $(\beta = -0.16; p < 0.001;$ $\beta = -0.04; p < 0.001)$, wonach Frauen und ältere Personen eine geringere körperliche Funktionsfähigkeit aufweisen. In Anbetracht der Fit-Indizes weist erneut nur der RMSEA auf einen akzeptablen Modellfit hin: $\chi^2(1959) =$ 22699.940, $\frac{\chi^2}{df} = 11.588$, *RMSEA* = 0.069 (CI90: 0.069 - 0.070), *SRMR* = 0.1558, *CFI* = 0.730.

10.3.2 Allgemeine Weiterbildung: Kontextbezogene Ebene

Auf der kontextbezogenen Ebene werden bei der *allgemeinen Weiterbildungsteilnahme 2011* nicht alle Faktoren, die bei der beruflichen Weiterbildungsteilnahme einbezogen wurden, als Mediatoren in die Strukturgleichungsmodelle aufgenommen. So werden nur die Variablen zur *Netzwerkgröße 2014 und Einsamkeit 2014* als potentielle Mediatoren betrachtet. Die Variablen zu *subjektiven Arbeitsbelastungen 2014* und *Einkommen 2014* werden nicht berücksichtigt, da nicht davon auszugehen ist, dass durch eine außerberufliche Weiterbildungsmaßnahme das Einkommen oder die Arbeitsbelastungen signifikant beeinflusst werden (siehe Kap. 10). Dem folgenden Strukturgleichungsmodell mit dem **Positiven Affekt 2014** als abhängige Variable (Abb. 23) ist zu entnehmen, dass es zwischen der *allgemeinen Weiterbildungsteilnahme 2011* und dem *Positiven Affekt 2014* entgegen der Erwartung keine signifikante Mediatorvariable gibt:

Abb. 23: Strukturgleichungsmodell zum Zusammenhang zwischen allgemeiner Weiterbildungsteilnahme 2011 und Positivem Affekt 2014 mit den kontextbezogenen Faktoren soziale Netzwerkgröße und Einsamkeit

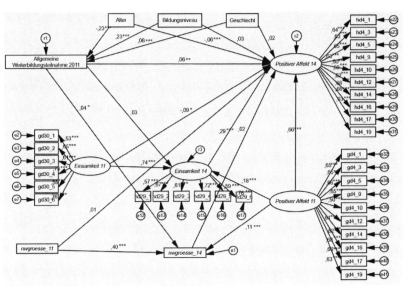

*p<0.05; **p<0.01; ***p<0.001; n=2.248*

Dafür lässt sich ein direkter signifikant positiver Zusammenhang beobachten ($\beta = 0.06; p < 0.01$) demzufolge Personen, die 2011 an einer allgemeinen Weiterbildung teilgenommen haben ein signifikant höheres positives emotionales Wohlbefinden aufzeigen, als Personen, die an keiner allgemeinen Weiterbildung teilgenommen haben. Dieser direkte Effekt ist dabei größer (0,059) als der indirekte Effekt (0,009). Zwar korreliert eine allgemeine Weiterbildungsteilnahme signifikant positiv mit der *sozialen Netzwerkgröße 2014* ($\beta = 0.04; p < 0.05$), jedoch zeigt sich im Hinblick auf den *Positiven Affekt 2014* nur ein signifikanter Zusammenhang mit der Variable der *Einsamkeit 2014*. Dabei korreliert sowohl die Variable der *Einsamkeit von 2014* ($\beta = 0.29; p < 0.001$) als auch die entsprechende Variable von 2011 ($\beta = -0.09; p < 0.001$) signifikant mit dem *Positiven Affekt 2014*. Zwischen der *Einsamkeit 2014* und dem *Positiven Affekt in 2014* liegt eine signifikant positive Korrelation vor, wonach Personen, die sich weniger einsam fühlen, ein höheres positives emotionales Wohlbefinden angeben. Personen, die sich in 2011 weniger einsam fühlen, erzielen hingegen signifikant geringere Werte im positiven emotionalen Wohlbefinden. Diese signifikante Beziehung lässt sich auch bei den folgenden Strukturgleichungsmodellen mit dem *Negativen Affekt 2014* als abhängige Variable beobachten ($\beta = 0.21; p < 0.001$). Insgesamt werden bezüglich des *Positiven Affekts 2014* auf der kontextbezogenen Ebene 57,6% Varianz und damit weniger als auf der personenbezogenen Ebene erklärt. Darüber hinaus gilt, dass je höher der *Positive Affekt in 2011*, desto größer das *soziale Netzwerk in 2014* ($\beta = 0.11; p < 0.001$) und desto geringer das *Einsamkeitsgefühl in 2014* ($\beta = 0.18; p < 0.001$). Konform zu den Ergebnissen auf der personenbezogene Ebene, korrelieren hier gleichermaßen alle drei soziodemografische Kontrollvariablen signifikant mit der *allgemeinen Weiterbildungsteilnahme 2011* (Alter: $\beta = -.23; p < 0.001$; Geschlecht: $\beta = 0.23; p < 0.001$; Bildungsniveau: $\beta = 0.08; p < 0.001$). Zudem weisen älter Personen signifikant niedrigere Werte im *Positiven Affekt 2014* auf ($\beta = -0.06; p < 0.001$). Mit Blick auf die Fit-Indizes deuten diesmal sowohl der RMSEA als auch der SRMR auf einen akzeptablen Modellfit hin: $\chi^2(667) = 8512.508$, $\frac{\chi^2}{df} = 12.762$, *RMSEA* $= 0.072$ (CI90: 0.071 - 0.074), *SRMR* $= 0.0961$, *CFI* $= 0.766$.

Im Gegensatz zum *Positiven Affekt 2014* lassen sich beim Zusammenhang zwischen der *allgemeinen Weiterbildungsteilnahme*

2011 und dem **Negativen Affekt 2014** wie im *self-in-context* Modell angenommen sowohl die Variable zur *Einsamkeit 2014* als auch die Variable zur *sozialen Netzwerkgröße 2014* als signifikante Mediatoren identifizieren (siehe Abb. 24). So geben Personen, die 2011 an einer allgemeinen Weiterbildung teilgenommen haben in 2014 ein größeres soziales Netzwerk an ($\beta = 0.06; p < 0.01$) und fühlen sich weniger einsam ($\beta = 0.05; p < 0.01$). Zwar weisen Personen, die sich weniger einsam fühlen ein signifikant geringeres *negatives emotionales Wohlbefinden 2014* auf ($\beta = -0.44; p < 0.001$), allerdings geben Personen mit einem größeren *sozialen Netzwerk in 2014* gleichzeitig ein signifikant höheres negatives emotionales Wohlbefinden an ($\beta = 0.04; p < 0.05$). Insgesamt werden anhand der verschiedenen Pfade hier 70,2% der Varianz im *Negativen Affekt 2014* erklärt. Ferner ist zu beobachten, dass Personen mit einem höheren *Negativen Affekt in 2011* ein größeres *soziales Netzwerk in 2014* angaben ($\beta = 0.05; p < 0.01$). Überdies korreliert der *Negative Affekt in 2011* signifikant negativ mit der *Einsamkeit 2014* ($\beta = -0.10; p < 0.001$), wonach ein höheres negatives emotionales Wohlbefinden mit einem größeren Einsamkeitsgefühl einhergeht.

Abb. 24: Strukturgleichungsmodell zum Zusammenhang zwischen allgemeiner Weiterbildungsteilnahme 2011 und Negativem Affekt 2014 mit den kontextbezogenen Faktoren soziale Netzwerkgröße und Einsamkeit

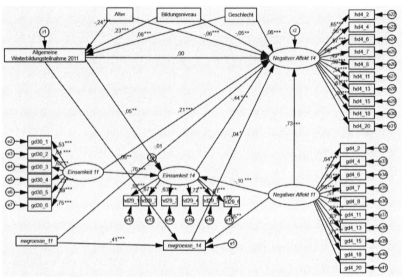

*$p<0.05$; **$p<0.01$.; ***$p<0.001$; $n=2.287$

In diesem Strukturgleichungsmodell weisen alle soziodemografischen Variablen einen signifikanten Zusammenhang sowohl mit der *allgemeinen Weiterbildungsteilnahme 2011* (Alter: $\beta = -.024; p < 0.001$; Geschlecht: $\beta = 0.08; p < 0.001$; Bildungsniveau: $\beta = 0.23; p < 0.001$) als auch mit dem *Negativen Affekt 2014* auf (Alter: $\beta = -0.06; p < 0.001$; Geschlecht: $\beta = 0.06; p < 0.001$; Bildungsniveau: $\beta = -0.05; p < 0.01$). Demnach nehmen erneut jüngere Personen, Frauen sowie Höhergebildete eher an einer allgemeinen Weiterbildung teil und ältere Personen, Männer sowie Höhergebildete weisen ein signifikant geringeres negatives emotionales Wohlbefinden auf. Im Hinblick auf die Passung deutet wieder lediglich der RMSEA auf einen akzeptablen Fit hin: $\chi^2(667) = 10133.113$, $\frac{\chi^2}{df} = 15.192$, $RMSEA = 0.079$ (CI90: $0.077 - 0.080$), $SRMR = 0.1099$, $CFI = 0.719$.

Bezüglich des Zusammenhangs zwischen *allgemeiner Weiterbildungsteilnahme 2011* und **körperlicher Funktionsfähigkeit 2014** lässt sich erwartungswidrig keine signifikante Mediatorvariable identifizieren (siehe Abb. 25). Während hier erneut die *allgemeine Weiterbildungsteilnahme in 2011* mit einem größeren *sozialen Netzwerk in 2014* signifikant zusammenhängt ($\beta = 0.06$; $p < 0.01$), zeigt sich im Hinblick auf die *körperliche Funktionsfähigkeit 2014* kein signifikanter Zusammenhang mit einer der beiden Mediatorvariablen:

Abb. 25: Strukturgleichungsmodell zum Zusammenhang zwischen allgemeiner Weiterbildungsteilnahme 2011 und körperlicher Funktionsfähigkeit 2014 mit den kontextbezogenen Faktoren soziale Netzwerkgröße und Einsamkeit

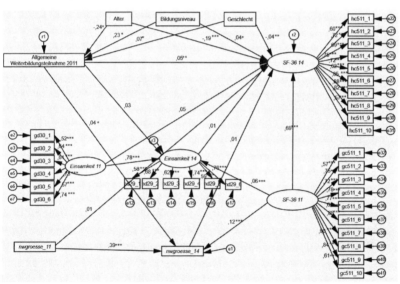

*$p<0.05$; **$p<0.01$.; ***$p<0.001$; n=2.287*

Dafür lässt sich wieder ein direkter signifikant positiver Zusammenhang zwischen einer *allgemeiner Weiterbildungsteilnahme 2011* und der *körperlichen Funktionsfähigkeit in 2014* feststellen ($\beta = 0.05; p < 0.01$). Demnach geben Personen, die 2011 an einer allgemeinen Weiterbildung teilgenommen haben, eine höhere körperliche Funktionsfähigkeit in 2014 an. Insgesamt lässt sich hier eine nahezu gleich hohe Varianzaufklärung (53,1%) der *körperlichen Funktionsfähigkeit 2014* wie auf der personenbezogenen Ebene feststellen. Zudem ist der direkte Effekt (0,046) hier analog zur personenbezogenen Ebene größer als der indirekte Effekt zwischen *allgemeiner Weiterbildungsteilnahme 2011* und *körperlicher Funktionsfähigkeit 2014.*

Im Vergleich zum Zusammenhang auf der personenbezogenen Ebene korreliert das *Bildungsniveau* bezüglich der soziodemografischen Kontrollvariablen hier zusätzlich signifikant positiv mit der *körperlichen Funktionsfähigkeit 2014* ($\beta = 0.04; p < 0.01$). In Bezug auf die Bewertung der Modellpassung, verweist der RMSEA auf einen mittelmäßigen und der SRMR auf einen akzeptablen Fit: $\chi^2(667) = 12660.346$, $\frac{\chi^2}{df} = 18.981$, $RMSEA = 0.087$ (CI90: 0.085 - 0.088), $SRMR = 0.0838$, $CFI = 0.775$.

10.3.3 Allgemeine Weiterbildung: Personen- und kontextbezogene Ebene

Analog zu den Strukturgleichungsmodellen mit der *beruflichen Weiterbildungsteilnahme 2011-2014* als Prädiktor, werden im Kontext der *allgemeinen Weiterbildungsteilnahme 2011*, gleichermaßen alle personen- und kontextbezogenen Faktoren, die als signifikante Mediatoren identifiziert wurden in ein gemeinsames Strukturgleichungsmodell aufgenommen. Dabei konnten nur hinsichtlich des **Negativen Affekts 2014** sowohl personen- als auch kontextbezogene Mediatorvariablen identifiziert werden. Demzufolge werden zum einen die signifikanten personenbezogene

Variablen zum *Selbstwertgefühl 2014* und *Optimismus 2014* sowie die signifikanten kontextbezogenen Variablen zur *Einsamkeit 2014* und *sozialen Netzwerkgröße 2014* miteingeschlossen:

Abb. 26: Strukturgleichungsmodell zum Zusammenhang zwischen allgemeiner Weiterbildungsteilnahme 2011 und Negativem Affekt 2014 mit signifikanten personen- und kontextbezogenen Faktoren (Selbstwertgefühl, Optimismus, Einsamkeit, soziale Netzwerkgröße)

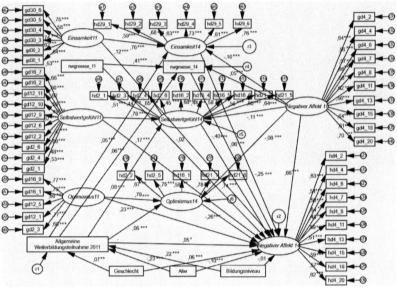

*p<0.05; **p<0.01.; ***p<0.001; n=2.027

Das erstellte Strukturgleichungsmodell zeigt, dass alle bereits identifizierten signifikante Beziehung signifikant bleiben und somit auch die verschiedenen aufgenommen personen- und kontextbezogenen Variablen weiterhin signifikante Mediatoren darstellen. Darüber hinaus besteht nach wie vor ein direkter positiver Zusammenhang zwischen der *allgemeinen Weiterbildungsteilnahme 2011* und dem *Negativen Affekt 2014* ($\beta = 0.05; p <$

309

0.05). Insgesamt wird hier bezüglich des *Negativen Affekts 2014* mit 75,4% im Vergleich zur personen- und kontextbezogenen Ebene der höchste Anteil an Varianz aufgeklärt. Allerdings verweist auch hier nur der RMSEA auf einen akzeptablen Modellfit: $\chi^2(2215) = 22844.723$, $\frac{\chi^2}{df} = 10.314$, $RMSEA = 0.067$ (CI90: 0.066 - 0.068), $SRMR = 0.1653$, $CFI = 0.674$.

In Bezug auf die allgemeine Weiterbildung lassen sich im Vergleich zur beruflichen Weiterbildung ähnliche Ergebnisse festhalten. So erweisen sich hinsichtlich des positiven emotionalen Wohlbefindens ebenfalls alle drei personenbezogenen Faktoren als signifikante Mediatoren. Ebenso sind es bezüglich des negativen emotionalen Wohlbefindens auch hier das Selbstwertgefühl und der Optimismus die den Zusammenhang mit der allgemeinen Weiterbildungsteilnahme mediieren. Im Gegensatz zur beruflichen Weiterbildung ist es hinsichtlich der körperlichen Gesundheit jedoch nicht nur der Optimismus, sondern auch die Selbstwirksamkeitserwartung, die eine wichtige Rolle beim Zusammenhang zwischen allgemeiner Weiterbildung und physischer Gesundheit spielt. Somit erweist sich auch bei der allgemeinen Weiterbildung der Optimismus als zentraler Mediator, da er stets eine signifikante Korrelation mit der allgemeinen Weiterbildungsteilnahme und allen drei gesundheitsbezogenen abhängigen Variablen aufzeigt. Auf der kontextbezogenen Ebene stellen gemäß des *self-in-context* Modells die soziale Netzwerkgröße sowie das Gefühl der Einsamkeit wichtige Mediatoren dar, jedoch nur bei dem Zusammenhang zwischen allgemeiner Weiterbildungsteilnahme und negativem emotionalen Wohlbefinden. Hier zeigt sich zudem, dass mit dem Ausbau des sozialen Netzwerks ein höheres negatives emotionales Wohlbefinden einhergeht. Ebenso ist festzustellen, dass im Gegensatz zur beruflichen Weiterbildung, die allgemeine Weiterbildungsteilnahme auch direkte signifikante Zusammenhänge zum emotionalen Wohlbefinden und zur physischen Gesundheit ausweist. Dabei zeigen sich allerdings nicht nur positive Effekte. Mit Blick auf die Varianzaufklärung scheinen für beide Komponenten des emotionalen Wohlbefindens eher personenbezogene Faktoren von Bedeutung zu sein, da sie mehr Varianz aufklären als die Faktoren der Kontextebene. Hinsichtlich der körperlichen Funktionsfähigkeit wird dagegen auf beiden Ebenen nahezu derselbe Anteil von Varianz aufgeklärt (53,3% und 53,1%). Generell zeigt sich, dass bei der allgemeinen Weiterbildung deutlich mehr Varianz der körperlichen Funktionsfähigkeit aufgeklärt wird, als bei der beruflichen Weiterbildung.

10.4 Zusammenfassung der Analysen zur Erklärung des Zusammenhangs zwischen Weiterbildung und Gesundheit im Alter

Insgesamt ist festzuhalten, dass sich viele der im *self-in-context* Modell postulierten Wirkmechanismen in Form von personen- und kontextbezogenen Mediatoren zwischen Weiterbildung und Gesundheit auch bei den älteren Personen der DEAS Stichprobe finden lassen. Dabei unterscheiden sich die Mediatoren teilweise dahingehend, welche gesundheitsbezogene Variable betrachtet wird und ob es sich um eine berufliche oder allgemeine Weiterbildungsteilnahme handelt

Auf der personenbezogenen Ebene sind es die im *self-in-context* Modell postulierten individuelle Dispositionen Selbstwirksamkeitserwartung und Selbstwertgefühl die beim Zusammenhang von allgemeiner sowie beruflicher Weiterbildung und dem positiven emotionalen Wohlbefinden von Bedeutung sind. Während das Selbstwertgefühl zudem bedeutsam für das negative emotionale Wohlbefinden ist, stellt die Selbstwirksamkeitserwartung auch hinsichtlich des Zusammenhangs zwischen allgemeiner Weiterbildungsteilnahme und körperliche Funktionsfähigkeit einen signifikanten Mediator dar. Der zentralste personenbezogene

311

Mediator ist jedoch der Optimismus, da er in jedem Strukturgleichungsmodell sowohl hinsichtlich der beruflichen und allgemeinen Weiterbildungsteilnahme als auch bezüglich der drei gesundheitsbezogenen abhängigen Variablen eine signifikante Korrelation aufzeigt.

Auf der Kontextebene finden sich dagegen weniger signifikante
Mediatoren. Hier lässt sich nur im Hinblick auf den Zusammenhang zwischen beruflicher Weiterbildungsteilnahme und körperlicher Funktionsfähigkeit die Variable zur subjektiven Arbeitsbelastung als bedeutende Mediatorvariable identifizieren. Die kontextbezogenen Variablen zum Gefühl von Einsamkeit und zur sozialen Netzwerkgröße, als soziale Ressourcen, spielen dagegen
beim Zusammenhang zwischen allgemeiner Weiterbildungsteilnahme und dem negativen emotionalen Wohlbefinden eine bedeutende Rolle. Dabei zeigt sich konträr zur Annahme des *self-
in-context* Modells jedoch, dass mit einem größeren sozialen
Netzwerk ein höheres negatives emotionales Wohlbefinden einhergeht. Ebenfalls entgegen der theoretischen Annahme des *self-
in-context* Modells stellt das Einkommen als einziger Faktor in
keinem Strukturgleichungsmodell einen signifikanten Mediator
dar. Einen Überblick über die Ergebnisse zu den postulierten Mediatoren hinsichtlich des Zusammenhangs zwischen der beruflichen sowie allgemeinen Weiterbildungsteilnahme und den verschiedenen Gesundheitsvariablen geben die folgenden beiden Ta-
bellen:

Tab. 15: Überblick über Ergebnisse zum Zusammenhang zwischen beruflicher Weiterbildungsteilnahme und Gesundheit im Alter (DEAS)

Mediatoren	Zusammenhang zwischen beruflicher Weiterbildung und		
	Positivem Affekt	*Negativem Affekt*	*SF-36*
Selbstwirksamkeitserwartung	x	-	-
Selbstwertgefühl	x	x	-
Optimismus	x	x	x
Einsamkeit	-	-	-
Netzwerkgröße	-	-	-
Arbeitsbelastung	-	-	x
Einkommen	-	-	-

Tab. 16: Überblick über Ergebnisse zum Zusammenhang zwischen allgemeiner Weiterbildungsteilnahme und Gesundheit im Alter (DEAS)

Mediatoren	Zusammenhang zwischen allgemeiner Weiterbildung und		
	Positivem Affekt	*Negativem Affekt*	*SF-36*
Selbstwirksamkeitserwartung	x	-	x
Selbstwertgefühl	x	x	-
Optimismus	x	x	x
Einsamkeit	-	x	-
Netzwerkgröße	-	x	-

Des Weiteren kann festgehalten werden, dass es hinsichtlich der allgemeinen Weiterbildungsteilnahme auch direkte Effekte sowohl bezüglich des emotionalen Wohlbefindens als auch bezüglich der physischen Gesundheit gibt. Allerdings ist hier ebenfalls festzustellen, dass eine allgemeine Weiterbildung nicht nur indirekt durch den Ausbau der sozialen Netzwerkgröße, sondern auch direkt mit einem höheren negativen emotionalen Wohlbefinden korreliert. Dementsprechend können nicht nur positive, sondern auch negative gesundheitsbezogene Weiterbildungserträge festgestellt werden. Wie sich diese negativen Zusammenhänge sowie die übrigen Ergebnisse erklären lassen, wird im folgenden Kapitel diskutiert. Ebenso wird anhand der Fit-Indizes die Passung des *self-in-context* Modells auf die empirischen Daten des DEAS kritisch reflektiert.

11 Zusammenführung und Diskussion der Ergebnisse zu gesundheitsbezogenen Weiterbildungserträgen im Alter

Ein Ziel der vorliegenden Arbeit war es zu prüfen, inwiefern es einen Zusammenhang zwischen der Teilnahme an Weiterbildungen und der Gesundheit im Alter gibt. Dazu wurde in Bezug auf die ersten drei Forschungsfragen zunächst geprüft, ob ein signifikanter Zusammenhang zwischen der beruflichen sowie allgemeinen Weiterbildungsteilnahme und der mentalen sowie physischen Gesundheit Älterer besteht. Zudem wurde in Anlehnung an das *self-in-context* Modell untersucht, welche personen- oder kontextbezogenen Faktoren dabei einen Einfluss auf den Zusammenhang ausüben. Anschließend wurde analysiert, ob sich die gesundheitsbezogenen Weiterbildungserträge im Hinblick auf die Weiterbildungsdauer, das Weiterbildungsformat und den Weiterbildungsanlass unterscheiden. Darauffolgend sollten als ein weiteres Ziel der vorliegenden Arbeit Hinweise darauf gefunden werden, wie sich der Zusammenhang zwischen Weiterbildung und Gesundheit im Alter erklären lässt. Hierbei wurden für die vierte Forschungsfrage verschiedene personen- und kontextbezogene Faktoren als potentielle Mediatoren untersucht, die erneut unter Rückgriff auf das *self-in-context* Modell den Zusammenhang erklären können. Die Ergebnisse zeigen, dass es sowohl einen signifikanten Zusammenhang zwischen einer Weiterbildungsteilnahme und Gesundheit im Alter gibt (direkter Effekt) als auch, dass individuelle Dispositionen, soziale Ressourcen und Faktoren der erwerbsbezogenen Situation, wie sie im *self-in-context* Modell dargestellt werden, dabei von Bedeutung sind (indirekte Effekte). Im Folgenden werden zunächst die direkten Effekte von Weiterbildung auf die Gesundheit Älterer zusammengefasst und diskutiert, worauf anschließend die Diskussion zur Bedeutung der indirekten Effekte folgt. Im Anschluss an die Zusammenfassung und Diskussion der Ergebnisse in Bezug auf das *self-in-context*

Modell werden weitere Erkenntnisse zusammengefasst und dis-kutiert, die jenseits des *self-in-context* Modells aus der vorliegen-den Arbeit hervorgehen. Dabei wird einerseits auf weitere signi-fikante Zusammenhänge eingegangen, die sich im Längsschnitt zeigen und andererseits die Bedeutung von Alter und Geschlecht sowie Schul- und Berufsabschluss sowohl für die Weiterbil-dungsteilnahme als auch für die Gesundheit diskutiert. Zuvor soll jedoch das methodische Vorgehen reflektiert und die Grenzen der vorliegenden Arbeit aufgezeigt werden. Darüber hinaus wird dar-gelegt, weshalb sich manche signifikanten Zusammenhänge nur bei der allgemeinen, nicht aber bei der beruflichen Weiterbildung zeigen und vice versa. Hierbei wird die Verschiedenartigkeit der zugrundeliegenden Stichproben als eine potentielle Erklärung ausgeführt.

11.1 Kritische Reflexion der methodischen Limitationen

Mit Blick auf die vier verschiedenen Forschungsfragen wurde in der vorliegenden Arbeit ein quantitatives Forschungsdesign ge-wählt, welches Regressionsanalysen, Moderatoranalysen sowie Strukturgleichungsmodelle umfasst. Alle drei Verfahren untersu-chen Kausalbeziehungen, lassen dabei jedoch nur begrenzt Aus-sagen über Kausalitäten zu. So müssten nach Cook und Campbell (1979) folgende Bedingungen erfüllt sein, um von einer Kausali-tät sprechen zu können:

1. Veränderungen in der unabhängigen Variablen führen zu Ver-änderungen in der abhängigen Variablen, so dass ein syste-matischer Zusammenhang besteht.
2. Eine zeitliche Abfolge ist insofern gegeben, als dass die Ver-änderung in der unabhängigen Variablen zeitlich vor der Ver-änderung der abhängigen Variablen erfolgt.
3. Die unabhängige Variable stellt die einzige plausible Erklä-rung für die Veränderung der abhängigen Variablen dar, die

theoretisch und sachlogisch fundiert ist (siehe auch Weiber & Mühlhaus, 2014, S. 10).

Mit Blick auf die vorliegende Arbeit kann die erste Bedingung sowohl für die verschiedenen Regressions- und Moderatoranalysen als auch für die Strukturgleichungsmodelle als erfüllt betrachtet werden. Die zweite Bedingung trifft im Falle der Strukturgleichungsmodelle ebenfalls zu, allerdings muss hier kritisch angemerkt werden, dass zwischen den unterschiedlichen personen- und kontextbezogenen Mediatorvariablen (z.b. Optimismus oder Netzwerkgröße) und den jeweiligen gesundheitsbezogenen abhängigen Variablen (z.b. Positiver und Negativer Affekt) keine zeitliche Abfolge gewährleistet ist, da beides in 2014 erhoben wurde. So kann beispielsweise nicht eindeutig bestimmt werden, ob das Selbstwertgefühl in 2014 den Positiven Affekt in 2014 bedingt oder umgekehrt. Eine zeitliche Abfolge kann einzig hinsichtlich der Beziehung zwischen der allgemeinen beziehungsweise beruflichen Weiterbildungsteilnahme und den jeweiligen personen- und kontextbezogenen Variablen der Strukturgleichungsmodelle sichergestellt werden. In Bezug auf die dritte Bedingung ist anzumerken, dass generell kaum kausale Schlussfolgerungen möglich sind, da nie alle potentiellen Ursachen auf eine Wirkung kontrolliert werden können (Weiber & Mühlhaus, 2014). So kann auch in der vorliegenden Arbeit davon ausgegangen werden, dass nicht alle potentiell bedeutsamen Variablen, die zur Erklärung der Gesundheit im Alter beitragen, berücksichtigt wurden beziehungsweise es noch weitere bedeutende Faktoren neben der allgemeinen oder beruflichen Weiterbildungsteilnahme gibt. In Bezug auf das *self-in-context* Modell wurden beispielsweise keine Variablen zu den Aspekten *Gesundheitsüberzeugungen, Resilienz* und *Bildungsniveau der Eltern* in die Strukturgleichungsmodelle miteinbezogen. Darüber hinaus kann es im Hinblick auf das vielseitige Gesundheitsverständnis im Alter nach

Kruse et al. (2002) durchaus weitere bedeutsame Variablen geben, die einen wichtigen Erklärungsbeitrag zu den jeweiligen gesundheitsbezogenen Variablen leisten. Dass weitere wichtige Variablen in den Regressionsanalysen und Strukturgleichungsmodellen ergänzt werden könnten, zeigt sich nicht zuletzt anhand der geringen aufgeklärten Varianz bei den Regressionsanalysen sowie bei den Fit-Indizes der Strukturgleichungsmodelle. Diese weisen darauf hin, dass die jeweiligen Modelle eine akzeptable aber keine gute Repräsentation der beobachteten Daten darstellen.

Die Fit-Indizes beziehen sowohl Merkmale der Daten des Modells als auch der Schätzmethode ein (Wentura & Pospeschill, 2015). So könnte ein weiterer Grund für die weniger akzeptablen Fit-Indizes sein, dass die Voraussetzungen der Maximum-Likelihood-Methode nur eingeschränkt erfüllt wurden. Voraussetzung für das Durchführen dieser Schätzmethode ist, dass eine multivariate Normalverteilung sowie intervallskalierte Daten vorliegen. Beides konnte jedoch, wie bereits erwähnt, in der vorliegenden Arbeit nur bedingt erfüllt werden (siehe Kap. 9.4). Während für die Strukturgleichungsmodelle mit der allgemeinen Weiterbildungsteilnahme bei der Gesamtstichprobe nur eine moderate Verletzung der multivariaten Normalverteilung vorliegt, gegenüber der die Maximum-Likelihood-Methode als robust gilt, übersteigen die Werte der Schiefe und Kurtosis in der Stichprobe der Erwerbstätigen bei den Variablen zur *körperlichen Funktionsfähigkeit 2011* und *2014* sowie zum *Einkommen 2011* und *2014* beide Grenzwerte (Schiefe: > 2 und Kurtosis: > 7; siehe Backhaus et al., 2015). Hinzu kommt, dass bei den Items zur *körperlichen Funktionsfähigkeit 2011* und *2014* lediglich eine dreistufige Likertskala vorliegt. Streng genommen handelt es sich damit nicht um intervall-, sondern ordinalskalierten Daten, was eine weitere Einschränkung der Voraussetzungen für die Maximum-Likelihood-Methode bedeutet. So verwundert es auch nicht, dass bei der Prüfung der einzelnen latenten Konstrukte auf ihre Passung hin, die *körperlichen Funktionsfähigkeit 2011* bei der Teilstichprobe der Erwerbstätigen bei keinem der Fit-Indizes auf einen akzeptablen Fit hinweist, wogegen bei den meisten anderen latenten Konstrukten mindestens der SRMR auf einen guten oder akzeptablen Fit hindeutet[70]. Werden kategoriale oder ordinalskalierte Variablen als intervallskaliert behandelt, kann dies verschiedene Folgen mit sich bringen. Zum einen werden Pearson-Korrelationen zwischen kategorialen Variablen besonders dann verzerrt, wenn die Variablen eine hohe Schiefe aufweisen und zusätzlich unterschiedliche Schiefen (Linksschiefe, Rechtsschiefe) zwischen den Variablen bestehen. Ebenso wirkt sich eine hohe und unterschiedliche Schiefe der Variablen inflationär auf die χ^2-Werte aus. Am meisten wird die χ^2-Statistik jedoch durch Variablen mit nur zwei Kategorien beeinflusst, wobei mit wachsender Anzahl von Kategorien der χ^2-Wert sinkt (Byrne, 2016). Dies ist eine Erklärung für den hohen χ^2-Wert bei den Fit-Indizes der vorliegenden Strukturgleichungsmodelle, da hier mit der Variable der *allgemeinen* und *beruflichen Weiterbildungsteilnahme* und den zwei soziodemografischen Variablen zum *Geschlecht* und *Bildungsniveau* gleich mehrere Variablen mit nur zwei Kategorien vorliegen. Darüber hinaus werden die Faktorladungen und Korrelationskoeffizienten moderat unterschätzt. Diese Unterschätzung wird jedoch nur dann kritisch, wenn es weniger als drei Kategorien pro Variable gibt, die Schiefe der Variablen > 1 ist und Schiefen unterschiedlicher Richtungen vorliegen (Byrne, 2016, S. 167). Weisen die kategorialen Variablen eine Normalvorteilung auf, so können auch Verfahren, die ein intervallskaliertes Niveau der Variablen voraussetzen bedenkenlos angewandt werden, sofern es vier oder mehr Kategorien gibt (Bentler

---

[70] Eine Tabelle mit allen Fit-Indizes für jedes latente Konstrukt von 2011 und 2014 sowohl auf Grundlage der Gesamtstichprobe als auch auf Grundlage der Erwerbstätigenstichprobe, kann dem Anhang II entnommen werden.

& Chou, 1987; siehe auch Byrne, 2016, S. 168). Vor diesem Hintergrund scheinen in der vorliegenden Arbeit besonders die Items zur gesundheitsbezogenen abhängigen Variable der *körperlichen Funktionsfähigkeit 2011* und *2014* als problematisch, da sie lediglich auf einer dreistufigen Likertskala beruhen, eine Rechtsschiefe aufweisen und in beiden Stichproben einen höheren Schiefewert als 1 aufzeigen. Im Umgang mit nicht multivariaten normalverteilten und nicht intervallskalierten Daten bietet sich die ADF-Methode (Asymptotic Distribution Free) an. Für die vorliegende Arbeit käme sie allerdings nur für die Strukturgleichungsmodelle mit der allgemeinen Weiterbildungsteilnahme auf Basis der Gesamtstichprobe in Frage, da nur für diese Modelle eine ausreichend große Stichprobe vorliegt (n>1.000). Da es mit der ADF-Methode jedoch nicht möglich ist, die Gewichtung der vorliegenden Daten zu berücksichtigen[71], wurde sich auch bei diesen Strukturgleichungsmodellen gegen die ADF- und für die Maximum-Likelihood-Methode entschieden. Um zu prüfen, inwiefern ein anderes Schätzverfahren überhaupt zu anderen Ergebnissen führen würde, empfiehlt Byrne (2016) eine alternative Schätzung der Ergebnisse anhand der Bayes-Schätzmethode[72]. Weichen die Ergebnisse des Bayes-Schätzverfahren kaum von den Ergebnissen der Maximum-Likelihood-Schätzmethode ab, kann davon ausgegangen werden, dass das Modell korrekt spezifiziert ist und somit auch andere Verfahren, höchstwahrscheinlich zu ähnlichen Ergebnissen kommen werden (siehe Byrne, 2016).

---

[71] Die ADF-Methode erfordert bei AMOS den Zugriff auf den scientific-usefile, aufgrund der Gewichtung der Variablen stellen jedoch Kovarianzmatrixen die Analysebasis dar.

[72] Im Vergleich zur Maximum-Likelihood Methode wird bei der Bayes-Schätzmethode angenommen, dass die wahren Werte des Modells unbekannt und daher zufällig sind, weshalb ihnen eine gemeinsame Verteilung sowohl vor der Beobachtung (a priori Verteilung) als auch nach der Beobachtung, in Kombination mit der a priori Verteilung, zugeteilt wird (posterior Verteilung). „This updated joint distribution is based on the formula known as Bayes's theorem and reflects a combination of prior belief (about the parameter estimates) and empirical evidence" (Byrne, 2016, p.171).

Der Empfehlung von Byrne folgend, wurde für die Strukturgleichungsmodelle, welche die Items zur *körperlichen Funktionsfähigkeit 2011* und *2014* beinhalten, neben der Maximum-Likelihood-Methode auch die Bayes-Schätzmethode angewandt. Werden die verschiedenen Regressionsgewichte beider Schätzmethoden verglichen, zeigt sich, dass sie nahezu identisch sind. In diesem Sinne kann davon ausgegangen werden, dass die vorliegenden Modelle korrekt spezifiziert sind und andere Verfahren zu ähnlichen Ergebnissen führen (siehe Byrne, 2016).

Ein weiterer Grund, weshalb die Fit-Indizes in den vorliegenden Strukturgleichungsmodellen nicht gut ausfallen, ist, dass sie durch die Stichprobengröße und Modellkomplexität mitbedingt werden (siehe auch Kap. 10.1). Die großen vorliegenden Stichproben sowie die hohe Komplexität der Modelle, kann sich demnach ebenfalls in einem weniger guten Modellfit niederschlagen (siehe Arzheimer, 2016).

Des Weiteren ist festzuhalten, dass die Passung eines Modells mit jedem zu schätzenden Parameter, der freigesetzt wird, steigt (Wentura & Pospeschill, 2015). Demnach kann angenommen werden, dass mit jedem Einfügen eines Korrelationspfeiles der Modellfit verbessert werden könnte. Zusätzlich kann das Entfernen nicht-signifikanter Pfade aus dem Modell dessen Fit weiter erhöhen.

Das bedeutet aber, dass die ursprüngliche Theorie aufgrund der empirischen Ergebnisse modifiziert wird und damit der ‚Pfad' der konfirmatorischen Datenanalyse verlassen wird. Die Analyse der Strukturgleichungsmodelle erhält dann einen *exploratorischen Charakter*. Der Manipulationsspielraum nimmt in diesem Moment *rapide* zu, da sich nahezu jedes Modell auf die Spezifika eines gegebenen Datensatzes ausrichten lässt (Backhaus et al., 2015, S. 114).

So soll an dieser Stelle noch einmal betont werden, dass das Ziel der vorliegenden Arbeit ausschließlich das Überprüfen verschiedener theoretischer Aspekte des *self-in-context* Modells war und damit ein rein konfirmatorisches Vorgehen ohne weitere Modifikationen der Modelle zu Gunsten eines besseren Modellfits angestrebt wurde. Weiterführende Studien könnten dies jedoch zum Anlass nehmen neue/andere Modelle zu entwickeln, welche den Zusammenhang von Weiterbildung und Gesundheit im Alter besser abbilden.

Schließlich liefern die vorliegenden Fit-Indizes, wie bereits dargelegt, auch einen weiteren Hinweis darauf, dass wichtige Variablen oder Störfaktoren, in den Modellen ergänzt werden können. Hinsichtlich Störfaktoren ist beispielsweise anzunehmen, dass Personen mit einem höheren Ehrgeiz eher an einer Weiterbildung teilnehmen und gleichzeitig auch nach einer besseren Gesundheit streben. Solche Personenmerkmale wurden jedoch weder in die Regressions- oder Moderatorenanalysen noch in die Strukturgleichungsmodelle aufgenommen (siehe zum Problem von Störfaktoren auch Feinstein et al., 2003).

Ferner ist festzuhalten, dass sich sowohl in den Regressions- und Moderatorenanalysen als auch in den Strukturgleichungsmodellen schwache Effekte bei einem direkten signifikanten Zusammenhang zwischen der beruflichen sowie allgemeinen Weiterbildungsteilnahme und den verschiedenen Gesundheitsvariablen zeigen. Gleiches gilt für die jeweiligen signifikanten Zusammenhänge zwischen der beruflichen beziehungsweise allgemeinen Weiterbildungsteilnahme und den einzelnen personen- sowie kontextbezogenen Faktoren (z.B. *Selbstwirksamkeitserwartung* oder *Gefühl der Einsamkeit*). Da auch in anderen Studien wie beispielsweise der längsschnittlichen Studie von Feinstein et al. (2003) nur schwache beziehungsweise noch schwächere Effekte beim direkten Zusammenhang zwischen den unterschiedlichen

Weiterbildungsformaten und den verschiedenen gesundheitsbezogenen abhängigen Variablen zu beobachten sind, ist dies jedoch keine Besonderheit (signifikante Effekte variieren zwischen
0.005 und 0.079 siehe Feinstein et al., 2003, p. 118). In diesem
Zusammenhang erklärt Field (2011):

> Even so, the findings are reasonably consistent, across a range of
> outcomes, and we know – for example from health promotion
> campaigns or health and safety training – that attitudes and be-
> haviour in adult life are entrenched. Even small shifts are there-
> fore important (p. 288).

Dass schwache Effekte nicht trivial sind, wird unter anderem in
der Studie von Sabates und Feinstein (2006) verdeutlicht. So be-
rechnen Sabates und Feinstein anhand der gefundenen signifikanten Effekte von einer Weiterbildungsteilnahme auf eine Krebsvorsorgeuntersuchung, dass bei 100.000 Frauen, die an einer
Weiterbildung teilnehmen, 116 bis 152 Krebsfälle durch einen
Screening-Test vermieden werden könnten.

Ziel der Arbeit war, Aussagen über den Zusammenhang zwischen
einer Weiterbildungsteilnahme und der Gesundheit zu machen,
jedoch wurden nur einzelne Facetten von Gesundheit und größtenteils nur die Weiterbildungsteilnahme in den Blick genommen.
So können im Hinblick auf die Gesundheit nur Aussagen zur körperlichen Funktionsfähigkeit, zum emotionalen Wohlbefinden
(*Positiver Affekt* und *Negativer Affekt*) sowie zur mentalen und
physischen Gesundheit, gemessen anhand des SF-12v2-SOEP,
getroffen werden. Dabei ist anzumerken, dass die Messung des
emotionalen Wohlbefindens anhand des PANAS häufig kritisiert
wird, da nur Gefühle mit einem hohen Erregungsgrad abgebildet
werden (siehe Wiest et al., 2014). Aus diesem Grund wurden in
der aktuellen Erhebungswelle des DEAS auch Items aufgenommen, die Gefühle mit einem geringeren Erregungsgrad erfassen
(siehe Engstler & Hameister, 2016). Da es hierzu bislang jedoch

kaum vergleichbare Studien gibt und aufgrund der bereits vorhandenen Komplexität der verschiedenen Strukturgleichungsmodelle, wurde in der vorliegenden Arbeit darauf verzichtet, diese Items zu berücksichtigen. Zukünftige Studien könnten jedoch prüfen, inwiefern sich dieselben Effekte zeigen, wenn auch Gefühle mit einem geringeren Erregungsgrad als gesundheitsbezogene Weiterbildungserträge betrachtet werden.

Darüber hinaus wurde bei den Regressionsanalysen in Bezug auf die dritte Forschungsfrage zwar versucht, verschiedene Weiterbildungsaspekte in den Blick zu nehmen, jedoch war dies bei den Strukturgleichungsmodellen nicht möglich, da die entsprechenden Informationen im DEAS Datensatz fehlten. Hier konnte, ähnlich zu der Studie von Feinstein et al. (2003), nur zwischen der Teilnahme an einer beruflichen und der Teilnahme an einer allgemeinen Weiterbildung differenziert werden. In diesem Zusammenhang merkt Field (2011) an:

> It is not at all certain that the effects found for, say, accredited vocational courses were equally distributed across all types of vocational course, which included a vast range from an advanced General National Vocational Qualification (GNVQ) to a Level One NVQ. Nor is it clear whether the effects would be similar for all subjects and disciplines (p. 289).

So lässt sich für die vorliegende Arbeit festhalten, dass es zwar signifikante Zusammenhänge zwischen der beruflichen sowie allgemeinen Weiterbildungsteilnahme und den verschiedenen gesundheitsbezogenen Variablen gibt, jedoch beispielsweise ungeklärt bleibt, um welche Themen es sich bei der Weiterbildung handelte oder wie groß beispielsweise die Lerngruppe war. Demnach können auf Grundlage der vorliegenden Ergebnisse in dieser Hinsicht auch keine generalisierten Aussagen über den Zusammenhang zwischen Weiterbildung und Gesundheit getroffen werden.

324

In der vorliegenden Arbeit bleibt nicht nur eine weitere Differenzierung der Weiterbildungsteilnahme aus, auch die Betrachtung unterschiedlicher Personengruppen wird vernachlässigt. Eine weitere Differenzierung der Personen hätte jedoch angesichts der Komplexität und Vielzahl von Variablen in den Strukturgleichungsmodellen zu kleine Stichproben ergeben. Feinstein und Hammond (2005) schlussfolgern beispielsweise aus ihrer Studie, dass sich ein Zuwachs der Selbstwirksamkeitserwartung durch die Teilnahme an einer Weiterbildung besonders bei Frauen mit einem schlechten Schulabschluss abzeichnet. Darüber hinaus stellen sie fest, dass der persönliche Hintergrund und die Lebensumstände bei der Ausgestaltung der Weiterbildungserträge bedeutsam sind. Zwar wurde in der vorliegenden Arbeit neben der Gesamtstichprobe auch die Stichprobe von nur erwerbstätigen Personen betrachtet, allerdings könnte gerade vor dem Hintergrund individueller Alterns- und Lebensverläufe auch eine Differenzierung hinsichtlich weiterer Merkmale von Bedeutung sein. Beispielsweise wäre es in Anlehnung an die Studie von Hammond und Feinstein (2006) interessant zu untersuchen, inwiefern sich die gesundheitsbezogenen Erträge von Weiterbildung bei Älteren dahingehend unterscheiden, ob positive oder negative Bildungserfahrungen vorliegen.

Daran anknüpfend konstatiert Field (2011) zu dem Zusammenhang von Weiterbildung und Gesundheit:

These are probabilistic and non-linear relationships; their existence does not mean that everyone who takes a course will feel happier and better about themselves. As the WBL [Wider Benefits of Learning] researchers have emphasised, the relationship between learning and its effects is non-linear. And it is in the nature of longitudinal data that the findings are related to events and experiences that are now in the past; predicting the future on the basis of probabilistic findings is extremely shaky" (p. 288).

Field (2011) spricht damit einen weiteren wichtigen Aspekt an, der die Grenzen der vorliegenden Arbeit aufzeigt. So können anhand der vorliegenden Ergebnisse ausschließlich Aussagen über vergangene Zusammenhänge gemacht werden, ohne dass prognostiziert werden kann, ob die Teilnahme an einer Weiterbildung in jedem Falle zu gesundheitsbezogenen Erträgen führt.

Nicht zuletzt geben die quantitativen Ergebnisse keine Auskunft darüber, inwiefern die hier untersuchten gesundheitsbezogenen Erträge überhaupt als solche von den Befragten wahrgenommen werden und welche Bedeutung sie für die einzelnen Personen besitzen (siehe hierzu auch Field, 2011). An dieser Stelle könnten weiterführende qualitative Interviews anknüpfen, um die Bedeutung gesundheitsbezogener Erträge von Weiterbildung unter Berücksichtigung der unterschiedlichen Lebenswelten Älterer zu untersuchen. Zudem könnten qualitative Daten Hinweise darauf geben, welche weiteren personen- und kontextbezogenen Faktoren für den Zusammenhang zwischen Weiterbildung und Gesundheit im Alter aus subjektiver Sichtweise von Bedeutung sind.

Trotz dieser aufgeführten Grenzen zeichnet sich die vorliegende Arbeit durch ein sehr umfassendes methodisches Vorgehen aus. So wurden mit den WiE 50+ und den DEAS Daten sowohl Quer- als auch Längsschnittdaten betrachtet sowie durch die Differenzierung nach allgemeiner (alle Befragten) und beruflicher Weiterbildung (nur Erwerbstätige) unterschiedliche Stichproben analysiert. Da sich in beiden Datensätzen teilweise ähnliche Ergebnisse zeigen und sich im Hinblick auf die Längsschnittdaten, sowohl in der Gesamtstichprobe als auch in der Teilstichprobe der Erwerbstätigen, zum Teil dieselben signifikanten Mediatorvariablen identifizieren lassen (z.B. Optimismus), kann in diesem Sinne von einer Robustheit der vorliegenden Ergebnisse ausgegangen werden. Des Weiteren wurde bei der Analyse der Längsschnittdaten darauf geachtet, dass die Weiterbildungsteilnahme

326

zeitlich vor den jeweiligen personen- und kontextbezogenen Mediatorvariablen sowie vor den gesundheitsbezogenen abhängigen Variablen erfolgte, wodurch die Annahme kausaler Beziehungen und somit die Belastbarkeit der Ergebnisse gestärkt wird. Zudem wurde anhand der Gleichsetzung der verschiedenen Faktorladungen die Messinvarianz der verschiedenen latenten Konstrukte zwischen 2011 und 2014 berücksichtigt. So bleibt schlussendlich festzuhalten, dass die vorliegenden Ergebnisse unter Vorbehalt der hier aufgeführten methodischen Limitationen, welche sich auch in anderen vergleichbaren Studien finden, durchaus belastbar sind und im Folgenden nun inhaltlich diskutiert werden.

11.2 Kritische Reflexion der Zielgruppe Ältere

Bevor nachstehend die Ergebnisse zu gesundheitsbezogenen Weiterbildungserträgen im Alter inhaltlich erörtert werden, soll zuvor auf die heterogenen Lebenswelten der Zielgruppe Älterer hingewiesen werden, da sie für die unterschiedlichen Ergebnisse in Bezug auf die berufliche und allgemeine Weiterbildungsteilnahme ausschlaggebend sein können. So können die unterschiedlich signifikanten Zusammenhänge auf das Vorliegen zweier verschiedener Stichproben zurückgeführt werden. Während bei den Strukturgleichungsmodellen mit der beruflichen Weiterbildung eine verhältnismäßig homogene Personengruppe abgebildet wird, in der alle Personen erwerbstätig sind, ist die Stichprobe für die Strukturgleichungsmodelle mit der allgemeinen Weiterbildungsteilnahme relativ heterogen, da hier nicht nur Daten von Erwerbstätigen, sondern auch von Personen in der Nacherwerbsphase sowie von Arbeitslosen und Hausfrauen/Hausmännern vorliegen. Zudem gibt es zwischen den beiden Stichproben im Mittel einen größeren Altersunterschied und eine verschieden große Streuung des Alters. So ist das Durchschnittsalter in der Gruppe der nur Erwerbstätigen deutlich niedriger und die Streuung deutlich geringer (M: 51,86 Jahre; SD: 4,835) als in der Gesamtstichprobe

(M: 64,24 Jahre; SD: 11,424). Darüber hinaus beträgt das Alter, der ältesten befragten Person in der Stichprobe der Erwerbstätigen 78 Jahre und bei der Gesamtstichprobe 91 Jahre. Hinsichtlich der Differenzierung zwischen einem dritten und vierten Lebensalter, befinden sich demnach ein Großteil der Befragten bei der beruflichen Weiterbildung noch im „autonomen" dritten Lebensalter, während bei der Gesamtstichprobe für die allgemeine Weiterbildung bereits jeder Zehnte (10,6%) 80 Jahre oder älter ist und sich daher mit höherer Wahrscheinlichkeit im „abhängigen" vierten Lebensalter befindet, welches vom Risiko chronisch körperlicher Erkrankungen, Multimorbidität sowie Hilfe- und Pflegebedürftigkeit gekennzeichnet ist (Kruse, 2008). Bei den vorliegenden Ergebnissen ist entsprechend zu berücksichtigen, dass sich die Lebenswelten beider Personengruppen teilweise sehr voneinander unterscheiden und sich somit auch verschiedene signifikante Zusammenhänge, finden lassen, die sich nicht in beiden Stichproben zeigen. Beispielsweise ist das dritte Lebensalter weniger von Einsamkeit und depressiven Gefühlen geprägt (Kruse, 2008), womit sich erklären ließe, warum hinsichtlich des Zusammenhangs zwischen beruflicher Weiterbildungsteilnahme und emotionalem Wohlbefinden das Gefühl der Einsamkeit keinen signifikanten Mediator darstellt, bei der „älteren" Gesamtstichprobe im Hinblick auf die allgemeine Weiterbildungsteilnahme dagegen schon. Generell ist darauf hinzuweisen, dass es sich bei der Gruppe Älterer um eine sehr heterogene Gruppe handelt, die durch individuelle Lebens- und Altersverläufe geprägt ist. In der anschließenden Diskussion ist dies zu berücksichtigen.

11.3 Diskussion der Zusammenhänge bezüglich des *self-in-context* Modells

Die vorliegenden Ergebnisse zeigen, dass eine Weiterbildungsteilnahme sowohl direkt als auch indirekt über individuelle Dis-

positionen, soziale Ressourcen und durch Faktoren der erwerbsbezogenen Situation zu gesundheitsbezogenen Erträgen führen
kann. Im Folgenden sollen zunächst die direkten Effekte von
Weiterbildung auf die Gesundheit diskutiert werden, wobei auch
auf die unterschiedlichen gesundheitsbezogenen Weiterbildungserträge je nach Weiterbildungsdauer, Weiterbildungsformat und
Weiterbildungsanlass eingegangen wird.

11.3.1 Direkter Effekt von Weiterbildung auf die Gesundheit im Alter

Direkte gesundheitsbezogene Weiterbildungserträge finden sich
in den Ergebnissen der Regressionsmodelle zunächst nur bei einer beruflichen Weiterbildungsteilnahme, wohingegen sich bei
den Strukturgleichungsmodellen ausschließlich bei einer allgemeinen Weiterbildungsteilnahme ein direkter Effekt auf das emotionale Wohlbefinden und die physische Gesundheit feststellen
lässt. Dies kann vorwiegend darauf zurückgeführt werden, dass
in den Regressionsmodellen sowohl die allgemeine als auch die
berufliche Weiterbildungsteilnahme gleichzeitig und in den
Strukturgleichungsmodellen beide Weiterbildungstypen voneinander getrennt betrachtet wurden.

Mit Blick auf die Regressionsmodelle scheint im direkten Vergleich demnach eine berufliche Weiterbildungsteilnahme bedeutender für die mentale und physische Gesundheit Älterer zu sein,
als eine allgemeine Weiterbildungsteilnahme. Werden erneut die
jeweiligen Teilnahmequoten betrachtet, lässt sich vermuten, dass
dies in Verbindung mit einer höheren Teilnahme an einer beruflichen Weiterbildung (30,1%), als an einer allgemeinen Weiterbildung (10,4%), steht. Dieser höhere Anteil ist damit zu erklären,
dass der Großteil der Befragten (61,1%) zum Befragungszeitpunkt noch erwerbstätig war. Die größere Bedeutung von beruflicher Weiterbildung für die Gesundheit kann daher in Bezug auf

die Erwerbstätigkeit interpretiert werden. Im Kontext Älterer kann berufliche Weiterbildung besonders bei Erwerbstätigen, die ihrer Arbeit gerne nachgehen und die noch möglichst lange weiterarbeiten wollen, einen positiven Effekt auf die Gesundheit besitzen, da sie zu einem Verbleib oder zu einer Verlängerung des Erwerbslebens beiträgt (Iller, 2008). Darüber hinaus kann berufliche Weiterbildung Personen mit Kompetenzen ausstatten, welche die Bewältigung verschiedener beruflicher Anforderungen erleichtert, wodurch Stress reduziert und so ein positiver Effekt auf die Gesundheit erzielt wird. In Anlehnung an Lazarus (1993) *kognitiv-transaktionalen Stresstheorie* stehen durch die neuen Kompetenzen dementsprechend weitere Ressourcen zur Bewältigung berufliche Anforderungen zur Verfügung. Berufliche Weiterbildung, die vom Arbeitgeber oder von der Arbeitgeberin finanziert werden, können zudem als Wertschätzung oder Anerkennung wahrgenommen werden und so nach dem Modell *beruflicher Gratifikationskrisen* (Siegrist, 1996) im Sinne einer Belohnung beruflichen Stress reduzieren und damit zu positiven Gesundheitseffekten führen. Diesbezüglich belegt die Studie der CEDEFOP (2011), dass sich eine vom Arbeitgeber oder von der Arbeitgeberin finanzierte berufliche Weiterbildung im Gegensatz zu einer eigenfinanzierten Weiterbildungsteilnahme positiv auf die subjektive Gesundheit auswirkt. Gleichzeitig ist der Studie zu entnehmen, dass eine vom Arbeitgeber oder von der Arbeitgeberin finanzierte Weiterbildung auch mit dem Vorliegen chronischer Erkrankungen korreliert. Ähnlich hierzu konnte in den vorliegenden Ergebnissen gezeigt werden, dass Personen, die aus Eigeninitiative an einer beruflichen Weiterbildung teilgenommen haben, eine höhere mentale und physische Gesundheit aufweisen, als Personen, die auf betriebliche Anordnung oder auf Vorschlag des Vorgesetzten eine berufliche Weiterbildung besuchten. Allerdings ist zu differenzieren, dass hierbei nicht nach der Finanzierung, sondern lediglich nach dem Anlass gefragt wurde. Mit Blick auf den ökonomischen Ansatz *Intertemporaler Entscheidungen* und die daran angegliederten Konstrukte wie *Zeitpräferenz* oder *Selbstkontrolle* im *self-in-context* Modell, lässt sich vermuten, dass Personen, die bereit sind durch eine Weiterbildungsteilnahme in ihre berufliche Zukunft zu investieren, auch eher dazu bereit sind, in ihre Gesundheit zu investieren und dementsprechend eine bessere Gesundheit aufzeigen. Wie sich in den weiteren Regressionsanalysen herausstellte, unterscheiden sich die direkten gesundheitlichen Effekte nicht nur nach Anlass, sondern auch nach Dauer und Format. In Bezug auf das Weiterbildungsformat lässt sich festhalten, dass Personen, die an einer Schulung am Arbeitsplatz partizipierten, eine schlechtere physische Gesundheit aufweisen als Personen, die eine kurzzeitige berufliche Weiterbildungsveranstaltung besuchten. Ebenso besitzen Personen, die an einer beruflichen Weiterbildung teilgenommen haben, die über einen Monat und bis zu einem Jahr oder mehr andauerte, eine schlechtere physische Gesundheit als Personen, die sich an einer Weiterbildung beteiligten, die nicht länger als acht Stunden oder einen Tag dauerte. Diese Ergebnisse gleichen den Ergebnissen der CEDEFOP-Studie (2011), die ebenfalls belegen, dass die Teilnahme an einer kurzzeitigen beruflichen Weiterbildungsveranstaltung im Gegensatz zu einer langzeitigen beruflichen Weiterbildungsveranstaltung signifikant positiv mit der selbstberichteten Gesundheit korreliert. Während in der CEDEFOP-Studie (2011) diese Ergebnisse jedoch nur auf jüngere Personen (26- bis 46-Jährige) zutraf, kann anhand der vorliegenden Arbeit gezeigt werden, dass auch bei älteren Personen die Weiterbildungsdauer einen signifikanten Unterschied macht. Dabei widersprechen die vorliegenden Ergebnisse den Studienergebnissen von Narushima et al. (2018b), die nachweisen, dass je länger eine Weiterbildung andauert, desto besser ist das psychische Wohlbefinden. Allerdings ist zu beachten, dass bei der Studie von Narushima et al. (2018b) die Teilnahme an allgemeinen Weiterbildungen, die das eigene Interesse verfolgen, untersucht wurde, während sich die

Ergebnisse der vorliegenden Arbeit auf die Teilnahme an beruflichen Weiterbildungen bezieht. Nichtsdestotrotz geben die verschiedenen Studienergebnisse einen Hinweis darauf, dass es ebenso von Inhalt und Setting einer Weiterbildung abhängen kann, ob die Weiterbildungsdauer positive oder negative Effekte auf die Gesundheit besitzt. Dass sich eine längere Dauer der beruflichen Weiterbildung negativ auf die physische Gesundheit auswirkt, kann mit einem höheren Stresserleben begründet werden. So besitzt eine Weiterbildungsteilnahme nicht nur positive Gesundheitseffekte, sondern kann auch zu Angst oder Stress führen, besonders, wenn negative Lernerfahrungen vorhanden sind (Field, 2011). Liegen solche negativen Lernerfahrungen vor und werden deshalb mit Weiterbildung eher negative Erlebnisse assoziiert, hat dies zur Folge, dass je länger Personen an einer Weiterbildung teilnehmen, desto größer ist auch das Stresserleben, welches sich negativ auf die physische Gesundheit niederschlagen kann. Zudem ist denkbar, dass durch eine längere berufliche Weiterbildungsteilnahme weniger Zeit für die eigentliche Arbeit bleibt, wodurch ebenfalls zu einem höheren Stresserleben und damit einer schlechteren Gesundheit beigetragen wird. Umgekehrt betrachtet scheint außerdem plausibel, dass Personen mit einer geringeren physischen Gesundheit eher an einer Schulung am Arbeitsplatz beziehungsweise einer Weiterbildung teilnehmen, die weniger Zeit beansprucht. Diese Thesen werden durch Ergebnisse des AES 2016 gestützt, welche darauf verweisen, dass „Gesundheit" im Alter eine wichtige Weiterbildungsbarriere darstellt. In diesem Zusammenhang würde es auch erklären, weshalb sich ein signifikanter Effekt nur bei der physischen und nicht bei der mentalen Gesundheit zeigt. Inwiefern für den signifikanten Unterschied zwischen einer kurzzeitigen Weiterbildungsveranstaltung und einer Schulung am Arbeitsplatz jedoch tatsächlich die Dauer und nicht auch andere Merkmale, wie z.B. der Ort, ausschlaggebend sind, lässt sich anhand der vorliegenden Daten nicht feststellen. Zudem ist bei der Interpretation der Ergebnisse zur Weiterbildungsdauer, dem Weiterbildungsformat und teilweise auch zum Weiterbildungsanlass (hinsichtlich physischer Gesundheit) Vorsicht geboten, da der Anteil der aufgeklärten Varianz durch die im Modell integrierten Prädiktoren lediglich bei 1% liegt und der F-Test nicht signifikant ist. Das bedeutet, dass die unabhängigen Variablen keine statistisch nachweisbare Beziehung zur abhängigen Variable besitzen und damit nicht gezeigt werden kann, ob die ausgewählten Prädiktoren für die Erklärung der Varianz der mentalen und physischen Gesundheit geeignet sind (Rudolf & Müller, 2012). Darüber hinaus stellt die grundlegende Annahme, dass die Bedeutung von beruflicher Weiterbildung für Ältere besonders in Bezug auf die Erwerbstätigkeit und damit im Kontext Arbeit interpretiert werden kann, nur eine Möglichkeit dar. Warum nicht sowohl berufliche als auch allgemeine Weiterbildungen gleichermaßen bedeutend für die Gesundheit Älterer ist, kann im Rahmen der vorliegenden Arbeit nicht abschließend geklärt werden.

Im Gegensatz zu den Regressionsmodellen zeigen sich bei den Strukturgleichungsmodellen nur bei der allgemeinen Weiterbildungsteilnahme direkte Effekte auf die Gesundheit. Dass sich hier bei der beruflichen Weiterbildungsteilnahme kein direkter Effekt erkennen lässt, kann damit begründet werden, dass in diesen Modellen verschiedene personen- und kontextbezogenen Variablen berücksichtigt werden, die keine Prädiktoren in den Regressionsmodellen darstellen. Dementsprechend deuten die Ergebnisse darauf hin, dass sich der direkte Effekt zwischen beruflicher Weiterbildungsteilnahme und Gesundheit indirekt über verschiedene personen- und kontextbezogene Faktoren, wie z.B. Optimismus, Selbstwirksamkeitserwartung oder Arbeitsbelastungen erklären lässt, worauf an späterer Stelle näher eingegangen wird (siehe Kap. 11.2.2). Bei den Strukturgleichungsmodellen mit der allgemeinen Weiterbildungsteilnahme, zeigen sich dagegen, trotz Berücksichtigung der verschiedenen personen- und kontextbezogenen Faktoren, direkte Effekte auf die Gesundheit. Während es sich in Bezug auf die physische Gesundheit und das Erleben positiver Emotionen um einen positiven Effekt handelt, führt eine allgemeine Weiterbildungsteilnahme gleichzeitig auch zu höheren negativen Emotionen. In diesem Zusammenhang belegte bereits die Studie von Feinstein et al. (2003), dass eine Weiterbildungsteilnahme in der Freizeit positiv mit der Symptomatik einer Depression korreliert. Eine Erklärung hierfür findet sich in den qualitativen Ergebnissen von Schuller et al. (2002). So wird hier beschrieben, dass eine Weiterbildungsteilnahme die Selbstwahrnehmung und Selbsterkenntnis erhöht, wodurch fundamentale Themen und die eigene Identität in Frage gestellt werden können (Schuller et al., 2002). Damit ist nicht ausgeschlossen, dass aus der Teilnahme gerade an allgemeinen Weiterbildungen auch höhere negativen Emotionen resultieren können. Ebenso kann, wie gerade erwähnt, Weiterbildung zu Ängsten und Stress führen, besonders, wenn negative Lernerfahrungen vorliegen (Field, 2011). In diesem Zusammenhang zeigen Ergebnisse der EdAge-Studie, dass Ältere mit einer positiv erlebten Schulzeit gegenüber Älteren mit einer negativ erlebten Schulzeit signifikant häufiger angeben, dass sie durch Weiterbildung beispielsweise aktiver und selbstständiger geworden sind und generell mehr Positives mit Weiterbildung assoziieren (siehe Tippelt & Schnurr, 2009). Personen mit positiven Lernerfahrungen nehmen also eher positive Effekte von Weiterbildung wahr, als Personen mit negativen Lernerfahrungen. Die vorliegenden Ergebnisse können aber wie bei der Studie von Feinstein et al. (2003) auch ein Hinweis darauf sein, dass manche Personen dann Weiterbildungskurse in ihrer Freizeit aufsuchen, wenn sie schwere Zeiten erleben und sich durch Weiterbildungskurse ablenken wollten. In diesem Fall würde die Ergebnisse jedoch zeigen, dass diesen Personen nicht allein durch eine Teilnahme an Weiterbildungskursen in der Freizeit geholfen werden kann (siehe auch Feinstein et al., 2003), zumal die Weiterbildungsteilnahme hier drei Jahre zurückliegt.

Auf positive Art und Weise kann Weiterbildung die Wahrnehmung von Autonomie und Wirksamkeit stärken (Schuller et al., 2002), womit sich gleichzeitig die Zunahme positiver Emotionen durch die allgemeine Weiterbildungsteilnahme in der vorliegenden Arbeit erklären lässt. Nicht zuletzt sind Autonomie und Wirksamkeit auch wichtige Faktoren für ein „aktives Altern". Insgesamt bleibt festzuhalten, dass die Teilnahme an einer Weiterbildung nicht nur direkte positive, sondern auch negative Effekte auf die Gesundheit im Alter besitzt. Dabei können auch Aspekte wie die Weiterbildungsdauer oder der Weiterbildungsanlass von Bedeutung sein. Neben diesen direkten Effekten von Weiterbildung auf Gesundheit im Alter, konnten in der vorliegenden Arbeit zahlreiche indirekte Effekt festgestellt werden, worauf nachfolgend näher eingegangen wird.

11.3.2 Indirekte Effekte von Weiterbildung auf die Gesundheit im Alter

In Anlehnung an das *self-in-context* Modell wurde einerseits anhand von Moderatoranalysen und andererseits anhand von Strukturgleichungsmodellen geprüft, welche personen- und kontextbezogenen Faktoren beim Zusammenhang von Weiterbildung und Gesundheit im Alter von Bedeutung sind, um damit einen Beitrag zur Erklärung dieses Zusammenhangs leisten. Dabei lassen sich die verschiedenen Faktoren individuellen Dispositionen, sozialen Ressourcen und der erwerbsbezogenen Situation zuordnen, durch welche die gesundheitsbezogenen Weiterbildungserträge generiert werden. In Bezug auf individuelle Dispositionen wurde untersucht, welche Rolle die allgemeine und berufliche Selbstwirksamkeitserwartung, das Selbstwertgefühl sowie das Altersbild spielt. Daran anknüpfend wurden verschiedene Aspekte zur Zukunftserwartung betrachtet. Hierbei handelte es sich um die Einstellung gegenüber der Nacherwerbsphase im Spezifischen und um Optimismus im Allgemeinen. Hinsichtlich sozialer Ressourcen wurden Faktoren wie soziale Unterstützung, soziales Netzwerk und eine aktive soziale Lebensgestaltung in den Blick genommen. Bezüglich der erwerbsbezogenen Situation wurde schließlich die Bedeutung von Einkommen, sozioökonomischem Status sowie Arbeitsbelastungen betrachtet. In diese drei Bereichen gegliedert, werden nachstehend die zentralen Ergebnisse zum indirekten Zusammenhang von Weiterbildung und Gesundheit im Alter zusammengefasst und diskutiert.

Die Relevanz von individuellen Dispositionen

Mit Blick auf individuelle Dispositionen geht aus der vorliegenden Arbeit hervor, dass den Variablen Selbstwertgefühl und allgemeine Selbstwirksamkeitserwartung eine wichtige Bedeutung für den Zusammenhang zwischen Weiterbildung und Gesundheit zukommt. So ist bezüglich der allgemeinen Selbstwirksamkeitserwartung und dem Selbstwertgefühl festzustellen, dass sich sowohl die Teilnahme an einer allgemeinen als auch die Teilnahme an einer beruflichen Weiterbildung positiv auf beides auswirkt und ein höheres Selbstwertgefühl beziehungsweise eine höhere Selbstwirksamkeitserwartung wiederum signifikant positive Effekte auf das emotionale Wohlbefinden und/oder die physische Gesundheit im Alter besitzen. Damit korrespondieren die vorliegenden Ergebnisse mit Erkenntnissen aus der qualitativen Studie von Hammond (2004), bei der ebenfalls gezeigt wurde, dass sich durch eine Weiterbildungsteilnahme das Selbstwertgefühl und die Selbstwirksamkeitserwartung erhöhte und dadurch die Weiterbildungsteilnahme zu einer besseren mentalen Gesundheit sowie einem höheren Wohlbefinden beitrug. So belegen die vorliegenden Ergebnisse die theoretischen Annahmen des *self-in-*

context Modells, wonach eine Weiterbildungsteilnahme beispielsweise durch das Erfahren von Erfolgserlebnissen zu einem
höheren Selbstwertgefühl und einer höheren Selbstwirksamkeitserwartung führt und beides für die Genese von Gesundheit bedeutsam ist. Demnach stärkt beispielsweise sowohl ein höheres
Selbstwertgefühl als auch eine höhere Selbstwirksamkeitserwartung eine gesunde Verhaltensweise (siehe z.b. Kavas, 2009; Hohmann & Schwarzer, 2009). Während das Selbstwertgefühl hierbei
beeinflusst, wie man sich gegenüber der eigenen Person verhält
und ob dabei der eigenen Gesundheit geschadet wird oder nicht
(siehe Emler, 2001), ist die Selbstwirksamkeitserwartung dahingehend von Bedeutung, inwiefern beispielsweise Diäten oder
Trainingspläne eingehalten werden (Hohmann & Schwarzer,
2009). Überdies kann in Anlehnung an die Human Capital Theory
of learned effectiveness von Mirowsky und Ross (1998) davon
ausgegangen werden, dass die gestärkte Selbstwirksamkeitserwartung und das gestärkte Selbstwertgefühl, das Gefühl, die eigene Gesundheit beeinflussen und gesundheitsbezogene Probleme lösen zu können, fördern. In Bezug auf die vorliegenden Ergebnisse zeigt sich dabei, dass das, durch die Weiterbildungsteilnahme erhöhte, Selbstwertgefühl besonders hinsichtlich des emotionalen Wohlbefindens eine bedeutende Rolle spielt. So erleben
ältere Personen mit einem höheren Selbstwertgefühl sowohl weniger negative als auch mehr positive Emotionen. Andere Studien
belegen diesen Zusammenhang und verweisen darauf, dass ein
höheres Selbstwertgefühl mit weniger Depressivität und Ängsten
im Alter assoziiert werden kann (siehe hierzu Forstmeier, Uhlendorff & Maercker, 2005). Im Hinblick auf die physische Gesundheit besitzt das höhere Selbstwertgefühl dagegen keinen signifikanten Effekt. Demnach scheint im Alter das Selbstwertgefühl,
unter Berücksichtigung anderer personenbezogener Variablen
wie Selbstwirksamkeitserwartung und Optimismus, für die Bewertung der physischen Gesundheit eine untergeordnete Rolle zu
spielen, weshalb es den Zusammenhang zwischen Weiterbildung

und Gesundheit an dieser Stelle nicht erklärt. Demgegenüber besitzt eine durch die allgemeine Weiterbildungsteilnahme erhöhte Selbstwirksamkeitserwartung einen positiven Effekt auf die physische Gesundheit, was sich beispielsweise anhand der altersbedingten Angst zu Stürzen erklären lässt:

> Dies kann dann entweder dazu führen, dass sich der ältere Mensch mit hoher Selbstwirksamkeitswirksamkeit als handlungsfähig und im Umgang mit seiner Umwelt als effektiv erlebt oder darin, dass derjenige mit geringer Selbstwirksamkeit mit Angst bzw. Sturzangst reagiert und seine körperlichen und sozialen Aktivitäten einschränkt (Schott, 2008, S. 45).

Darüber hinaus ist die Selbstwirksamkeitserwartung für die körperliche Aktivität bedeutsam, da sie in diesem Kontext die persönlich wahrgenommene Kontrolle und Zuversicht darstellt, beispielsweise an einem bestimmten Bewegungsprogramm teilnehmen zu können (Schulz, Meyer & Langguth, 2012). Nicht zuletzt wurde bereits nachgewissen, dass eine höhere Selbstwirksamkeitserwartung immunbiologische Stressreaktionen verhindert (siehe Wiedenfeld et al., 1990), womit sich ebenfalls ein positiver Zusammenhang zwischen einer höheren Selbstwirksamkeitserwartung und der physischen Gesundheit zeigt. Im Hinblick auf das emotionale Wohlbefinden wirkt sich im Gegensatz zum Selbstwertgefühl die erhöhte Selbstwirksamkeitserwartung jedoch nur auf das Erleben positiver Emotionen aus. Dementsprechend ist die höhere Selbstwirksamkeitserwartung zwar für positive Emotionen wie Enthusiasmus und Aktivität bedeutend, nicht aber für negative Gefühle wie Angst, Ärger oder Kummer. Zusammenfassend lässt sich daraus schließen, dass die Selbstwirksamkeitserwartung gegenüber dem Selbstwertgefühl zwar auch für den Zusammenhang zwischen Weiterbildung und physischer Gesundheit bedeutend sein kann, das Selbstwertgefühl hinsichtlich dem emotionalen Wohlbefinden jedoch einen zentraleren Stellenwert einnimmt. Dies ist insofern plausibel, als dass das

Selbstwertgefühl eine affektive Komponente des Selbst darstellt, die in einer engen Beziehung mit dem emotionalen Erleben steht (siehe Lohaus & Vierhaus, 2015). Darüber hinaus ist festzustellen, dass die allgemeine Selbstwirksamkeitserwartung in den Strukturgleichungsmodellen zwar als ein signifikanter Mediator identifiziert werden kann, es jedoch hinsichtlich der beruflichen Selbstwirksamkeitserwartung keinen signifikanten Interaktionseffekt in den Moderatoranalysen gibt. Die allgemeine Selbstwirksamkeitserwartung scheint demnach beim Zusammenhang von Weiterbildung und Gesundheit im Alter von größerer Bedeutung zu sein, als die berufliche Selbstwirksamkeitserwartung. So gibt es bereits empirische Hinweise darauf, dass bei älteren Arbeitnehmenden die berufliche Selbstwirksamkeitserwartung zwar ein signifikanter Prädiktor für die Lebenszufriedenheit darstellt, jedoch andere Variablen, wie z.B. der Beziehungsstatus, bedeutender für die Lebenszufriedenheit sind (siehe Paggi & Jopp, 2015).

Als weitere individuelle Dispositionen wurde im Rahmen der Moderatoranalysen zusätzlich die Wirkung eines positiven (entwicklungsorientiert) und negativen (verlustorientiert) Altersbildes auf den Zusammenhang zwischen beruflicher Weiterbildung und Gesundheit untersucht. Den Ergebnissen ist zu entnehmen, dass ein negatives Altersbild insofern einen signifikanten Einfluss auf den Zusammenhang zwischen beruflicher Weiterbildung und Gesundheit ausübt, als dass Personen mit einem höheren negativen Altersbild eher eine höher mentale Gesundheit aufzeigen, wenn sie an einer Weiterbildung teilgenommen haben, als weiterbildungsaktive Personen mit einem niedrigeren negativen Altersbild. Dass ein negatives Arbeitsbild Älterer einen positiven Effekt auf die Gesundheit besitzt, wurde bereits in einer jüngeren Studie von Wolff, Schüz, Ziegelmann, Warner und Wurm (2017) belegt. So wurde hier festgestellt, dass Ältere mit einem höheren negativen Altersbild sechs Monate nach einem ernsthaften Krankheitserleben, über ein geringeres negatives emotionales Wohlbefinden berichten. Personen mit einem geringeren negativen Altersbild dagegen, gaben ein signifikant höheres negatives emotionales Wohlbefinden an. Begründen lässt sich dieses Ergebnis mit der Annahme, dass sich Personen mit einem negativen Altersbild eher mental auf negative gesundheitliche Ereignisse vorbereiten und sich aus diesem Grund mit dem Rückgang der Gesundheit arrangiert haben (Wolff et al., 2017). Ein höheres negatives Altersbild könnte sich demnach positiv auf den Zusammenhang zwischen beruflicher Weiterbildungsteilnahme und mentaler Gesundheit auswirken, da diese Personen über gesundheitliche Beeinträchtigungen weniger überrascht sind, als Personen, die ein weniger verlustorientiertes Altersbild besitzen. Hinsichtlich der physischen Gesundheit scheint ein negatives Altersbild weniger von Bedeutung zu sein, da hier kein signifikanter Moderatoreffekt vorliegt.

Anknüpfend an den Effekt eines negativen Altersbildes auf den Zusammenhang zwischen Weiterbildung und Gesundheit im Alter, zeigen die vorliegenden Ergebnisse darüber hinaus, dass sich im Sinne der „Zukunftserwartung" eine positive Einstellung gegenüber der Nacherwerbsphase sowohl signifikant positiv auf den Zusammenhang zwischen einer beruflichen Weiterbildungsteilnahme und der mentalen Gesundheit als auch signifikant negativ auf den Zusammenhang zwischen einer beruflichen Weiterbildungsteilnahme und der physischen Gesundheit auswirkt. Während also eine höhere positive Einstellung gegenüber der Nacherwerbsphase mit einer höheren mentalen Gesundheit weiterbildungsaktiver Personen einhergeht, zeigen weiterbildungsaktive Personen mit einer höheren positiven Einstellung gegenüber der Nacherwerbsphase gleichzeitig eine schlechtere physische Gesundheit auf, als weiterbildungsaktive Personen mit einer weniger positiven Einstellung. Demzufolge verfügen Personen, die weniger gerne in die Nacherwerbsphase eintreten möchten und an einer beruflichen Weiterbildung teilnehmen, über eine bessere physische Gesundheit als Personen, die eine positive Einstellung gegenüber der Nacherwerbsphase besitzen. An dieser Stelle kann umgekehrt davon ausgegangen werden, dass Personen mit einer guten physischen Gesundheit weniger gerne aus dem Erwerbsleben ausscheiden wollen, als Personen mit körperlichen Beeinträchtigungen. Damit übereinstimmend konnte bereits in einer anderen Analyse der WiE 50+ Daten beobachtet werden, dass je höher die physische Gesundheit, desto negativer ist die Einstellung gegenüber der Nacherwerbsphase (siehe Schmidt-Hertha & Rees, 2017). In Bezug auf die mentale Gesundheit weisen in den vorliegenden Ergebnissen weiterbildungsaktive Personen mit einer höheren positiven Einstellung gegenüber der Nacherwerbsphase dagegen höhere Werte auf, als Personen mit einer weniger positiven Einstellung. Hier könnte argumentiert werden, dass die Freude auf die Nacherwerbsphase die mentale Gesundheit der älteren Erwerbstätigen stärkt. Dabei ist davon auszugehen, dass diese Personen bereits konkrete Pläne für die Nacherwerbsphase haben und daher dem Austritt aus dem Erwerbsleben positiver gegenüberstehen als Personen, die sich weniger mit ihrer Zukunft auseinandergesetzt haben (siehe Lehr, 2000). Weshalb sich hinsichtlich der mentalen und physischen Gesundheit jedoch unterschiedliche Interaktionseffekte zeigen und wie sich diese erklären lassen, kann in dieser Arbeit nicht abschließend geklärt werden. Hierzu bedarf es weiterer Forschung, die sich auf den Übergang in die Nacherwerbsphase fokussiert und dabei möglicherweise sensibler auf verschiedene spezifische Personengruppen eingeht (z.B. Personen mit körperlichen Beeinträchtigungen im Vergleich zu Personen ohne körperliche Beeinträchtigungen).

Neben dem Altersbild und der Einstellung gegenüber der Nacherwerbsphase wurde in der vorliegenden Arbeit schließlich auch der Optimismus in den Blick genommen. Dabei ist festzustellen, dass es sich beim Optimismus um den zentralsten Mediator handelt, da er in jeder Analyse der vorliegenden Studie eine signifikante Rolle spielt. So wirkt sich die Teilnahme sowohl an einer beruflichen als auch an einer allgemeinen Weiterbildung positiv auf den Optimismus aus und ein hoher Optimismus wiederum besitzt positive Effekte sowohl auf das emotionale Wohlbefinden als auch auf die körperliche Funktionsfähigkeit. Damit ist eine optimistische Einstellung sowohl in der Gesamtstichprobe als auch in der Teilstichprobe der Erwerbstätigen von Bedeutung. Dass die Teilnahme an Weiterbildungen zu einem höheren Optimismus führt, belegen bereits andere Studien (siehe z.B. Field, 2011; Hammond & Feinstein, 2006), wobei angenommen wird, dass sich dieser Zusammenhang besonders durch eine Stärkung der Handlungsfähigkeit erklärt (Field, 2011). Vor dem Hintergrund der Bedeutung von Bildung im Alter kann dementsprechend davon ausgegangen werden, dass die Teilnahme an beruflichen oder allgemeinen Weiterbildungen eine optimistische Sichtweise fördert, indem sie beispielsweise zur Kompetenzerhaltung oder -erweiterung beiträgt und/oder neue Gestaltungsspielräume im Alter aufzeigt (Kade, 2009; Rees & Schmidt-Hertha, 2017). Der Zusammenhang zwischen Optimismus und Gesundheit lässt sich anhand von physiologischen Reaktionen, direkten und indirekten Verhaltensfolgen, Selektion von Umwelten sowie anhand vom Krankheitsverhalten erklären (Hoyer & Herzberg, 2009, S. 70). So befolgen Optimisten beispielsweise im höheren Ausmaß ärztliche Ratschläge (direkte Verhaltensfolgen), aktivieren und generieren eher soziale Ressourcen (Selektion von Umwelten) und interpretieren die Krankenrolle gemäß ihrem sonstigen Bewältigungsverhalten aktiver als andere (Krankenverhalten). Dadurch sind günstigere Genesungsverläufe bei Optimisten festzustellen (siehe Hoyer & Herzberg, 2009). Der vorliegende positive Zusammenhang zwischen Optimismus und dem emotionalen Wohlbefinden beziehungsweise der physischen Gesundheit korrespondiert dementsprechend mit verschiedenen Studienergebnissen, die nachweisen, dass sich optimistische Personen besser von Operationen erholen (siehe Scheier et al., 1989) oder ein geringeres Mortalitätsrisiko aufweisen (siehe Weiss-Faratci et al., 2017). In Bezug auf ältere Menschen belegt die Studie von Shiflet (1987) darüber hinaus, dass Ältere mit einer positiven Zukunftsorientierung eher auf ihr Gewicht achten und verschiedene Gesundheitsrisiken meiden. Nicht zuletzt kann der signifikante Zusammenhang zwischen Optimismus und dem emotionalen Wohlbefinden beziehungsweise mit der physischen Gesundheit auch als ein Beleg dafür gesehen werden, dass Optimisten ihr emotionales Wohlbefinden und ihre körperliche Funktionsfähigkeit besser einschätzen, als weniger optimistische Personen. In diesem Zusammenhang wurde bereits an anderer Stelle dargelegt, dass eine optimistische Einschätzung der eigenen Gesundheit einen direkten positiven Effekt auf die Gesundheit besitzen kann (Wurm et al, 2009).

Mit Blick auf individuelle Dispositionen ist zusammenfassend festzuhalten, dass sich sowohl eine allgemeine als auch eine berufliche Weiterbildungsteilnahme indirekt über verschiedene Facetten des Selbstkonzepts positiv auf die physische Gesundheit und das emotionale Wohlbefinden auswirken, indem, wie im *self-in-context* Modell angenommen, durch die Weiterbildungen das Selbstwertgefühl und die Selbstwirksamkeitserwartung Älterer gestärkt wird. In Bezug auf das emotionale Wohlbefinden ist dabei besonders das Selbstwertgefühl im Alter von Bedeutung, während hinsichtlich der physischen Gesundheit auch die Selbstwirksamkeitserwartung eine Rolle spielt. Darüber hinaus beeinflusst ein negatives Altersbild den Zusammenhang zwischen beruflicher Weiterbildung und mentaler Gesundheit positiv. Daran anknüpfend lässt sich im Hinblick auf die „Zukunftserwartung" im Alter zusammenfassen, dass gleichwohl weder die Einstellung gegenüber der Nacherwerbsphase noch Optimismus als relevante personenbezogene Faktoren im *self-in-context* Modell genannt werden, beiden im Kontext Älterer ein zentraler Stellenwert beim Zusammenhang von Weiterbildung und Gesundheit zukommt. Dabei wirkt sich die Teilnahme an Weiterbildungen besonders durch die Erhöhung einer optimistischen Einstellung positiv auf die Gesundheit im Alter aus. Inwiefern dies eine Besonderheit des Kontextes Älterer darstellt oder ob eine optimistische Einstellung generell bedeutsam für den Zusammenhang zwischen Weiterbildung und Gesundheit ist, können Ergebnisse zukünftiger Forschung zeigen.

Die Relevanz von sozialen Ressourcen

Im Hinblick auf die Rolle von sozialen Ressourcen beim Zusammenhang zwischen Weiterbildung und Gesundheit, zeigen die vorliegenden Ergebnisse, dass sowohl die soziale Netzwerkgröße im Sinne der *sozialen Integration (Isolation)* als auch das Gefühl der Einsamkeit im Sinne der *wahrgenommenen sozialen Unterstützung* beim Zusammenhang zwischen einer allgemeinen Weiterbildungsteilnahme und dem Erleben negativer Emotionen von Bedeutung sind. Demzufolge führt die Teilnahme an einer allgemeinen Weiterbildung zu einem geringeren Gefühl der Einsamkeit, wodurch weniger negative Emotionen erlebt werden. Damit werden die theoretischen Annahmen des *self-in-context* Modells belegt, wonach durch Weiterbildung beispielsweise neue soziale Kontakte geknüpft oder soziale Kompetenzen erworben und damit auch die wahrgenommene soziale Unterstützung gestärkt werden. Soziale Unterstützung wiederum kann zum einen das Wohlbefinden direkt positiv beeinflussen, zum anderen kann es im Sinne eines Puffereffekts dazu beitragen, dass es angesichts von Stressoren durch die wahrgenommene soziale Unterstützung zu gesundheitsförderlicheren Bewältigungsmechanismen kommt (Lüscher & Scholz, 2018). Insofern lässt sich auch erklären, dass in der vorliegenden Arbeit ein geringeres Gefühl der Einsamkeit mit einem geringeren negativen emotionalen Wohlbefinden einhergeht. Gleichzeitig zeigen die Ergebnisse jedoch, dass entgegen der Annahmen des *self-in-context* Modells der Ausbau des sozialen Netzwerks durch eine allgemeine Weiterbildungsteilnahme in einem höheren negativen emotionalen Wohlbefinden resultiert. Hierbei ist zunächst zu verdeutlichen, dass die wahrgenommene Unterstützung beziehungsweise das Gefühl der Einsamkeit und die Anzahl sozialer Kontakte nicht dasselbe sind. Vielmehr ist das Ausmaß der Einsamkeitsgefühle eine Funktion der *Erwartungen* hinsichtlich der sozialen Kontakte und nicht eine Funktion der tatsächlichen Kontakte selbst (Lehr, 2000, S. 290). Demnach kann das Gefühl von Einsamkeit trotz eines großen sozialen Netzwerks hoch sein, wenn Erwartungen nicht erfüllt werden. Diese Differenzierung gibt auch einen Hinweis darauf, weshalb in den weiteren Analysen eine Weiterbildungsteilnahme nur einen Effekt auf die soziale Netzwerkgröße, nicht aber auf das Gefühl der Einsamkeit, besitzt. So kann daraus geschlossen werden, dass die Teilnahme älterer Personen an einer allgemeinen oder beruflichen Weiterbildung zwar zu einem größeren sozialen Netzwerk führt, gleichzeitig jedoch nicht signifikant zu einem geringeren Gefühl der Einsamkeit beitragen muss. Außerdem lässt sich durch diese Differenzierung erklären, dass ein Gefühl der Einsamkeit zwar zu einem positiven, die Anzahl sozialer Kontakte jedoch zu einem negativen Effekt führen können, da mit einer höheren Anzahl sozialer Kontakte auch mehr Stress verbunden sein kann (siehe Lüscher & Scholz, 2018). In Bezug auf die vorliegenden Ergebnisse erscheint dementsprechend plausibel, dass Personen durch den Ausbau ihres sozialen Netzwerkes aufgrund einer allgemeinen Weiterbildungsteilnahme ein höheres negatives emotionales Wohlbefinden aufzeigen. Daran anknüpfend und bezogen auf den Kontext Älterer postuliert die Disengagement-Theorie (Cumming & Henry, 1961) entgegen Konzepten wie dem „aktiven Altern", dass ältere Menschen dann glücklicher und zufriedener sind, wenn sie ihre sozialen Kontakte reduzieren, da sie sich dadurch von sozialen Normen befreien. Dieser Ansatz könnte eine Erklärung für den negativen Zusammenhang zwischen der sozialen Netzwerkgröße und dem emotionalen Wohlbefinden sein. In den weiteren Strukturgleichungsmodellen zeigt sich, dass mit Blick auf die Gesundheit weniger die soziale Netzwerkgröße als vielmehr das Gefühl der Einsamkeit von Bedeutung ist. So wirkt sich im Gegensatz zur sozialen Netzwerkgröße das Gefühl der Einsamkeit nicht nur auf das Erleben negativer Emotionen, sondern auch auf das Erleben positiver Emotionen aus und führt dabei insgesamt zu einem bessern emotionalen Wohlbefinden. In diesem Zusammenhang belegt die Studie von Golden et al. (2009), dass ein geringeres Gefühl von Einsamkeit einen größeren Effekt auf das Wohlbefinden, eine depressive Verstimmung sowie eine geringere Hoffnungslosigkeit besitzt als die soziale Netzwerkgröße. Auf Grundlage der vorliegenden Ergebnisse kann daher geschlussfolgert werden, dass im Alter besonders das subjektive Erleben von Einsamkeit und weniger die soziale Netzwerkgröße für das emotionale Wohlbefinden von Bedeutung ist.

Im Rahmen der Moderatoranalysen wurde darüber hinaus untersucht, inwiefern eine soziale aktive Lebensgestaltung für den Zusammenhang zwischen Weiterbildung und Gesundheit bedeutsam ist. Die Ergebnisse zeigen, dass weiterbildungsaktive Personen, die sozial aktiv sind, eine höhere mentale Gesundheit aufweisen als weiterbildungsaktive Person mit einer geringeren sozialen Aktivität. Unter einer sozial aktiven Lebensgestaltung sind hier Aktivitäten wie das Treffen von Freunden, das Betreuen von Enkeln sowie das Nachgehen eines ehrenamtlichen Engagements zusammengefasst. Eine sozial aktive Lebensgestaltung impliziert demnach nicht nur soziale Aspekte, sondern in Bezug auf das Betreuen von Enkeln und auf das Nachgehen ehrenamtlicher Engagements auch Aspekte, die dem Konzept des „Produktiven Alterns" zugeordnet werden können (Lehr, 2000). Wird die Bedeutung der *sozial aktiven Lebensgestaltung* beim Zusammenhang zwischen Weiterbildung und mentaler Gesundheit aus dieser Perspektive betrachtet, kann geschlussfolgert werden, dass das Gefühl, gebraucht zu werden, sowie der Einsatz produktiver Fähigkeiten Älterer die Gesundheit im Alter positiv beeinflusst (Lehr, 2000). Dies entspricht der Argumentation der Aktivitätstheorie, wonach ähnlich zu den Konzepten des „aktiven" oder „produktiven" Alterns und entgegen der Disengagement-Theorie davon ausgegangen wird, dass ältere Personen dann glücklich und zufrieden sind, wenn sie sich aktiv am sozialen und gesellschaftlichen Leben beteiligen können (Lehr, 2000). Demnach wird deutlich, dass eine aktive soziale Teilhabe besonders für die mentale Gesundheit von Bedeutung ist, wodurch nicht zuletzt auch ein Hinweis darauf gegeben wird, weshalb es hinsichtlich der physischen Gesundheit keinen signifikanten Moderatoreffekt der sozialen aktiven Lebensgestaltung gibt.

Insgesamt ist festzuhalten, dass sich, wie im *self-in-context* Modell angenommen, die Teilnahme an einer allgemeinen Weiterbildung indirekt über Faktoren wie soziale Unterstützung oder soziale Netzwerkgröße als soziale Ressourcen auf die Gesundheit auswirkt. Dabei lassen sich jedoch nicht nur positive Effekte feststellen. So kann entgegen der Annahme eine allgemeine Weiterbildungsteilnahme durch den Ausbau des sozialen Netzwerks auch einen negativen Effekt auf das emotionale Wohlbefinden besitzen, während sie theoriekonform durch die Verringerung des Gefühls von Einsamkeit das emotionale Wohlbefinden erhöht. Inwiefern das Eingebundensein in soziale Netzwerke positive oder negative Effekte besitzt, kann von individuellen Eigenschaften abhängig sein. In Bezug auf den Kontext Älterer sind nach Havighurst (1963) ältere Personen mit eher passiven Verhaltensweisen glücklicher, wenn sie sich im Sinne der Disengagement-Theorie aus dem sozialen Bindungen und Verpflichtungen zurückziehen können. Ältere Personen die eher einen aktiven Lebensstil führen, sind dagegen zufriedener, wenn sie im Sinne der Aktivitätstheorie auch weiterhin sozial aktiv sind. In Bezug auf letzteres zeigt sich in den vorliegenden Ergebnissen, dass eine sozial aktive Lebensgestaltung den Zusammenhang zwischen beruflicher Weiterbildung und mentaler Gesundheit stärkt. Um tiefergehend zu analysieren, in welchen Fällen soziale Ressourcen zu positiven oder negativen gesundheitsbezogenen Weiterbildungserträgen führt, sind jedoch weitere Studien notwendig.

Die Relevanz von Faktoren der erwerbsbezogenen Situation

Im Hinblick auf die erwerbsbezogene Situation ist den vorliegenden Ergebnissen zu entnehmen, dass entgegen der Annahme im *self-in-context* Modell die Teilnahme an einer beruflichen Weiterbildung keinen signifikanten Effekt auf das Einkommen besitzt und dementsprechend das Einkommen keine Rolle beim Zusammenhang zwischen einer beruflichen Weiterbildung und der Gesundheit im Alter spielt. Damit korrespondierend belegt bereits die Studie von Wolter und Schiener (2009) auf Grundlage von Daten des Mikrozensus, dass signifikante Einkommenseffekte durch berufliche Weiterbildungen nur bei jüngeren Personen (zwischen 22 und 40 Jahre) und nicht bei älteren Personen (zwischen 40 und 64 Jahren) zu finden sind. Außerdem belegt die Studie von Pollak et al. (2016) auf Grundlage der NEPS Daten, dass eine berufliche Weiterbildungsmaßnahme nur dann zu einem signifikanten Anstieg des Einkommens führt, wenn es firmeninterne Aufstiegskanäle gibt und die berufliche Weiterbildung durch den Arbeitgeber oder die Arbeitgeberin finanziert oder angeordnet wurde. Eine aktuelle Studie von Ebner und Ehlert (2018), die ebenfalls auf einer Längsschnittanalyse der NEPS Daten beruht, weist zudem darauf hin, dass die Teilnahme an betrieblicher nonformaler Weiterbildung weniger zu beruflichen Aufstiegen als vielmehr zur Sicherung des beruflichen Status dient. Dies ist damit zu begründen, dass angesichts neuer Technologien, Produkten und Arbeitsweisen, betriebliche non-formale Weiterbildungen heutzutage vorwiegend als Anpassungen fungieren, sodass „Weiterbildungen in einigen Tätigkeiten zur Normalität geworden sind und nicht mehr zur Abgrenzung bei Beförderungen herangezogen werden. (...) Lebenslanges Lernen wird so zur Mindestanforderung in einer Tätigkeit" (Ebner & Ehlert, 2018, S. 231). Dieser Befund könnte ebenfalls einer Erklärung dafür sein, weshalb sich in den vorliegenden Daten kein signifikanter Effekt der beruflichen Weiterbildungsteilnahme auf das Einkommen zeigt. Hinsichtlich des Zusammenhangs mit der Gesundheit ist zu beobachten, dass sich ein höheres Einkommen einzig signifikant positiv auf das Erleben positiver Emotionen auswirkt. Dieses Ergebnis gleicht den Ergebnissen einer älteren Studie von Lane (1991), bei der belegt wurde, dass ein höheres Einkommen mit höheren positiven Emotionen assoziiert werden kann, sogar, wenn bereits ein hohes Einkommen erzielt wurde. Gleichzeitig wurde in dieser Studie festgestellt, dass mit einem höheren Einkommen zwar auch weniger negative Emotionen verbunden sind, sich das Erleben negativer Emotionen ab einem gewissen Einkommensniveau jedoch stabilisierte. Dies könnte auch eine Erklärung dafür sein, weshalb in den vorliegenden Ergebnissen ein höheres Einkommen nicht zusätzlich zu geringeren negativen Emotionen führt. In Bezug auf den Zusammenhang zwischen Einkommen und Gesundheit verweist eine jüngere Studie des Weiteren darauf, dass der Zusammenhang zwischen subjektiver Gesundheitseinschätzung und Einkommen ab dem 65. Lebensalter schwächer ausgeprägt ist, da „die gesundheitliche Benachteiligung der unteren Einkommensgruppen insbesondere auf ein früheres Auftreten von Krankheiten und Beschwerden zurückzuführen ist" (Lampert, Saß, Häfelinger & Ziese, 2005, S. 29). Daran anknüpfend zeigen die vorliegenden Ergebnisse der Moderatoranalysen, dass der Zusammenhang zwischen beruflicher Weiterbildungsteilnahme und physischer Gesundheit auch im Alter durch den sozioökonomischen Status gestärkt wird. So weisen weiterbildungsaktive Personen mit einem höheren soziökonomischen Status, eine höhere physische Gesundheit auf, als weiterbildungsaktive Personen mit einem niedrigeren sozioökonomischen Status (siehe hierzu z.b. auch von dem Knesebeck & Schäfer, 2009). Gleichzeitig wird ersichtlich, dass Weiterbildungsteilnehmende gegenüber Nichtteilnehmende unabhängig vom sozioökonomischen Status, eine höhere physische Gesundheit aufzeigen (siehe Abb. 9). Zudem zeigt sich hinsichtlich des Zusammenhangs zwischen beruflicher Weiterbildungsteilnahme und mentaler Gesundheit kein signifikanter Effekt des sozioökonomischen Status. Dass der soziökonomische Status hinsichtlich des Zusammenhangs von Weiterbildung und Gesundheit weniger von Bedeutung ist unterstützt die These der *Human capital theory of learned effectiveness*, wonach Bildung unabhängig des sozioökonomischen Status zur Gesundheit beiträgt (siehe Kruse, 2018). Dieser Befund kann zudem damit begründet werden, dass weniger der objektive sozioökonomische Status als vielmehr die subjektiv wahrgenommene soziale Ungleichheit für die Gesundheit im Alter bedeutsam ist. Dabei wäre es möglich, dass unter Rückbezug auf den psychosozialen Ansatz von Wilkins (1997) und die Theorie der *kulturellen Konsonanz* von Dressler (2005), im Rahmen des *self-in-context* Modells, wichtige Mediatoren, wie z.B. Selbstwirksamkeitserwartung oder soziale Unterstützung, den Effekt des sozioökonomischen Status auf die Gesundheit abfedern (siehe auch Feinstein et al., 2006) und daher individuelle Dispositionen und soziale Ressourcen von größerer Bedeutung für die Gesundheit sind, als der sozioökonomische Status. So ließe sich zusätzlich auch erklären, dass mit Blick auf das Einkommen andere Variablen wie z.B. das Gefühl der Einsamkeit für ein geringeres negatives emotionales Wohlbefinden wichtiger sind als das Einkommen.

In Bezug auf die physische Gesundheit zeigte sich weiter, dass im Gegensatz zum Einkommen subjektive Arbeitsbelastungen eine wichtige Rolle beim Zusammenhang zwischen beruflicher Weiterbildung und physischer Gesundheit spielen. So führt die Teilnahme an einer beruflichen Weiterbildung zu geringeren subjektiven Arbeitsbelastungen, was sich wiederum positiv auf die körperliche Funktionsfähigkeit auswirkt. Dementsprechend trifft einerseits die Annahme des *self-in-context* Modells zu, dass durch die Teilnahme an einer beruflichen Weiterbildung Arbeitsbelastungen verringert werden können, wenn die berufliche Weiterbildung beispielsweise einer Umschulung für eine weniger belastende Tätigkeit dient. Andererseits ist festzustellen, dass auch im Alter höhere subjektive Arbeitsbelastungen im signifikant negativen Zusammenhang mit der körperlichen Funktionsfähigkeit stehen, womit empirische Studien zum negativen Zusammenhang zwischen Arbeitsbelastungen und Gesundheit im Alter bestätigt werden (siehe z.B. Jansen & Müller, 2000). Die subjektiven Arbeitsbelastungen nehmen jedoch nur beim Zusammenhang hinsichtlich der körperlichen Funktionsfähigkeit eine bedeutende Rolle ein, wohingegen sie im Hinblick auf das emotionale Wohlbefinden keinen signifikanten Effekt besitzen. Dass Arbeitsbelastungen wie Stress, beim Zusammenhang zwischen beruflicher Weiterbildung und dem Wohlbefinden weniger eine Rolle spielen, belegt auch die Studie von Jenkins und Wiggins (2015). Hier wird der Zusammenhang ausschließlich durch die Variablen zum beruflichen Status und Einfluss erklärt. Dies deutet darauf hin, dass unter Berücksichtigung weiterer kontextbezogener Variablen, wie dem Gefühl der Einsamkeit oder der sozialen Netzwerkgröße, subjektive Arbeitsbelastungen für das emotionale Wohlbefinden im Alter weniger von Bedeutung sind als für die physische Gesundheit.

Des Weiteren geben die Ergebnisse einen Hinweis darauf, dass weniger objektive als vielmehr subjektive Arbeitsbelastungen für den Zusammenhang zwischen Weiterbildung und Gesundheit im Alter bedeutsam sind, da im Rahmen der Moderatoranalysen die objektiven Arbeitsbelastungen keinen signifikanten Einfluss auf den Zusammenhang zwischen beruflicher Weiterbildungsteilnahme und Gesundheit ausüben. Daran anknüpfend wurde bereits in Bezug auf die *kognitive-transaktionale Stresstheorie* von Lazarus (1993) dargelegt, dass für die Bewertung von Arbeitsbelastungen nicht zwingend die objektiven Arbeitsbedingungen relevant sind, sondern vielmehr die subjektive Wahrnehmung, ob es sich einerseits überhaupt um belastende Stressoren handelt und andererseits, ob ausreichend und angemessene Ressourcen zur Bewältigung der Stressoren zur Verfügung stehen. Arbeitsbelastungen, die nicht als Stressoren wahrgenommen werden und/ oder für die ausreichend Bewältigungsressourcen vorliegen, können demnach als weniger belastend erlebt werden. So verwundert es auch nicht, dass die subjektiven Arbeitsbelastungen hinsichtlich des Zusammenhangs zwischen beruflicher Weiterbildungsteilnahme und körperlicher Funktionsfähigkeit nicht mehr von Bedeutung sind, wenn zusätzlich der Optimismus als weiterer Mediator berücksichtigt wird (siehe Abb. 19).

Schließlich ist festzuhalten, dass der sozioökonomische Status den Zusammenhang zwischen beruflicher Weiterbildungs-teilnahme und physischer Gesundheit zwar stärkt, eine Teilnahme an beruflichen Weiterbildungen jedoch auch unabhängig vom sozioökonomischen Status mit einer höheren physischen Gesundheit im Alter einhergeht. Zudem spielt das Einkommen keine Rolle beim Zusammenhang zwischen einer beruflichen Weiterbildungsteilnahme und der Gesundheit Älterer. Ein Grund hierfür kann sein, dass berufliche Weiterbildungen heutzutage weniger mit einem beruflichen Aufstieg und damit verbundenen Gehaltserhöhungen zusammenhängt (siehe Ebner & Ehlert, 2018). Darüber hinaus können die vorliegenden Ergebnisse darauf hinweisen, dass für die Gesundheit im Alter andere Faktoren, wie beispielsweise individuelle Dispositionen und soziale Ressourcen, bedeutender sind. Außerdem erweisen sich subjektive Arbeitsbelastungen als signifikanter Mediator bei dem Zusammenhang zwischen beruflicher Weiterbildung und physischer Gesundheit. Demzufolge besitzt die Teilnahme an einer beruflichen Weiterbildung einen positiven Effekt auf die körperliche Funktionsfähigkeit Älterer, indem durch die berufliche Weiterbildungsteilnahme subjektive Arbeitsbelastungen verringert werden.

Im Hinblick auf eine abschließende Bewertung wie gut sich das *self-in-context* Modell auf den Zusammenhang zwischen Weiterbildung und Gesundheit im Alter übertragen lässt, ist somit festzuhalten, dass sich der Zusammenhang weniger über die erwerbsbezogene Situation erklärt. Vielmehr sind es individuelle Dispositionen und soziale Ressourcen, denen auch im Alter eine besondere Bedeutung beim Zusammenhang von Weiterbildung und Gesundheit zukommen. Dies verwundert nicht, da individuelle Dispositionen, wie Selbstwirksamkeitserwartung und Selbstwertgefühl, oder soziale Ressourcen, wie soziales Netzwerk oder soziale Unterstützung, auch in Bezug auf ein „aktives Altern" eine wichtige Rolle zukommt. Darüber hinaus wurde in der vorliegenden Arbeit zusätzlich Variablen wie Optimismus als potentieller Mediator untersucht. Wie sich herausstellte, kommt einer optimistischen Einstellung einen zentralen Stellenwert zu, da sich jeder Zusammenhang zwischen Weiterbildung und Gesundheit auf der personenbezogenen Ebene durch sie erklären lässt. Daran anknüpfend üben sowohl das Altersbild als auch die Einstellung gegenüber der Nacherwerbsphase als Moderatoren einen bedeutenden Einfluss auf den Zusammenhang zwischen Weiterbildung und Gesundheit aus. Im Kontext Älterer scheint demnach die *Zukunftserwartung* auf verschiedene Art und Weise für gesundheitsbezogene Weiterbildungserträge besonders relevant zu sein, weshalb das *self-in-context* Modell für ältere Personen um diese Facetten ergänzt werden könnte. Faktoren der erwerbsbezogenen Situation wie das Einkommen oder der berufliche Status könnten dagegen vernachlässigt werden. Um welche weiteren Faktoren das *self-in-context* Modell für Ältere ergänzt werden könnte, wäre in weiteren Studien zu eruieren. Zudem wäre zu untersuchen, ob sich die Bedeutung des Optimismus für gesundheitsbezogenen Weiterbildungserträge nur bei älteren Personen oder auch bei Personen im jungen und mittleren Erwachsenenalter zeigt.

11.4 Diskussion weiterer Zusammenhänge jenseits des *self-in-context* Modells

Nachdem nun die Ergebnisse in Bezug auf das *self-in-context* Modell zusammengefasst und diskutiert wurden, sollen hier nun weitere Ergebnisse besprochen werden, die ebenfalls aus den Analysen hervorgehen. Dabei handelt es sich zum einen um weitere signifikante Zusammenhänge in den Strukturgleichungsmodellen, die sich aus der längsschnittlichen Betrachtung ergeben. Zum anderen wird abschließend auf die Bedeutung der wichtigen soziodemografischen Variablen Alter, Geschlecht und Bildungsniveau eingegangen, wobei sowohl die Ergebnisse der Regressionen als auch die der Strukturgleichungsmodelle in den Blick genommen werden.

11.4.1 Weitere bedeutende Zusammenhänge aus längsschnittlicher Perspektive

Eine Stärke der vorliegenden Arbeit ist die längsschnittliche Betrachtung des Zusammenhangs zwischen Weiterbildung und Gesundheit im Alter sowie die Kontrolle verschiedener relevanter Variablen aus der früheren Erhebungswelle 2011 dabei. Daraus ergeben sich weitere signifikante Zusammenhänge, die einer separaten Diskussion bedürfen. So werden nachstehend diese Zusammenhänge aufgegriffen und aus einer längsschnittlichen Perspektive inhaltlich diskutiert.

In Bezug auf die Beziehung zwischen den verschiedenen personen- und kontextbezogenen Kontrollvariablen in 2011 und den gesundheitsbezogenen abhängigen Variablen in 2014 zeigen die vorliegenden Ergebnisse, dass Personen mit einem höheren Selbstwertgefühl und einer höheren Selbstwirksamkeitserwartung in 2011 zum Teil ein geringeres emotionales Wohlbefinden sowie eine geringere körperliche Funktionsfähigkeit in 2014 aufweisen. Sowohl das Selbstwertgefühl als auch die allgemeine Selbstwirksamkeitserwartung sind als Komponenten des Selbstkonzepts wichtige Bestandteile von Selbstregulationsprozessen, bei denen es besonders um das Setzen und Verfolgen von Zielen geht (Markus & Wurf, 1986; Schütz & Sellin, 2003). Dabei setzen sich Personen mit einem hohen Selbstwertgefühl eher hohe Ziele und orientieren sich stark an Erfolgen, was unter bestimmten Umständen selbstschädigend sein kann (Schütz & Sellin, 2003), da hohe Ziele nicht nur höhere Erwartungen, sondern auch ein größeres Risiko zu scheitern mit sich bringen (Baumeister, Heatherton & Twice, 1993). Misserfolge wiederum beeinflussen das Selbstkonzept negativ. Vor diesem Hintergrund ist anzunehmen, dass sich die befragten Personen in der vorliegenden Arbeit mit einem höheren Selbstwertgefühl und einer höheren allgemeinen Selbstwirksamkeitserwartung in 2011 höhere Ziele vorgenommen haben, die bis 2014 jedoch nicht umgesetzt werden konnten oder an deren Umsetzung die Befragten gescheitert sind. Deshalb zeigen sie ein höheres negatives emotionales Wohlbefinden auf, als Personen mit einem geringeren Selbstwertgefühl und einer geringeren allgemeinen Selbstwirksamkeitserwartung in 2011. Dass eine höhere Selbstwirksamkeitserwartung in 2011 zudem zu einer geringeren körperlichen Funktionsfähigkeit in 2014 führt, könnte

damit zusammenhängen, dass Ältere ihre körperliche Funktionsfähigkeit als weniger dem eigenen Einfluss unterliegend erleben
(siehe Lehr, 2000, S. 147). So könnten Personen mit einer hohen
Selbstwirksamkeitserwartung ihre körperliche Funktionsfähigkeit schlechter bewerten, wenn sie eine Beeinträchtigung ihrer
körperlichen Funktionsfähigkeit erleben über die sie selbst keine
Kontrolle besitzen, als Personen mit einer geringeren Selbstwirksamkeitserwartung. Daran anknüpfend zeigen die vorliegenden
Ergebnisse, dass teilweise auch ein hoher Optimismus in 2011 zu
einem geringeren emotionalen Wohlbefinden und einer geringen
körperlichen Funktionsfähigkeit in 2014 führen kann. In diesem
Zusammenhang belegt die Studie von Lang, Weiss, Gerstorf und
Wagner (2013), dass negative Erwartungen gegenüber der Zukunft wie z.B. Pessimismus eher auf negative Ereignisse vorbereiten und so Kontrolle darüber geben. Untermauert wird dieser
Befund von der Metanalyse von Moore und Fresco (2012), die
zeigt, dass depressive Personen eher realistisch gegenüber ihrer
Zukunft und daher besser auf sie vorbereitet sind. Aufgrund dieser empirischer Ergebnisse ist davon auszugehen, dass die eher
optimistischen Personen in 2011 weniger gut auf die Zukunft und
mögliche negative Ereignisse vorbereitet waren, weshalb sie
2014 ein geringeres emotionales Wohlbefinden und eine schlechtere Bewertung ihrer körperlichen Funktionsfähigkeit aufweisen.
Diese Schlussfolgerung korrespondiert auch mit den Ergebnissen
zu den Wirkungen eines negativen Altersbildes.

Des Weiteren zeigt sich, dass ein geringes Gefühl von Einsamkeit
im Sinne der sozialen Unterstützung in 2011 zu einem signifikant
geringeren emotionalen Wohlbefinden in 2014 führt. Anknüpfend an die obenstehende Annahme, dass das Ausmaß von Ein-
samkeitsgefühlen eine Funktion der Erwartung gegenüber den
verschiedenen sozialen Kontakten darstellt (Lehr, 2000), beschreibt Putnam (1993), dass aus sozialen Beziehungen Normen

von Reziprozität und Vertrauen entstehen. Werden in diesem Zusammenhang Reziprozitätserwartungen erfüllt, so kann von ihnen durchaus eine positive emotionale Befriedigung ausgehen, werden sie jedoch nicht erfüllt und beispielsweise Versprechen gebrochen, folgen aufgrund verletzter Normen sozialer Reziprozität negative emotionale Reaktionen (Siegrist, 2002). Vor diesem Hintergrund kann davon ausgegangen werden, dass Personen, die sich 2011 weniger einsam gefühlt haben, eher enttäuscht wurden, da weniger Reziprozitätserwartungen erfüllt, mehr Versprechen gebrochen oder Vertrauen verloren wurde, weshalb sie in 2014 ein höheres negatives emotionales Wohlbefinden vorweisen als Personen, die sich in 2011 eher einsam gefühlt haben. Des Weiteren kann sich soziale Unterstützung auch negativ auf das Wohlbefinden auswirken, wenn es sich beispielsweise um eine übertriebene oder mangelnde Unterstützung handelt. In diesem Fall wird auch von einer Negativunterstützung gesprochen (siehe hierzu Laitreiter, Fuchs & Pichler, 2007).

Grundsätzlich ist festzustellen, dass interessanterweise viele der personen- und kontextbezogenen Faktoren in 2011 einen umgekehrten Effekt auf die Gesundheit Älterer besitzen als die entsprechenden Faktoren in 2014. In Bezug auf die personenimmanenten Faktoren könnte dies ein Hinweis auf die Idee des „working self-concepts" von Markus und Wurf (1986) sein, wonach es nicht *das eine* Selbstkonzept gibt, sondern viel mehr darauf ankommt, welche Selbstkonzepte in einer bestimmten Situation zugänglich sind und abgerufen werden können. Ähnlich hierzu beschreibt Lehr (2000): „Die Dynamik des Selbstbildes (...) zeigt sich wahrscheinlich weniger in der Evozierung verschiedener ‚möglicher Selbste' in der Zukunft, sondern zunächst einmal im Ausgleich positiver und negativer Aspekte des Selbstbildes in der Gegenwart" (Lehr, 2000, S. 156). Demnach scheint es plausibel, dass sich die Komponenten des Selbstkonzepts in 2011 anders auf das emotionale Wohlbefinden oder die physische Gesundheit auswirken können als in 2014. Generell ist zu vermuten, dass im Alter die Wahrscheinlichkeit steigt, dass beispielsweise körperliche Beeinträchtigungen oder Verluste eintreten, die drei Jahre im Voraus noch nicht abzusehen waren und einen Einfluss auf das Selbstkonzept besitzen. Die hier genannten Erklärungsansätze, weshalb die personen- und kontextbezogenen Faktoren von 2011 anders auf die Gesundheit wirken als die entsprechenden Faktoren in 2014, stellen jedoch nur Vermutungen dar, die weitere Untersuchungen erfordern.

Im Hinblick auf die Beziehung zwischen den verschiedenen gesundheitsbezogenen Kontrollvariablen in 2011 und den unterschiedlichen personen- und kontextbezogenen Mediatorvariablen in 2014 ist den vorliegenden Ergebnissen des Weiteren zu entnehmen, dass sich teilweise sowohl ein höheres emotionales Wohlbefinden als auch eine höhere körperliche Funktionsfähigkeit in 2011 positiv auf die Selbstwirksamkeit, das Selbstwertgefühl und den Optimismus in 2014 auswirkt. Damit werden Befunde, dass ein höheres Selbstwertgefühl, eine höhere Selbstwirksamkeitserwartung und eine höhere optimistische Einstellung im Alter mit weniger Angst und Depressivität sowie mit einer höheren physischen Gesundheit assoziiert werden können, bestätigt (siehe hierzu Forstmeier et al., 2005). In Bezug auf soziale Ressourcen zeigt sich darüber hinaus, dass sich Personen mit einem höheren emotionalen Wohlbefinden und einer höheren physischen Gesundheit in 2011, drei Jahre später weniger einsam fühlen. Daran anknüpfend besitzen sowohl das emotionale Wohlbefinden als auch die physische Gesundheit in 2011 einen signifikanten Effekt auf die soziale Netzwerkgröße 2014. Hierbei geht jedoch ein höheres negatives emotionales Wohlbefinden mit einem größeren sozialen Netzwerk einher. Umgekehrt wurde bereits gezeigt, dass ein Ausbau des sozialen Netzwerks zu einem höheren negativen emotionalen Wohlbefinden führt. Dementsprechend scheinen sich ein größeres soziales Netzwerk und ein höheres negatives emotionales Wohlbefinden gegenseitig zu bedingen. Im Kontext Älterer lässt sich diese Beziehung unter anderem anhand der Disengagement-Theorie erklären, wie bereits an anderer Stelle näher dargelegt wurde. Ferner ist festzustellen, dass je höher das negative emotionale Wohlbefinden in 2011, desto höher die subjektiven Arbeitsbelastungen in 2014. Personen mit höheren negativen Emotionen bewerten ihre Arbeitsbedingungen somit als belastender. In Bezug auf die *kognitive transaktionale Stresstheorie* von Lazarus (1993) wird damit ein Hinweis darauf gegeben, dass bei der Bewertung von Stressoren auch Emotionen eine Rolle spielen können. Nicht zuletzt lässt sich beobachten, dass eine höhere physische Gesundheit in 2011 einen positiven Effekt auf das Einkommen in 2014 besitzt. Hinsichtlich letzterem bedeutet das, dass umgekehrt betrachtet, Personen mit einer geringeren körperlichen Funktionsfähigkeit in 2011 ein geringeres Einkommen in 2014 vorweisen. Dies ist insofern plausibel, als dass mit einer Beeinträchtigung der körperlichen Funktionsfähigkeit oftmals auch eine Beeinträchtigung der Arbeitsfähigkeit einhergeht, die nicht zuletzt zu einem früheren Erwerbsaustritt und damit zu einem geringeren Einkommen führen kann.

11.4.2 Die Bedeutung von Alter, Geschlecht und Bildungsniveau für die Weiterbildungsteilnahme sowie für die Gesundheit

Alter, Geschlecht und Bildungsniveau (Schul- und Berufsabschluss) stellen die zentralen Variablen dar, die in nahezu jeder sozialwissenschaftlichen Untersuchung berücksichtigt werden. Dass diese Variablen auch hinsichtlich der Gesundheit und Weiterbildungsteilnahme im Alter bedeutend sind, zeigen die entsprechenden Ergebnisse der Studien DEAS (siehe z.B. Wolff et al., 2017), DEGS (siehe z.B. Lampert, Kroll, von der Lippe, Müters & Stolzenberg, 2013) und AES (siehe Kaufmann-Kuchta &

Widany, 2017). Gleichermaßen konnte in den vorliegenden Ergebnissen beobachtet werden, dass bei den unterschiedlichen Analysen diese drei soziodemografischen Variablen hinsichtlich der Weiterbildungsteilnahme und/oder bezüglich der Gesundheit im Alter teilweise Relevanz besitzen, wie nachstehend dargelegt wird.

Alter

Im Hinblick darauf, welche Bedeutung das Alter für die Gesundheit hat, zeigt sich in den Regressionen, dass Ältere gegenüber Jüngeren eine besser mentale Gesundheit besitzen und bei den Strukturgleichungsmodellen wird ersichtlich, dass Ältere ein geringeres negatives Wohlbefinden aufweisen. Damit werden die Ergebnisse der DEGS-Studie zur gesundheitsbezogenen Lebensqualität belegt, wonach Ältere eine bessere mentale Gesundheit aufweisen als Jüngere (siehe Ellert & Kurth, 2013). Eine mögliche Erklärung hierfür ist, dass ältere Personen weniger oder, in der Nacherwerbsphase, überhaupt nicht mehr arbeitsbezogenem Belastungen ausgesetzt sind. Zudem haben Personen in der Nacherwerbsphase im Sinne der „späten Freiheit" mehr Zeit, ihre eigenen Interessen zu verfolgen, was sich ebenfalls positiv auf das psychische Wohlbefinden auswirken kann (Kruse, 2008). Nicht zuletzt kann in Bezug auf das Konzept der Resilienz ein höheres psychisches Wohlbefinden auch ein Zeichen für eine gelungene Anpassung an die (körperlichen) Veränderungen, die mit dem Alternsprozess einhergehen können, sein (Gunzelmann et al., 2006). Werden jedoch bei den Strukturgleichungsmodellen die personenbezogenen Faktoren nicht berücksichtigt und nur die kontextbezogene Ebene betrachtet, ist festzustellen, dass sich das Alter auch negativ auf das positive emotionale Wohlbefinden auswirken kann. Dieser negative Zusammenhang zwischen Alter und emotionalem Wohlbefinden korrespondiert mit Ergebnisses des

DEAS, wonach mit dem Alter die Symptomatik für eine mindestens leichte Depression zunimmt. Hierfür kann beispielsweise der Verlust des Ehepartners verantwortlich sein (siehe Wolff & Tesch-Römer, 2017). Da sich dieser negative Zusammenhang in den vorliegenden Daten jedoch nur zeigt, wenn die personenbezogenen Faktoren nicht berücksichtigt werden, deutet dies darauf hin, dass das Alter hinsichtlich des positiven emotionalen Wohlbefindens weniger eine Rolle spielt, als Variablen wie z.B. Optimismus oder das Selbstwertgefühl. Während sich bezüglich der physischen Gesundheit bei den Regressionsanalysen kein signifikanter Effekt des Alters beobachten lässt, weisen in den Strukturgleichungsmodellen Ältere eine geringere physische Gesundheit auf als Jüngere. Dementsprechend werden Ergebnisse der beiden Studien DEAS und DEGS, die ebenfalls auf eine Abnahme der physischen Gesundheit im Alter hindeuten, erneut untermauert (siehe Wolff et al., 2017; Fuchs et al., 2013). Die vorliegenden Ergebnisse verdeutlichen nicht zuletzt die Multidirektionalität der Gesundheit im Alter, wonach zwar eine Verringerung der physischen Gesundheit stattfindet, jedoch gleichzeitig das emotionale und psychische Wohlbefinden zunehmen kann.

Mit Blick auf die Weiterbildungsteilnahme zeigt sich in den Strukturgleichungsmodellen, konform zu den Studienergebnissen des AES 2016 (siehe BMBF, 2017), dass sich das Alter negativ auf die Teilnahme an einer allgemeinen Weiterbildung auswirkt und Ältere weniger an allgemeinen Weiterbildungen teilnehmen als Jüngere. Wie die Ergebnisse der EdAge-Studie zeigen, können hierfür Gründe wie „privat kein Bedarf an Bildung" (22%), „lohnt sich in meinem Alter nicht mehr" sowie „keine Zeit wegen familiärer Verpflichtungen" (9%) und „Gesundheit erlaubt es nicht" (8%) ausschlaggebend sein (Tippelt et al., 2009b). Hinsichtlich der beruflichen Weiterbildungsteilnahme besitzt das Alter jedoch nur einen negativen Effekt, wenn die personenbezogenen Variablen erneut nicht berücksichtigt werden. Dies deutet darauf hin, dass Faktoren wie Selbstwirksamkeitserwartung und Optimismus nicht nur für das emotionale Wohlbefinden, sondern auch für die Teilnahme an beruflichen Weiterbildungen bedeutender sein können als das Alter. Auf die Bedeutung solcher individuellen Dispositionen für die Weiterbildungsteilnahme weist auch Cross (1981) in ihrem Chain-Response-Modell hin.

Geschlecht

In Bezug auf die Gesundheit zeigt sich sowohl in den Regressionen als auch in den Strukturgleichungsmodellen, dass Frauen gegenüber Männern eine geringere mentale Gesundheit besitzen beziehungsweise ein höheres negatives emotionales Wohlbefinden aufzeigen. Dieses Ergebnis entspricht ähnlichen Beobachtungen im DEAS und im DEGS. So ist anhand der Ergebnisse im DEAS festzustellen, dass Frauen ein signifikant größeres Risiko besitzen, an einer Depression zu erkranken (siehe Wolff & Tesch-Römer, 2017), während im DEGS beobachtet wurde, dass Frauen eine signifikant geringere gesundheitsbezogene Lebensqualität aufweisen als Männer (siehe Ellert & Kurth, 2013). Gleichzeitig kann bei dem Strukturgleichungsmodell mit der allgemeinen Weiterbildungsteilnahme auf der personenbezogenen Ebene festgestellt werden, dass Frauen ein höheres positives emotionales Wohlbefinden besitzen. Obgleich Frauen im Vergleich zu Männern eher ängstlich oder voller Kummer sind, bedeutet dies nicht unbedingt, dass sie auch eher traurig oder lethargisch sind. Des Weiteren kann anhand der vorliegenden Ergebnisse festgestellt werden, dass ältere Frauen eine geringere körperliche Funktionsfähigkeit aufweisen, womit die Ergebnisse des DEAS gestützt werden (siehe Wolff et al., 2017). In diesem Zusammenhang weisen die Ergebnisse der DEGS Studie darauf hin, dass Frauen eher als Männer von muskuloskelettaler Erkrankungen betroffen sind, was eine geringere körperliche Funktionsfähigkeit erklären kann (siehe Fuchs et al., 2013). Dass Frauen eher als Männer Gefühle wie Kummer oder Angst aufweisen, kann beispielsweise auf Ungleichheiten hinsichtlich des Einkommens oder des beruflichen Status zurückgeführt werden. Auch eine herausfordernde Vereinbarkeit von Beruf und Sorgetätigkeiten kann ein Grund sein (Wolff & Tesch-Römer, 2017).

In Bezug auf die allgemeine Weiterbildungsteilnahme ist festzustellen, dass ältere Frauen signifikant häufiger daran teilnehmen. Dies könnte damit zusammenhängen, dass Frauen beim Älterwerden Anforderungen eher aktiv angehen als Männer (siehe Lehr, 2000). Studien wie z.b. von Manninen et al. (2014), Hachem und Vuopola (2016) sowie Narushima et al. (2018) haben außerdem gezeigt, dass Weiterbildungen die Möglichkeit eröffnen, einer sozialen Isolation zu entfliehen und gegen Depression anzukämpfen. Da Frauen eine höhere Lebenserwartung besitzen und daher oftmals ihre Ehemänner überleben, wäre dies eine zusätzliche Erklärung, weshalb Frauen eher an allgemeinen Weiterbildung im Alter teilnehmen.

Bildungsniveau (Schul- und Berufsabschluss)

Die Ergebnisse der Regressionen zeigen, dass ein höheres Bildungsniveau einen positiven Effekt, sowohl auf die mentale als auch auf die physische Gesundheit, besitzt. Bei den Strukturgleichungsmodellen lässt sich dagegen vorwiegend ein signifikant positiver Effekt des Bildungsniveaus auf die physische Gesundheit feststellen. Im Hinblick auf das emotionale Wohlbefinden ist nur ein signifikanter Zusammenhang zwischen Bildungsniveau und dem negativen emotionalen Wohlbefinden zu beobachten, wenn keine personenbezogenen Faktoren und nur das Gefühl der Einsamkeit sowie die soziale Netzwerkgröße betrachtet werden. Durch Hinzunahme der personenbezogenen Faktoren Selbstwertgefühl und Optimismus verschwindet der Effekt jedoch wieder (siehe Abb. 26). Somit ist festzuhalten, dass die vorliegenden Ergebnisse den bisherigen Forschungsstand zur gesundheitlichen Ungleichheit im Alter untermauern, wonach Personen mit einem niedrigeren Bildungsniveau eine schlechtere physische und mentale Gesundheit aufzeigen als Personen mit höherem Bildungsniveau (siehe hierzu von dem Knesebeck & Schäfer, 2009). Dass ein geringeres Bildungsniveau zu einer schlechteren Gesundheit führt, kann unter anderem mit einer damit einhergehenden Ungleichverteilung von Ressourcen und Chancen begründet werden (Wolff & Tesch-Römer, 2017). Gleichzeitig deuten die vorliegenden Ergebnisse aber darauf hin, dass in Bezug auf das emotionale Wohlbefinden im Alter personenbezogenen Variablen, wie Selbstwertgefühl und Optimismus, bedeutender sein können als das Bildungsniveau.

Im Hinblick auf die Teilnahme an einer beruflichen oder allgemeinen Weiterbildungsteilnahme ist durchgängig festzustellen, dass ältere Personen mit einem höheren Bildungsniveau sowohl eher an einer beruflichen als auch eher an einer allgemeinen Weiterbildung teilnehmen, womit die Ergebnisse des AES 2016 bestätigt werden (siehe BMBF, 2017). Ein Grund hierfür findet sich in den Ergebnissen der EdAge-Studie. So wird hier gezeigt, dass Personen mit einem niedrigen Schulabschluss weniger bildungserfahren sind, weniger positive Weiterbildungserfahrungen angeben und Effekte von Weiterbildung negativer bewerten, als Personen mit einem höheren Bildungsniveau. Dabei beruhen viele der Vorbehalte weniger auf eigenen Erfahrungen, als vielmehr auf Vorurteilen oder Berichten Dritter (siehe Theisen, Schmidt & Tippelt, 2009). Nicht zuletzt deuten die vorliegenden Ergebnisse damit darauf hin, dass ältere höhergebildete Personen eine größere Wahrscheinlichkeit besitzen von gesundheitsbezogenen Weiterbildungserträgen zu profitieren, da sie eher an Weiterbildung teilnehmen als ältere Niedriggebildete, wodurch die gesundheitliche Ungleichheit im Alter weiterwächst.

Zusammengefasst verdeutlichen die Ergebnisse zum Alter, Geschlecht und Bildungsniveau, dass alle drei Variablen auch im Alter, sowohl für die Weiterbildungsteilnahme, als auch für die Gesundheit von Bedeutung sein können. Gleichzeitig wurde gezeigt, dass unter Berücksichtigung personenbezogener Variablen, wie Selbstwertgefühl oder Optimismus, das Alter und das Bildungsniveau hinsichtlich des emotionalen Wohlbefindens weniger bedeutend sind und, dass das Alter in Bezug auf die berufliche Weiterbildungsteilnahme keine signifikante Rolle spielt.

12 Gesundheitsbezogene Erträge von Weiterbildung – Resümee und Ausblick

In Bezug auf das Konzept des „aktiven Alterns" wurde zu Beginn dargelegt, dass Weiterbildung im beruflichen Kontext einerseits eine Verlängerung oder einen Verbleib im Arbeitserleben zulässt und andererseits im allgemeinen Kontext eine aktive soziale und gesellschaftliche Teilhabe erlaubt. Die vorliegenden Ergebnisse zu gesundheitsbezogenen Weiterbildungserträgen lassen sich nun darin einbetten. So ist in Bezug auf berufliche Weiterbildungen festzuhalten, dass sich eine Teilnahme sowohl auf das emotionale Wohlbefinden als auch auf die physische Gesundheit positiv auswirken kann, da durch eine berufliche Weiterbildungsteilnahme beispielsweise subjektive Arbeitsbelastungen reduziert werden. Besonders vor dem Hintergrund, dass ältere Erwerbstätige in 2014 mehr Arbeitsbelastungen angeben als im Jahr 2002 (siehe Franke & Wetzel, 2017), gewinnen die hier vorliegenden Ergebnisse an Relevanz. Für Unternehmen bedeutet das, dass sich eine Investition in ältere Mitarbeitende in Form beruflicher Weiterbildungen nicht nur im Hinblick auf eine höhere Produktivität auszahlen kann, sondern auch bezüglich einer längeren Beschäftigungsfähigkeit, die durch gesundheitsbezogenen Weiterbildungserträgen mit ermöglicht wird. Darüber hinaus, kann sich ein durch die berufliche Weiterbildung erhöhtes emotionales Wohlbefinden positiv auf die Unternehmensbindung niederschlagen. Dies wäre ein weiterer Erklärungsansatz dafür, dass Personen, die an einer betrieblichen Weiterbildung teilnehmen, weniger oft den Betrieb wechseln (siehe Ebner & Ehlert, 2018).

Im Hinblick auf allgemeine Weiterbildung konnte in der vorliegenden Arbeit außerdem gezeigt werden, dass mit einer Teilnahme nicht nur ein höheres positives emotionales Wohlbefinden, sondern auch eine höhere physische Gesundheit einhergeht. Gesundheitsbezogene Weiterbildungserträge im allgemeinen

Kontext tragen damit auch außerhalb des Berufskontextes zu einem „aktiven" und „produktiven" Altern bei, indem sie die physische und mentale Gesundheit erhalten und den Älteren so eine gesellschaftliche und soziale Teilhabe ermöglichen. Für Großbritannien wurde in diesem Zusammenhang bereits gezeigt, dass die öffentlichen Kassen um bis zu 40 Millionen Pfund entlastet werden können, wenn Ältere durch gesundheitsbezogene Weiterbildungserträge eine Einweisung ins Krankenhaus oder ins Pflegeheim um nur einen Monat aufschieben können (siehe Schuller & Vollmer, 2013). Vor diesem Hintergrund gewinnen Weiterbildungsformate an Relevanz, die besonders in der Nacherwerbphase aufgesucht werden. In diesem Sinne nimmt die Bedeutung von Weiterbildungsformaten für Ältere wie beispielsweise der „Universitäten des dritten Lebensalters" auch in Deutschland zu. Während in anderen Ländern hierzu bereits gesundheitsbezogene Erträge belegt wurden (z.B. Hachem & Vuopala, 2016), fehlen in Deutschland bislang Studien, welche die gesundheitsbezogenen Erträge solcher Weiterbildungsformate im Alter in den Blick nehmen.

Des Weiteren verdeutlichen die Ergebnisse der vorliegenden Arbeit, dass gesundheitsbezogene Weiterbildungserträge im Alter ungleich verteilt sind, da im Hinblick auf die soziodemografischen Variablen nicht jede Person gleichermaßen an allgemeiner Weiterbildung partizipiert. So zeigt sich in den vorliegenden Ergebnissen, dass ältere Frauen signifikant häufiger an einer allgemeinen Weiterbildung teilnehmen als Männer. Wie sich in der Studie von Golding (2015) beobachten lässt, nehmen Männer nicht weniger an Weiterbildungen teil, weil sie nicht bereit oder gewillt sind sich weiterzubilden, vielmehr liegt es an Umfeld und Kontext der Weiterbildung. So präferieren Männer in der Studie von Golding (2015) eher Lernsettings an vertrauten Orten, in denen sie mit einer festen Personengruppe praktischen Tätigkeiten nachgehen und dabei ihr Wissen und Können miteinander teilen.

können. In diesem Zusammenhang kommen den sogenannten *Men's Sheds*, frei übersetzt „Männerschuppen", eine wichtige Bedeutung zu. Tatsächlich handelt es sich bei den *Men's Sheds* um Hinterhöfe oder Schuppen, die der Gemeinschaft von Privatpersonen zur Verfügung gestellt werden. In diesen Hinterhöfen oder Schuppen gehen die Männer nach dem Motto „Men don't talk face to face, they talk shoulder to shoulder" oftmals praktischen Tätigkeiten, wie z.b. traditioneller Holzarbeit, nach, in anderen Schuppen wiederum wird einfach nur zusammengesessen und geredet (Golding, 2015). Die *Men's Sheds* kommen ursprünglich aus Australien, inzwischen finden sie sich aber auch in anderen Ländern wie z.b. Irland, Kanada, Schweden, Dänemark und England. Manche werden durch staatliche Mittel finanziert, die meisten werden jedoch durch verschiedenste Organisationen, wie beispielsweise von der Kirche, Altenpflege oder von indigenen Gemeinschaftsorganisationen, unterstützt (Golding, 2015). Dass Men's Shed auch zu gesundheitlichen und weiteren Erträgen führt, konnte bereits gezeigt werden (siehe z.b. Findsen & Formosa, 2011). Dabei lässt sich festhalten:

> Men's sheds give license to men to develop identities as men and mainly with men: while learning informally about health and well-being, while connecting with and contributing to their communities. These benefits, although significant, work best for men if the activities and the outcomes are not named or fore-grounded and if men are not patronized from ageist or deficit models (Golding, 2015, p. 172).

Hinsichtlich der allgemeinen Weiterbildungsteilnahme im Alter ist jedoch nicht nur das Geschlecht, sondern auch das Bildungsniveau ein wichtiger Prädiktor. Eigentlich sollte Bildungsteilhabe im Alter aus Sicht der kritischen Gerontologie beziehungsweise Geragogik zu gesellschaftlichen Empowerment führen und damit zu einer Reduktion sozialer Ungleichheit beitragen (Gallistl et al., 2018). Die vorliegende Arbeit wie auch andere Studienergebnisse (siehe z.B. Wanka & Gallistl, 2016) zeigen jedoch, dass grundsätzlich nur ein geringer Anteil Älterer an Weiterbildung teilnimmt und es sich dabei eher um Personen mit einem hohen Bildungsabschluss als um bildungsferne Personengruppen handelt. Damit werden die soziale Ungleichheit und, in Bezug auf die gesundheitsbezogenen Weiterbildungserträge, auch die gesundheitliche Ungleichheit im Alter eher verstärkt statt reduziert. Eine ungleiche Bildungsteilhabe im Alter kann mit Blick auf den Lebenslauf bis auf den Bildungsstand der Eltern zurückgeführt werden. Schließlich wird nicht zuletzt durch die Eltern im Sinne des kulturellen Kapitals ein bestimmter bildungsbezogener Habitus in der Familie vermittelt (Brake & Bühner, 2003). So zeigt eine aktuelle Studie von Gallistl et al. (2018), dass sich die Bildung der Eltern sowohl signifikant auf den Schulabschluss als auch signifikant auf die Bildungsteilhabe während und nach dem Berufsleben auswirkt. So kann von einer Kumulation sozialer und gesundheitlicher Ungleichheit im institutionalisierten Lebenslauf gesprochen werden, die beim Bildungsstand der Eltern beginnt und sich über den Schulabschluss, die Teilhabe an beruflicher Fort- und Weiterbildung bis hin zur Weiterbildungsteilnahme in der Nacherwerbsphase erstreckt (Gallistl et al. 2018). Ebenso legt sich die Kumulation gesundheitlicher Ungleichheit dar: „Beispielsweise kann eine abgebrochene Schulbildung als Folge frühkindlicher Entwicklungsstörungen den beruflichen Werdegang entscheidend in Richtung belastungsreicher, gesundheitsgefährdender Arbeitsbedingungen bahnen" (Dragano & Siegrist, 2009, S. 185).

Anknüpfend an die Annahme einer Kumulation sozialer und gesundheitlicher Ungleichheit im Lebenslauf, könnten die vorliegenden Ergebnisse jedoch gleichzeitig einen Hinweis darauf geben, dass durch die Teilnahme an Weiterbildungen einer solchen Kumulation im Alter entgegengewirkt werden kann. Ausgehend davon, dass eine Weiterbildungsteilnahme zu gesundheitsbezogenen Erträgen führt, wäre in Bezug auf die Studienergebnisse, nach denen Personen mit keiner oder geringen akademischen oder beruflichen Qualifizierung gesundheitlich von Weiterbildung profitieren, denkbar, dass sich niedriggebildete Personen, die an Weiterbildung teilnehmen, hinsichtlich der Gesundheit weniger von Personen mit hohem Bildungsniveau unterscheiden. Weiterbildungen könnten damit zu einem „gesundheitlichen Ausgleich" zwischen Personen mit unterschiedlichen Bildungsniveaus führen. In diesem Zusammenhang zeigte bereits die Längsschnittstudie von Tooth und Mishra (2015), dass sich Frauen, die innerhalb eines Beobachtungszeitraum von 16 Jahren durch formale Weiterbildung einen hohen Bildungsabschluss nachholten, hinsichtlich depressiver Symptome und körperlicher Funktionsfähigkeit nicht mehr signifikant von den Frauen unterschieden, die von Beginn an, einen hohen Bildungsabschluss besaßen. Inwiefern sich solche Effekte auch bei non-formalen Weiterbildungen zeigen, wäre in zukünftigen Studien zu untersuchen.

Generell ist zu konstatieren, dass in der Vergangenheit gesundheitsbezogene Weiterbildungserträge (im Alter) kaum Forschungsgegenstand in Deutschland waren. Mittlerweile scheinen jedoch nicht-monetäre (Weiter-)Bildungserträge immer mehr in den Fokus der Aufmerksamkeit zu rücken, worauf nicht zuletzt die Förderinitiative des BMBF (2015) zum Thema „nicht-monetäre Erträge von Bildung" hindeutet. So wäre zu wünschen, dass in Zukunft gesundheitsbezogenen Weiterbildungserträgen noch mehr Beachtung geschenkt und beispielsweise Fragen nachgegangen wird wie: Unterscheiden sich gesundheitsbezogene Weiterbildungserträge zwischen älteren noch erwerbstätigen Personen und Personen in der Nacherwerbsphase? Oder: Inwiefern unterscheiden sich gesundheitsbezogene Weiterbildungserträge hinsichtlich eines dritten und vierten Lebensalters? Außerhalb des Kontextes Älterer wäre in Anschluss an Field (2011) ein weiteres

Forschungsdesiderat, dass auch gesundheitsbezogene Weiterbildungserträge von Personen in den Blick genommen werden, die eine Weiterbildung abgebrochen haben.

Zusammenfassend verweisen die vorliegenden Ergebnisse schließlich darauf, dass Weiterbildung im Alter sowohl für Einzelpersonen (Mikroebene), als auch für Unternehmen (Mesoebene) sowie für Politik und Gesellschaft (Makroebene) bedeutsam ist und beleuchten dabei die Relevanz von Weiterbildung Älterer unter einer neuen (gesundheitsbezogenen) Perspektive. Vor dem Hintergrund, dass Frauen und höhergebildete Personen häufiger an allgemeinen Weiterbildungen partizipieren und damit eine höhere Wahrscheinlichkeit besitzen, von gesundheitsbezogenen Weiterbildungserträgen zu profitieren, sollten in Zukunft verstärkt außerberufliche Weiterbildungsmaßnahmen gefördert werden, die ältere Männer und ältere Niedriggebildete in den Blick nehmen. Ein Beispiel wie solche Weiterbildungsformaten aussehen könnten, sind die erwähnten *Men Shed's*, die nicht nur die Weiterbildungsteilnahme von Männern fördern, sondern zudem niedrigschwellig sind, so dass auch bildungsfernere Zielgruppen angesprochen werden. Nicht zuletzt verdeutlichen die Beispiele der *Men's Sheds* und der „Universitäten des dritten Lebensalters" wie einer Vergesellschaftungslücke im Alter entgegengewirkt werden kann.

Schlussendlich lässt sich angesichts der dargelegten Ergebnisse resümieren: Die Teilnahme an Weiterbildungen kann zur Gesundheit beitragen, jedoch wird sie weder eine gesunde Ernährung noch den Gang ins Fitnessstudio ersetzen. Nichtsdestotrotz zeigt die vorliegende Arbeit, dass Weiterbildung weitaus mehr als monetäre Erträge generieren kann und sich unter dieser Perspektive neue Argumente für die Förderung sowohl von beruflicher als auch von allgemeiner Weiterbildung finden lassen.

13 Literaturverzeichnis

Åberg, P. (2016). Non-Formal Learning and Well-Being among Older Adults: Links between Participation in Swedish Study Circles, Feelings of Well-Being and Social Aspects of Learning. *Educational Gerontology, 42*(6), 411-422.

Ajzen, I. (1991). The theory of planned behavior. *Organizational behavior and human decision processes, 50*(2), 179-211.

Allison, P.D. (2009). Missing Data. In R. E. Millsap & A. Maydeu-Olivares (eds.), *The SAGE handbook of quantitative methods in psychology* (pp. 72-89). Thousand Oaks, CA,:Sage Publications.

Antonovsky, A. (1979). *Health, stress, and coping*. U.S.: Jossey-Bass Inc.

Arzheimer, K. (2016). *Strukturgleichungsmodelle: eine anwendungsorientierte Einführung*. Wiesbaden: Springer-Verlag.

Backhaus, K., Erichson, B. & Weiber, R. (2015). *Fortgeschrittene multivariate Analysemethoden: eine anwendungsorientierte Einführung* (3. Aufl.). Berlin, Heidelberg: Springer Gabler.

Backhaus, K., Erichson, B., Plinke W. & Weiber, R. (2016). *Multivariate Analysemethoden: eine anwendungsorientierte Einführung* (14. Aufl.). Berlin, Heidelberg: Springer Gabler.

Bai, K., Kohli, S. & Malik, A. (2017). Self-efficacy and hope as predictors of mental health. *Indian Journal of Positive Psychology, 8*(4), 631-635.

Baker, E., Bentley, R. & Mason, K. (2013). The mental health effects of housing tenure: causal or compositional? *Urban Studies, 50*(2), 426-442.

Balatti, J., Black, S. & Falk, I. (2006). *Reframing adult literacy and numeracy course outcomes: A social perspective.* Adelaide, South Australia: National Centre for Vocational Education Research (NCVER). Retrieved from: https://www.ncver.edu.au/research-and-statistics/publications/all-publications/reframing-adult-literacy-and-numeracy-course-outcomes-a-social-capital-perspective. [29.01.2019]

Baltes, P. B. (1987). Theoretical Propositions of Life-Span Developmental Psychology: On the Dynamics Between Growth and Development. *Developmental Psychology, 23*(5), 611–626.

Baltes, P. B. (1993). The aging mind: Potential and limits. *The gerontologist, 33*(5), 580-594.

Baltes, P. B. & Baltes, M. M. (1989). Optimierung durch Selektion und Kompensation. Ein psychologisches Modell erfolgreichen Alterns. *Zeitschrift für Pädagogik, 35*(1), 85–105.

Baltes, P. B., Lindenberger, U. & Staudinger, U. M. (1995). Die zwei Gesichter der Intelligenz im Alter [The two faces of intelligence in old age]. *Spektrum der Wissenschaft, 10*, 52-61.

Baltes-Götz, B. (2013). Behandlung fehlender Werte. Abgerufen unter: https://www.uni-trier.de/fileadmin/urt/doku/bfw/bfw.pdf [24.05.2018]

Bandura, A. (1977). Self-efficacy: toward a unifying theory of behavioral change. *Psychological review, 84*(2), 191-215.

Bandura, A. (1986). *Social foundations of thought and action: A social cognitive theory.* Englewood Cliffs, NJ: Prentice-Hall

Baumeister, R. F., Heatherton, T. F. & Tice, D. M. (1993). When ego threats lead to self-regulation failure: Negative consequences of high self-esteem. *Journal of personality and social psychology, 64*(1), 141.

Baumeister, R. F., Vohs, K. D. & Tice, D. M. (2007). The strength model of self-control. *Current directions in psychological science, 16*(6), 351-355.

Becker, G. S. (1964). *Human Capital: A Theoretical and Empirical Analysis, with Special Reference to Education.* Chicago: The University of Chicago Press.

Becker, G. S. & Mulligan, C. B. (1997). The endogenous determination of time preference. *The Quarterly Journal of Economics, 112*(3), 729-758.

Bentler, P. M. & Chou, C-P. (1987). Practical issues in structural modeling. *Sociological Methods & Research, 16*, 78–117.

Berndsen, M. & van der Pligt, J. (2001). Time is on my side: Optimism in intertemporal choice. *Acta Psychologica, 108*(2), 173-186.

Beyer, A. K., Wurm, S. & Wolff, J. K. (2017). Älter werden - Gewinn oder Verlust? Individuelle Altersbilder und Altersdiskriminierung. In K. Mahne J. K. Wolff, J, Simonson & C. Tesch-Römer (Hrsg.), *Altern im Wandel* (S. 329-343). Wiesbaden: Springer VS.

Bilger, F., Behringer, F., Kuper. & Schrader, J. (Hrsg.) (2017). *Weiterbildungsverhalten in Deutschland 2016: Ergebnisse des Adult Education Survey (AES)*. DIE Survey. Bielefeld: wbv.

Bilger, K. & Kuper, H. (2013). Trendvergleich: Teilnahme und Aktivitäten. In F. Bilger, F., Gnahs, D., Hartmann, J. & Kuper, H. (Hrsg.), *Weiterbildungsverhalten in Deutschland. Resultate des Adult Education Survey* (S. 36-49). Bielefeld: Bertelsmann.

Bilger, F. & Strauß, A. (2017). Beteiligung an non-formaler Weiterbildung. In F. Bilger, F. Behringer, H. Kuper & J. Schrader (Hrsg.), *Weiterbildungsverhalten in Deutschland 2016: Ergebnisse des Adult Education Survey* (S. 202-224). Bielefeld: wbv.

Bundesministerium für Bildung und Forschung [BMBF] (2017). *Weiterbildungsverhalten in Deutschland 2014. Ergebnisse des Adult Education Survey AES-Trendbericht*. Bielefeld: Bertelsmann.

Bundesministerium für Familie, Senioren, Frauen und Jugend [BMFSFJ] (2010). *Sechster Bericht zur Lage der älteren Generation in der Bundesrepublik Deutschland: Altersbilder in der Gesellschaft*. Berlin. Abgerufen unter: https://www.bmfsfj.de/blob/jump/77898/bt-drucksache-sechster-altenbericht-data.pdf [29.01.2019]

Böhnisch L. (2018) Familie und Bildung. In R. Tippelt & B. Schmidt-Hertha (Hrsg.), *Handbuch Bildungsforschung* (S. 399-414). Wiesbaden: Springer VS

Bolte, G. & Kohlhuber, M. (2009). Soziale Ungleichheit bei umweltbezogener Gesundheit: Erklärungsansätze aus umweltepidemiologischer perspektive. In M. Richter & K. Hurrelmann (Hrsg.), *Gesundheitliche Ungleichheit* (S. 99-116). Wiesbaden: VS Verlag für Sozialwissenschaften.

Bortz, J. & Döring, N. (2006). *Forschungsmethoden und Evaluation für Human- und Sozialwissenschaftler* (4. überarbeitete Aufl.). Heidelberg: Springer Verlag.

Boulton-Lewis, G. M. & Buys, L. (2015). Learning Choices, Older Australians and Active Ageing. *Educational Gerontology, 41*(11), 757–766.

Brake, A. & Büchner, P. (2003). Bildungsort Familie: Die Transmission von kulturellem und sozialem Kapital im Mehrgenerationenzusammenhang. *Zeitschrift für Erziehungswissenschaft, 6*(4), 619-639.

Brandtstädter, J. & Wentura, D. (1994). Veränderungen der Zeit- und Zukunftsperspektive im Übergang zum höheren Erwachsenenalter: Entwicklungspsychologische und differentielle Aspekte. *Zeitschrift für Entwicklungspsychologie und Pädagogische Psychologie, XXVI*(1), 2-21.

Braubach, M. & Fairburn, J. (2010). Social inequities in environmental risks associated with housing and residential location - a review of evidence. *European journal of public health, 20*(1), 36-42.

Breyer, B. & Bluemke, M. (2016). *Deutsche Version der Positive and Negative Affect Schedule PANAS (GESIS Panel). Zusammenstellung sozialwissenschaftlicher Items und Skalen.* Abgerufen unter: https://zis.gesis.org/skala/Breyer-

Bluemke-Deutsche-Version-der-Positive-and-Negative-Affect-Schedule-PANAS-(GESIS-Panel) [30.01.2019]

Bronfenbrenner, U. (1979). *The ecology of human development.* Cambridge, Massachusetts, and London, England: Harvard university press.

Brosius, F. (2013). *SPSS 21.* Heidelberg, München, Landsberg, Frechen, Hamburg: MITP.

Bubolz-Lutz, E., Gösken, E., Kricheldorff, C. & Schramek, R. (2010). *Geragogik: Bildung und Lernen im Prozess des Alterns. Das Lehrbuch.* Stuttgart: Kohlhammer.

Büchel, F. & Pannenberg, M. (2004). Berufliche Weiterbildung in West-und Ostdeutschland: Teilnehmer, Struktur und individueller Ertrag. *Zeitschrift für ArbeitsmarktForschung–Journal for Labour Market Research, 37*(2), 73-126.

Buchholz, S., Unfried, J. & Blossfeld, H.-P. (2014). Reinforcing Social Inequalities? Adult Learning and Returns to Adult Learning in Germany. In H.-P.Blossfeld , E. Kilpi-Jakone , D. V. de Vilhena, & Buchholz, S. (eds.), *Adult Learning in Modern Societies: An International Comparison from a Life-course Perspective* (pp. 242–263). Cheltenham: Edward Elgar.

Bühner, M. (2011). *Einführung in die Test-und Fragebogenkonstruktion.* München: Pearson.

Bürger, M. (1960). *Altern und Krankheit als Problem der Biomorphose* (4. Aufl.). Leipzig: VEB Thieme.

Buker, H. (2011). Formation of self-control: Gottfredson and Hirschi's general theory of crime and beyond. *Aggression and Violent Behavior, 16*(3), 265-276.

378

Bullinger, M., Kirchberger, I. & Ware, J. (1995). Der deutsche SF-36 Health Survey Übersetzung und psychometrische Testung eines krankheitsübergreifenden Instruments zur Erfassung der gesundheitsbezogenen Lebensqualität. *Zeitschrift für Gesundheitswissenschaften - Journal of public health*, *3*(1), 21.

Bundesanstalt für Arbeitsschutz und Arbeitsmedizin [BAuA], (2013). Zeitdruck und Co – Arbeitsbedingungen mit hohem Stresspotenzial. *BiBB/BAuA-2012 Factsheet 01*. Abgerufen unter: www.baua.de/dok/6505186 [30.01.2019]

Burris, J. L., Brechting, E. H., Salsman, J. & Carlson, C. R. (2009). Factors associated with the psychological well-being and distress of university students. *Journal of American college health*, *57*(5), 536-544.

Bundesministerium für Arbeit und Soziales [BMAS] & Bundesanstalt Arbeitsschutz und Arbeitsmedizin (BAuA) [2014]. *Sicherheit und Gesundheit bei der Arbeit 2013. Unfallverhütungsbericht Arbeit*. Abgerufen unter: https://www.baua.de/DE/Angebote/Publikationen/Berichte/Suga-2013.html [30.01.2019]

Bundeszentrale für politische Bildung [bpb] (2016a). *Grenzertrag*. In A. Poller, Kirchner, B. & Polzin, J.M. (Hrsg.), *Duden Wirtschaft von A bis Z: Grundlagenwissen für Schule und Studium, Beruf und Alltag*, (6. Aufl.). Lizenzausgabe Bonn: Bundeszentrale für politische Bildung 2016. Abgerufen unter: *http://www.bpb.de/nachschlagen/lexika/lexikon-der-wirtschaft/19550/grenzertrag* [30.01.2019]

Bundeszentrale für politische Bildung [bpb], (2016b). *Produktionsfunktion*. In A. Poller, Kirchner, B. & Polzin, J.M.

(Hrsg.), *Duden Wirtschaft von A bis Z: Grundlagenwissen für Schule und Studium, Beruf und Alltag,* (6. Aufl.). Lizenzausgabe Bonn: Bundeszentrale für politische Bildung 2016. Abgerufen unter: *http://www.bpb.de/nachschlagen/lexika/lexikon-der-wirtschaft/20361/produktionsfunktion* [30.01.2019]

Bundeszentrale für politische Bildung [bpb], (2016c). Grenzkosten. In A. Poller, Kirchner, B. & Polzin, J.M. (Hrsg.), *Duden Wirtschaft von A bis Z: Grundlagenwissen für Schule und Studium, Beruf und Alltag (6. Aufl.).* Lizenzausgabe Bonn: Bundeszentrale für politische Bildung 2016. Abgerufen unter: http://www.bpb.de/nachschlagen/lexika/lexikon-der-wirtschaft/19551/grenzkosten [30.01.2019]

Burks, S. V., Carpenter, J. P., Goette, L & Rustichini, A. (2009). Cognitive skills affect economic preferences, strategic behavior, and job attachment. *Proceedings of the National Academy of Sciences, 106*(19), 7745-7750.

Busch, M. A., Maske, U. E., Ryl, L., Schlack, R. & Hapke, U. (2013a). Prävalenz von depressiver Symptomatik und diagnostizierter Depression bei Erwachsenen in Deutschland: Ergebnisse der Studie zur Gesundheit Erwachsener in Deutschland (DEGS1). *Bundesgesundheitsblatt, Gesundheitsforschung, Gesundheitsschutz, 56*(5-6), 733–739.

Busch, M. A., Schienkiewitz, A., Nowossadeck, E., & Gößwald, A. (2013b). Prävalenz des Schlaganfalls bei Erwachsenen im Alter von 40 bis 79 Jahren in Deutschland. *Bundesgesundheitsblatt-Gesundheitsforschung-Gesundheitsschutz, 56*(5-6), 656-660.

Byrne, B. M. (2016). *Structural equation modeling with AMOS: Basic concepts, applications, and programming.* New York: Routledge.

Callan, M. J., Ellard, J. H., Shead, W. N. & Hodgins, D. C. (2008). Gambling as a search for justice: Examining the role of personal relative deprivation in gambling urges and gambling behavior. *Personality and Social Psychology Bulletin, 34*(11), 1514-1529.

Cattell, R. B. (1963). Theory of fluid and crystallized intelligence: A critical experiment. *Journal of Educational Psychology, 54*(1), 1–22.

Cedefop (2011). *Vocational education and training is good for you - The social benefits of VET for individuals.* Retrieved from: http://www.cedefop.europa.eu/en/publications-and-resources/publications/5517 [30.01.2019]

Chandola, T., Plewis, I., Morris, J. M., Mishra, G. & Blane, D. (2011). Is adult education associated with reduced coronary heart disease risk? *International journal of epidemiology, 40*(6), 1499-1509.

Comission of the European Communities (2000). *A Memorandum on Lifelong Learning.* Brüssel: Comission of the European Communities. Retrieved from: arhiv.acs.si/dokumenti/Memorandum_on_Lifelong_Learning.pdf [30.01.2019]

Cook, T. D. & Campbell, D. T. (1979). *Quasi-experimentation: Design and analysis issues for field settings.* Boston: Houghton Mifflin.

Cross, K. P. (1981). *Adults as Learners. Increasing Participation and Facilitating Learning.* San Francisco: Jossey-Bass.

Cumming, E. & Henry, W.E. (1961). *Growing old - the process of disengagement.* New York: Basic Boks Inc.

Danielzik, S. & Müller, M. J. (2006). Sozioökonomische Einflüsse auf Lebensstil und Gesundheit von Kindern. *Deutsche Zeitschrift für Sportmedizin, 57*(9), 214-219.

Danner, D. (2011). Mediatoranalyse & Moderatoranalyse: How to do. Abgerufen unter: https://docplayer.org/4274850-Mediatioranalyse-moderatoranalyse-how-to-do.html [24.05.2018]

De Jong Gierveld, J. & Van Tilburg, T. (2006). A 6-item scale for overall, emotional, and social loneliness. Confirmatory tests on survey data. *Research on Ageing, 28*(5), 582-598.

Deaton, A. (2002). Policy implications of the gradient of health and wealth. *Health affairs, 21*(2), 13-30.

Dehnbostel, P. (2008). *Berufliche Weiterbildung: Grundlagen aus arbeitnehmerorientierter Sicht.* Berlin: edition sigma.

Delius, J. A., Kotter-Grühn, D., Kleinspehn-Ammerlahn, A., Röcke, C., Smith, J. & Lindenberger, U. (2012). Die Berliner Altersstudie (BASE): Kognitive Entwicklung im Alter. *News & Science, 31*(2), 4-9.

Dench, S. & Regan, J. (2000). *Learning in later life: Motivation and impact.* Great Britain, Department for Education and Employment. Retrieved from: https://www.employment-studies.co.uk/resource/learning-later-life-motivation-and-impact [24.01.2019].

Deutscher Bildungsrat (Hrsg.) (1970). *Empfehlungen der Bildungskommission. Strukturplan für das Bildungswesen.* Stuttgart: Ernst Klett Verlag.

Didarloo, A., Nabilou, B. & Khalkhali, H. R. (2017). Psychosocial predictors of breast self-examination behavior among female students: an application of the health belief model using logistic regression. *BMC public health, 17*(1), 861-869.

Diddana, T. Z., Kelkay, G. N., Dola, A. N. & Sadore, A. A. (2018). Effect of Nutrition Education Based on Health Belief Model on Nutritional Knowledge and Dietary Practice of Pregnant Women in Dessie Town, Northeast Ethiopia: A Cluster Randomized Control Trial. *Journal of Nutrition and Metabolism*, 2018, 1-10.

Diener, E. (2000). Subjective well-being: The science of happiness and a proposal for a national index. *American Psychologist, 55*(1), 34-43.

Diener, E. D., Emmons, R. A., Larsen, R. J. & Griffin, S. (1985). The satisfaction with life scale. *Journal of personality assessment, 49*(1), 71-75.

Dohmen, T., Falk, A., Huffman, D. & Sunde, U. (2010). Are risk aversion and impatience related to cognitive ability? *American Economic Review, 100*(3), 1238-1260.

Dora, C. & Phillips, M. (Eds.). (2000). Transport, environment and health (No. 89). *WHO Regional Publications, European Series, No. 89.* Retrieved from: http://www.euro.who.int/en/publications/abstracts/transport,-environment-and-health [30.01.2019]

Dörner, O., Loos, P., Schäffer, B. & Wilke, C. (2011). Die Macht der Bilder. Zum Umgang mit Altersbildern im Kontext lebenslangen Lernens. *Magazin erwachsenenbildung.at (13),* 08-1 – 08-9. Abgerufen unter: https://erwachsenenbildung.at/magazin/11-13/meb11-13.pdf [30.01.2019]

Dragano, N., & Siegrist, J. (2009). Die Lebenslaufperspektive gesundheitlicher Ungleichheit: Konzepte und Forschungsergebnisse. In M. Richter & K. Hurrelmann (Hrsg.) *Gesundheitliche Ungleichheit* (S. 181-194). Wiesbaden: VS Verlag für Sozialwissenschaften.

Dressler, W. W. (2005). What's cultural about biocultural research? *Ethos, 33*(1), 20-45.

Dressler, W. W. (2012). Cultural consonance: Linking culture, the individual and health. *Preventive Medicine, 55*(5), 390-393.

Dressler, W. W. & Bindon, J. R. (2000). The health consequences of cultural consonance: Cultural dimensions of lifestyle, social support, and arterial blood pressure in an African American community. *American anthropologist, 102*(2), 244-260.

Dressler, W. W. & Santos, J. E. D. (2000). Social and cultural dimensions of hypertension in Brazil: a review. *Cadernos de Saúde Pública, 16*, 303-315.

Dressler, W. W., Balieiro, M. C., Ribeiro, R. P., & Dos Santos, J. E. (2007a). Cultural consonance and psychological distress: Examining the associations in multiple cultural domains. *Culture, Medicine and Psychiatry, 31*(2), 195-224.

Dressler, W. W., Balieiro, M. C., Ribeiro, R. P. & dos Santos, J. E. (2007b). A prospective study of cultural consonance and depressive symptoms in urban Brazil. *Social Science & Medicine, 65*(10), 2058-2069.

Dryden, R., Williams, B., McCowan, C. & Themessl-Huber, M. (2012). What do we know about who does and does not attend general health checks? Findings from a narrative scoping review. *BMC public health, 12*(1), 723-746.

Ebner, C. & Ehlert, M. (2018). Weiterbilden und Weiterkommen? Non-formale berufliche Weiterbildung und Arbeitsmarktmobilität in Deutschland. *Kölner Zeitschrift für Soziologie und Sozialpsychologie, 70*(2), 213-235.

Ecarius, J. (2003). Biografie, Lernen und Familienthemen in Generationsbeziehungen. *Zeitschrift für Pädagogik, 48*(4), 534-549.

Eccles, J. S. (2007). Families, Schools, and Developing Achievement-Related Motivations and Engagement. In J. E. Grusec & P.D. Hastings, (Eds.), *Handbook of Socialization. Theory and Research,* (pp. 665–691). New York: The Guilford Press.

Eid, M., Gollwitzer, M. & Schmitt, M. (2010). *Statistik und Forschungsmethoden* (1. Aufl.). Weinheim: Beltz.

Eisermann, M., Janik, F. & Kruppe, T. (2014). Erratum zu: Weiterbildungsbeteiligung–Ursachen unterschiedlicher Teilnahmequoten in verschiedenen Datenquellen. *Zeitschrift für Erziehungswissenschaft, 17*(4), 763-763.

Elgar, F. J., Xie, A., Pförtner, T. K., White, J. & Pickett, K. E. (2016). Relative deprivation and risk factors for obesity in

Canadian adolescents. *Social science & medicine, 152*, 111-118.

Ellert, U. & Kurth, B. M. (2013). Gesundheitsbezogene Lebensqualität bei Erwachsenen in Deutschland: Ergebnisse der Studie zur Gesundheit Erwachsener in Deutschland (DEGS1). *Bundesgesundheitsblatt, Gesundheitsforschung, Gesundheitsschutz, 56*(5-6), 643–649.

Emler, N. (2001). Self-Esteem: The Costs and Causes of Low Self-Worth. London: Joseph Rowntree Foundation. Retrieved from: https://www.jrf.org.uk/report/self-esteem-costs-and-causes-low-self-worth [30.01.2019]

Engel, G. L (1977). The Need for a New Medical Model: A Challenge for Biomedicine, *Science, 196*(4286), pp. 129-136.

Engstler, H. & Hameister, N. (2016). *Deutscher Alterssurvey (DEAS): Kurzbeschreibung des Datensatzes DEAS 2014, Version 1.0.* Deutsches Zentrum für Altersfragen (DZA) Forschungsdatenzentrum (FDZ-DZA). Abgerufen unter: https://www.dza.de/fdz/deutscher-alterssurvey/deas-dokumentation.html [16.03.2018]

Engstler, H., Schmiade, N. & Lejeune, C. (2013). *Deutscher Alterssurvey (DEAS). Kurzbeschreibung des Datensatzes SUF DEAS 2011, Version 1.0.* Deutsches Zentrum für Altersfragen (DZA) Forschungsdatenzentrum (FDZ-DZA). Abgerufen unter: https://www.dza.de/fdz/deutscher-alterssurvey/deas-dokumentation.html [30.01.2019]

Erhart, M., Wille, N. & Ravens-Sieberer, U. (2009). Die Messung der subjektiven Gesundheit: Stand der Forschung und Herausforderungen. In M. Richter & K. Hurrelmann (Hrsg.)

Gesundheitliche Ungleichheit: Grundlagen, Probleme, Perspektiven (2. Auflage) (S. 335-352). Wiesbaden: VS Verlag für Sozialwissenschaften.

Eschenbeck, H. (2009). Positive und negative Affektivität. In J. Bengel & M. Jerusalem. (Hrsg.), *Handbuch der Gesundheitspsychologie und Medizinischen Psychologie* (S. 46-57). Göttingen: Hogrefe Verlag.

Feinstein, L. (2002). Quantitative Estimates of the Social Benefits of Learning, 2: Health (Depression and Obesity). *Wider Benefits of Learning Research Report*, 6. Retrieved from: discovery.ucl.ac.uk/10018651/1/WBLResRep6.pdf [30.01.2019]

Feinstein, L. & Hammond, C. (2004). The contribution of adult learning to health and social capital. *Oxford Review of Education*, *30*(2), 199 - 221.

Feinstein, L., Hammond, C., Woods, L., Preston, J. & Bynner, J. (2003). The contribution of adult learning to health and social capital. *Wider benefits of learning research report, 8.* Retrieved from: *discovery.ucl.ac.uk/10014854/1/WBLResRep8.pdf* [30.01.2019]

Feinstein, L., Sabates, R., Anderson, T.M., Sorhaindo, A. & Hammond C. (2006). What are the effects of education on health? In R. Desjardins & T. Schuller (Eds.), *Measuring the Effects of Education on Health and Civic Engagement* (pp. 171-313). Retrieved from: http://escholarship.org/uc/item/6h84705f [05.07.2016]

Felbinger, A. (2010). Kohärenzorientierte Lernkultur – ein Modell für die Erwachsenenbildung. Wiesbaden: VS Verlag für Sozialwissenschaften.

Field, J. (2009). *Well-being and happiness: Inquiry into the future of lifelong learning, Thematic paper 4.* Leicester, UK: National Institute of Adult Continuing Education. Retrieved from: www.storre.stir.ac.uk/bitstream/1893/16487/1/IFLL-wellbeing.pdf [28.01.2019]

Field, J. (2011). Researching the benefits of learning: the persuasive power of longitudinal studies. *London Review of Education, 9*(3), 283-292.

Filipp, S. H. (1993). *Selbstkonzept-Forschung. Probleme, Befunde, Perspektiven.* Stuttgart: Klett-Cotta.

Filipp, S. H. (2006). Kommentar zum Schwerpunktthema: Entwicklung von Fähigkeitsselbstkonzepten. *Zeitschrift für Pädagogische Psychologie, 20*(1/2), 65-72.

Findsen, B. & Formosa, M. (2011). *Lifelong Learning in Later Life.* Rotterdam: SensePublishers.

Fleischmann, U. M. (2008). Intelligenz, Lernen, Denken. In W. D. Oswald, G. Gatterer & U. M. Fleischmann (Hrsg.), *Gerontopsychologie: Grundlagen und klinische Aspekte der Psychologie des Alterns* (2. Aufl., S. 27–42). Wien: Springer Verlag.

Forstmeier, S., Uhlendorff, H. & Maercker, A. (2005). Diagnostik von Ressourcen im Alter. *Zeitschrift für Gerontopsychologie &-psychiatrie, 18*(4), 227-257.

Frasier, J. E. (2007). Brain Fitness and Lifelong Learning: A Perfect Match. *The LLI Review, 2*, 78-83.

Frederick, S., Loewenstein, G. & O'donoghue, T. (2002). Time discounting and time preference: A critical review. *Journal of economic literature, 40*(2), 351-401.

Friebe, J. & Gebrande, J. (2013). Kompetenzen im höheren Lebensalter–die nationale PIAAC-erweiterungsstudie „CiLL ". *Report. Zeitschrift für Weiterbildungsforschung, 3,* S. 48-60.

Friebe, J., Schmidt-Hertha, B. & Tippelt, R. (2014). *Kompetenzen im höheren Lebensalter. Ergebnisse der Studie „Competencies in Later Life "(CiLL).* Bielefeld: Bertelsmann.

Friedrichs, J. (2017). Effekte des Wohngebiets auf die mentale und physische Gesundheit der Bewohner/Innen. In C. Fabian, M. Drilling, O. Niermann & O. Schnur (Hrsg.), *Quartier und Gesundheit,* (S. 41-57). Wiesbaden: Springer VS.

Fuchs, J., Rabenberg, M. & Scheidt-Nave, C. (2013). Prävalenz ausgewählter muskuloskelettaler Erkrankungen: Ergebnisse der Studie zur Gesundheit Erwachsener in Deutschland (DEGS1) *Bundesgesundheitsblatt, Gesundheitsforschung, Gesundheitsschutz, 56*(5-6), 678–686.

Fuchs, V.R. (1982). "Time Preference and Health: An Exploratory Study. In V.R. Fuchs (Ed.), Economic Aspects of Health (pp. 93-120). Chicago: University of Chicago Press.

Fujiwara, D. (2012). *Valuing the impact of adult learning: An analysis of the effect of adult learning on different domains in life.* Leicester: National Institute of Adult Continuing Education (NIACE).

Gallistl, V., Wanka, A. & Kolland, F. (2018). Bildungsbarrieren im Lebenslauf – Effekte kumulativer Bildungsbenachteiligung. In Schramek, R., Kricheldorff, C., Schmidt-Hertha, B. & Steinfort-Diedenhofen, J. (Hrsg). *Alter(n) – Lernen – Bildung. Ein Handbuch* (S. 87-97). Stuttgart: Kohlhammer.

Ganzeboom, H. B., De Graaf, P. M & Treiman, D. J. (1992). A standard international socio-economic index of occupational status. *Social science research, 21*(1), 1-56.

Garmezy, N. (1985). Stress-resistant children: The search for protective factors. *Recent research in developmental psychopathology, 4,* 213-233.

Gibson, M., Petticrew, M., Bambra, C., Sowden, A. J., Wright, K. E. & Whitehead, M. (2011). Housing and health inequalities: a synthesis of systematic reviews of interventions aimed at different pathways linking housing and health. *Health & place, 17*(1), 175-184.

Gnahs, D. (2008). „Weiterbildung "und „adult learning "–deutsche und europäische Begriffswelten. In D. Gnahs, H. Kuwan & S. Seidel (Hrsg.), *Weiterbildungsverhalten in Deutschland,* Band *2* (S. 25-34). Bielefeld: Bertelsmann Verlag.

Golden, J., Conroy, R. M., Bruce, I., Denihan, A., Greene, E., Kirby, M. & Lawlor, B. A. (2009). Loneliness, social support networks, mood and wellbeing in community-dwelling elderly. *International Journal of Geriatric Psychiatry: A journal of the psychiatry of late life and allied sciences, 24*(7), 694-700.

Golding, B. (2015). Men learning through life (and Men's Sheds). *Adult Learning, 26*(4), 170-172.

Golsteyn, B. H., Grönqvist, H. & Lindahl, L. (2013). *Time preferences and lifetime outcomes.* Uppsalla: Institute for Evaluation of Labour Market and Education Policy. Retrieved

from: https://www.ifau.se/globalas-
sets/pdf/se/2013/wp2013-22-time-preferences-and-lifetime-
outcomes.pdf [30.01.2019]

Gößwald, A., Schienkiewitz, A., Nowossadeck, E. & Busch, M.
A. (2013). Prävalenz von Herzinfarkt und koronarer Herz-
krankheit bei Erwachsenen im Alter von 40 bis 79 Jahren in
Deutschland: Ergebnisse der Studie zur Gesundheit Erwachsener in Deutschland (DEGS1). *Bundesgesundheitsblatt, Gesundheitsforschung, Gesundheitsschutz, 56*(5-6),
650–655.

Gottfredson, M. R. & Hirschi, T. (1990). *A general theory of
crime.* Stanford: University Press Stanford.

Greimel, E., Kato, Y., Müller-Gartner, M., Salchinger, B., Roth,
R. & Freidl, W. (2016). Internal and external resources as
determinants of health and quality of life. *PloS one, 11*(5),
1-12.

Groß, D. & Kohlmann, C.-W. (2018). Persönlichkeit, Selbstre-
gulation und Gesundheit. In C.-W. Kohlmann, C. Salewski
& M. A. Wirtz (Hrsg.), *Psychologie in der Gesundheitsförderung* (S. 183-199). Bern: Hogrefe.

Grossman, M. (1972). On the concept of health capital and the
demand for health. *Journal of Political economy, 80*(2),
223-255.

Grossman, M. (2006). Education and nonmarket outcomes. In E.
A. Hanushek & F. Welch (Eds.), *Handbook of the Econom-
ics of Education, Volume 1* (pp. 577-633). Amsterdam:
Elsevier

Gunzelmann, T., Albani, C., Beutel, M. & Brähler, E. (2006). Die subjektive Gesundheit älterer Menschen im Spiegel des SF-36. *Zeitschrift für Gerontologie und Geriatrie, 39*(2), 109-119.

Hachem, H. & Vuopala, E. (2016). Older adults, in Lebanon, committed to learning: Contextualizing the challenges and the benefits of their learning experience. *Educational Gerontology, 42*(10), 686–697.

Hair, J. F., Black, W. C., Babin, B. J. & Anderson, R. E. (2010). *Multivariate data analysis: a global perspective* (7th ed.). New Jersey: Pearson Education, Inc.

Hall, P. A. & Marteau, T. M. (2014). Executive function in the context of chronic disease prevention: theory, research and practice. *Preventive Medicine, 68*, 44-50.

Hammond, C. (2004). Impacts of lifelong learning upon emotional resilience, psychological and mental health: Fieldwork evidence. *Oxford Review of Education, 30*(4), 551–568.

Hammond, C. & L. Feinstein (2005). The Effects of Adult Learning on Self-Efficacy. *London Review of Education, 3*(3), 265-287.

Hannover, B. & Kleiber, D. (2018). Gesundheit und Bildung. In R. Tippelt & B. Schmidt-Hertha (Hrsg.), *Handbuch Bildungsforschung* (4. Aufl., S. 1155–1170). Wiesbaden: Springer VS.

Hapke, U., V der Lippe, E. & Gaertner, B. (2013). Riskanter Alkoholkonsum und Rauschtrinken unter Berücksichtigung von Verletzungen und der Inanspruchnahme alkoholspezifischer medizinischer Beratung: Ergebnisse der Studie zur Gesundheit Erwachsener in Deutschland (DEGS1). *Bundesgesundheitsblatt, Gesundheitsforschung, Gesundheitsschutz, 56*(5-6), 809–813.

Hautzinger, M. & Bailer, M. (1993). *Allgemeine Depressions-Skala: ADS; Manual*. Weinheim: Beltz.

Havighurst, R. J. (1963). Successful aging. In C. Tibbits & W. Donahue (eds.), *Processes of aging* (p. 299-320). New York: Williams.

Hehlmann, W. (1967). *Wörterbuch der Pädagogik* (8. Aufl.). Stuttgart: Kröner.

Herzberg, P. Y. & Roth, M. (2014). *Persönlichkeitspsychologie*. Wiesbaden: Springer-Verlag.

Heuse, S. & Knoll, N. (2018). Modelle des Gesundheitsverhaltens. In C.-W. Kohlmann, C. Salewski & M. A. Wirtz (Hrsg.), *Psychologie in der Gesundheitsförderung*, (S. 243-256). Bern: Hogrefe Verlag.

Himmelsbach, I. (2015). Bildung im Alter im Kontext des dritten und vierten Lebensalters – Narrationen und Narrative. *Zeitschrift Für Weiterbildungsforschung, 38*(1), 83–97.

Hiscock, R., Macintyre, S., Kearns, A. & Ellaway, A. (2003). Residents and residence: factors predicting the health disadvantage of social renters compared to owner-occupiers. *Journal of Social Issues, 59*(3), 527-546.

Hoh, R. & Barz. H. (2018). Weiterbildung und Gesundheit. In R. Tippelt & A. von Hippel (Hrsg.), *Handbuch Erwachsenenbildung/Weiterbildung* (S. 1027-1048). Wiesbaden: VS Verlag für Sozialwissenschaften.

Hohmann, C. & Schwarzer, R. (2009). Selbstwirksamkeitserwartung. In J. Bengel & M. Jerusalem (Hrsg.), *Handbuch der Gesundheitspsychologie und Medizinischen Psychologie* (S. 61–67). Göttingen: Hogrefe.

Holahan, C. K. & Holahan, C. J. (1987). Self-efficacy, social support, and depression in aging: A longitudinal analysis. *Journal of Gerontology, 42*(1), 65-68.

Hoyer, J. & Herzberg, P. Y. (2009). Optimismus. In J. Bengel & M. Jerusalem. (Hrsg.), *Handbuch der Gesundheitspsychologie und Medizinischen Psychologie* (S. 68-73). Göttingen: Hogrefe

Hu, L. T. & Bentler, P. M. (1999). Cutoff criteria for fit indexes in covariance structure analysis: Conventional criteria versus new alternatives. *Structural equation modeling: a multidisciplinary journal, 6*(1), 1-55.

Hyde, M., Wiggins, R. D., Higgs, P. & Blane, D. B. (2003). A measure of quality of life in early old age: the theory, development and properties of a needs satisfaction model (CASP-19). *Aging & mental health, 7*(3), 186-194.

Hyman, H. H. (1972). *Secondary Analysis of Sample Surveys: Principles, Procedures, and Potentialities.* New York: John Wiley & Sons.

Iller, C. (2008). Berufliche Weiterbildung im Lebenslauf - bildungswissenschaftliche Perspektiven auf Weiterbildungs-

und Erwerbsbeteiligung Älterer. In A. Kruse (Hrsg.), *Weiterbildung in der zweiten Lebenshälfte: Multidisziplinäre Antworten auf Herausforderungen des demografischen Wandels* (S. 67–92). Bielefeld: Bertelsmann.

Jahoda, M. (1983). *Wie viel Arbeit braucht der Mensch? Arbeit und Arbeitslosigkeit im 20. Jahrhundert.* Weinheim, Basel: Beltz.

Jansen, R. & Müller, R. (2000). Arbeitsbelastungen und Gesundheit älterer Arbeitnehmer im Dienstleistungsbereich. *Zeitschrift für Gerontologie und Geriatrie, 33*(4), 256-261.

Janz, N. K. & Becker, M. H. (1984). The health belief model: A decade later. *Health education quarterly, 11*(1), 1-47.

Jenkins, A. (2011). Participation in learning and wellbeing among older adults. *International Journal of Lifelong Education, 30*(3), 403-420.

Jenkins, A. (2012). Participation in Learning and Depressive Symptoms. *Educational Gerontology, 38*(9), 595–603.

Jenkins, A. & Mostafa, T. (2013). Learning and Wellbeing Trajectories Among Older Adults in England. *DoQSS Working Paper No. 13-02.* Retrieved from: http://discovery.ucl.ac.uk/10018762/ [30.01.2019]

Jenkins, A. & Mostafa, T. (2015). The effects of learning on wellbeing for older adults in England. *Ageing and Society, 35*(10), 2053–2070.

Jenkins, A. & Wiggins, R. D. (2015). Pathways from adult education to well-being: The Tuijnman model revisited. *International Review of Education, 61*(1), 79–97

Jordan, S. & Lippe, E. v. d. (2013). Teilnahme an verhaltenspräventiven Maßnahmen: Ergebnisse der Studie zur Gesundheit Erwachsener in Deutschland (DEGS1). *Bundesgesundheitsblatt, Gesundheitsforschung, Gesundheitsschutz*, 56(5-6), 878–884.

Junkers, G. (1995). Klinische Psychologie und Psychosomatik des Alters. Stuttgart: Schattauer.

Kadera, S. & Eckert, T. (2018). Der sozialökologische Ansatz in der Erwachsenenbildung. In R. Tippelt & A. von Hippel (Hrsg.), *Handbuch Erwachsenenbildung/Weiterbildung,* (S. 185-203). Wiesbaden: VS Verlag für Sozialwissenschaften.

Karasek, R. A. (1979). Job demands, job decision latitude, and mental strain: Implications for job redesign. Administrative science quarterly, *24*(2), 285-308.

Karl, F. (2009). *Einführung in die Generationen-und Altenarbeit.* Opladen: Budrich Verlag.

Kaufmann-Kuchta, K. & Widany, S. (2017). Bildungsaktivitäten Älterer - Ergebnisse der Aufstpckungsstichprobe der 65- bis 69-Jährigen. In F. Bilger, F. Behringer H. Kuper & J. Schrader (Hrsg.), *DIE Survey. Weiterbildungsverhalten in Deutschland 2016: Ergebnisse des Adult Education Survey (AES)* (S. 202–224). Bielefeld: wbv.

Kavas, A. B. (2009). Self-esteem and health-risk behaviors among Turkish late adolescents. *Adolescence, 44*(173), 187-198.

Kern, D. (2018). Prolog: Theoretische Modelle für die Bildung älterer Erwachsener: eine kritische Analyse aus erziehungs-

wissenschaftlicher Perspektive. In R. Schramek, C. Kricheldorff, B. Schmidt-Hertha & J. Steinfort-Diedenhofen
(Hrsg*)*. *Alter(n) – Lernen – Bildung. Ein Handbuch,* (S. 13-
32). Stuttgart: Kohlhammer.

Klassen, R. M. & Lynch, S. L. (2007). Self-efficacy from the
perspective of adolescents with LD and their specialist
teachers. *Journal of learning disabilities, 40*(6), 494-507.

Klaus, D. & Engstler, H. (2017). Daten und Methoden des Deut-
schen Alterssurveys. In K. Mahne, J. K. Wolff, J. Simonson
& C. Tesch-Römer (Hrsg.) *Altern im Wandel* (S. 29-45).
Wiesbaden: Springer VS.

Klever-Deichert, G. (2006). *Prävention im Spannungsfeld zwischen Rational-Choice-Theorie und Lebenslagenkonzep-
tion: Leitbildanalyse der Prävention unter Berücksichtigung
des Präventionsgesetz-Entwurfes* (5. Auflage). Berlin: LIT
Verlag.

Knesebeck, O. & Schäfer, I. (2009). Gesundheitliche Ungleichheit im höheren Lebensalter. In M. Richter & K. Hurrelmann (Hrsg.), *Gesundheitliche Ungleichheit: Grundlagen,
Probleme, Perspektiven* (2. Auflage) (S. 253-265). Wiesbaden: VS Verlag für Sozialwissenschaften.

Kohli, M. (1994). Altern in soziologischer Perspektive. In P. B.
Baltes, J. Mittelstraß & U. M. Staudinger (Hrsg.), *Alter und
Alter: Ein interdisziplinärer Studientext zur Gerontologie,*
(S. 231-259). Berlin: Walter de Gruyter.

Kolland, F. (2011). Bildung und aktives Altern. *Magazin er-
wachsenenbildung.at (13),* 02-1 – 02-9. Abgerufen unter:
https://erwachsenenbildung.at/magazin/11-13/meb11-13.pdf
[30.01.2019]

Kolland, F. & Ahmadi, P. (2010). *Bildung und aktives Altern: Bewegung im Ruhestand.* Bielefeld: W. Bertelsmann.

Kotterba, S. & Orth, M. (2008). Psychologische Maßnahmen zur Verbesserung der Compliance. *Somnologie-Schlafforschung und Schlafmedizin, 12*(4), 276-278.

Kricheldorff, C. (2018). Positionen zur Theoriebildung und wissenschaftlichen Verortung von Lernen und Bildung im Alter. In R. Schramek, C. Kricheldorff, B. Schmidt-Hertha & J, Steinfort-Diedenhofen (Hrsg), *Alter(n) – Lernen – Bildung. Ein Handbuch* (S. 33-32). Stuttgart: Kohlhammer.

Kroll, L. E. (2011). *Konstruktion und Validierung eines allgemeinen Index für die Arbeitsbelastung in beruflichen Tätigkeiten anhand von ISCO-88 und KldB-92.* Abgerufen unter: https://edoc.rki.de/handle/176904/1655 [30.01.2019]

Kroll, L. E. & Ziese, T. (2009). Kompression oder Expansion der Morbidität? In K. Böhm, C. Tesch-Römer & T. Ziese (Hrsg.), *Beiträge zur Gesundheitsberichterstattung des Bundes. Gesundheit und Krankheit im Alter* (S. 105–112). Berlin: Robert Koch-Institut.

Krug, S., Jordan, S., Mensink, G. B. M., Müters, S., Finger, J. & Lampert, T. (2013). Körperliche Aktivität: Ergebnisse der Studie zur Gesundheit Erwachsener in Deutschland (DEGS1).*Bundesgesundheitsblatt, Gesundheitsforschung, Gesundheitsschutz, 56*(5-6), 765–771.

Kruse, A. (2001). *Gesundheit im Alter.* Berlin: Robert Koch-Institut. Abgerufen unter: www.zfg.uzh.ch/static/2001/kruse_gesundheit.pdf [30.01.2019]

Kruse, A. (2006a). Altern, Kultur und gesellschaftliche Entwicklung. REPORT *Zeitschrift Für Weiterbildungsforschung*, *29*(3), 9–18.

Kruse, A. (2006b). Der Beitrag der Prävention zur Gesundheit im alter - Perspektiven für die Erwachsenenbildung. *Bildungsforschung.Org, 3(2)*. Abgerufen unter: http://www.bildungsforschung.org/Archiv/200602/ [30.01.2019]

Kruse, A. (2008). Alter und Altern - konzeptionelle Überlegungen und empirische Befunde der Gerontologie. In A. Kruse (Hrsg.), *Weiterbildung in der zweiten Lebenshälfte: Multidisziplinäre Antworten auf Herausforderungen des demografischen Wandels* (S. 21–48). Bielefeld: Bertelsmann.

Kruse, A. (2009). Bildung im Alter. In R. Tippelt & A. von Hippel (Hrsg.), *Handbuch Erwachsenenbildung/Weiterbildung,* (S. 827–840). Wiesbaden: Springer VS Verlag für Sozialwissenschaften.

Kruse, A. (2018). Bildung und Erwachsenenbildung im Alter. In R. Tippelt & A. von Hippel (Hrsg.), *Handbuch Erwachsenenbildung/Weiterbildung* (S. 1189 - 1206). Wiesbaden: VS Verlag für Sozialwissenschaften.

Kruse, A. & Wahl, H.-W. (2010). *Zukunft Altern: Individuelle und gesellschaftliche Weichenstellungen.* Heidelberg: Spektrum Akademischer Velag.

Kruse, A., Gaber, E., Heuft, G., Oster, P., Re, S. & Schulz-Nieswandt, F. (2002). *Gesundheit im Alter (Nachdr). Gesundheitsberichterstattung des Bundes: Vol. 10.* Berlin: Robert Koch-Institut.

Laireiter, A. R., Fuchs, M. & Pichler, M. E. (2007). Negative soziale Unterstützung bei der Bewältigung von Lebensbelastungen: Eine konzeptuelle und empirische Analyse. *Zeitschrift für Gesundheitspsychologie, 15*(2), 43-56.

Lampert, T., Kroll, L. E., von der Lippe, E., Müters, S. & Stolzenberg, H. (2013). Sozioökonomischer Status und Gesundheit. *Bundesgesundheitsblatt-Gesundheitsforschung-Gesundheitsschutz, 56*(5-6), 814-821.

Lampert, T., Lippe, E. v. d. & Müters, S. (2013). Verbreitung des Rauchens in der Erwachsenenbevölkerung in Deutschland: Ergebnisse der Studie zur Gesundheit Erwachsener in Deutschland (DEGS1). *Bundesgesundheitsblatt, Gesundheitsforschung, Gesundheitsschutz, 56*(5-6), 802–808.

Lampert, T., Saß, A. C., Häfelinger, M. & Ziese, T. (2005). *Armut, soziale Ungleichheit und Gesundheit.* Berlin: Robert Koch-Institut. Abgerufen unter: https://www.ssoar.info/ssoar/handle/document/31604 [30.01.2019]

Lane, R.E. (1991). *The market experience.* Cambridge: Cambridge University Press.

Lang, F. R., Weiss, D., Gerstorf, D. & Wagner, G. G. (2013). Forecasting life satisfaction across adulthood: Benefits of seeing a dark future? *Psychology and Aging, 28*(1), 249-261.

Länsimies, H., Pietilä, A. M., Hietasola-Husu, S. & Kangasniemi, M. (2017). A systematic review of adolescents' sense of coherence and health. *Scandinavian journal of caring sciences, 31*(4), 651-661.

Lazarus, R. S. (1993). From psychological stress to the emotions: A history of changing outlooks. *Annual review of psychology, 44*(1), 1-22.

Lehr, U. (2000). *Psychologie des Alterns (9. Aufl.).* UTB für Wissenschaft Uni-Taschenbücher Psychologie: Vol. 55. Wiebelsheim: Quelle & Meyer.

Lei, M. & Lomax, R. G. (2005). The effect of varying degrees of nonnormality in structural equation modeling. *Structural equation modeling, 12*(1), 1-27.

Leung, D. S. Y. & Liu, B. C. P. (2011). Lifelong Education, Quality of Life and Self-Efficacy of Chinese Older Adults. *Educational Gerontology, 37*(11), 967–981.

Lindenberger, U., Smith, J., Mayer, K. U. & Baltes, P. B. (Hrsg.) (2010). *Die Berliner Altersstudie* (3. Aufl.). Berlin: Akademie Verlag.

Little, R. J. (1992). Regression with missing X's: a review. *Journal of the American Statistical Association, 87*(420), 1227-1237.

Lohaus, A. & Vierhaus, M. (2015). *Entwicklungspsychologie des Kindes-und Jugendalters für Bachelor.* Berlin, Heidelberg: Springer.

Lohmann-Haislah, A. (2012). *Stressreport Deutschland 2012. Psychische Anforderungen, Ressourcen und Befinden.* Berlin: BAuA.

Lück, M. (2017). *Höhere Anforderungen, mehr Ressourcen – Arbeitsbedingungen von Führungskräften.* Dortmund:

BAuA. Abgerufen unter: https://www.baua.de/DE/Angebote/Publikationen/Fakten/BIBB-BAuA-22.html [30.01.2019]

Lüscher, J. & Scholz, J. (2018). Soziale Unterstützung. In C.-W. Kohlmann, C. Salewski & M. A. Wirtz (Hrsg.), *Psychologie in der Gesundheitsförderung* (S .213-226). Bern: Hogrefe.

Luthar, S. S., Cicchetti, D. & Becker, B. (2000). The construct of resilience: A critical evaluation and guidelines for future work. *Child development, 71*(3), 543-562.

Manninen, J. (2010). Wider Benefits of Learning within liveral adult education in Finland. In M. Horsdal (ed.), *Communication, Collaboration and Creativity: Researching Adult learning. Odense: Syddansk Universitetsforlag.*

Manninen, J., Fleige, M., Thöne-Geyer, B. & Kil, M. (2014). *Benefits of Lifelong Learning in Europe: Main Results of the BeLL – Project Research Report*. Retrieved from http://www.bell-project.eu/cms/wp-content/uploads/2014/06/BeLL-Research-Report.pdf [30.01.2019]

Markus, H. (1977). Self-schemata and processing information about the self. *Journal of Personality and Social Psychology, 35*(2), 63–78.

Markus, H. & Wurf, E. (1987). The dynamic self-concept: A social psychological perspective. *Annual review of psychology, 38*(1), 299-337.

Marmot, M. & Wilkinson, R. G. (2001). Psychosocial and material pathways in the relation between income and health: a response to Lynch et al. *British Medical Journal, 322*(7296), 1233-1236.

Marsh, H. W. & Martin, A. J. (2011). Academic self-concept and academic achievement: Relations and causal ordering. *British Journal of Educational Psychology, 81*(1), 59-77.

Maschke, C., Ising, H. & Hecht, K. (1997). Schlaf—nächtlicher Verkehrslärm—Streß—Gesundheit: Grundlagen und aktuelle Forschungsergebnisse. *Bundesgesundheitsblatt, 40*(3), 86-95.

Medjedović, I. (2014). Sekundäranalyse in der quantitativen Forschung. In I. Medjedović (Hrsg.), *Qualitative Sekundäranalyse* (S. 27-47). Wiesbaden: Springer VS.

Mergenthaler, A. (2012). *Gesundheitliche Resilienz: Konzept und Empirie zur Reduzierung gesundheitlicher Ungleichheit im Alter.* Wiesbaden: VS Verlag für Sozialwissenschaften.

Mierswa, T. & Kellmann, M. (2014). Psychosoziale Arbeitsbedingungen und Rückenschmerz. *Zeitschrift für Gesundheitspsychologie, 22*(3), 129-141.

Mirowsky, J. & Ross, C. E. (1998). Education, personal control, lifestyle and health: A human capital hypothesis. *Research on aging, 20*(4), 415-449.

Mirowsky, J. & Ross, C. E. (2005). Education, learned effectiveness and health. *London Review of Education, 3*(3), 205-220.

Mischel, W., Ayduk, O., Berman, M. G., Casey, B. J., Gotlib, I. H., Jonides, J., Kross, E., Teslovich, T., Wilson, N. L., Zayas, V. & Shoda, Y. (2011). 'Willpower'over the life span: decomposing self-regulation. *Social cognitive and affective neuroscience, 6*(2), 252-256.

Mischel, W., Ebbesen, E. B. & Raskoff Zeiss, A. (1972). Cognitive and attentional mechanisms in delay of gratification. *Journal of personality and social psychology, 21*(2), 204-218.

Mishra, S. & Carleton, R. N. (2015). Subjective relative deprivation is associated with poorer physical and mental health. *Social Science & Medicine, 147*, 144-149.

Mohammadi, S., Karim, N. A., Talib, R. A. & Amani, R. (2017). Evaluation of quality of life among type 2 diabetes patients. *International Journal Of Community Medicine And Public Health, 3*(1), 51-56.

Moksnes, U. K. & Espnes, G. A. (2017). Stress, sense of coherence and subjective health in adolescents aged 13–18 years. *Scandinavian journal of public health, 45*(4), 397-403.

Moksnes, U. K. & Haugan, G. (2015). Stressor experience negatively affects life satisfaction in adolescents: the positive role of sense of coherence. *Quality of Life Research, 24*(10), 2473-2481.

Möller, J. & Trautwein, U. (2015). Selbstkonzept. In E. Wild & J. Möller (Hrsg.), *Pädagogische Psychologie*, (S. 177-199). Berlin, Heidelberg: Springer.

Moore, M. T. & Fresco, D. M. (2012). Depressive realism: A meta-analytic review. *Clinical psychology review, 32*(6), 496-509.

Mummendy, H. D. (2006). *Psychologie des „Selbst ": Theorien, Methoden und Ergebnisse der Selbstkonzeptforschung.* Göttingen: Hogrefe.

Müters, S., Lampert, T. & Maschewsky-Schneider, U. (2005). Subjektive Gesundheit als Prädiktor für Mortalität. *Das Gesundheitswesen, 67*(02), 129-136.

Náfrádi, L., Nakamoto, K. & Schulz, P. J. (2017). Is patient empowerment the key to promote adherence? A systematic review of the relationship between self-efficacy, health locus of control and medication adherence. *PloS one, 12*(10), 1-23.

Narushima, M. (2008). More than nickels and dimes: The health benefits of a community-based lifelong learning programme for older adults. *International Journal of Lifelong Education, 27*(6), 673–692.

Narushima, M., Liu, J. & Diestelkamp, N. (2013). Motivations and Perceived Benefits of Older Learners in a Public Continuing Education Program: Influence of Gender, Income, and Health. *Educational Gerontology, 39*(8), 569–584.

Narushima, M., Liu, J. & Diestelkamp, N. (2013). The Association Between Lifelong Learning and Psychological Well-Being Among Older Adults: Implications for Interdisciplinary Health Promotion in an Aging Society. *Activities, Adaptation & Aging, 37*(3), 239–250.

Narushima, M., Liu, J. & Diestelkamp, N. (2018a). Lifelong learning in active ageing discourse: Its conserving effect on wellbeing, health and vulnerability. *Ageing and Society, 38*(4), 651–675.

Narushima, M., Liu, J. & Diestelkamp, N. (2018b). I Learn, Therefore I am: A Phenomenological Analysis of Meanings of Lifelong Learning for Vulnerable Older Adults. *The Gerontologist, 58*(4), 696–705.

Nilsen, C., Andel, R., Fritzell, J. & Kåreholt, I. (2016). Work-related stress in midlife and all-cause mortality: can sense of coherence modify this association? *The European Journal of Public Health, 26*(6), 1055-1061.

Nübling, M., Andersen, H. H. & Mühlbacher, A. (2006). *Entwicklung eines Verfahrens zur Berechnung der körperlichen und psychischen Summenskalen auf Basis der SOEP-Version des SF 12 (Algorithmus)* (No. 16). Data Documentation. Berlin: DIW.

Okura, M., Ogita, M., Yamamoto, M., Nakai, T., Numata, T. & Arai, H. (2018). Health checkup behavior and individual health beliefs in older adults. *Geriatrics & gerontology international, 18*(2), 338-351.

Olsson, U. H., Foss, T., Troye, S. V. & Howell, R. D. (2000). The performance of ML, GLS, and WLS estimation in structural equation modeling under conditions of misspecification and nonnormality. *Structural equation modeling, 7*(4), 557-595.

Oreopoulos, P. & Salvanes, K. G. (2011). Priceless: The nonpecuniary benefits of schooling. *Journal of Economic perspectives, 25*(1), 159-84.

Oswald, W. D. (2008). Gerontopsychologie - Gegenstand, Perspektiven und Probleme. In W. D. Oswald, G. Gatterer & U. M. Fleischmann (Hrsg.), *Gerontopsychologie: Grundlagen und klinische Aspekte der Psychologie des Alterns*, (2. Aufl., S. 1–12). Wien: Springer Verlag.

Paggi, M. E. & Jopp, D. S. (2015). Outcomes of occupational self-efficacy in older workers. *The International Journal of Aging and Human Development, 80*(4), 357-378.

Panahi, R., Ramezankhani, A., Tavousi, M. & Niknami, S (2018). Adding Health Literacy to the Health Belief Model: Effectiveness of an Educational Intervention on Smoking Preventive Behaviors Among University Students. *Iranian Red Crescent Medical Journal, 20*(2), 1-12

Pearce, E., Launay, J., Machin, A. & Dunbar, R. I. M. (2016). Is group singing special? Health, well-being and social bonds in community-based adult education classes. *Journal of Community & Applied Social Psychology, 26*(6), 518–533.

Perez-Arce, F. (2017). The effect of education on time preferences. *Economics of Education Review, 56*, 52-64.

Piko, B. F., Varga, S. & Mellor, D. (2016). Are adolescents with high self-esteem protected from psychosomatic symptomatology? *European journal of pediatrics, 175*(6), 785-792.

Pituch, K. A. & Stevens, J. P. (2015). *Applied multivariate statistics for the social sciences: Analyses with SAS and IBM's SPSS* (6th ed.). New York: Routledge.

Pollak, R., Janssen, S., Janik, F. & Allmendinger, J. (2016). *Berufsbezogene Weiterbildung in Deutschland – Gründe, Formen und Erträge.* Abgerufen unter: https://www.boeckler.de/pdf_fof/98891.pdf [30.01.2019]

Potreck-Rose, F. & Jacob, G. (2010). *Selbstzuwendung, Selbstakzeptanz, Selbstvertrauen. Psychotherapeutisch Interventionen zum Aufbau von Selbstwertgefühl.* Stuttgart: Klett Verlag.

Power. M. J., Neville, P. & O'Dwyer, M. (2011). *The social value of community-based adult education in Limerick city.*

Limerick: Limerick City Adult Education Service. Retrieved from: http://www.paulpartnership.ie/wp-content/uploads/2012/04/Community-based-Adult-Ed-FULL-d3.pdf [30.01.2019]

Preston, J. & Green, A. (2003). The Macro-Social Benefits of Education, Training and Skills in Comparative Perspective. *Wider Benefits of Learning Research Report, 9*.Retrieved from: https://core.ac.uk/download/pdf/83568.pdf [30.01.2019]

Putnam, R. D. (1993). The prosperous community. *The american prospect, 4*(13), 35-42.

Putnam, R. D. (2000). Bowling alone: America's declining social capital. In L. Crother & C. Lockhart (eds.), *Culture and politics* (pp. 223-234). New York: Palgrave Macmillan.

Putnam, R. D., Leonardi, R. & Nanetti, R. Y. (1994). *Making democracy work: Civic traditions in modern Italy*. Princeton, NJ: Princeton university press.

Reck-Hog, U. & Eckert, T. (2009). Der sozialökologische Ansatz in der Erwachsenenbildung. In R. Tippelt & A. von Hippel (Hrsg.), *Handbuch Erwachsenenbildung/Weiterbildung*, (S. 137-151). Wiesbaden: VS Verlag für Sozialwissenschaften.

Rees, S.-L. & Schmidt-Hertha, B. (2015). Gesundheitsrisiken von Langzeitarbeitslosen. In B. Schmidt-Hertha, A. Burkhard & S. Christel (Hrsg.), *Gesundheitsbildung für Langzeitarbeitslose: Evaluation eines gesundheitspräventiven Bildungsprogramms* (S. 22-36). München: Herbert Utz Verlag.

Rees, S.-L. & Schmidt-Hertha, B. (2017). Weiterbildung älterer Arbeitnehmer/innen als Teil biographischer Gestaltungsprozesse. In O. Dörner, C. Iller, H. Pätzold, J. Franz & B. Schmidt-Hertha (Hrsg.), *Biografie - Lebenslauf - Generation Schriftenreihe der Sektion Erwachsenenbildung der Deutschen Gesellschaft für Erziehungswissenschaft (DGfE)*, (S. 281-292). Berlin: Budrich.

Rehfeld, K., Hökelmann, A., Lehmann, W. & Blaser, P. (2014). Auswirkungen einer Tanz-und Kraft-Ausdauer-Intervention auf kognitive Fähigkeiten älterer Menschen. *Zeitschrift für Neuropsychologie, 25*, 99-108.

Reichert, E. & Gnahs, D. (2014). Weiterbildung: Begriffe, Datenlage und Berichtssysteme. In Deutsches Institut für Erwachsenenbildung (Hrsg.), *Trends der Weiterbildung. DIE Trendanalyse 2014* (S. 11-24). Bielefeld: Bertelsmann Verlag.

Reischies, M. & Lindenberger, U. (2010). Grenzen und Potentiale kognitiver Leistungsfähigkeit im Alter. In U. Lindenberger, J. Smith, K. U. Mayer & P. B. Baltes (Hrsg.), *Die Berliner Altersstudie* (3. Aufl., S. 375–400). Berlin: Akademie Verlag.

Rew, L., Koniak-Griffin, D., Lewis, M. A., Miles, M. & O'Sullivan, A. (2000). Secondary data analysis: New perspective for adolescent research. *Nursing Outlook, 48*(5), 223-229.

Richter, M. & Hurrelmann, K. (Hrsg.) (2009). *Gesundheitliche Ungleichheit: Grundlagen, Probleme, Perspektiven* (2. Auflage). Wiesbaden: VS Verlag für Sozialwissenschaften.

Rober Koch-Institut [RKI] (2014). Die Gesundheitliche Lage von Männern in Deutschland. Berlin: Robert Koch-Institut.

Abgerufen unter: *https://edoc.rki.de/handle/176904/3246*
[30.01.2019]

Rode, D. & Rode, M. M. The relationship between self-esteem, sense of self-efficacy and level of illness acceptance, and healthful behaviours in patients with long-term illnesses (type II diabetes, Hashimoto's disease). *Health Psychology Report, 3*(1), 159-170.

Ronaldson, A., Gazali, A. M., Zalli, A., Kaiser, F., Thompson, S. J., Henderson, B., Steptoe, A. & Carvalho, L. (2016). Increased percentages of regulatory T cells are associated with inflammatory and neuroendocrine responses to acute psychological stress and poorer health status in older men and women. *Psychopharmacology, 233*(9), 1661-1668.

Rosenberg, M. (1965). *Society and the adolescent self-image.* Princeton, NJ: Princeton University Press.

Rosenbladt, B. (2007). Unterscheidung von beruflicher und allgemeiner Weiterbildung in empirischen Erhebungen zur Weiterbildungsteilnahme. *Report. Zeitschrift für Weiterbildungsforschung, 4*, 21-31.

Rosenmayr, L. (1983). Die späte Freiheit. *Das Alter - ein Stück bewusst gelebten Lebens. Berlin: Severin und Siedler.*

Rosenstock, I. M. (1974). The health belief model and preventive health behavior. *Health education monographs, 2*(4), 354-386.

Rosenstock, I. M., Strecher, V. J. & Becker, M. H. (1988). Social learning theory and the health belief model. *Health education quarterly, 15*(2), 175-183.

Rosenzweig, M. R. & Schultz, T. P. (1982). The behavior of mothers as inputs to child health: the determinants of birth weight, gestation, and rate of fetal growth. In R. Fuchs (ed.), *Economic aspects of health* (pp. 53-92). Chicago: University of Chicago Press.

Rothe, I., Adolph, L., Beermann, B., Schütte, M., Windel, A., Grewer, A., Lenhardt, U., Michel, J., Thomson, B. & Formazin, M. (2017). *Psychische Gesundheit in der Arbeitswelt. Wissenschaftliche Standortbestimmung.* Dortmund: BAuA. Abgerufen unter: https://www.baua.de/DE/Angebote/Publikationen/Berichte/Psychische-Gesundheit.html [30.01.2019]

Rüber, I. E., Rees, S. L. & Schmidt-Hertha, B. (2018). Lifelong learning–lifelong returns? A new theoretical framework for the analysis of civic returns on adult learning. *International Review of Education, 64*(5), 543-562.

Rudolf, M. & Müller, J. (2012). *Multivariate Verfahren: eine praxisorientierte Einführung mit Anwendungsbeispielen in SPSS.* Hogrefe Verlag.

Rutter, M. (1987). Psychosocial resilience and protective mechanisms. *American Journal of orthopsychiatry, 57*(3), 316-331.

Sabates, R. & Feinstein, L. (2006). The role of education in the uptake of preventative health care: the case of cervical screening in Britain. *Social Science & Medicine (1982), 62*(12), 2998–3010.

Särkämö, T., Tervaniemi, M., Laitinen, S., Numminen, A., Kurki, M., Johnson, J. K. & Rantanen, P. (2014). Cognitive, emotional, and social benefits of regular musical activities in early dementia: randomized controlled study. *The Gerontologist, 54*(4), 634-650.

Salewski, C. & Opwis, M. (2018). Gesundheitsbezogenes Verhalten. In C.-W. Kohlmann, C. Salewski & M. A. Wirtz (Hrsg.), *Psychologie in der Gesundheitsförderung* (S. 31-44). Bern: Hogrefe Verlag.

Scharff, R. L. & Viscusi, W. K. (2011). Heterogeneous rates of time preference and the decision to smoke. *Economic Inquiry, 49*(4), 959-972.

Scheier, M. F., Matthews, K. A., Owens, J. F., Magovern, G. J., Lefebvre, R. C., Abbott, R. A. & Carver, C. S. (1989). Dispositional optimism and recovery from coronary artery bypass surgery: the beneficial effects on physical and psychological well-being. *Journal of personality and social psychology, 57*(6), 1024.

Schelvis, R. M. C., Wiezer, N. M., van der Beek, A. J., Twisk, J. W. R., Bohlmeijer, E. T. & Oude Hengel, K. M. (2017). The effect of an organizational level participatory intervention in secondary vocational education on work-related health outcomes: Results of a controlled trial. *BMC Public Health, 17*(1), 141.

Schermelleh-Engel, K., Moosbrugger, H. & Müller, H. (2003). Evaluating the fit of structural equation models: Tests of significance and descriptive goodness-of-fit measures. *Methods of psychological research online, 8*(2), 23-74.

Schlutz, (2010). Bildung. In R. Arnold, S. Nolda & E. Nuissl, (Hrsg.), *Wörterbuch Erwachsenenbildung*. Bad Heilbrunn: Klinkhardt.

Schmidt, B. & Sinner, S. (2009). Freiwilliges Engagement. In R. Tippelt, B. Schmidt, S. Schnurr, S. Sinner & C. Theisen (Hrsg*.), DIE spezial. Bildung Älterer: Chancen im demografischen Wandel* (S. 113–124). Bielefeld: Bertelsmann.

Schmidt-Hertha, B. & Mühlbauer, C. (2012). Lebensbedingungen, Lebensstile und Altersbilder älterer Erwachsener. In F. Berner, J. Rossow & K.-P. Schwitzer (Hrsg.), *Individuelle und kulturelle Altersbilder: Expertisen zum Sechsten Altenbericht der Bundesregierung, Volume 1, (S. 109–152).* Wiesbaden: VS Verlag für Sozialwissenschaften.

Schmidt-Hertha, B. & Müller, M. (2016). Bedeutung bildungsbiografischer Zäsuren für die Weiterbildungsbeteiligung älterer Erwerbstätiger. *BWP Berufsbildung in Wissenschaft und Praxis, 3,*32-35.

Schmidt-Hertha, B., Kuwan, H. & Rees, S.-L. (2019). *Sicherung qualifizierter Fachkräfte im demografischen Wandel. Deutsche und europäische Perspektiven.* Münster: Lit-Verlag.

Schmidt-Hertha, B. & Rees, S.-L. (22.04.2017). *Gesundheit und Bildung im Alter – empirische Annäherung an ein interdependentes Verhältnis.* Vortrag auf dem Gemeinsamen Österreichisch-Deutschen Geriatriekongress 20.04.-22.04.2017 in Wien.

Schneider, S. & Mohnen, S. (2016). Der Einfluss der Wohnumgebung auf die Gesundheit–eine medizinsoziologische Betrachtung. In J. Stauder, I. Rapp & J. Eckhard, (Hrsg.), *Soziale Bedingungen privater Lebensführung* (S. 305-324). Wiesbaden: Springer VS.

Schnitzer, S., Tille, F., Balke, K. & Kuhlmey, A. (2016). Gesundheitsförderliches Verhalten in Deutschland. *Prävention und Gesundheitsförderung, 11*(2), 95-102.

Schnurr, S. & Theisen, C. (2009). Soziale Netzwerke und Familie. In R. Tippelt, B. Schmidt, S. Schnurr, S. Sinner & C. Theisen (Hrsg.), *DIE spezial. Bildung Älterer: Chancen im demografischen Wandel (S. 105–112).* Bielefeld: Bertelsmann.

Schöppe, S. & Braubach, M. (2007). Wohnen, Bewegung und Gesundheit. *Public Health Forum, 15*(3), 5-10.

Schott, N. (2008). Deutsche Adaptation der "Activities-Specific Balance Confidence (ABC) Scale „zur Erfassung der sturzassoziierten Selbstwirksamkeit. *Zeitschrift für Gerontologie und Geriatrie, 41*(6), 475-485.

Schuller, T. & Thomas V. (2013). Die positiven Effekte Lebenslangesn Lernens sind evident. Interview. *DIE Zeitschrift Für Erwachsenenbildung,* (1), S. 22–25. Abgerufen unter: http://www.diezeitschrift.de/12013/wertorientierung-01.pdf [30.01.2019]

Schuller, T., Brassett-Grundy, A., Green, A., Hammond, C. & Preston, J. (2002). Learning, Continuity and Change in Adult Life. *Wider Benefits of Learning Research Report, 3.* Retrieved from: https://eric.ed.gov/?id=ED468442 [30.01.2019]

Schulz, K. H., Meyer, A. & Langguth, N. (2012). Körperliche aktivität und psychische gesundheit. *Bundesgesundheitsblatt-Gesundheitsforschung-Gesundheitsschutz, 55*(1), 55-65.

Schumacher, J., Klaiberg, A. & Brähler, E. (2003). Diagnostik von Lebensqualität und Wohlbefinden–Eine Einführung. In J. Schumacher, A. Klaiberg & E. Brähler (Hrsg), *Diagnostische Verfahren zu Lebensqualität und Wohlbefinden* (S. 9-24). Göttingen: Hogrefe.

Schumacher, V. & Martin, M. (2013). Lernen und Gedächtnis im Alter. In Bartsch, T. & Falkai, P. (Hrsg.), *Gedächtnisstörungen. Diagnostik und Rehabilitation* (S. 31-39). Berlin Heidelberg: Springer Verlag.

Schütz, A. & Sellin, I. (2003). Selbst und Informationsverarbeitung. *Zeitschrift für Differentielle und Diagnostische Psychologie, 24*(3), 151-161.

Schütz, A. (2000). *Psychologie des Selbstwertgefühls. Von Selbstakzeptanz bis Arroganz.* Stuttgart: Kohlhammer.

Schwarzer, R. (2004). *Psychologie des Gesundheitsverhaltens: Einführung in die Gesundheitspsychologie.* Göttingen: Hogrefe Verlag.

Schwarzer, R. & Jerusalem, M. (1995). Generalized Self-Efficacy scale. In J. Weinman, S. Wright & M. Johnston (Eds.), *Measures in health psychology: A user's portfolio. Causal and control beliefs* (pp. 35-37). Windsor, UK: NFER-NELSON.

Schyns, B. & Von Collani, G. (2002). A new occupational self-efficacy scale and its relation to personality constructs and organizational variables. *European journal of work and organizational psychology, 11*(2), 219-241.

Seyda, S. & Lampert, T. (2009). Der Einfluss der Familie auf die Gesundheit und Bildungslaufbahn von Kindern. *IW-*

Trends–Vierteljahresschrift zur empirischen Wirtschaftsfor-schung, 36(3), 105-120.

Shavelson, R. J., Hubner, J. J. & Stanton, G. C. (1976). Self-concept: Validation of construct interpretations. *Review of educational research, 46*(3), 407-441.

Shavit, T. (2013). The effect of optimism bias on time prefer-ence. *Economics and Business Letters*, *2*(3), 128-133.

Shiflet, P.A. (1987). Future time perspective, past experiences, and negotiation of food use patterns among the aged. *The Gerontologist*, *27*, 611-615.

Siebert, H. (2010). Lernen. In Arnold, R., Nolda, S. & Nuissl, E. (Hrsg.), *Wörterbuch Erwachsenenbildung*. Bad Heilbrunn: Klinkhardt.

Siebert, H. (2011). Bildung im Alter. *Magazin erwachsenenbil-dung.at (13)*, 03-1 – 03-9. Abgerufen unter: https://erwach-senenbildung.at/magazin/11-13/meb11-13.pdf [30.01.2019]

Siegmunt, O. (2016). *Neighborhood disorganization and social control: Case studies from three Russian cities*. Cham: Springer.

Siegrist J. (2017). Soziale Stressoren und stressbedingte Erkran-kungen. In Fuchs R. & Gerber M. (Hrsg.), *Handbuch Stressregulation und Sport* (S. 1-17). Berlin: Springer Ref-erence Psychologie.

Siegrist, J. (1996). Adverse health effects of high-effort/low-re-ward conditions. *Journal of occupational health psycho-logy, 1*(1), 27.

Siegrist, J. (2002). Soziales Kapital und Gesundheit. *Das Gesundheitswesen, 64*(04), 189-192.

Siegrist, J. (2013). Berufliche Gratifikationskrisen und depressive Störungen. *Der Nervenarzt, 84*(1), 33-37.

Siegrist, J., Dragano, N. & von dem Knesebeck, O. (2009). Soziales Kapital, soziale Ungleichheit und Gesundheit. In M. Richter & K. Hurrelmann (Hrsg.), *Gesundheitliche Ungleichheit* (S. 167-180). Wiesbaden: VS Verlag für Sozialwissenschaften.

Simone, P.M. & Scuilli, M. (2006). Cognitive benefits of participation in lifelong learning institutes. *LLI Review, 1*, 44-51.

Sinner, S. & Schmidt, B. (2009). Übergang in die Nacherwerbsphase. In R. Tippelt, B. Schmidt, S. Schnurr, S. Sinner & C. Theisen (Hrsg.), *Bildung Älterer. Chancen im demografischen Wandel (S. 81-93).* Bielefeld: W. Bertelsmann.

Smith, E. (2008). Pitfalls and promises: The use of secondary data analysis in educational research. *British Journal of Educational Studies, 56*(3), 323-339.

Smith, N., Young, A., & Lee, C. (2004). Optimism, health-related hardiness and well-being among older Australian women. *Journal of Health Psychology, 9*(6), 741-752.

Spitzer, M. (2003). Langsam, aber sicher: Gehirnforschung und das Lernen Erwachsener. *DIE Zeitschrift Für Erwachsenenbildung, 10(3), 38–40.*

Spuling, S. M., Wurm, S., Wolff, J. K. & Wünsche, J. (2017a). Heißt krank zu sein sich auch krank zu fühlen? Subjektive Gesundheit und ihr Zusammenhang mit anderen Gesundheitsdimensionen. In Mahne, K., Wolff, J. K., Simonson, J.

& Tesch-Römer, C. (Hrsg.), *Altern im Wandel* (S. 157-170). Wiesbaden: Springer VS.

Spuling, S. M., Ziegelmann, J. P. & Wünsche, J. (2017b). Was tun wir für unsere Gesundheit? Gesundheitsverhalten in der zweiten Lebenshälfte. In K. Mahne, J. K. Wolff, J. Simonson & C. Tesch-Römer (Hrsg.), *Altern im Wandel* (S. 139-156). Wiesbaden: Springer VS.

Starker, A. & Saß, A.-C. (2013). Inanspruchnahme von Krebsfrüherkennungsuntersuchungen: Ergebnisse der Studie zur Gesundheit Erwachsener in Deutschland (DEGS1). *Bundesgesundheitsblatt, Gesundheitsforschung, Gesundheitsschutz, 56*(5-6), 858–867.

Stevens, J. P. (2009). *Applied multivariate statistics for the social sciences* (5. Aufl.). New York: Routledge.

Stoetzer, M.-W. (2017). *Regressionsanalyse in der empirischen Wirtschafts- und Sozialforschung Band 1: Eine nichtmathematische Einführung mit SPSS und Stata.* Berlin, Heidelberg: Springer Gabler.

Strayhorn Jr, J. M. (2002a). Self-control: Theory and research. *Journal of the American Academy of Child & Adolescent Psychiatry, 41*(1), 7-16.

Strayhorn Jr, J. M. (2002b). Self-control: Toward systematic training programs. *Journal of the American Academy of Child & Adolescent Psychiatry, 41*(1), 17-27.

Strecher, V. J. & Rosenstock, I. M. (1997). The health belief model. In A. Baum, S. Newman, J. Weinman, R. West & C. McManus (eds.), *Cambridge handbook of psychology, health and medicine*, (pp. 113-117). Cambridge, UK: Cambridge university press.

Strobel, C., Schmidt-Hertha, B. & Gnahs, D. (2011). Bildungsbiographische und soziale Bedingungen des Lernens in der Nacherwerbsphase. *Magazin erwachsenenbildung.at (13)*, 06-1 – 06-9. Abgerufen unter: https://erwachsenenbildung.at/magazin/11-13/meb11-13.pdf [30.01.2019]

Subramanyam, M., Kawachi, I., Berkman, L. & Subramanian, S. V. (2009). Relative deprivation in income and self-rated health in the United States. *Social Science & Medicine, 69*(3), 327-334.

Tesch-Römer, C. & Wurm, S. (2009). Gesundheit im Alter bedingt durch Schicksal, Schichtzugehörigkeit oder Verhalten? Gesundheitsrelevante Lebenslagen und Lebensstile. In K. Böhm, C. Tesch-Römer & T. Ziese (Hrsg*.), Beiträge zur Gesundheitsberichterstattung des Bundes. Gesundheit und Krankheit im Alter (S. 113–166).* Berlin: Robert Koch-Institut.

Tett, L. & Maclachlan, K. (2007). Adult literacy and numeracy, social capital, learner identities and self-confidence. *Studies in the Education of Adults, 39*(2), 150–167.

Thaler, R. H. & Shefrin, H. M. (1981). An economic theory of self-control. *Journal of political Economy, 89*(2), 392-406.

Theisen, C., Schmidt, B. & Tippelt, R. (2009). Weiterbildungserfahrungen. In R. Tippelt, B. Schmidt, S. Schnurr, S. Sinner & C. Theisen (Hrsg.), *DIE spezial. Bildung Älterer: Chancen im demografischen Wandel (S. 46-58).* Bielefeld: Bertelsmann.

Tippelt, R. & Schnurr, S. (2009). Schulerfahrungen. In R. Tippelt, B. Schmidt, S. Schnurr, S. Sinner & C. Theisen (Hrsg.), *DIE spezial. Bildung Älterer: Chancen im demografischen Wandel (S. 71–80)*. Bielefeld: Bertelsmann.

Tippelt, R., Schmidt, B., Schnurr, S., Sinner, S. & Theisen, C. (Hrsg.) (2009a). *Bildung Älterer. Chancen im demografischen Wandel*. Bielefeld: W. Bertelsmann.

Tippelt, R., Schmidt, B. & Kuwan, H. (2009b). Bildungsteilnahme. In R. Tippelt, B. Schmidt, S. Schnurr, S. Sinner & C. Theisen (Hrsg.), *DIE spezial. Bildung Älterer: Chancen im demografischen Wandel (S. 31–45)*. Bielefeld: Bertelsmann.

Tooth, L. & Mishra, G. D. (2015). Does Further Education in Adulthood Improve Physical and Mental Health among Australian Women? A Longitudinal Study. *PloS One, 10*(10), e0140334. Retrieved from: https://www.ncbi.nlm.nih.gov/pubmed/26480313 [30.01.2019]

Trzesniewski, K. H., Donnellan, M. & Lucas, R. E. (2011). *Secondary data analysis: An introduction for psychologists*. Washington, DC, US: American Psychological Association.

Tujinman, A. (1990). Adult education and the quality of life. *International Review of Education, 36*(3), 283–298.

Turner-Bowker D., Hogue S.J. (2014). Short Form 12 Health Survey (SF-12). In A. C. Michalos (eds). *Encyclopedia of Quality of Life and Well-Being Research*. Dordrecht: Springer.

Vasudevan, P., Chakrawarty, S., & Dhanalakshmi, D. (2014). Protective factors mitigating health in middle age. *Indian Journal of Health & Wellbeing, 5*(11).

Verghese, J., Lipton, R. B., Katz, M. J., Hall, C. B., Derby, C. A., Kuslansky, G., Ambrose, A.F., Sliwinski, M. & Buschke, H. (2003). Leisure activities and the risk of dementia in the elderly. *New England Journal of Medicine, 348*(25), 2508-2516.

Wanka, A. & Gallistl, V. (2016): Bildung im Dritten Lebensalter. Potentiale und Zugangsbarrieren der Bildung in der nachberuflichen Phase. *IfS Working Paper Series 01/2016*, 1-23.

Warr, P. (1987). *Work, Unemployment and Mental Health.* Oxford: Oxford University Press.

Watson, D., Clark, L. A. & Tellegen, A. (1988). Development and validation of brief measures of positive and negative affect: The PANAS Scales. *Journal of Personality and Social Psychology, 54*, 1063-1070.

Watters, K. & Turner, C. (2001). *Proof Positive: a report on research into learners' views on approaches to identifying achievement in non-accredited learning.* Leicester: NIACE.

Weiber, R. & Mühlhaus, D. (2014). *Strukturgleichungsmodellierung: Eine anwendungsorientierte Einführung in die Kausalanalyse mit Hilfe von AMOS, SmartPLS und SPSS* (2. Aufl.). Berlin, Heidelberg: Springer Gabler.

Weinert, F. E. (1994). Altern in psychologischer Perspektive. In P.B. Baltes, J. Mittelstraß & U. M. Staudinger (Hrsg.), *Alter und Alter: Ein interdisziplinärer Studientext zur Gerontologie* (S. 180-203). Berlin: Walter de Gruyter.

Weiss-Faratci, N., Lurie, I., Benyamini, Y., Cohen, G., Goldbourt, U. & Gerber, Y. (2017). Optimism during hospitalization for first acute myocardial infarction and long-term mortality risk: a prospective cohort study. *Mayo Clinic Proceedings, 92*(1), 49-56.

Wentura, D. & Pospeschill, M. (2015). *Multivariate Datenanalyse: Eine kompakte Einführung*. Wiesbaden: Springer.

Werner, E. E. (2005). Resilience Research. In R. D. Peters, B. Leadbeater, R. J. McMahon (eds), *Resilience in Children, Families, and Communities* (pp. 3-11). Boston MA: Springer.

Werner, E. E. & Smith, R.S. (1982). *Vulnerable but invincible: A longitudinal study of resilient children and youth*. New York: McGraw Hill.

Westerhof, G. J., Miche, M., Brothers, A. F., Barrett, A. E., Diehl, M., Montepare, J. M. & Wurm, S. (2014). The influence of subjective aging on health and longevity: A meta-analysis of longitudinal data. *Psychology and Aging, 29(4), 793–802.*

Wichmann, H. (2008). Schutzen Umweltzonen unsere Gesundheit oder sind sie unwirksam? *Umweltmedizin in Forschung und Praxis, 13*(1), 7-10.

Widany, S. (2009). *Lernen Erwachsener im Bildungsmonitoring. Die Operationalisierung der Weiterbildungsbeteiligung in empirischen Studien* (1. Aufl.). Wiesbaden: VS Verlag für Sozialwissenschaften.

Wiedenfeld, S. A., O'leary, A., Bandura, A., Brown, S., Levine, S. & Raska, K. (1990). Impact of perceived self-efficacy in coping with stressors on components of the immune system. *Journal of personality and Social Psychology, 59*(5), 1082-1094.

Wienberg, J. & Czepek, J. (2011). „Aktives Altern "unter Vorbehalt. *Magazin erwachsenenbildung.at (13),* 05-1 – 05-8. Abgerufen unter: https://erwachsenenbildung.at/magazin/11-13/meb11-13.pdf [30.01.2019]

Wiest, M., Richter, M., Krauel, F., Maurer, S., Henning, G., lejeune, C., Rabe, C. & Engstler, H. (2014). German Ageing Survey, Deutscher Alterssurvey (DEAS): Documentaion of instruments and variables 1996-2011. Berlin: Deutsches Zentrum für Altersfragen. Abgerufen unter: https://www.dza.de/fileadmin/dza/pdf/fdz/DEAS_Instrumentendokumentation.pdf [30.01.2019]

Wilkinson, R. G. (1997). Socioeconomic determinants of health: Health inequalities: relative or absolute material standards? *Bmj, 314*(7080), 591-598.

Wilkinson, R. G. & Pickett, K. E. (2007). The problems of relative deprivation: why some societies do better than others. *Social science & medicine, 65*(9), 1965-1978.

Wohn, K. (2007): Effizienz von Weiterbildungsmessung. *RatSWD Research Note,*15. Abgerufen unter: www.ratswd.de/download/RatSWD_RN_2007/RatSWD_RN_15.pdf [07.01.2019]

Wolff, J. K. & Tesch-Römer, C. (2017). Glücklich bis ins hohe Alter? Lebenszufriedenheit und depressive Symptome in der zweiten Lebenshälfte. In K. Mahne, J. K. Wolff, J. Simonson & C. Tesch-Römer (Hrsg.), *Altern im Wandel* (S. 171-183). Wiesbaden: Springer VS.

Wolff, J. K., Nowossadeck, S. & Spuling, S. M. (2017). Altern nachfolgende Kohorten gesünder? Selbstberichtete Erkrankungen und funktionale Gesundheit im Kohortenvergleich. In K. Mahne, J. K. Wolff, J. Simonson & C. Tesch-Römer (Hrsg.), *Altern im Wandel* (S. 125-138). Wiesbaden: Springer VS.

Wolff, J. K., Schüz, B., Ziegelmann, J. P., Warner, L. M. & Wurm, S. (2017). Short-term buffers, but long-term suffers? Differential effects of negative self-perceptions of aging following serious health events. *The Journals of Gerontology: Series B, 72*(3), 408-414.

Wolter, F. & Schiener, J. (2009). Einkommenseffekte beruflicher Weiterbildung. KZfSS Kölner *Zeitschrift für Soziologie und Sozialpsychologie, 61*(1), 90-117.

World Health Organization [WHO] (1948). *Preamble to the Constitution of WHO as adopted by the International Health Conference, New York, 19 June - 22 July 1946*; signed on 22 July 1946 by the representatives of 61 States (Official Records of WHO, no. 2, p. 100) and entered into force on 7 April 1948.

World Health Organization [WHO] (2002). Aktiv Altern: Rahmenbedingungen und Vorschläge für politisches Handeln. Retrieved from: whqlibdoc.who.int/hq/2002/WHO_NMH_NPH_02.8_ger.pdf [30.01.2019]

World Health Organization [WHO] (2013). Messung des Wohl-befindens und dementsprechende Zielvorgaben: eine Initia-tive des WHO-Regionalbüros für Europa. Zweite Tagung der Expertengruppe, Paris, 25. und 26. Juni 2012. Abgerufen unter: http://www.euro.who.int/de/publica-tions/abstracts/measurement-of-and-target-setting-for-well-being-an-initiative-by-the-who-regional-office-for-europe [30.01.2019]

World Health Organization [WHO] (2014). *Der Europäische Gesundheitsbericht 2012: Ein Wegweiser zu mehr Wohlbe-finden. Zusammenfassung.* Abgerufen unter: http://www.euro.who.int/de/publications/abstracts/euro-pean-health-report-2012-charting-the-way-to-well-being-the.-executive-summary [30.01.2019]

World Health Organization [WHO] (2018). Gesunde Umwelt für gesündere Menschen. Weltgesundheitsorganisation Re-gionalbüro für Europa. Abgerufen unter: http://www.euro.who.int/de/about-us/organization/office-lo-cations/who-european-centre-for-environment-and-health-eceh,-bonn,-germany/healthy-environments-for-healthier-people-2018 [30.01.2019]

Wu, S., Ding, Y., Wu, F., Li, R., Hu, Y., Hou, J. & Mao, P. (2015). Socio-economic position as an intervention against overweight and obesity in children: a systematic review and meta-analysis. *Scientific reports, 5,* 1-11.

Wurm, S., Lampert, T. & Menning, S. (2009). Subjektive Ge-sundheit. In K. Böhm, C. Tesch-Römer & T. Ziese (Hrsg.), *Beiträge zur Gesundheitsberichterstattung des Bundes. Ge-sundheit und Krankheit im Alter (S. 79–91).* Berlin: Robert Koch-Institut.

Zhang, L. & Rashad, I. (2008). Obesity and time preference: the health consequences of discounting the future. *Journal of Biosocial Science, 40*(1), 97-113.

14 Anhang

Anhang I: Variablenliste WiE 50+ und DEAS

WiE 50+ Daten

Name der konstruierten Variablen	Variablennamen der dafür verwendeten Daten im Datensatz
Allgemeine und berufliche Weiterbildungsteilnahme	WB_priv; WB_ber
Physische und mentale Gesundheit	Q91_1 bis Q91_3; Q92_1 bis Q92_10
Berufliche Selbstwirksamkeit	Q88_1 bis Q88_8
Negatives und positives Altersbild	Q89_1 bis Q89_9
Negative und positive Einstellung gegenüber der Nacherwerbsphase	Q87_1 bis Q87_9
Psychische und psychisch Arbeitsbelastungen	Q10txt; Q11txt; Q12txt*
Sozial aktive Lebensgestaltung	Q75_1; Q75_12; Q75_14
Sozioökonomischer Status	Q10txt; Q11txt; Q12txt*
Berufliches Weiterbildungsformat	Q93neu_Ber
Berufliche Weiterbildungsdauer	Q43_Ber
Beruflicher Weiterbildungsanlass	Q44_Ber
Alter	Q95
Geschlecht	Q94
Bildung	Q36neu; Q37neu

*Auf Basis dieser Angaben wurden ISCO-Codes zugeordnet

DEAS Daten

Name der konstruierten Variablen	Variablennamen der dafür verwendeten Daten im Datensatz	
	2011	2014
Allgemeine Weiterbildungs-teilnahme	gc432	
Berufliche Weiterbildungs-teilnahme		hc152
Physische Gesundheit (SF-36)	gc511_1 bis gc511_10	hc511_1 bis hc511_10
Positives und Negativer Affekt	gd4_1 bis gd4_20	hd4_1 bis hd4_20
Allgemeine Selbstwirksamkeitserwartung	gd12_4; gd12_7; gd12_12; gd16_4; gd16_5	hd2_7; hd16_3; hd16_7; hd21_3; hd21_4
Selbstwertgefühl	gd2_1; gd2_4; gd2_6; gd12_2; gd12_6; gd12_9; gd12_10; gd12_11; gd16_2; gd16_7	hd2_1; hd2_3; hd2_4; hd2_6; hd16_2; hd16_4; hd16_5; hd16_6; hd21_2; hd21_5
Optimismus	gd2_3; gd12_1; gd12_5; gd16_1; gd16_9	hd2_2; hd2_5; hd16_1; hd21_1; hd21_6
Einsamkeit	gd30_1; gd30_2; gd30_3 ;gd30_4; gd30_5; gd30_6	hd29_1; hd29_2; hd29_3; hd29_4; hd29_5; hd29_6
Soziale Netzwerkgröße	nwgroesse_11	nwgroesse_14
Arbeitsbelastungen	gc148_1; gc148_2; gc148_3; gc148_4	hc148_1; hc148_2; hc148_3; hc148_4
Einkommen	hheink_11	hheink_14

Anhang II: Fit-Indizes der einzelnen latenten Konstrukte

Fit-Indizes aller latenten Konstrukte auf Basis der Gesamtstichprobe

Variable	n	χ^2	df	RMSEA	RMSEA CI LO90	RMSEA CI HI90	SRMR	CFI
Positiver Affekt 11	2.490	1006,840	35	0,106	0,100	0,111	0,055	0,885
Positiver Affekt 14	2.443	804,693	35	0,095	0,089	0,101	0,048	0,909
Negativer Affekt 11	2.505	1254,810	35	0,118	0,112	0,124	0,064	0,849
Negativer Affekt 14	2.476	1227,957	35	0,117	0,112	0,123	0,064	0,851
SF36 11	2.576	2869,725	35	0,177	0,172	0,183	0,065	0,847
SF36 14	2.578	3176,904	35	0,187	0,181	0,192	0,068	0,828
Selbstwirksamkeit 11	2.446	47,312	5	0,059	0,044	0,075	0,020	0,988
Selbstwirksamkeit 14	2.475	98,829	5	0,087	0,073	0,102	0,031	0,972
Selbstwertgefühl 11	2.399	869,901	35	0,100	0,094	0,106	0,059	0,872
Selbstwertgefühl 14	2.457	776,387	35	0,093	0,087	0,099	0,056	0,885
Optimismus 11	2.413	32,378	5	0,048	0,033	0,064	0,013	0,994
Optimismus 14	2.443	170,491	5	0,116	0,102	0,132	0,034	0,962
Einsamkeit 11	2.488	888,968	9	0,198	0,187	0,209	0,095	0,814
Einsamkeit 14	2.503	597,327	9	0,162	0,151	0,173	0,068	0,888

Fit-Indizes aller latenten Konstrukte auf Basis der Teilstichprobe der Erwerbstätigen

Variable	n	χ^2	df	RMSEA	RMSEA CI LO90	RMSEA CI HI90	SRMR	CFI
Positiver Affekt 11	724	284,346	35	0,099	0,089	0,110	0,053	0,895
Positiver Affekt 14	720	234,021	35	0,089	0,078	0,100	0,048	0,922
Negativer Affekt 11	731	395,924	35	0,119	0,108	0,130	0,064	0,864
Negativer Affekt 14	727	331,124	35	0,108	0,097	0,119	0,057	0,886
SF36 11	741	1132,891	35	0,206	0,196	0,216	0,128	0,756
SF36-14	740	834,752	35	0,176	0,166	0,186	0,085	0,774
Selbstwirksamkeit 11	704	17,657	5	0,044	0,009	0,077	0,019	0,993
Selbstwirksamkeit 14	724	9,769	5	0,036	0,000	0,070	0,018	0,995
Selbstwertgefühl 11	694	269,787	35	0,098	0,088	0,110	0,056	0,893
Selbstwertgefühl 14	721	176,600	35	0,075	0,064	0,086	0,045	0,942
Optimismus 11	707	12,769	5	0,047	0,015	0,080	0,016	0,995
Optimismus 14	718	40,986	5	0,100	0,073	0,130	0,029	0,976
Einsamkeit 11	724	164,981	9	0,155	0,135	0,176	0,067	0,896
Einsamkeit 14	733	181,098	9	0,162	0,142	0,183	0,069	0,908
Arbeitsbelastung 11	743	139,442	2	0,304	0,263	0,348	0,107	0,691
Arbeitsbelastung 14	743	176,534	2	0,343	0,301	0,387	0,120	0,707